21世纪法学研究生参考书系列

刘明祥◎著

财产罪专论

中国人民大学出版社
·北京·

作者简介

刘明祥，1959 年出生于湖北省天门市。1983 年毕业于湖北财经学院（现中南财经政法大学），获法学学士学位；1994 年毕业于武汉大学，获法学博士学位。曾为日本东京大学客员研究员、创价大学客员研究教授；曾在中南政法学院（现中南财经政法大学）、武汉大学任教。现为中国人民大学刑事法律科学研究中心教授、博士生导师。出版《刑法中错误论》《错误论》《财产罪比较研究》《紧急避险研究》等多部个人专著，主编《刑法的基础理论》等十几部学术著作，发表学术论文一百多篇。

前　　言

弹指一挥间，我学习研修刑法已有四十年。弟子们建议我出一本文集，以留作纪念。按大家通常的做法，将已发表的论文大杂烩式地编成文集，这对自己来说既简单又轻松，但在上网检索论文十分便利的今天，似乎意义不大。受我 2002 年赴日本东京大学法学部研修时，我的指导教师西田典之先生出版的一部学术专著的影响和启示，我决定在已发表的财产罪方面的论文的基础上，加工形成一部专题研究的著作——《财产罪专论》。

我国许多刑法学界人士都知道，西田典之（已去世）是日本当代著名刑法学家，特别是在共犯论研究领域取得了非常高的成就，《共犯理论的展开》一书既是其代表作，也是日本刑法学界公认的精典学术著作，该书已由我国的江溯、李世阳翻译成中文在国内出版发行。西田先生在此书的前言中告诉我们，此书是由其跨越 36 年陆续写成的关于共犯论的论文汇集而成的。陈兴良教授在对此书的评介中说："虽然本书不是一本一气呵成的专著，但唯其时间跨度长，涉及领域广，反映了西田典之教授对于共犯问题毕其一生的思考成果，这对于我国共犯论的深入研究是具有重要的参考价值的。"我想到，如果自己能在三十多年前就像西田先生那样，确定一两个主攻方向，持之以恒地做研究和思考，或许能出部接近于西田先生《共犯理论的展开》这样学术水准的著作，可惜现在吃后悔药已不管用了。眼下只是想模仿西田先生的做法，以自己过去发表的财产罪方面的论文为基础，加工形成一部专题研究著作。本来，财产罪是我关注较早的问题，我攻读硕士学位期间发表在《法学评论》上的第一篇学术论文就是财产罪方面的，硕士学位论题也在财产罪领域，之后又将硕士学位论文部分内容抽取出来，先后在《中南政法学院学报》（已改名为《法商研究》）上作为两篇论文公开发表。2001 年我还出版了一本名为《财产罪比较研究》（侧重于我国刑法与日本刑法中财产罪的分析比较）的著作。后来我虽然也发表过一些财产罪方面的论文，但只是断断续续就某些具体问题做研讨，并未持续做体系性的深入思考。

中国人民大学出版社的编辑和领导得知我想出版本书之后，很快为我申报了选题，并告诉我拟将其纳入“21世纪法学研究生参考书系列”出版发行。这无形之中给我增添了压力，我想到既然要作为研究生的参考书，那就得要有一定的体系性和理论深度，同时还必须对学界最新研究的相关问题有回应。为此，我不得不花较大功夫对近些年来刑法学界争论较多而我过去关注不够的财产罪方面的问题，如盗窃与抢夺含义的界定及两者的区分、财产性利益能否成为盗窃罪的侵害对象等问题，展开作专题研究，新撰写了占本书四分之一左右篇幅的内容（如本书第三章第四节、第四章等）；同时，根据本书体系性的需要，对已发表的一些论文的内容做了修改补充或删减；另外，根据教学参考书内容信息要新的要求，我未将2000年以前发表的论文纳入本书。这样一来，本书既不是我以前发表的财产罪方面的论文汇编，也不是对我已出版的《财产罪比较研究》一书的修订再版，而是主要以我近十几年来发表的相关论文为基础，对已有研究成果进行修改补充或删减并重新撰写部分内容，从而形成的主要是对财产罪领域的重点问题做专题论述的著作。但本书毕竟不是一气呵成的专著，由于时间跨度较长，有多处内容没有协调好，交叉重复的部分也不少，还望读者海涵。

中国人民大学刑事法律科学研究中心　刘明祥

2019年9月10日

目　录

第一章

财产罪概说

第一节 财产罪的保护法益

侵犯财产罪的客体[①]是财产权，这在各国刑法理论上几乎已无异议。但是，这里的“财产权”是指所有权及其他本权，还是仅指占有权？对此，中外刑法理论界有较大争议。

一、德日的财产罪保护法益论

在日本，存在本权说、占有说与折中说之争。本权说（又称所有权说）认为，财产罪的保护法益是所有权及其他本权。本权是指合法占有的权利（如担保特权、抵押权、租赁权等）。根据本权说，作为财产罪侵害对象的“他人之财物”，显然是指属于他人所有的财物。如果是财物所有人从盗窃犯人那里取回被盗之物，由于没有侵害他人对财物的所有权，自然不构成盗窃罪。同样的道理，在民事活动中，权利人采用不法手段行使权利的行为，也不能构成财产罪。例如，债务人到期未履行债务，债权人采用胁迫手段夺取其相当数额财物。由于不存在私法上实质的权利侵害，即便是胁迫行为具有犯罪性，那也不能构成财产罪。[②]但是，占有说（又称持有说）认为，财产罪的保护法益只是他人对财物事实上的占有本身。至于占有是合法的还是非法的，则在所不问。对被盗之物，即使是所有权人，除了采用自救行为及其他合法手段取回之外，也不允许侵害犯人对赃物的占有，否则，就可能构成有关的财产罪。至于权利人采用违法手段“行使权利”，那更不允许，前述债权人采用胁迫手段夺取债务人相当数额财物的行为，无疑构成有关的财产罪。[③]而折中说

① 大陆法系国家称之为财产罪的保护法益。

② 泷川幸辰．刑法各论．京都：世界思想社，1951：119－120.

③ 牧野英一．刑法各论：下卷．东京：有斐阁，1951：594，598，601.

（又称修正说）则认为，本权说和占有说均有缺陷，前者有缩小财产罪处罚范围的弊病，后者则有扩大财产罪处罚范围的问题，因而有必要予以修正。其中，有的是以本权说为基础加以修正，也有的是立足于占有说来作修正。①

在德国，关于财产罪的保护法益问题，存在法律的财产说、经济的财产说与法律的・经济的财产说的争论。法律的财产说认为，财产罪的本质是侵害民事法上的权利，处罚财产罪所要保护的也正是这种权利。按照此说，不法原因给付物（如嫖客给妓女的预付款、行贿者给受贿者的贿赂物、赌博者支付的赌资等）、无效债权、采用盗窃等非法手段取得的物，由于不受民事法律保护，不能成为财产罪的侵害对象。第三者盗取、诈取、侵占这类钱物，自然也就不构成财产罪。②但经济的财产说认为，凡是有经济价值（或金钱价值）的利益都可以成为财产罪的保护法益。至于经济利益是合法还是非法取得的，占有者是否有民法上的权利，则在所不问。例如，嫖客交给妓女的预付款，这虽然是一种无效债权，不受民事法律保护，但由于它事实上具有经济价值，应认为是财产，非法骗取者同样构成诈欺罪。又如，盗窃犯偷来的赃物，因为有金钱价值，自然也是财产，不仅第三者采用非法手段从盗窃犯手中夺取赃物，构成相关的财产罪，而且权利人（如所有者）不通过法律程序直接私下取回，也可能构成盗窃罪。③而法律的・经济的财产说认为，财产罪的保护法益既有民事法上的权利的一面，又有经济利益的一面，要把两方面结合起来考虑。法律的财产说与经济的财产说都只强调了其中的一面，忽视了另一面，因而容易走向极端，并导致不合理的结论。实际上，由于刑法的目的是通过保护法益来维护社会秩序，因此，只有法秩序承认的利益，或者说只有民事法上应该保护的利益，才能成为财产罪的保护法益。但是，刑法上的法益也可以是民事法上无权利的利益，只不过不能是民法上不被保护的违法的利益。④

从德、日两国关于财产罪保护法益的学说之争可以看出，本权说与法律的财产说、占有说与经济的财产说、折中说与法律的・经济的财产说比较接近，争论的焦点在于，不法原因给付物（如嫖客支付给妓女的预付款）、他人占有之下的自己的财物、采用不法手段（如盗窃）取得的物、法律禁止持有的违禁品，能否成为财产罪的侵害对象。归根到底，这是扩大还是缩小或适当限制财产罪的处罚范围的问题。本权说与法律的财产说是主张缩小，占有说与经济的财产说是主张扩大，而折中说与法律的・经济的财产说则是采取调和折中的办法，主张对财产罪的范围予以适当限制。

二、我国的财产罪保护法益论

我国的传统观点认为，侵犯财产罪的客体（或法益）是财产所有权，即采取本

① 刘明祥．财产罪比较研究．北京：中国政法大学出版社，2001：13－16.

② 林干人．财产犯的保护法益．东京：东京大学出版社，1984：24.

③ 同②42－44.

④ 同②153.

权说，但晚近也有不少学者采用占有说或折中说。① 笔者认为，从马克思主义关于犯罪本质的学说来看，侵犯财产罪的本质是侵犯了财产所有权，刑法规定处罚侵犯财产罪的目的也是保护财产所有权。由此而论，前述本权说（或法律的财产说）较为可取。而占有说（或经济的财产说）把占有本身视为财产罪的保护法益，这没有触及财产罪的本质，有扩大财产罪处罚范围的危险，与刑法的谦抑性原则也不符。不过，传统的（或狭义的）本权说，完全以民事法律作为判断是否侵犯了财产所有权的根据，否定刑法可以采用相对独立的实质标准来作判断，这又走向了另一个极端，会过于缩小财产罪的处罚范围，不利于保护财产所有权。

同时，也应当看到，财产所有权与占有（或持有）紧密联系，在占有与所有权未分离的情况下，自然是占有者享有所有权。当占有与所有权相分离时，财物的占有者不是所有者，第三者采用盗窃等非法手段取得或者毁坏这种财物，无疑会侵害他人的财产所有权，肯定可以构成相关的财产罪。如果是非法占有，如采用盗窃等非法手段取得的赃物，第三者又采用盗窃等非法手段夺走，这又应如何解释呢？有学者认为，这是对原所有者的所有权的再次侵害。②这样解释也有一定道理。不过，应该注意，对所有权的侵害，与占有者本身对财产的占有是合法还是非法并无直接关系。只要某物能体现财产所有权关系，所有者之外的第三者采用刑法规定的盗窃等非法手段取得或毁坏该物的，就可以构成侵害所有权的财产罪。如果所有者将他人非法占有的自己的所有物取回，自然不存在侵害所有权的问题，不可能构成盗窃罪。如果自己所有的财物在他人合法占有之下，所有者采用秘密手段窃取，则有可能构成盗窃罪。之所以如此，是因为这会给他人带来财产损失，从根本上损害他人的财产所有权。例如，某人把自己的电视机送到修理店修理，夜间撬开修理店门搬回家之后，又找修理店索赔，修理店不明真相，只好作价赔偿。表面上看，行为人窃取的是自己所有的财物，但实际上这同修理店花相当的价格买下这台电视机后被其偷走，没有太大差别，当然是侵犯了店主的所有权，因而构成盗窃罪。反过来，如果取回他人合法占有的自己的财物，不会给对方造成财产损失。如擅自溜进旅馆服务台，将自己存放的提包私下取走，只是为了图省事，并不想找旅馆索赔，也未给旅馆造成财产损失。这当然谈不上侵犯了旅馆的财产所有权，因而也不构成盗窃罪。

第二节　财产罪中的财物

财产罪侵犯的对象（或侵犯财产罪的对象、财产罪的对象）是“公私财物”或

① 张明楷．刑法学．2版．北京：法律出版社，2003：743－747.

② 林干人．财产犯的保护法益．东京：东京大学出版社，1984：154.

"他人财物"。关于财物的概念，各国刑法大多未作明文规定，由此而产生众多分歧。其中，主要涉及如下几个问题。

一、财物是否仅限于有体物

关于侵犯财产罪对象的财物是否仅限于有体物的问题，刑法理论界早就有争议，各国司法实践中的做法也不一样。例如，对窃电行为，德国过去的帝国裁判所从有体性说的立场出发，认为电不具有财物性，对盗用电的行为应该另外立法（另定处罚规则），而不能按盗窃罪处罚；但法国的审判实践则把财物的范围扩大到了包含电力。① 在日本，关于刑法上是否应该与民法一样把财物限定为有体物的问题，理论界和实务界有较大争议。主要存在有体性说与管理可能性说两种观点的对立。有体性说认为，刑法上的财物仅指有体物。但有体物不以固体为限，还包括液体和气体。如盗取煤气、蒸汽和冷气，就可能构成盗窃罪。不过，电等能源不是财物，即使是不当使用了，也不能评价为夺取了财物。② 但是，管理可能性说认为，财物是指人有管理可能性的东西。不光是有体物，有管理可能性的无体物也是财物。此说又可以分为两种：一种是"事务的管理可能性说"，认为不只是有物理的管理可能性的东西是财物，债权之类的权利等仅有事务的管理可能性的东西也是财物。按这种学说，"盗窃权利"可能成立盗窃罪。③另一种是"物理的管理可能性说"，认为财物应限定在有物理的管理可能性的范围内，仅有事务的管理可能性，而无物理的管理可能性的东西不是财物。如电、热等有物理的管理可能性的能源是财物，但权利等观念上的东西不是财物。还有广播电视台发送的电波、企业秘密，也同样因为不具有物理的管理可能性而不能认为是财物。此说是日本刑法理论上的通说，也是日本法院判例所持的基本主张。④

我国台湾地区有学者倾向于有体性说⑤，但我国大陆学者大多不赞成此说，认为刑法上的财物应包括有体物与无体物。⑥ 我国现行刑法和过去的司法实践，都采取后一种主张。刑法第 265 条就是一个例证，该条明文规定，"以牟利为目的，盗接他人通信线路、复制他人电信码号或者明知是盗接、复制的电信设备、设施而使用的"应依照盗窃罪的规定定罪处罚。最高人民法院在 2000 年 5 月作出的有关司法解释中还明确指出，"将电信卡非法充值后使用，造成电信资费损失数额较大的"，"盗用他人公共信息网络上网账号、密码上网，造成他人电信资费损失数额较大的"，应依照刑法第 264 条的规定，以盗窃罪定罪处罚。对于把电力、煤气、天然气等作为盗窃罪的对象的行为，则过去的司法解释早就有规定。应当注意的是，

① 大塚仁，等．刑法解释大全：9 卷．东京：青林书院，1988：165.
② 前田雅英．刑法各论讲义．东京：东京大学出版社，1995：162.
③ 刑事法令研究会编．财产犯：上卷．东京：立花书房，1992：21.
④ 香川达夫．刑法讲义（各论）．东京：成文堂，1996：486.
⑤ 林山田．刑法各罪论：上．北京：北京大学出版社，2012：211.
⑥ 张明楷．刑法学：下：5 版．北京：法律出版社，2016：933.

尽管1992年“两高”的有关司法解释对包含在商业秘密范围中的重要技术成果是否可以成为盗窃罪的对象持肯定态度，但现行刑法已将技术成果排除在盗窃罪的对象范围之外，刑法第219条把盗窃技术成果包容于侵犯商业秘密罪中。由此可见，权利等无物理的管理可能性的东西，不能成为我国刑法规定的盗窃等侵犯财产罪的对象。

比较以上两说，不难看出两者各有利弊。有体性说对财物范围的界定很明确，便于司法实践掌握和认定，并且符合罪刑法定主义的要求。其弊病在于，对财物的范围限定过窄，不利于保护公民的某些特殊财产权利。例如，盗用电力、盗打电话等同盗窃他人金钱、实物并无实质的差别，都会使所有者遭受财产损失，没有理由不给予同等保护。管理可能性说正是为了克服这一弊病，才提出将财物的范围扩大到包括有管理可能性的无体物。但这样一来，又出现了范围难以界定，并有违反罪刑法定主义嫌疑的问题。最好的办法是以有体性说为原则，同时，法律明文规定哪些无体物以财物论，对法律无明文规定的无体物，不得任意解释为属于侵犯财产罪对象的财物。

二、财物是否仅限于动产

在大陆法系国家，不动产可以成为诈骗罪、敲诈勒索罪、侵占罪的侵害对象已无异议，对于不动产能否成为盗窃罪、抢劫罪的侵害对象，则有认识上的分歧。一般认为，在他人的土地上挖取沙土、从他人的果树上采摘果实，由于沙土、果实作为不动产的一部分已被动产化，当然可能构成盗窃罪、抢劫罪。但是，如果私下移动分界线，侵蚀邻人的土地，这类纯粹以不动产为侵害对象的行为，能否构成盗窃罪、抢劫罪，则是一个有争论的问题。特别值得一提的是，20世纪60年代以前，日本对这一问题也有较大争议，但1960年对刑法作部分修改时，增设了境界损坏罪、不动产侵夺罪。此后，由于对这类行为均按不动产侵夺罪定罪处罚，有关盗窃罪的对象是否包含不动产的争论，也就随之消失。①

我国刑法理论界对抢夺罪、聚众哄抢罪、挪用资金罪的对象只限于动产已无异议，但对盗窃罪、抢劫罪的对象是否以动产为限有不同认识。有的学者认为，盗窃、抢劫罪的侵害对象不包括不动产②；另有学者认为，抢劫罪的对象既可以是动产，也可以是不动产③，盗窃罪的对象除了动产之外，还可以是不动产。④ 在笔者看来，由于不动产可以通过向一定的管理部门登记而取得法律上的支配权，因此，采用欺诈手段变更登记，或者采用威胁讹诈的方式，迫使所有者作转移占有的登记，从而使他人丧失对不动产的占有权乃至所有权的事，有可能发生，因而不动产可以成为诈骗罪、敲诈勒索罪的侵害对象。同样道理，不动产也可以成为侵占罪的

① 大塚仁．刑法概说（各论）．东京：有斐阁，1996：174－175.

② 金凯主编．侵犯财产罪新论．北京：知识出版社，1988：7.

③ 张明楷．刑法学：2版．北京：法律出版社，2003：749.

④ 高铭暄，王作富主编．新中国刑法的理论与实践．石家庄：河北人民出版社，1988：588.

客体。至于毁损不动产可以构成毁损财物罪，更是不争之论。但是，盗窃罪是以窃取他人财物为本质特征的，一般采取不被财物的所有者发觉的方式而取得其财物。正因为如此，所有者的财物一旦被窃，往往一时难以发现行窃者。但不动产的不可移动性决定了它不可能成为窃取的对象。通过移动分界线等手段固然可以侵夺土地等不动产，但由于侵夺者是谁往往一目了然，因而很难说是窃取。即使有必要予以犯罪化，也是要另立罪名的问题，而不应当将其归属于盗窃罪。抢劫罪的特点有所不同，它是以暴力、胁迫等侵害人身的手段当场夺取他人财物。行为人要当场夺取他人不动产，并转移财产的所有权，这往往不可能。采用暴力、胁迫等手段强行占用他人不动产以获取财产上的利益，倒是有可能发生，在设有“抢劫利益”之法律规定的国家（如日本），按抢劫利益罪处罚也无可非议。但不能以此作为不动产可以成为抢劫罪侵害对象的理由。因为在这种情况下，行为人所劫取的只是财产性利益，而非不动产本身。

三、财物是否仅限于有经济价值之物

作为盗窃罪对象的财物是否以有价值为必要？财物的价值是否仅限于经济价值？财物有无价值是从客观方面还是从主观方面来判断？这些都是外国刑法理论上有争议的问题。我国刑法理论界对作为财产罪侵害对象的财物必须有价值已无异议，至于这种物是否必须有经济价值以及是从客观上还是从主观上来判断其有无价值，学者们认识不一。一种观点认为，“作为侵犯财产罪对象的财物，并不要求具有客观的经济价值，只要所有人、占有人主观上认为该物具有价值，即使它客观上没有经济价值，也不失为侵犯财产罪的对象。例如，某些纪念品、礼品，本身不一定具有客观的经济价值，但所有人、占有人认为它具有价值，社会观念也认为这种物值得刑法保护，因而属于财物”①。但另一种观点认为，只有具有一定经济价值的财物，才能成为财产罪的侵害对象。“判断某种物品是否具有经济价值，其标准应是客观的，不能以主观上的标准来评判。经济价值是指能够用客观的价值尺度衡量的经济效用。某件物品是否具有经济价值，主要通过市场关系来体现。”②

笔者认为，作为财产罪侵害对象的财物必须是有价值之物，无任何价值的东西，刑法当然不必给予保护。并且财物的价值只限于金钱价值或交换价值，只能从客观上来作判断。如果某种物品不具有金钱价值或金钱价值很低，但却有其他方面的重要价值，如打印在一张纸上的重要国家机密，刑法固然要给予保护，只是不应该作为财物来保护。盗窃、抢夺这张纸，即使构成了犯罪，也不应认为构成盗窃罪、抢夺罪之类的财产罪。因为行为对象所体现的社会关系或法益，并非财产所有权。如果某种物品不具有金钱价值，但所有者、占有者认为有特殊价值，如情人写给自己的信，即使收信者认为极为珍贵，也由于它体现的不是财产所有权关系，同

① 张明楷．刑法学：2版．北京：法律出版社，2003：748.

② 赵秉志．侵犯财产罪研究．北京：中国法制出版社，1998：159.

样不能成为财产罪侵害的对象。另外，财物价值的大小对判断侵害财产行为的社会危害性程度有重要意义，主观上意图侵害和客观上实际侵害的财物价值很低者，其社会危害性程度通常也很低，因而不必当作犯罪来处罚。

四、财物是否包含违禁品

违禁品是法律禁止私人所有、占有的物品，如毒品、淫秽物品、伪造的货币、枪支弹药，等等。那么，这类物品能否成为财产罪的侵害对象，也就是说采用盗窃、欺诈、抢夺、抢劫等手段，从他人手中夺取这类违禁品，能否构成盗窃罪等财产罪呢？我国刑法学界主要有两种观点：一种观点认为，枪支弹药、鸦片烟毒、淫书淫画等违禁品，均不属于非所有物，所以也可以成为财产罪的侵害对象。① 另一种观点认为，违禁品能否成为侵犯财产罪的对象关键在于刑法是否已就取得违禁品的行为规定了相应的其他性质的犯罪。因此，在我国刑法已规定了盗窃、抢夺、抢劫、私藏枪支弹药等罪名的情况下，枪支弹药显然不再属于侵犯财产罪的对象。至于未规定相应罪名的其他违禁品，则有可能成为侵犯财产罪的对象。②这两种观点中，前者是一种肯定说，后者是一种折中说。

笔者认为，违禁品不能成为财产罪的侵害对象。因为作为财产罪侵害对象的财物，理应是足以体现财产所有权关系的物，违禁品既然是法律禁止所有的物品，不能体现财产所有权，那就不能成为财产罪的侵害对象。但是，这并不意味着采用盗窃等手段夺取违禁品就完全不可能构成犯罪。相反，按照我国和其他一些国家的法律规定，夺取某些违禁品的行为本身就构成犯罪。如盗窃、抢夺、抢劫枪支、弹药的，构成盗窃、抢夺、抢劫枪支、弹药罪。另外，即使对夺取违禁品的行为本身不治罪，对夺取之后非法持有、利用的行为，往往也是可以按有关罪名定罪处罚的。例如，盗窃毒品之后非法持有者，可以定非法持有毒品罪，盗窃毒品后予以销售者，可以定贩卖毒品罪。但是，按这些罪名来处罚行为人，并不意味着是对原来持有违禁品者的“持有权（或占有权）”“所有权”的保护，也不是因为行为人的行为侵犯了他人的财产权，而是侵犯了其他方面的社会关系，构成了其他的犯罪。

五、财物是否包含祭葬物

祭葬物是指尸体、遗骨、遗发等放在棺内埋葬，在宗教或感情上作为祭葬对象的物。③祭葬物是否属于财物，掘坟盗墓取得祭葬物能否构成盗窃等财产罪，也是理论上有争议的问题。过去，我国刑法理论界的通说认为，埋葬在坟墓中的物品，可以成为盗窃罪的对象。④ “两高”在 1992 年的有关司法解释中也明确指出，如果为窃取财物而盗掘古墓葬之外的其他墓葬，窃取财物数额较大或者情节严重的，以

① 金凯．侵犯财产罪新论．北京：知识出版社，1988：11.

② 赵秉志．侵犯财产罪研究．北京：中国法制出版社，1998：30－31.

③ 这里的祭葬物不包括无主的或者有珍贵历史、考古价值的古墓葬内的物。

④ 高铭暄，王作富．新中国刑法的理论与实践．石家庄：河北人民出版社，1988：583.

盗窃罪论处。至于尸体能否成为财产罪的侵害对象，特别是对盗掘坟墓取得尸体予以出卖的行为如何定罪的问题，由于过去的刑事法律无明文规定，在定性上理论界时常发生争论。但是，1997 年刑法典颁布之后，该法第 302 条将盗窃、侮辱尸体的行为单独规定了罪名，上述争论也就随之而消失了。

笔者认为，财物的所有权是以权利人对财物占有、使用、收益、处分为内容的。放在棺内埋葬的人的尸体和其他随葬物品，一般只是作祭祀之用，不会当作财物来占有、使用、收益、处分，因此，应该被认为是放弃了所有权的物，从而也就不能成为财产罪的侵害对象。掘坟盗墓取得祭葬物的实质，不是侵犯了他人对财产的所有权关系，而是伤害了他人对死者的感情，妨害了社会秩序。对这样的行为，刑法有必要单独设处罚规定。1997 年刑法典第 302 条增设盗窃、侮辱尸体罪就是一个例证。但是，该刑法典只是对盗窃、侮辱尸体的行为作了单独的处罚规定。2015 年颁布的《刑法修正案（九）》通过修改该条规定，拓展了处罚范围，增列了故意毁坏行为，同时将尸骨、骨灰也纳入侵害对象范围①，但仍未将盗窃坟墓中的随葬物品纳入其中。这应该是立法上的一个漏洞，今后有必要通过进一步的修改予以完善。在刑法没有将盗窃有经济价值的随葬物品单独设处罚规定的情况下，对于盗窃古墓葬之外的一般墓葬中的财物，价值数额较大的，还是只能酌情以盗窃罪论处。不过，这只是权宜之计，并非最佳选择。

六、财物是否包含人的身体

人的身体是人格权的对象，不是所有权的对象，所以不能将其视为财物。杀伤人的行为自然不构成故意毁坏财物罪，盗窃婴儿的行为也不可能构成盗窃罪。但是，人的肢体、脏器等与人的身体相分离后，能否成为财物？在德国和日本，有学者持肯定态度，认为与身体相分离的脏器、组织是财物，不仅其所有权归属于本人，而且本人可以将所有权转移给他人。因此，采用盗窃等非法手段取得被分离的脏器、组织的，自然可以构成盗窃等财产罪。② 我国也有学者认为，人体的某一部分与人体分离后，可以成为财产罪的对象。比如，从人身上剪下来的头发被用作道具时，就成为具有经济价值之物；从人体上抽取出来的血液，经医学上处理、贮藏后，自然可以成为盗窃等财产罪的侵害对象。③ 甚至还有学者认为，活人的器官也可以成为盗窃罪的对象。因为随着医学的发展，人体器官移植成为现实，所以活人的器官具有了某种经济价值。④ 但是，笔者不赞成这种观点。因为不得为追求财产

① 1997 年刑法第 302 条原来规定为："盗窃、侮辱尸体的，处三年以下有期徒刑、拘役或者管制。"2015 年修改后现在规定为："盗窃、侮辱、故意毁坏尸体、尸骨、骨灰的，处三年以下有期徒刑、拘役或者管制。"

② 町野朔．犯罪各论的现在．东京：有斐阁，1996：112－113.

③ 金子桐，等．罪与罚——侵害财产罪和妨害婚姻家庭罪的理论与实践．上海：上海社会科学院出版社，1987：54.

④ 陈兴良，等．案例刑法教程：下卷．北京：中国政法大学出版社，1994：296.

上的利益而移植脏器、禁止买卖脏器，已成为国际上公认的生命伦理原则。把与人体分离的脏器视为财物，显然有悖于这一原则。再说，无论人的脏器是留在身体上还是分离出来了，其作为人格权的对象的性质并无差异，为何一旦与身体相分离，就突然由人格权的对象变成了财产所有权的对象？不过，上述肯定说也有一定的道理。脏器与人体分离，经过特殊加工处理后作为治疗疾病的备用品时，无疑是具有经济价值的，自然可能成为盗窃等财产罪的侵害对象。这是因为它已渗透了医务人员或其他人的劳动，这种创造性的劳动本身也是有经济价值的。但是未经本人同意对其施行手术从其身体上摘取器官出卖牟利的，则是一种严重侵害人身的伤害行为，不能以盗窃等侵害财产的犯罪来论。

七、财物是否包含财产性利益

有些国家的刑法专门规定了利益罪（或利得罪），如日本刑法第 236 条第 2 项、第 246 条第 2 项、第 249 条第 2 项，分别规定了强盗（利益）罪、诈骗（利益）罪和恐吓（利益）罪。在这些国家，作为财产罪侵害对象的财物与财产性利益是相并列的概念，两者之间不存在包容关系。但是，我国刑法并未对利益罪作明确规定，只是在解释论上学者们认为，财产性利益也可以成为诈骗等财产罪的侵害对象。因此，在我国，作为财产罪侵害对象的财物是从广义而言的，自然包括了财产性利益。只不过盗窃等财产罪的性质决定了财产性利益不可能成为其侵害对象，这就意味着对具体财产罪而言，作为其侵害对象的财物有的包含财产性利益，有的则不包含。从立法论上说，像日本刑法那样明确规定利益罪似乎更合理一些。因为法律明文规定利益罪，实际上也就确定了财产性利益可以成为哪些罪的侵害对象。这既符合罪刑法定主义的要求，又可以避免在解释上发生分歧，以维持执法的统一性。

一般认为，财产性利益是指财物以外的有财产价值的利益。这种利益既可能是永久的利益，也可能是一时的利益；既可能是积极利益，也可能是消极利益。积极利益是指取得权利之类的含有积极增加财产意义的利益，消极利益是指免除债务之类的不消极减少财产而产生的利益。

第三节 财产罪中的占有

一、占有的概念

占有是人对财物在事实上支配、管理的状态。由于刑法是通过处罚对财产的不法侵害行为来保护财产权利，因此对侵害财物占有的财产罪来说，行为人必须处于排除他人对财物的支配而将财物事实上置于自己支配下的状态时，才能构成。这就意味着刑法上的占有是比民法上的占有更为现实的概念，也就是说刑法上的占有必须是事实上占有，而不能只是观念上占有。根据我国和其他一些国家民法的规定，财物可以由代理人占有，占有还可以由被继承人当然转移给继承人。但是，这种民事法律意义上的占有，不能视为刑法上的占有。另外，民法上的占有必须基于“为自己的意思”，而刑法上的占有则不以此为限，还包括为他人占有的情形。正因为如此，许多学者为了避免概念上的混乱，而用“持有”或者“管理”等词语来代替刑法中的“占有”。

刑法上的占有虽然必须是事实的、现实的占有，但并不以实际上掌握财物为必要。例如，日本法院的判例认为，旅馆提供给旅客使用的棉袍，即使旅客穿在身上，也仍然视为在旅馆业主的占有之下，而不是在旅客占有之下。所以，判断某人对财物是否事实上占有，应该根据社会上一般人的观念并结合案件的具体情况而定。[①]

此外，刑法上的占有具有排他性。占有者对财物事实上的支配、管理，就意味着其他人不能支配控制财物，也就是排除了其他人对财物的支配或控制。但是，应该注意，排他性只是占有的一个特性，并非占有的本质或全部内容。我国有学者在论述贪污罪的构成要件时，把贪污罪的客观要件表述为“利用职务上的便利，实施了排除权利人对公共财物所有权的行为”，并认为“‘非法占有’、‘非法所有’或者‘非法占为己有’在刑法上的实际结果（危害结果）是完全相同的，都表现为排除权利人对财产的合法控制，并以此为前提排除权利人对财产进行使用、收益和处分的权利，从而实际剥夺权利人对财产的所有权”。因此，非法占有就是非法排除权利人对财物的所有权。[②] 这种观点实际上是把占有的排他性误解为占有的全部内容，失之于片面。因为占有的实质是对财物的支配或控制，行为人剥夺或排除他人对财物的占有乃至所有权，并不意味着他支配、控制了财物。比如，将所有人的财物直接砸毁，把别人鱼塘中的鱼放走，这些虽然排除了所有者对财物的占有乃至所有权，但却不能说行为人占有了其财物。

二、占有的主体

占有的主体是自然人。如前所述，占有是一个现实的概念，所以占有的主体只限于能够事实上支配并且基于自己的意思而行动的自然人。至于法人，虽然可以通过其机关的代表人占有财物，但是，因为法人是一种观念上的东西，它不能事实上支配财物，所以法人本身不能成为刑法上占有的主体。法人所有的财物通常应该认为是由它的代表人或管理人占有的。

另外，作为占有主体的自然人，不以有私法上的意思表示能力（意思能力）和民事上乃至刑事上负责任的能力（责任能力）为限。例如，幼儿、精神病人、醉酒导致心神丧失的人等，都能成为占有的主体。但是，刚出生的婴儿，由于事实上对财物完全不能支配，所以不能成为占有的主体。

① 法曹同人法学研究室编．详说刑法（各论）．东京：法曹同人，1990：169.

② 储槐植，梁根林．贪污罪论要//中国法学，1998（4）.

三、占有的有无

占有的有无，是指是否有人对财物处于支配、控制状态。一般认为，占财产罪绝大多数的取得罪分为夺取罪与侵占罪两类。以盗窃罪为代表的夺取罪是以夺取占有为基本特征的。盗窃罪与侵占罪的本质区别也就在于是否侵害他人对财物的占有。如果财物在他人的占有之下，行为人采用非法手段夺取，就有可能构成盗窃等夺取罪，但不可能构成侵占罪；反过来，如果财物不在他人的占有之下，而是由行为人占有或者不为任何人占有，那就不可能构成盗窃罪等夺取罪，而有可能构成侵占罪。由此可见，占有的有无对区分罪与非罪、此罪与彼罪具有重要意义。

人对财物是否处于事实上的支配状态，即是否存在占有，还要看其有无占有的意思。即使有客观的支配事实，但如果无占有的意思，仍然不能认为其占有了财物。所谓占有的意思，是指对财物有事实上支配的意思，但不要求对每件具体财物有特定的、具体的支配意思，而是只要有概括的支配意思即可。例如，在自己住宅内的财物，即便不知道其存在，甚至人不在家中，也应该认为是在屋主占有之下的。另外，占有的意思不以对财物有明确的、积极的、不间断的支配意思为必要。一般只要对财物没有积极的放弃占有的意思，就认为有占有的意思。例如，专心于其他事务而未顾及财物，处于睡眠状态忘记了财物的存在，这些都应该认为有占有的意思。不过，在某些情况下，判断有无占有的意思，通常要把表明某人支配财物的各种事实综合起来考虑。如果客观上支配的事实弱小，就应该要有具体的、积极的占有意思。一般来说，表明支配财物的主客观事实主要包括：支配的手段、方法、形态，作为被支配对象的财物被置放的场所及所处的状态，财物的种类、性质、形状，社会上的一般人采用的通常做法，等等。

从一些大陆法系国家的判例和学说来看，一般认为，以下几种情形是对财物事实上支配（即占有）的常见表现形式。①

（1）实际上掌握、监视（管理）着财物。如果实际上掌握着财物，当然也就能够支配财物，并且足以排斥他人支配财物，这是占有财物最通常的表现形式。另外，现实地监视着财物时，也很容易控制财物，并且排斥他人支配财物的可能性很大，这也是占有的一种基本表现形式。例如，养殖者在海洋的小岛上繁殖保护狐狸，并在饲养地域设有防盗装置。在这种情况下，由于狐狸在养殖者的监视下，所以属于养殖者占有，擅自捕获者可能构成盗窃罪。

（2）利用机械、器具等控制着财物。在这种场合，只要知道自己设置的机械、器具等的位置所在，通常就能控制财物。另外，从社会的观念而言，对他人支配下的机械、器具等，一般都应当爱护。因此，人为设置的圈套中的禽兽、邮政信箱中的邮件的占有，自然属于圈套的设置者、邮政信箱的所有者。还有海中固定设置的渔网，其中的渔获物也当然归设置者占有。

① 大塚仁，等．刑法解释大全：第9卷．东京：青林书院，1988：187－198.

（3）放在自己概括地支配场所内的财物。在这种情况下，特定场所的主人或管理者通常就能够控制财物，也有排斥他人支配财物的可能性。一般人对他人支配的场所也应当予以尊重。私人住宅当然是居住者自己概括支配的典型场所，在自己住宅内的财物无疑属于居住者自己占有。另外，日本有判例认为，旅客在旅馆厕所内遗失的钱包属于旅馆业主占有，拾得并占为己有者构成盗窃罪。

（4）能返回到饲养场所的动物。众所周知，鸡犬之类的家养动物有归巢的本能，即便是跑到饲养者不能支配的区域，只要他人不予捕获仍能返回到被饲养的原地。因此，这类动物在不失去归巢本能的限度内，饲养者对其有控制的可能性，应认为其在饲养者占有之下。他人如果非法捕获，就有可能构成盗窃罪。

（5）很容易推定所有者并且知道所有者还会来取走的财物。如果财物放在显眼的位置，从财物的性质等可以推断其所有者，知道所有者通常会来取走财物的，那就应该认为该财物属所有者占有。例如，所有者因一时疏忽，忘记将放在离自己住宅很近的公用道上的自行车推到家中存放，结果晚上被他人骑走。在这种情况下，应该认为所有者占有此财物，他人非法取得的，就可能构成盗窃罪。

（6）放置在难以被他人发现之场所的财物。如果财物放在他人难以发现但自己知道位置的场所，那么放置者自己就可能控制该财物，相反他人支配财物的可能性很小，因而应认为财物在放置者的占有之下。例如，被隐藏在野外山洞中且隐藏者知道所在位置的财物，就仍然属隐藏者占有。

（7）短时间与所有者分离，所在位置离所有者很近，所有者对此有明确认识的财物。在这种情况下，财物并未脱离所有者的占有。例如，某人离开酒店时，忘记拎上放在店内装有现金的手提包，走了约300米远之后，忽然回想起来，立刻返回原地来取，但包已被人拿走。对于此案，应认定手提包仍在所有者的占有之下，非法拿走者可能构成盗窃罪。但是，如果所有者不知道财物的具体位置，即使财物与其分离时间不长，并且距离很近，那也不能认为财物在所有者占有之下。问题是财物与所有者分离多长时间、所在位置间隔多远，才能认为其在所有者占有之下，这很难说清，也没有一个统一的标准。一般认为，应该从财物的种类、性质、形状、所在的场所等方面来酌情判断。

此外，当地震、火灾、战争灾害等特殊事情发生时，对占有之有无的判断，应与没有发生这类事情时有所不同。例如，战争灾害使一个装有大量物资的仓库被毁，仓库消失后长时间，所有者既没有设置围栏，也没有设置表示占有的标识，更没有派人去守护，原存放的残留物资处于无人管理状态。如果没有战争灾害这种特殊事由，这些物资不能说是在所有者占有之下的。正因为这发生在战争灾难时，所以日本法院的判例认为，仓库的所有者仍然占有着这些残留物资，非法拿走这种财物者构成盗窃罪。

四、占有的归属

占有的归属，是指谁在事实上支配财物，或者说财物归谁占有。例如，甲雇用乙在自己的商店当售货员，乙在事实上支配、管理待售商品及货款，那么待售商品及货款的占有究竟是属于甲、还是属于乙或者属于两者，这就是占有的归属问题。财物如果属于甲占有，乙暗中拿走，就可能构成盗窃罪；如果属于乙占有，乙私自拿走，则可能构成侵占罪；如果属甲乙共同占有，乙避开甲拿走，是构成盗窃罪还是构成侵占罪，理论上认识不一。由此可见，弄清占有的归属，对于区分此罪与彼罪有重要意义。

（一）上下、主从者之间的占有

如果数人参与管理、支配财物，数人之间存在上下、主从关系，那么财物的占有属于谁呢？在日本，关于这一问题，主要有三种观点：一是共同占有说。该说认为应该把占有概念的事实性（下位者的占有）与社会性（上位者的占有）综合起来考虑，肯定共同占有成立。处于从属地位的下位者取得财物的行为，无疑也是对处于主要地位的上位者的占有的侵害，这种复杂的从内部对占有关系的侵害，与那种从外部对无关系者的占有的侵害有重要差别，其实质是侵害了处于主要地位的上位者对下位者的信赖关系，所以构成侵占罪。①二是上位者占有说。该说认为处于主要地位的上位者与处于从属地位的下位者之间，不存在共同占有的问题，下位者只不过是上位者占有财物的辅助者，或者说是上位者占有财物的手段，因此，财物的占有应该归属于处于主要地位的上位者，处于从属地位的下位者私下拿走财物构成盗窃罪。这是日本的判例和多数学者所采取的主张。②三是折中说。该说认为不可一概而论，应分以下三种情况作不同处理。③

（1）作为辅助占有者的场合。下位者对财物的支配隶属于上位者，即下位者按上位者的占有意思及指令行事，在上位者的监督之下管理财物，下位者自己对财物没有处分权。在这种场合，下位者对财物只是物理地、机械地支配，只不过是上位者占有财物的手段，即只是辅助占有者，不是刑法上的占有者。因此，如果下位者排除上位者的占有，取得了财物，就构成盗窃罪。例如，店主（上位者）雇用店员（下位者）帮忙卖商品，店主在现场监视、管理财物。若店员趁店主不备，私藏钱物带走，那就成立盗窃罪。

（2）作为共同占有者的场合。下位者对财物有一定的处分权，在某种程度上被认为是从属的占有者。这种从属的占有者也有占有的意思，对财物的支配形式是与主要的占有者共同支配。例如，货物列车的列车员在运送货物的过程中，对货物就有某种程度的支配权，应该被认为与货主共同占有货物。如果列车员（从属的占有者）独占了财物，那就侵害了货主（主要占有者）的占有，构成盗窃罪。

（3）作为独立占有者的场合。即便是存在主从关系的占有，如果从属的占有者被委托对财物行使处分权，那么财物的占有就应该归属于这种从属的占有者。例

① 伊东研祐．刑法讲义各论．东京：日本评论社，2011：140.

② 阿部纯二，等编．刑法基本讲座：第5卷．东京：法学书院，1993：81.

③ 大谷实．刑法讲义各论．东京：成文堂，1983：200.

如，商店的掌柜（从属的占有者）受老板（主要的占有者）委托管理商店的财物，他对商店的财物有处分权。掌柜如果私下取得店内的财物，那就构成侵占罪。

我国刑法理论界过去很长时期对这一问题几乎无人问津，晚近才有学者提出了一种类似于折中说的观点，认为“刑法上的占有通常属于上位者（店主），而不属于下位者（店员）。即使下位者事实上握有财物，或者事实上支配财物，但也只不过是单纯的监视者或者占有辅助者。因此，下位者基于不法所有的目的取走财物的，成立盗窃罪。但是，如果上位者与下位者具有高度的信赖关系，下位者被授予某种程度的处分权时，就应承认下位者的占有，下位者任意处分财物，就不构成盗窃罪，而构成其他犯罪”①。

比较以上三种观点，不难看出共同占有说失之于片面。因为在上位者直接监视下位者管理财物，下位者只是物理地、机械地支配财物的场合，就很难说是共同占有，应该认为是上位者占有财物（下位者不占有财物）。相反，在上位者只从宏观上管理控制财物，而委托下位者直接管理、支配财物的场合，则应该认为下位者是财物的占有者（上位者不占有财物），上述掌柜与老板之间的占有关系就是适例。另外，上位者占有说也与共同占有说有同样的弊病。因为除了存在下位者占有（上位者不占有）财物的相反情况外，上位者与下位者共同占有财物的现象也有可能发生。折中说认为，在有上下、主从关系的数人参与管理、支配财物的场合，应根据具体情况，分别视为上位者占有、下位者占有或者双方共同占有，这比较合理。不过，折中说把在共同占有的场合，下位者避开上位者拿走财物的行为认定为盗窃罪，则不妥当。因为既然下位者也是财物的占有者，那么他拿走自己所占有的财物，当然就谈不上是夺取占有，而盗窃罪是一种夺取罪，其基本特征是夺取占有。再说，即便是在共同占有的场合，取得自己所占有的他人财物的，同接受他人委托单独占有之后予以侵吞的，也并无实质的差别，没有理由区别对待。

（二）对等关系者之间的占有

上下、主从者之间是所谓纵的关系，他们之间所涉及的对财物的占有，一般是择一的占有，即由上位者或下位者占有。而对等关系者之间则是横的关系，所涉及的占有通常是重叠的共同占有，也就是所有对等关系者都共同支配财物。例如，某仓库由二人共同管理、承担相同的责任，二人各执一把开门的钥匙，只有同时使用才能开门。很显然，二人共同占有仓库内的财物。若其中一人避开另一人拿走了财物，那就侵害了作为共同占有者的他人对财物的占有，构成盗窃罪。②这是日本的判例所采取的基本主张，也是目前日本刑法理论上的通说。我国的通说也认为，“对于共有财物的使用、处分，应经全体共有人的同意，如果未经他人的同意而擅自窃取、盗卖共有财物的，等于盗窃他人财物”③。但是，也有学者认为，这种侵

① 张明楷．刑法学：下．北京：法律出版社，1997：773－774.

② 曾根威彦．刑法的重要问题（各论）．东京：成文堂，1996：152－153.

③ 高铭暄，王作富．新中国刑法的理论与实践．石家庄：河北人民出版社，1988：584.

害行为构成侵占罪。如我国台湾地区有学者指出，“在平行对等之共同持有支配关系中，支配管领地位相同之各个共同持有人之间，彼此不告而取之行为……不成立窃盗罪……只能成立侵占罪”①。另外，还有学者认为，这里面存在盗窃罪与侵占罪之间的法条竞合问题，根据处理法条竞合的原则，应按侵占罪定罪量刑。②

在笔者看来，认为上述共同占有者拿走自己所占有的财物构成盗窃罪，并不合理。因为对等关系者之间的共同占有包括两种类型：一是财物的所有权属于他人，共同占有者只是受他人委托占有财物；二是财物的所有权属于所有共同占有者。在前一种场合，共同占有者中的一方私下拿走共同占有的财物，其实质是侵犯了委托者对受托者的委托信赖关系；在后一种场合，虽然不存在明确的委托关系，但是在共有财产没有分割之前，每一方既是自己财物的占有者，又占有着对方的财物，反过来，也都基于信赖自愿将自己所有的部分财物交对方占有，如果一方避开另一方私自拿走共有的财物，这其中自然有一部分是属于对方所有的，也就是将对方交给自己占有的财物侵吞了，这无疑是侵占而不是盗窃。再说，侵占罪与盗窃罪在取得财物的方式上有重要差别，二者之间也不可能存在法条竞合的问题。

（三）被包装物的占有

受委托保管、搬运的财物被装在容器中，并且盖有封印或者已被锁住，那么内面所装的财物（内容物）是属于委托者占有、还是属于受委托者占有或者属于两者共同占有，受委托者私下从中抽取财物，是构成盗窃罪还是构成侵占罪，这也是理论上有争议的问题。对此，大致有以下几种主张。

（1）受托者占有说。此说重视物理地、现实地控制财物这一面，认为委托者既然将财物交给受托者保管、搬运，财物的整体已与委托者相分离，转由受托者掌握控制，就应该认为财物的占有已完全由委托者转向受托者。因此，受托者无论是取得被包装物的整体，还是抽取其中的内容物，都构成侵占罪。③

（2）委托者占有说。此说强调财物被包装封印、被锁住，注重规范的一面，认为这种被加了封印或被锁住的包装物，虽然已交给受托者保管、搬运，但受托者并不能拆封或开锁，更不能对内面所装的物质加以处分，实质上对该财物没有支配权，而这只不过是委托者支配财物的一种手段。因此，受托者虽然现实地掌握或看守着财物，但作为刑法上的占有，不管是被包装物的整体还是其内容物，都应该归属委托者。受托者无论是取得被包装物的整体，还是抽取其内容物，都构成盗窃罪。④

（3）区别说。此说认为，对被包装物的占有问题，不可一概而论，应该将被包装物的整体与其内容物分别开来谈论。由于被包装物的整体已交给受托者，受托者现实地支配着它，当然是由受托者占有。但是，对其内容物，由于委托者加了封

① 林山田．刑法特论：上册．台北：三民书局，1978：212.
② 刑事法令研究会．财产犯：上卷．东京：立花书房，1992：101.
③ 牧野英一．刑法各论：下．东京：有斐阁，1951：628.
④ 团藤重光．刑法纲要各论．3版，东京：创文社，1990：570.

印、上了锁，受托者不能拆封，也不能打开，根本无处分的权利，这就意味着受托者只是委托者支配这部分财物的工具，因此，对被包装的内容物，委托者仍然保留占有。受托者如果取得了被包装物的整体，就构成侵占罪；如果只是抽取内面所装的财物，则构成盗窃罪。此说是日本的判例所持的立场。①

（4）修正区别说。此说基本上立足于区别说，认为被包装物的整体由受托者占有，其内容物则不仅仅由委托者占有。因为被包装物的整体由受托者掌握，从物理的侧面考虑，受托者也同时占有内容物，即由双方共同占有。如果受托者抽取被包装的内容物，当然就侵害了共同占有者的另一方对财物的占有，构成盗窃罪；假如取得了全体被包装物，则意味着被包装的内容物也遭受了侵害，相对于被包装物的整体而言，构成侵占罪，而相对于其内容物来说，则成立盗窃罪，两者之间是观念的竞合。按处理观念竞合的原则，就要以法定刑更重的盗窃罪定罪处罚。这样一来，结论就与委托者占有说完全相同了。②

另外，还有一种修正说认为，被包装物的整体是受托者占有的，内容物则是受托者与委托者共同占有的。受托者拆封或开锁取得内容物，无疑侵害了共同占有，但这属于侵占罪与盗窃罪之间的法条竞合问题，按处理法条竞合的原则，应定为侵占罪。至于取得（或处分）被包装物的整体，也构成侵占罪。这样的结论与前述受托者占有说完全一致。③

以上几种学说中，委托者占有说的弊病是片面强调被包装物在法律上的特殊性，而忽视了受托者实际掌握财物的一面。如前所述，刑法上的占有具有事实性，即必须是事实上支配财物。既然被包装物已交给受托者保管、搬运，财物已与委托者相分离，那么委托者怎么能排开受托者成为独立的占有者呢？例如，邮递员受委托为顾客投递包裹，离开邮局后行进在投递途中时，还认为包裹不在邮递员的占有之下，而是在委托者的独立占有之下，这显然不合情理。

区别说的弊病在于把被包装物的整体与其内容物完全割裂开来，认为被包装物的整体由受托者占有，而其内容物则由委托者占有。但是，整体是由部分组成的，把组成整体的所有部分都抽掉了，那么整体就成了虚幻的东西。就被包装物而言，如果内容物属委托者占有，剩下的就只是作为外壳的包装箱等属于受托者占有，那么这种占有就失去了实质意义。再说，受托者取得（或侵吞）整体的被包装物的，按区别说的逻辑推论，也不能笼统说只构成侵占罪，而应该认为相对包装箱等外壳，构成侵占罪，相对于其内容物则成立盗窃罪。另外，按区别说处理案件，还会产生刑罚不均衡问题。因为侵占罪的法定刑比盗窃罪的低，如果取得被包装物的整体构成侵占罪，抽取其内容物的一部分成立盗窃罪，这就意味着侵害程度严重者反而比侵害程度轻者处更轻的刑罚，当然是不合理的。

① 大谷实．刑法讲义各论．3版，东京：成文堂，1990：197.

② 西原春夫．犯罪各论．2版．东京：筑摩书房，1983：214.

③ 阿部纯二，等编．刑法基本讲座：第5卷．东京：法学书院，1993：81.

但是，也有持区别说的论者辩解说，刑罚的不均衡问题不会发生。以邮递员把自己所要投递的内面装有现金的包裹据为己有为例，表面上看是取得被包装物的整体的业务侵占行为，但是从行为人的目的来看，是想取得其中的现金，其实质是取得属于委托人占有的内容物，所以应该定为盗窃罪。这同从包裹之中抽取部分现金在定罪上并没有差别，不会导致不合理的结论。①可是，在现实生活中，受托者取得被包装物的整体，绝非是想得到一个没有多少金钱价值的包装箱等外壳，而总是想要取得其中的内容物，如果把这种行为也定为盗窃罪，那么受托者取得被包装物的整体与抽取其中的内容物就没有区别了，实际的结论也就与前述委托者占有说相同了。还有持区别说的论者解释说，取得被包装物的整体与拆封之后抽取其中的内容物，在行为方式上有差别，后者的罪状更重，所以对后者比前者处罚重一点也是合理的。②但是，如果说增加了拆封这种手段就使罪状加重，甚至使行为的性质发生改变，这是很难令人信服的。况且，受托者将被包装物完整地拿回去之后，必定也会拆封取出其中的内容物，如果认为在单位内拆封抽取内容物罪状就重，拿回家拆封取出内容物罪状就轻，这也不合情理。只不过在保管、搬运过程中开封抽取部分内容物，尔后又恢复其外貌的，比那种侵吞整体被包装物的行为，更具有隐蔽性，更容易逃避法律责任而已。

两种修正区别说由于都是以区别说为理论基础的，所以，也存在与区别说相类似的弊病。与区别说有所不同的是，修正区别说认为，被包装的内容物不只是由委托者一方占有，而是由委托者与受托者双方共同占有。但是，如果被包装物的整体已由受托者单独占有，那么其内容物也就没有另由委托者占有的余地。既然对被包装物的整体与其内容物不能分割开来区别对待，那也就不存在修正区别说所提出的观念竞合、法条竞合问题。

相比之下，受托者占有说较为合理。因为委托者将被包装物交给受托者保管、搬运之后，受托者就在事实上成为财物的支配者，财物一旦丢失或损坏，他相应地就要承担赔偿责任。这就具备了刑法上占有的基本特征。反过来，委托者将财物交给受托者之后，就在事实上失去了对财物的控制。至于对被包装物，受托者只负责按合同规定的方式妥善保管、搬运，对被包装的内容物出现腐败变质、泄漏等损失，不承担赔偿责任。并且受托者不能拆开包装处分其中的内容物，这似乎表明受托者对内容物并无处分权，相反，委托者有这种权利。但这是从民事法律的角度而言的，而民法上的占有并不等于刑法上的占有，前者可以是观念上、规范上的占有，后者则必须是事实上的占有。正因为受托者事实上支配着被包装物，委托者对其只在观念上、法律上支配，在事实上失去了控制，所以只有受托者才是刑法上的占有者。不管受托者是取得被包装物的整体，还是抽取其中的内容物，都应该定为

① 藤木英雄．刑法讲义各论．东京：弘文堂，1976：276.

② 大谷实．刑法各论的重要问题．东京：立花书房，1990：198.

侵占罪。

五、死者的占有

一般来说，自然人是刑法上占有的主体。但是，死者在一定场合、特别是死亡之后的短时间内，是否可以成为占有的主体呢？这就是西方刑法理论上提出的所谓死者的占有问题。从来，这一问题主要是在以下三种场合展开议论的。

（一）出于夺取财物的意图，将被害人杀死后取得其财物

行为人最初就有杀害被害人后取得其财物的意思，实施杀人行为之后，取得了被害人生前所占有的财物。在这种情况下，取得财物的行为，是作为抢劫罪[①]或抢劫（致人死亡）罪的组成部分，还是单独构成其他的犯罪？如果只是从事实方面考察，杀害被害人的阶段构成故意杀人罪，被害人死亡之后取得其财物的阶段成立盗窃罪，结果是按故意杀人罪与盗窃罪来合并处罚。这是从死者继续占有财物的观点出发而得出的结论，难以被人们所接受。在我国，尽管刑法学界对这一问题认识不一（有的认为应定为故意杀人罪，也有的认为除此之外还构成抢劫罪），但通说认为只构成抢劫罪。[②]在日本等大陆法系国家，学说和判例也都一致认为，以杀人作为手段而夺取财物的行为，构成抢劫杀人罪。然而，抢劫罪与盗窃罪一样，以财物在他人占有之下即侵害他人对财物的占有为特色，那么怎样解释上述行为侵害了他人对财物的占有呢？对于这一问题，大陆法系国家刑法理论上有以下几种不同的解释。[③]

第一种观点认为，被害人死亡的同时财物的占有就转移给了继承人，夺取被害人生前占有的财物，实际上就构成对继承人占有的侵害。但是，如果被害人的财产没有人继承或者犯人本身是继承人，按这种观点就无法得到说明；再说，从民法上讲，被害人死亡时其财产确实就已转移给继承人占有，但刑法上的占有是以人在事实上支配财物为基本条件的，在继承人还没有现实地获得财产时，不能认为已转移给继承人占有。

第二种观点认为，被害人被杀害的瞬间，财物的占有就转移到了行为人。但是，抢劫罪是一种复行为犯，既要有侵害人身的手段行为，又要有取得占有财物的目的行为。如果说行为人杀害被害人的瞬间就取得占有了其财物，这等于否定了取得占有行为本身在抢劫罪中的意义；假如行为人在杀害对方时因被人发现而未来得及拿走财物，按上述观点，就属于抢劫既遂。而实际上，只有从死者身上取出其财物才能视为取得占有，才成立抢劫既遂。[④]

① 日本等国称之为强盗罪。

② 赵秉志．侵犯财产罪．北京：中国人民公安大学出版社，1999：55－56.

③ 法曹同人法学研究室．详说刑法（各论）．东京：法曹同人，1990：176－177.

④ 关于这一问题，我国刑法理论上的通说认为，抢劫致人死亡者一律以既遂论，不存在未遂的问题。但笔者认为，抢劫罪既然是侵犯财产的犯罪，理当同其他侵犯财产罪一样，以行为人是否取得财物来论既未遂；再说，致被害人死亡而未取得财物者，同已取得财物者相比，在社会危害性程度上毕竟有差别，以抢劫未遂论更符合以社会危害性程度决定刑罚轻重的原理。

第三种观点认为，对占有侵害行为应该从被害者死亡前后的情形来作统一的、整体的考察，着眼于被害者生前拥有对财物的占有，而行为人通过杀害、盗取这一系列的行为，侵害被害者的占有，并将财物移转为自己占有，所以行为人在被害人死后取得其财物，也仍然存在侵害占有的问题。这种观点虽然没有从正面直接肯定死者占有财物，但实际包含这层意思。而死者不可能有占有的意思，也不可能成为事实上支配财物者。

第四种观点认为，以杀人作为手段夺取财物的行为，归根到底构成对死者生前占有的侵害。这种观点比较合理。因为杀害行为本身可以说是夺取财物的暴力手段的极端表现，即通过杀害行为来排除被害人对其财物的掌控，所以，就应该认为杀害行为实施时是侵害被害者生前占有的抢劫罪实行的着手，被害者死后取得其财物是抢劫既遂的标志。这种场合既不是侵害继承人对财物的占有，也不是侵害死者的占有，而是侵害被害者生前对财物的占有。至于行为人在被害者死后才取得其财物，这只不过是侵害生前占有的结果。

（二）杀害被害人之后才产生取得其财物的意图

行为人在杀害被害人之后，立刻产生了占有其生前所持有的财物的意图，紧接着又拿走了其财物。那么对后面实施的取得财物的行为，应该如何评价呢？这是刑法理论上颇有争议的问题。

在我国，主要有如下两种观点：一种观点认为，“行为人事先只有非法剥夺他人生命的目的，而无抢劫他人财物的目的，……杀人以后，见财起意，又将其财物拿走的，对此应以故意杀人罪和抢劫罪实行数罪并罚，因为行为人基于杀人的故意，实施杀人的行为，构成故意杀人罪，后又基于非法占有被害人财物的故意，实施了抢劫的行为，构成抢劫罪，且这两个罪之间没有内在的牵连关系。”①但是，行为人先行的杀人行为并非取财的手段，并且其主观上也没有抢劫罪那样的强行占有他人财物的目的，因而不符合抢劫罪的主客观特征。如果硬把前行的杀人行为作为后行取财的手段，则意味着一行为分属两个罪，即存在重复评价的问题，且有悖于我国刑法学中以犯罪构成的个数作为罪数认定标准的原则。②另一种观点认为，“出于其他目的杀害他人后，产生窃取财物的故意的，由于他人死亡后其继承人便占有该财物，仍然属于窃取他人占有的财物”。因此，该行为构成盗窃罪。③应该肯定，在继承人已占有死者生前所持财物的情况下，拿走该财物当然可能构成盗窃罪。例如，在被害人家中将其杀害后，产生了取得其所戴金银首饰的意图，并当场拿走了该财物。由于死者与其继承人同住一室，死者所在的位置是家中，其生前所持财物应视为在继承人的占有之下，行为人拿走该财物，实质上侵害了继承人对该财物的占有。但是，从刑法学上来论，占有只限于事实上对财物的支配或控制，因此，继

① 赵秉志．侵犯财产罪研究．北京：中国法制出版社，1998：99.

② 赵秉志．侵犯财产罪．北京：中国人民公安大学出版社，1999：108.

③ 张明楷．刑法学：下．北京：法律出版社，1997：773.

承人并非在所有情况下，都自然占有死者（被继承人）的财物。比如，被害人在荒郊野外被杀害，其随身所持物品在其死后虽然已归继承人所有，但不在继承人的占有之下（属于脱离占有物），所以拿走这种财物不可能构成盗窃罪。

另外，在日本等大陆法系国家，对上述问题大致有以下几种看法。

（1）抢劫罪说。该说认为在这种场合，行为人“利用自己的杀人行为所产生的被害人不能抗拒的状态，夺取其所持有的物品”，因而构成抢劫罪。[①] 但是，利用致死的结果（或不能抗拒的状态），并不等于利用致死行为（暴行）作为夺取财物的手段，而抢劫罪必须以暴力、胁迫等侵害人身的行为作为夺取财物的手段（即排除被害人掌控财物）的才能成立。既然行为人杀人时并没有占有其财物的意思，当然也就不能把杀人行为视为夺取财物的手段行为，行为人在被害人死亡之后拿走其财物的，也就不能构成抢劫罪。

（2）盗窃罪说。该说认为在这种场合，行为人拿走被害者的财物，是一种侵害占有的行为，单独构成盗窃罪，应该与前面实施的杀人罪合并处罚。至于具体理由，又有几种不同的说法：一种是死者占有说，认为死者也可以成为占有的主体，行为人拿走死者的财物，自然是侵害了其对财物的占有，构成盗窃罪。另一种是生前占有说，认为行为人拿走死者的财物是对其生前占有的侵害。因为如果把行为人致被害人死亡前后的一系列行为联系起来从整体上观察，就会发现在杀人行为与取得财物的行为处于时间、场所接近的范围内的情况下，行为人实际上是利用自己的杀害行为，使被害者脱离了对财物的占有，从而夺取其财物。这里面存在侵害被害人对财物的占有问题，因而不构成侵占脱离占有物罪。不过，由于后面取得财物的行为不是以致死行为作为手段的，即不能认为是采用暴力手段夺取财物，所以不构成抢劫罪，只成立盗窃罪。[②]日本法院的判例和多数学者持这种主张。[③]

然而，如前所述，刑法上的占有以事实上支配财物为基本特征，人死之后不仅不可能有占有的意思，而且事实上不可能支配财物，因此，所谓死者占有之说缺乏科学性。认为拿走死者生前的财物构成对死者占有的侵害，并以此作为成立盗窃罪的理由，自然也不可取。况且，如果认为死者仍然继续占有财物，那么行为人即便在掩埋其尸体一两年后，又挖出尸体取走金银首饰的，也同样构成盗窃罪。而这样的结论显然是不合理的。

至于生前占有说，虽然不存在死者占有说的上述弊病，但也有其自身的不合理性。首先，此说认为杀人行为与取得财物的行为，只有在时间、场所接近的范围内，才能视为侵害死者生前对财物的占有，并因而构成盗窃罪。但是，时间、场所接近是一个模糊的概念，不可能有一个统一合理的具体标准，这就会给司法实践带来困难。其次，假定行为人采用同样手段分两次在死者身上取走财物，一次是在时

① 藤木英雄．刑法讲义各论．北京：弘文堂，1977：302.

② 团藤重光．刑法纲要各论：3版．北京：创文社，1985：553.

③ 刑事法令研究会编著．财产犯：上卷．东京：立花书房，1992：121.

间、场所接近的范围内，另一次则超出了此范围（如比限定时间超过了几天），按此说就会出现对同一种性质的行为要定不同罪名的怪现象。再次，此说认为对上述行为之所以要定盗窃罪，是因为行为人实际上利用了自己的杀害行为，使被害人脱离对财物的占有，尔后又拿走其财物，因而侵害了其对财物的占有。这样解释也欠缺合理性。因为对盗窃罪来说，在通常情况下，是因取得财物的行为而侵害了他人对财物的占有，所以取得行为同时就是侵害占有的行为，两者是一个统一的行为；在特殊情况下，两者也可能分离，既有侵害占有的行为，也有取得财物的行为，或者说是利用侵害占有行为取得财物，但即便是在后一种情况下，行为人也必须是出于故意，既要有侵害占有的意思（即排除占有的故意），又要有取得财物的意思（即取得的故意）。如果在实施侵害行为时，没有侵害占有的意思（或排除占有的故意），那就不能认为是利用了侵害占有的行为。由此可见，杀害被害人之后才产生取得其财物的意图者，由于没有侵害占有的意思，也就不能认为其是利用杀人行为排除被害人对财物的占有；而仅有取得他人财物的行为，是不能构成盗窃罪的。① 反过来，如果认为行为人是利用杀人行为来排除被害人对财物的占有，从而取得其财物的，那也不属于盗窃罪，而是构成抢劫罪。

（3）侵占脱离占有物罪说。该说认为“死者占有”“生前占有”之说均不妥当。因为人一旦死亡，对财物的占有也就同时消失，被害者生前占有的财物，其死后实际上不属于任何人占有，即成为脱离占有物。行为人杀害被害人之后才产生占有财物的意思，由于不存在侵害占有的问题，同样只能构成侵占脱离占有物罪（不可能构成盗窃等侵害占有的犯罪）。不过，这也应该与前面所犯的杀人罪合并处罚。②

此说不认为死者仍然继续占有财物，这比较合理。其结论简单明了，实践中容易掌握认定，这也是其突出的优点。问题是死者不继续占有的财物，并不一定就是脱离占有物。比如，在旅馆房间内杀害被害人后，被害人生前随身携带的物品应该属于旅馆的所有者或管理者占有，行为人杀害被害人后产生占有财物的意思并拿走了财物的，这虽然不存在侵害“死者占有”的问题，但却侵害了旅馆所有者或管理者对财物的占有，应该定为盗窃罪。

（4）两分说。该说认为该行为原则上构成侵占脱离占有物罪，但也有一种成立盗窃罪的例外情况，例如被害者死亡一分钟后的那种“从一般人来看是否死亡难以确定的场合”，能够与夺取被害者生前之物同样看待，应该认为构成盗窃罪。③

在现实生活中，行为人产生取得财物的意思并拿走财物时，被害人是否死亡难以确定（甚至无法认定）的现象确实有可能发生，并且即便能确定是在被害人已死亡一分钟、几分钟、甚至几十分钟之后取得财物的，也很难说与拿走尚存一点气息的人的财物有多大差别。但是，定罪的原则不能动摇，这同法律规定的负刑事责任

① 芝原邦尔，等．刑法理论之现代的展开．东京：日本评论社，1996：195.

② 平野龙一．概说刑法．东京：东京大学出版社，1977：204.

③ 前田雅英．刑法各论讲义．东京：东京大学出版社，1989：220.

年龄标准在实践中必须严格执行是一样的道理。因为如果执行上有弹性，那就难以实现执法的统一性，并导致更不合理的现象发生。假如说杀人犯在被害人死亡一分钟之后拿走其财物应该定为盗窃罪，那为什么死亡 2 分钟、2 小时、甚至 2 天之后拿走其财物就构成侵占脱离占有物罪呢？既然被害人一旦死亡就不再继续占有财物，那就只能以此作为区分盗窃罪与侵占脱离占有物罪的标准，即被害人死亡之前拿走其财物构成盗窃罪，死亡之后、未被别人占有之前拿走财物，则属于侵占脱离占有物的行为。如果无法认定拿走财物时被害人是否已经死亡，根据疑罪从轻原则，就应该认定为侵占脱离占有物的行为。

综上所述，行为人杀害被害人之后产生取得其财物的意思而拿走财物的，这存在两种独立的行为，前者无疑构成故意杀人罪，至于后者，则应根据案件的具体情况而定。如果拿走的财物数额很小，一般不宜单独论罪。假如拿走的财物数额较大，有必要单独定罪，那就要看死者生前的财物是否已在他人的占有之下，凡是在死者家中或旅馆等有特定人管理的场所拿走死者财物，而这种财物被认为是在他人占有之下的，那就构成盗窃罪；反过来，假定杀人地点在野外或者将被害者尸体移至野外之后，行为人取走死者身上的财物，由于这种财物已不属于任何人占有，所以，在日本等设有侵占脱离占有物罪的国家，自然应该定此罪名。不过，在我国由于刑法没有规定这种罪名，对这种行为就不能单独定罪，而只能作为故意杀人罪的情节之一，量刑时酌情处理。

（三）无关系的第三者取得死者生前所携带的财物

对于没有实施加害行为的第三者，在他人死亡之后，拿走其生前所携带的财物的行为，应该如何定性，也是理论上值得研究的问题。但我国刑法理论界过去对这一问题关注不够。在日本等国，学者们对此作了比较深入的探讨，形成了以下几种学说。

（1）盗窃罪说。此说认为死者仍继续占有其生前所携带的财物，第三者拿走这种财物，自然构成对“死者占有”的侵害，成立盗窃罪。可是，正如前文所述，死者占有之说缺乏科学性，以此作为盗窃罪成立的理论基础，其缺陷也十分明显。

（2）侵占脱离占有物罪说。此说认为第三者拿走死者生前所携带的财物，构成侵占脱离占有物罪。至于具体理由，主要有两种不同说法：一种是认为死者不可能占有财物，其生前所携带的财物已属于脱离占有物，第三者拿走只可能成立侵占脱离占有物罪。另一种是主张从案件的整体来考察，认为死者不是被行为人所杀害，不存在利用杀害行为夺取财物的问题，对该情形不能与前述杀害之后产生占有被害人财物意思的情形作同样的评价，即不能把杀害行为与取得财物的行为视为相关联的行为，而只能对取得财物的行为作单独评价，所以只构成侵占脱离占有物罪。①

此说中的后一种说法，一方面主张对第三者拿走死者生前的财物与行为人杀人

① 法曹同人法学研究室编．详说刑法（各论）．东京：法曹同人，1990：184.

之后拿走其财物的情形，采用同样的整体考察的方法，另一方面得出两种不同的结论、定两种不同的罪，这难免使人产生理论不一贯的印象。况且，刑法上的占有是一种客观事实，如果认为死者对生前的财物，相对杀人行为者仍继续占有，相对于第三者则已脱离占有，这也是难以令人信服的。至于前一种说法，其从根本上否定死者占有是可取的，但无视死者生前之物有可能已被置于他人占有之下（如在旅馆房间内的死者之物属旅馆所有者或管理者占有），则失之于片面。

（3）两分说。该说认为第三者在他人死亡之后，立刻拿走其生前所携带之物，构成盗窃罪。因为死者在死后短时间内，对怀中之物还能继续占有。但如果经过了很长时间，尸体已腐烂不能辨别是何人，其所携带之物就成了脱离占有物，第三者拿走这种财物，构成侵占脱离占有物罪。①

此说以死亡时间的长短，来确定死者是否还占有财物，并以此作为是定盗窃罪还是定侵占脱离占有物罪的根据，这同样缺乏科学性。因为死者死亡时间的长短与其是否占有财物，并无直接联系，死者与财物的事实关系，并不因死亡时间长短的不同而有所改变。况且，死亡时间多长才认为死者仍占有财物（或已脱离占有），不可能定一个统一的标准。对此，实践中也很难把握、执行，并难以维持执法的统一性。

由以上比较分析可以看出，人一旦死亡也就脱离了对财物的占有。如果死者生前的财物已属他人占有（如前述留在旅馆房间内的死者之物，已属于旅馆所有者或管理者所占有），第三者私自拿走这种财物，数额较大的，就构成盗窃罪。如果他人尚未占有这种财物，无关系的第三者拿走据为己有的，其实质则是侵占脱离占有物。在日本等设有侵占脱离占有物罪的国家，该行为自然应该定此罪名；在我国由于刑法未设此罪名，第三者拿走这种财物的，同拾得他人遗失物据为已有的一样，无法被定罪处罚。这或许是我国刑法的一个漏洞，今后有必要予以增补。

六、存款的占有

“存款”按普通民众的理解，自然是指客户存储在银行的钱款或现金。客户如果是首次存款，银行会先为其开立账户，随后会将其存款数额记入存款账户中，同时会向其提供打印有存款信息的存折本或存款单，现在大多还会给一张记录有存款信息的电磁储蓄卡（即借记卡）。客户可以拿储蓄磁卡到自动取款机上取款，也可以在自动取款机上转款付费，还可以到特约商户去刷卡消费，使用存款非常便利。这样一来，有关存款的占有是属于存款名义人（即存款人），还是属于银行，就成为国内外刑法理论界颇有争议的问题。概括起来，主要有三种不同主张：一种是“存款人占有说”，认为存款属于存款人或存款名义人占有②；另一种是“银行占有说”，认为存款属于银行占有③；还有一种是“两分说”，认为存款应两种情况分别

① 阿部纯二，等．刑法基本讲座：第5卷．法学书院，1993：80.

② 黎宏．论财产犯中的占有//中国法学，2009（1）123.

③ 车浩．占有概念的二重性：事实与规范//中外法学，2014（5）：1201.

而论，即存款人占有存款债权，存款债权所指向的现金则归银行占有。[1] 这种“两分说”是我国刑法学界目前的通说。

按这三种不同主张处理某些案件可能得出不同的处理结论。例如，由于银行或者汇款人的失误而使钱款汇到了第三者账户，第三者对于该钱款是否已占有？按“银行占有说”，由于客户账户上记载的钱款数，仍在银行的占有之下，别人错汇到第三者账户的款项，自然也是如此；但按“存款人占有说”，由于存款人账户内的所有钱款均在存款名义人的占有之下，钱款一旦误汇到第三者账户，账户的主人即存款名义人就占有了汇入的钱款；按“两分说”，误汇入第三者账户的钱款，第三者取得对该款项的存款债权，但钱款本身（即现金）仍归银行占有。如果第三者将别人误汇入自己账户的钱款，从银行柜台或自动取款机提取现金据为己有，对这种行为，按“银行占有说”，由于行为人是将银行占有之下的钱款非法转移，归自己占有，构成侵害占有的盗窃罪或诈骗罪；按“存款人占有说”，则因第三者是将别人误汇入其账户已归自己占有的钱款据为己有，故不存在转移占有的问题，也不可能构成盗窃罪和诈骗罪之类的转移占有罪，至多只可能构成侵占罪。[2] 而持“两分说”的论者对此认识不一，有的认为，“应认定为盗窃罪，盗窃的对象是银行管理者占有的现金”[3]；还有的认为，“当汇款人由于错误，将存款汇入收款人的账户时，其丧失了对该笔存款债权的占有，相应地，收款人取得了该存款债权。……收款人取现的行为从根本上消灭了该笔存款债权，表明收款人有‘拒不交出’他人财物的意思和事实，因此符合侵占罪的构成要件”[4]。

那么，上述三种主张中究竟哪一种主张更为合理呢？笔者的回答是“银行占有说”。只要仔细分析一下“存款人占有说”和“两分说”，就不难看出这两种主张存在缺陷或问题。

首先，“存款人占有说”认为，“存款的占有属于存款的名义人”，“就储户与在其账户之内金钱的关系来看，一般来说，只要储户愿意，其随时都可以通过银行的柜台或者通过自动取款机，取出其账上存款额度之内的金钱。特别是在通过自动取款机取款的场合，银行方面几乎没有任何实质性的审查。这就意味着，储户对于其账户内的现金，是具有实质上的支配和控制的。对于储户而言，此时的银行不过是一个保险箱或者一种保管财物的手段而已，尽管在形式上看，银行占有财物，但实际上，在储户的银行账户的范围之内，储户对其财物具有支配、控制权”[5]。在笔者看来，持此说的论者只看到了存款人可以很便利地使用自己的存款，而忽视了银行收取存款的目的乃至存款的用途所在。银行之所以要鼓励民众将多余的钱存放在

① 张明楷．刑法学：下．5版．北京：法律出版社，2016：947.

② 黎宏．论财产犯中的占有//中国法学，2009（1）：124.

③ 张明楷．刑法学：下．5版．北京：法律出版社，2016：947.

④ 黑静洁．存款的占有新论//中国刑事法杂志，2012（1）：53.

⑤ 黎宏．结果本位刑法观的展开．北京：法律出版社，2015：287.

银行并向存款者支付利息，一个很重要的原因是要将民众的这些闲散的钱款收集起来，提供给一些急需用钱的人去使用（即放贷），通过放贷来获取比支付给存款人的存款利息更高的贷款利息而从中获利。既然如此，银行也就必须在事实上掌握、控制存款人的存款，才有可能拿收集来的存款去放贷获利，如果存款人的存款还在存款人的占有之下（即银行并未掌握控制或占有存款），那银行怎么拿收集来的存款去放贷，为何要使自己成为存款人的“一个保险箱”，为何还要向存款人支付存款利息（即报酬）？归根到底，银行无非还是要拿存款人的钱去放贷，而这是以银行掌握控制存款人的存款为前提条件的。至于说随着计算机科学技术的发达，现在银行将客户的存款纳入计算机信息系统管理之后，存款人使用存款越来越方便，取款和转款根本不需要到柜台去办理，在随处可见的自动取款机上即可办成，在特约商户购物刷卡即可用存款付费，如此等等，只是表明银行为存款人用款简化了审核程序、提供了更多的便利。但不能否认的是，银行对存款人取款或用款是必须先行审核的。“至于说，在 ATM 上通过密码检验的程序就可以取款比以往大大缩短了取款的程序，这只是说明检验技术的进步，却始终不能改变不经银行审核储户就不可能取款这一事实。在输错密码的情况下，银行完全可以而且必然会拒绝通过柜台或 ATM 向储户付款，恰恰是在这一点上，说明在储户实际拿到现金之前，存款始终是处在银行实际控制之下”，“因此，储户对存款没有任何事实上的控制力，存款不归储户占有，而是归银行占有”①。

其次，“两分说”认为，银行占有存款人存入银行的现金，存款人占有存款债权，前者的占有对象——现金是财物，后者的占有对象——存款债权是一种法律上的权利，属于财产性利益。关于财产性利益能否成为占有的对象，在我国刑法理论界有较大争议，对此，笔者将在本书第三章第四节做专题论述，在此不赘述。如前所述，由于笔者采取事实占有说，认为刑法上的占有是指事实上掌握、控制财物，不同于民法上承认的观念性占有，而存款债权是观念性的东西，不能成为刑法上占有的对象。按“两分说”，“存款现金事实上是由银行占有的，存款人只不过基于存款债权形成了对存款现金法律上的占有，这就意味着在同一物上存在两个刑法认可的占有。行为人以非法手段获取银行的存款现金，同时侵犯了对存款现金在事实上的占有和存款人对存款现金在法律上的占有。这两个占有代表的法益是不同的，则行为人的行为应当依照想象竞合犯的法理进行处断”②。在笔者看来，这显然是把简单的问题复杂化了；况且，并非只有存款债权存在这种权利与物相分离的现象，其他涉及债权的案件，如借款也存在同样的问题，债权人对借给对方的现金享有债权，收到借款的债务人占有借款。这样一来，按“两分说”，对许多不同类型案件的同一物，似乎都要认定为存在两个不同的占有者。民法上固然是承认对同一物可

① 车浩．占有概念的二重性：事实与规范．中外法学，2014（5）：1201．

② 黑静洁．存款的占有新论．中国刑事法杂志，2012（1）：47－48．

能存在多个占有者，但刑法理论认为，对同一物的占有，除了共同占有的情形之外，占有的主体只能是单一的。因为刑法上的占有具有排他性，占有者对财物存在事实上的支配、管理，就意味其他人不可能同时支配、控制该财物。再说，“金钱作为一种特殊的种类物，按照民法理论，占有与所有具有同一性（‘占有即所有’），存款人将现金存入银行，银行对该现金取得占有的同时也取得了该现金的所有权，存款人只余下对银行的存款债权。认为存款人基于存款债权在法律上占有了等额现金的说法，其实是没有法律根据的”①。

最后，还有必要一提的是，在日本，一种很有影响力的观点认为，判定存款占有的归属，合法的取款权限归属于谁是最关键的要素。这一权限归属于谁，谁就占有着与存款等额的金钱。② 但日本刑法中财产罪的规定与我国刑法有较大差异，两国的司法状况也明显不同，因而不能生搬硬套日本的相关学说和判例。

第四节　财产罪中的非法占有目的

一、非法占有目的的概念

一般认为，构成盗窃罪、抢劫罪、诈骗罪、敲诈勒索罪、侵占罪等非法取得他人财物的取得罪，在客观方面必须有非法取得他人财物的行为，在主观方面还要有取得他人财物的故意。至于是否要求行为人在主观上另有某种非法目的（或意图），各国刑法的规定不一。有些国家的刑法有明文规定，如德国刑法第 242 条把“意图自己不法所有”作为盗窃罪的构成要件要素，英国 1916 年盗窃法也把永久取得他人财物的意图作为盗窃罪的成立条件，瑞士刑法第 137 条则把“为自己或第三人不法之利益”作为盗窃罪的要件，俄罗斯联邦刑法典第 158 条所规定的盗窃罪要求“以贪利为目的”。也有一些国家（如日本等国）的刑法，没有这方面的规定。不过，即使在这类没有作明文规定的国家，法院的判例和刑法理论往往也把非法占有目的作为盗窃罪等取得罪的成立要件。

在大陆法系国家的刑法理论中，对非法占有目的③有三种不同理解：一是排除权利者的意思说，认为非法占有目的，是指排除权利者行使所有权的内容，自己作为财物的所有者而行动的意思。二是利用处分的意思说，认为非法占有目的，是指按财物经济的（本来的）用法利用、处分的意思。三是折中说，认为非法占有目

① 黑静洁．存款的占有新论//中国刑事法杂志，2012（1）：48.

② 李强．日本刑法中的“存款的占有”：现状、借鉴与启示//清华法学，2010（4）：164.

③ 在日本的刑法学论著中，非法占有目的通常被称为“不法领得的意思”，为了避免概念上的混乱，以下统称为“非法占有目的”。

的，是指排除权利者对财物的占有，把他人之物作为自己的所有物，按其经济的用法利用或处分的意思。①

另外，与非法占有目的内容相关的还有以下几个问题，在德、日等国也有认识分歧：(1) 关于非法占有目的所指向的对象，在德国存在物体说（Substanztheorie）与价值说（Werttheorie；Sachwerttheorie）的对立。前者认为非法占有目的所指向的对象是作为财物的物体本身，而后者认为指向的是财物的价值。自从莱比锡裁判所的判例将两说并用以来，德国的通说是采用将这种两者并用的折中说。但是，在日本，关于这一问题的争论并没有展开，学者们大多采用折中说。(2) 在德国，相对非法占有行为的非法占有目的被分为积极的一面与消极的一面。其消极面是排除权利者对财物的支配，其积极面是对财物确立类似于所有权行使的支配关系。在日本，也有相类似的见解认为，“排除权利者”的意思是非法占有目的的消极面，“把他人之物作为自己之物……利用或者处分”的意思是非法占有目的的积极面。(3) 关于非法占有目的是否必须以永久的、完全的占有为目的，在德国也有争论。英美法系国家一般认为要以永久占有（或永久剥夺他人财产）为目的。但日本的判例和学说几乎一致地认为，即使是以一时的完全获得对财物的支配为目的，也可以认为有非法占有的目的。(4) 非法占有的目的是以自己占有的意思为限，还是包括使第三者占有的意思在内，这也是在德国有争论的问题。日本的通说则认为，使第三者占有的意思包括在非法占有的目的之中。(5) 非法占有的目的是否要求有获利的意思（animus lucri faciendi；Bereicherungsabsicht），在德国也是有异议的问题。另外，瑞士刑法第 117 条、意大利刑法第 624 条、希腊刑法第 373 条都把获利的意思作为盗窃罪的要件。为此，日本也有学者认为，非法占有的目的要求有获利的意思，但是，多数学者认为，日本刑法的所谓取得罪中，由于盗窃罪和不动产侵夺罪不属于利益罪，所以，不应当把非法占有的目的与获利的目的（意思）同等看待。②

我国刑法没有明文规定盗窃等取得罪必须以非法占有为目的，但理论上的通说一直认为，应该以非法占有为目的。③ 只不过对非法占有目的的理解，学者们的认识不完全一致。第一种是“意图占有说”，认为“所谓非法占有目的，是指明知是公共的或他人的财物，而意图把它非法转归自己或第三者占有”。这是我国刑法理论界的通说。④ 第二种是“不法所有说”，认为“非法占有目的包括两种情况：一是以非法暂时占有（狭义）、使用为目的……二是以不法所有为目的”，对非法占有目的或不法所有目的，不能理解为只是意图占有或控制财物，而应按前述大陆法系国家

① 曾根威彦．刑法的重要问题（各论）．东京：成文堂，1996：130.

② 大塚仁．刑法概说（各论）．东京：有斐阁，1992：194.

③ 高铭暄，马克昌．刑法学：下编．北京：中国法制出版社，1999：889－890.

④ 高铭暄．中国刑法学．北京：中国人民大学出版社，1989：502－503.

的第三种学说（即折中说）来理解，即应该包括利用和处分财物的目的在内。① 第三种与此类似的观点认为，由于犯罪分子实施侵犯财产的犯罪，并不是仅仅为了占有或控制财物，而是还为了使用或者处分财物，也就是说其目的是想得到所有权的全部内容，因而应该把“非法所有目的”（而不是把“非法占有目的”）作为盗窃等取得罪的要件。②另外，第四种是“非法获利说”，认为盗窃等非法取得他人财物的犯罪都属于图利性的犯罪，其主观要件不是以非法占有或不法所有为目的，而是以非法获利为目的。③ 这种观点实质上与前述大陆法系国家的第二种学说（即利用处分的意思说）比较接近。

从各国刑法的规定和中外刑法理论上的解释来看，非法占有目的的内涵并不十分清楚。如果仅从字面含义来理解，“非法占有目的”无非是指非法掌握控制财物的目的。④我国刑法理论界多数人采用的“意图占有说”就是从这种意义上来理解的。这种从字面的、本来的含义上理解的非法占有目的，可以称之为“本义的非法占有目的”。笔者也赞成作这样的理解。而大陆法系国家多数学者和我国部分学者所作的前述解释大多超出了其字面含义的范围，附加了一些特殊的内容。对这种附加了特定含义的非法占有目的，可以称之为“附加含义的非法占有目的”。笔者不赞成作这种理解的具体理由，将在下文述说。

二、非法占有目的与故意

非法占有目的是盗窃等取得罪的故意内容之一，还是故意之外独立的主观要件？这也是刑法理论上有争议的问题。日本大正时期的判例认为，非法占有的目的是盗窃罪的故意的一个要素。但是，日本现在的通说认为，非法占有目的是超出了构成要件的客观要素范围的所谓“超过的内心倾向”，与故意的性质不同。⑤ 对此，我国刑法理论界也有两种不同的认识。多数学者认为，盗窃等取得罪“这类犯罪故意的内容，主要表现为以非法占有为目的而侵犯公私财物的所有权”⑥。这也就是说非法占有目的是取得罪的故意内容。但也有学者认为，非法占有目的是目的犯的目的，是故意之外的主观要件。⑦

笔者认为，之所以出现上述认识上的分歧，是因为学者们对非法占有目的的内涵和外延有不同理解。如果从本义上理解，非法占有目的是指非法掌握控制财物的目的（意思），这是盗窃等取得罪的故意所包含的内容。因为盗窃等取得罪的故意是对窃取、骗取、暴力夺取等构成要件的客观事实有认识，而仍有意为之的心理态

① 张明楷．刑法学：下．北京：法律出版社，1997：761－762.
② 刘白笔，等．经济刑法学．北京：群众出版社，1989：385－386.
③ 张瑞幸．经济犯罪新论．西安：陕西人民教育出版社，1991：255－256.
④ 日本刑法论著中的“不法领得（取得）的意思”，其字面含义也是指非法取得或得到财物的意思（目的）。
⑤ 大塚仁．刑法概说（各论）．东京：有斐阁，1992：192.
⑥ 高铭暄．中国刑法学．北京：中国人民大学出版社，1989：502.
⑦ 刘明祥．论目的犯．河北法学，1994（1）．

度。非法掌握控制财物的目的（意思），是这种心理态度所能包容的。反过来，如果给非法占有目的附加上某种特定含义，无论是按前述“排除权利者的意思说”“利用处分的意思说”“折中说”，还是按“不法所有说”“非法获利说”，非法占有目的都不属于故意的内容，行为人是否有排除权利者权利的意思以及有无利用处分财物的意图或非法获利目的，均不影响盗窃等取得罪的故意的成立。实际上，这种附加含义的非法占有目的是推动行为人实施盗窃等取得罪的内心起因（即犯罪动机）。这也正是一些学者把盗窃等取得罪当作目的犯（或意图犯）的原因所在。①

三、非法占有目的与一时使用的目的

在社会生活中，有的人采用非法手段掌握他人财物，只是为了一时使用（不是永久占有）。例如，将他人放在特定场所的自行车私自骑走，办完事之后返还原处。这种一时使用的案件，在日本等大陆法系国家又被称为“使用盗窃”，其性质应该如何认定，实际上成了非法占有目的问题的议论焦点，甚至可以说是有关非法占有目的的理论形成的出发点。②

有一部分学者认为，非法占有目的不是盗窃等取得罪的构成要件，只要有故意即对侵害占有的事实有认识，就具备了犯罪的主观要件。因此，窃取他人财物尽管只是为了一时使用，但由于客观上有窃取他人财物的行为，主观上又有故意，应该认为原则上构成盗窃罪。但也有不构成犯罪的例外情况，例如：(1) 被害者同意或者能推定其同意行为人使用其财物；(2) 使用行为不违反公序良俗；(3) 被害程度很轻微或不具有可罚的违法性；(4) 没有完全侵害占有；(5) 没有完全排除权利者；等等。③还有学者进一步指出，使用盗窃是否构成犯罪，与行为人有无非法占有目的并无直接关系，关键在于其行为是否具有可罚性。如果只是一时擅自使用，又不会对物体的价值有多大消耗，这种使用盗窃就不可罚；反过来，如果一时擅自使用就会对物体带来较大的价值消耗，则属于可罚的使用盗窃，应该按盗窃罪来处理。④

另有一部分学者认为，非法占有目的是盗窃罪等取得罪的构成要件，不具有此种目的者，当然不构成取得罪。至于使用盗窃者有无非法占有的目的，由于这部分学者对非法占有目的的理解不同，结论也有较大差别。⑤

(1) 排除权利者的意思说认为，非法占有目的是排除权利者对财物的占有、自己作为所有者行动的意思。如果严格贯彻这种主张，非法占有目的应该以有取得所有权的意思为必要，只有一时使用的意思时，原则上不构成盗窃罪。但是，也有例外。如果使用盗窃伴随有较大程度的价值消费，那么这种价值消费的意思就是占有的意思，就可能构成盗窃罪。

① 中山研一，等．现代刑法讲座：第4卷．东京：成文堂，1982：248.
② 大塚仁，等．刑法解释大全：第9卷．东京：青林书院，1988：225.
③ 同①260.
④ 大塚仁．刑法概说（各论）．东京：有斐阁，1992：196.
⑤ 法曹同人法学研究室．详说刑法（各论）．东京：法曹同人，1990：163-164.

（2）利用处分的意思说认为，非法占有目的是按财物本来的用法利用的意思，即使是一时使用，也仍然是按财物的用法来利用，具有此种意思者，无疑是有非法占有目的的，所以使用盗窃原则上构成盗窃罪。不过，也不是所有的使用盗窃都具有可罚性。例如，行为人短时间内擅自使用朋友的物品，能够推定所有者会同意或者不会给所有者带来太大的麻烦。总之，在被害程度轻微的场合，可以认为使用盗窃没有达到盗窃罪所要求的违法性程度或者说不符合盗窃罪的构成要件。

（3）折中说认为，非法占有目的既要有排除权利者对财物的占有、自己作为所有者而行动的意思，又要有按财物本来的用法利用或处分的意思。但是，所谓“作为所有者而行动的意思”并不是指要有把财物归于自己所有的意思，而是指按社会通常的观念，权利者一般不允许采取那样的方式利用的意思。因此，不能认为所有使用盗窃者均无非法占有目的。另外，对按财物的本来用法利用的意思，也应该从实质上把握。例如，行为人擅自骑走他人自行车，但动用时就打算归还，几分钟之后返还原处。这就不能认为有实质的利用意思，即无非法占有目的，因而不构成盗窃罪。又比如，行为人擅自动用他人停在路边的高档轿车，使用几小时后返还原处。在这种场合，行为人明知权利者不会允许这种行为，并有实质的利用意思，应该认为有非法占有目的，自然构成盗窃罪。

从以上大陆法系国家的学说之争可以看出，持非法占有目的不是盗窃等取得罪的构成要件之立场的学者认为，使用盗窃原则上构成盗窃罪，也有不构成犯罪的例外情况。而持非法占有目的是盗窃等取得罪的构成要件之主张的学者，则由于对非法占有目的的理解不同，认识有所差别。其中，排除权利者的意思说认为，使用盗窃原则上不可罚，例外者可罚；利用处分的意思说则正好相反，认为原则上可罚，例外者不可罚；折中说也认为，使用盗窃在有的情况下可罚，在有的情况下不可罚。各说的立足点尽管不同，但最终对案件的处理结论，几乎完全相同。

日本法院最初的判例认为使用盗窃不构成盗窃罪，主要理由是在这种场合，行为人主观上不具有非法占有目的，不具备盗窃罪的主观要件。但是，后来随着形势的发展变化，使用盗窃所涉及的财物的价值很高时，如果一概不予处罚，显然不合理。为了避免这一现象的发生，法院的判例一方面坚持非法占有目的是盗窃罪的成立要件的立场，另一方面对非法占有目的的内容作了宽泛化的解释。比如，有判例认为非法占有目的不以有永久保持经济利益为必要，即使只有一时按财物本来的用法利用的意思时，也视为有非法占有的目的；另有判例认为，非法占有目的不以有永久占有他人财物的意思为必要，只有一时占有使用的意思，也不否定非法占有目的的存在。总之，日本法院现在的判例认为，使用盗窃的行为人在有的场合有非法占有的目的，构成盗窃罪；在有的场合无非法占有目的，则不构成盗窃罪。这与前述持非法占有目的是盗窃罪的要件之立场的学者们的理论观点是相同的。①

① 刑事法令研究会．财产犯：上卷．东京：立花书房，1992：77－79.

我国刑法理论界对上述问题尚未作深入的探讨。绝大多数学者一直认为，“私自将他人物品拿走，用完即归还的，不构成盗窃罪”。理由是行为人主观上“不具有非法占有的目的”[①]。但是，也有学者认为，私自拿走（甚至是抢夺、骗取）他人财物，用后归还的，通常不构成犯罪，但如果财物的价值数额大，造成的后果严重，也可能构成犯罪。不构成犯罪是由于财物的价值数额小，用后又归还给了对方，其社会危害性达不到犯罪的程度，并不是因为主观上无非法占有的目的（事实上，非法占有目的还是有的）。[②]

笔者以为，使用盗窃行为的主观方面是否有非法占有目的，也是与对非法占有目的作何种理解密切相关的问题。如前所述，从本义上理解，非法占有目的就是意图占有或控制财物。由此而论，使用盗窃者不可能没有此种目的（意图）。因为不占有或控制财物就无法使用，行为人对此不可能没有认识。反过来，如果给非法占有目的附加上前述特定含义，并要求行为人有“处分财物的意图”或“非法获利的目的”，才认为有此种目的，那么使用盗窃者就没有非法占有目的。由此可见，中外刑法理论界的上述争议，是由于各家对非法占有目的的理解不同而产生的。

至于使用盗窃是否可罚，从主观方面是无法区分的。使用盗窃的行为人同样是基于一时使用的意思擅自动用他人的财物，并且动用时就打算归还的[③]，这种主观心理状态不会因为其所动用的财物的价值大小的差别而有所不同。比如说，某人将他人停放在同一地点的自行车和高级轿车，分别擅自动用了五小时，并且按原计划返还了原处。如果认为其动用自行车时无非法占有目的，动用轿车时有非法占有目的，显然是不合情理的。事实上，判断对某种使用盗窃行为有无必要动用刑罚处罚，关键要看其社会危害程度是否严重。而决定这种行为的社会危害程度的因素，主要来自客观方面，比如，行为人与所有者的关系（是亲戚朋友还是互不相识）、财物的价值大小（是极为贵重之物还是廉价之物）、对财物价值的损耗程度（损耗程度明显还是不明显）以及使用时间的长短、对所有者的影响，等等。并且只有把这些因素综合起来考虑，才能作出准确判断。

另外，对可罚的使用盗窃行为如何定罪，日本等国学者似乎没有争论，大多认为应定盗窃罪。但是，毋庸置疑，使用盗窃与盗窃罪在主客观方面有较大差异。从客观方面看，由于行为人只是一时使用、用后返还了财物，所有者不会因此而丧失财物，这就表明行为人实际上并未取得（或得到）这种财物，这同那种以秘密取得他人财物为特征并会导致他人丧失财物的盗窃行为的差别是明显的；从主观方面而言，由于行为人有一时使用、用后返还的意思，这就否定了其有取得（或得到）他人财物的意思，也就是无盗窃罪的故意。事实上，这种使用盗窃行为的实质是非法盗用他人财物，对这种行为有的国家刑法单独设有处罚规定。例如，德国刑法第

① 高铭暄，马克昌．刑法学：下编．北京：中国法制出版社，1999：900.

② 刘明祥．论诈骗罪的主客观特征．中南政法学院学报，1986（2）.

③ 不打算归还，短期使用后将财物丢掉的，与有意归还的情形有实质差别，应该按盗窃罪处理。

248 条 b 对“违背汽车或自行车所有人意愿，擅自使用的”行为，意大利刑法第 626 条对“只是为了暂时使用被窃物，并且在暂时使用后立即予以归还”的情形，均单独作了处罚规定。我国刑法第 384 条规定有“挪用公款罪”，从该条第 2 款不难看出，“挪用用于救灾、抢险、防汛、优抚、扶贫、移民、救济”的这几种特定公物，也构成此罪。不言而喻，所谓挪用公款、公物，实际上就是不经权利者允许擅自动用其财物，打算用后归还，这就是我们这里讨论的使用盗窃的一种表现形式。

在日本，由于刑法对非法盗用他人财物的行为没有单独设处罚规定，所以对可罚的使用盗窃行为，只好按盗窃罪定罪处罚。这样一来，无形之中模糊了非法盗用与盗窃罪的界限。另外，由于非法盗用的社会危害性毕竟比盗窃的小，对这种行为一般不宜当犯罪来处罚。于是，学者们就在解释上下功夫，试图从主观上有无非法占有目的把两者区别开来。但是，这种观点又无法贯彻到底。因为有一部分非法盗用行为需要给予刑罚处罚，还得要定盗窃罪。结果就出现了上述构成犯罪的使用盗窃有非法占有目的、不构成犯罪者则无此种目的的怪论。由此可见，要避免这种矛盾，从非法占有目的的解释上下功夫是行不通的，只有通过立法来解决。日本现在已有学者认识到了这一点，主张通过特别立法，对使用盗窃规定特别类型的构成要件，作出单独的处罚规定。①

四、非法占有目的与毁坏目的

一般来说，盗窃等取得罪与毁坏财物罪在通常情况下并不难区分。但是，如果行为人出于毁坏的目的，采用盗窃等非法手段取出他人财物后予以毁坏，或者取出他人财物之后主观心理状态发生变化不予毁坏而加以利用，在这两种行为方式和主观心理相交叉的场合，区分两者就成为理论和实践上的难题。大陆法系国家有关非法占有目的的理论的提出与展开，与此也有密切关系。

目前，我国学者还没有深入研究这个问题，大多只是在故意毁坏财物罪与盗窃等取得罪之间划一条原则界限，认为后者是以非法占有为目的，而前者没有此种目的，这是二者的本质差别。②

但在大陆法系国家，持非法占有目的不是盗窃等取得罪的要件之立场的论者认为，只要客观上有夺取占有的窃取行为，主观上有侵害占有的盗窃故意，盗窃罪就可以成立。出于毁坏的目的窃取他人财物的场合，只要不伴有新的法益侵害，就仍然成立盗窃罪。因为，毁坏目的与非法占有目的都包含有侵害他人对财物占有的意思。至于后来毁坏财物，则只不过是盗窃罪的不可罚的事后行为。如果不定盗窃罪，那就会出现放纵犯罪的结果。因为当行为人取出财物而没有毁坏时，那就是毁坏财物的未遂，按日本等大陆法系国家刑法的规定，毁坏财物未遂不可罚，结果只

① 大塚仁，等．刑法解释大全：第 9 卷．东京：青林书院，1988：225.

② 何秉松．刑法教科书．北京：中国法制出版社，1995：743.

能当无罪处理。假如取出财物之后又产生了利用、处分的意思，并进一步实施了利用、处分行为，按日本判例的解释，有利用、处分的意思，就可以认为有非法占有目的，但这种目的在实施窃取行为时并未产生，因此不能定盗窃罪。占有财物之后产生非法占有目的的，本来也可以构成侵占罪，但侵占罪成立的前提是有委托关系，而在这种场合并不存在委托行为人占有财物的委托关系，侵占罪也无成立的余地。①

不过，持非法占有目的是盗窃等取得罪的要件之立场的论者大多认为，非法占有目的必须包含“按财物的用法利用的意思”，如果行为人基于毁坏的目的取出他人财物之后改变了主意，将财物放置或者加以利用，在这种场合，因为行为人不是以非法占有为目的而实施的行为，自然不构成盗窃罪，但也不会出现无法定罪的局面。一般来说，取出财物之后予以隐匿的情况多，由于隐匿是毁坏的一种形式，所以可以按毁坏财物罪处理；即使取出财物之后没有隐匿而是加以利用、处分，也可以按侵占脱离占有物罪处罚。因为基于毁坏目的取出财物者，可以认为是没有委托关系而占有他人财物，事后的利用、处分行为是侵占脱离占有物罪的表现形式。如果认为即便是出于毁坏目的，只要有转移占有财物的行为，就构成盗窃罪，那么毁坏财物罪几乎就没有成立的余地了。②

如前所述，持非法占有目的是盗窃等取得罪的成立要件之立场的论者中，还有少数持“排除权利者的意思说”的学者认为，按财物的用法利用的意思并不是非法占有目的所包含的内容，只要有“作为所有者行动的意思”就算具有非法占有目的。而毁坏行为也是作为所有者行动的一种表现形式，所以出于毁坏目的而窃取财物的，应该认为是在非法占有目的支配下的盗窃行为，当然构成盗窃罪。③

在笔者看来，如果从本义上理解非法占有目的，行为人出于毁坏目的取出他人财物后予以毁坏或者改变犯意而加以利用的，也应该认为有非法占有目的。因为行为人取出财物的行为就是一种占有或控制财物的行为，其占有或控制他人财物的意思也是十分明显的。至于是短期还是长期占有或控制，占有或控制之后如何处分财物，那是另一回事。但是，如果从附加意义上理解非法占有目的，上述“排除权利者的意思说”认为，毁坏目的也可以包含在非法占有目的之中，这就意味着非法占有目的不具有区分盗窃等取得罪与毁坏财物罪的机能，其结论与不认为非法占有目的是取得罪的成立要件的观点完全一致。但按“利用处分意思说”和“折中说”，基于毁坏目的拿走他人财物的，由于行为时不具有非法占有目的，因而不构成盗窃罪。如果拿走之后未毁坏而隐匿了财物，则因为隐匿是毁坏的表现形式，应定毁坏财物罪。可是，从日本刑法第40章的规定来看，隐匿与毁弃（或毁坏）是相并列的概念，所以认为毁坏包含隐匿与刑法的规定不符。另外，对于拿走财物之后未毁

① 大塚仁．刑法概说（各论）．东京：有斐阁，1992：195.

② 平野龙一．关于不法领得的意思（一）．警察研究，1990，61（5）.

③ 团藤重光．刑法纲要各论．东京：创文社，1985：554.

坏而加以利用的行为，定侵占脱离占有物罪也不合适。因为作为侵占脱离占有物罪对象的财物，必须是不属于任何人占有的，也不是基于委托关系而占有的，而是由于偶然原因归于自己占有的，基于自己的犯罪意思取得的财物，自然不能成为侵占脱离占有物罪的对象。

事实上，从盗窃等取得罪的故意内容和取得财物的行为方式上，就足以把它与毁坏财物罪区别开来。盗窃罪客观方面必须有窃取他人财物的行为，主观方面必须有窃取的故意，即有采用秘密手段取得他人财物的认识与意欲；而毁坏财物罪在客观方面只有毁坏他人财物的行为（无窃取财物的行为），在主观方面只有毁坏财物的故意（无窃取财物的故意）。据此，凡是出于毁坏目的，直接毁坏他人财物（没有窃取等非法取得财物行为）的，应该定为毁坏财物罪；如果基于毁坏目的窃取他人财物的，不论事后财物是被毁坏还是被隐匿、利用，均构成盗窃罪。因为在这种场合，不仅客观上行为人有窃取财物的行为，而且主观上行为人有采用秘密手段取得他人财物的认识和意欲，这就完全具备了盗窃罪的主客观要件。至于毁坏目的，那只是推动行为人实施盗窃行为的内心起因，是一种犯罪动机，不能因为有这种动机目的就改变行为的盗窃性质。另外，窃取财物之后予以毁坏只是一种处分财物的行为，同窃取财物后把赃物卖给他人、送给他人或自己直接消费具有同样的性质，也可以说是一种不可罚的事后行为。

应该注意的是，基于毁坏目的而实施的移动他人财物的行为，并非在所有场合，都能评价为盗窃、抢劫等取得行为。例如，行为人把他人财物从其家里搬到门前院子里烧毁。这里面虽然掺杂有移动财物的行为，甚至可能是采取暴力手段排除所有者的阻止搬出财物的，但却不能说是取得行为。因为行为人主观上不想得到这种财物，客观上财物也还在所有者的视线范围内。在这种情况下，出于毁坏目的毁坏了财物，应该认为构成毁坏财物罪（不构成盗窃罪或抢劫罪）。总之，对基于毁坏目的移动他人财物的行为，要从实质上来评价。

五、非法占有目的是否必要

非法占有目的是盗窃等取得罪主观方面的要件，这在我国刑法理论界一直没有异议。但是，在大陆法系国家，历来存在必要说与不要说两种学说的对立。一般认为，这种对立与学说上有关财产罪的保护法益问题的认识分歧有密切关系。由于本权说认为盗窃等取得罪的本质是侵犯所有权及其他本权，所以，其要求行为人在主观方面有作为所有权者而行动的意思，即要有非法占有的目的。而占有说认为，财产罪的保护法益是占有本身，作为盗窃等取得罪的主观要件是对侵害占有的事实有认识（即有故意），并不要求行为人主观上有非法占有的目的。不过，也有学者认为，非法占有目的是否应该作为取得罪的主观要件的问题，与本权说、占有说并无必然的联系。例如，日本法院的判例所采取的立场虽然接近占有说，但却坚持必要说的主张；学说上认为财产罪的保护法益是占有本身的学者，也有支持必要说的。

反过来，即使是坚持本权说的，也有采取不要说的余地。①

必要说与不要说除了分别以本权说和占有说两种不同的财产罪保护法益论作为其实质理由外，还有各自不同的几点理由。其中，不要说的理由是：（1）必要说缺乏法律根据，因为日本等国刑法并未把非法占有目的作为盗窃等取得罪的主观要件；（2）按必要说，行为人一时使用财物，给被害人造成重大损失时，由于不具有非法占有目的，不能作为犯罪处理，但这明显不利于保护他人的财产权益；（3）在出于毁坏的目的而窃取财物的场合，如果只当作毁坏财物罪处理，而无视其作为手段的盗窃行为，这也显然不妥当。②

但是，必要说提出：（1）虽然日本等一些国家刑法没有明文规定非法占有目的是盗窃等取得罪的主观要件，但德国等一些国家的刑法有明文规定，可见必要说并非无法律根据；（2）非法占有目的具有区别一时使用的非犯罪行为与盗窃等取得罪、毁坏财物罪与取得罪的机能，而按不要说，则无法将两者区别开来；（3）盗窃等取得罪与毁坏财物罪相比，在客观方面虽然都会对他人的财产权益造成损害，但是采用非法手段取得的财物还有追回的可能性，而财物一旦被毁则无法回复，所以从危害结果而言，毁坏财物罪更甚于盗窃等取得罪。但是，按各国刑法规定的法定刑，大多是盗窃等取得罪重于毁坏财物罪。之所以如此，是因为毁坏财物罪发案率低、反复犯罪的可能性小，而盗窃等取得罪是利欲犯，具有很大的诱惑性，反复犯罪的可能性大，从预防犯罪的角度而言，有必要重罚；另外，盗窃等取得罪容易使犯罪人满足贪利的欲望，危险性更大，应受社会更大的非难，也就是说责任更重。由此可见，盗窃等取得罪的法定刑比毁坏财物罪的重的根本原因是主观方面的责任更重，这也是应该把非法占有目的作为盗窃等取得罪的主观要件的重要理由所在。③

笔者赞成不要说。主要理由是：第一，财产罪保护法益论中的本权说与占有说，是相对客观方面的事实而言的，即财产罪在客观上是侵犯所有权及其他本权，还是仅仅只侵害占有权。而非法占有目的是不是盗窃等取得罪的构成要件属于主观方面的问题，用本权说或占有说来解释非法占有目的是否必要，实际上是把两个不同领域的问题绞合到了一起，本身在方法论上就有缺陷。这也是同样持本权说或占有说的学者，在非法占有目的是否必要的问题上，得出不同结论的原因所在。④

第二，非法占有目的的内涵不清楚，日本等国法院前后判例的解释不完全相同，中外学者们的理解也有很大差别。如前所述，同样是持非法占有目的必要说的学者，对使用盗窃或基于毁弃目的而窃取财物的行为，却得出两种不同的结论，即有的认为有非法占有目的，另有的认为没有非法占有目的。而讨论是否有必要把非

① 曾根威彦．刑法的重要问题（各论）．东京：成文堂，1996：131.

② 大塚仁．刑法概说（各论）．东京：有斐阁，1992：192-197.

③ 大谷实．刑法各论的重要问题．东京：立花书房，1990：204-208.

④ 内田文昭．刑法各论．3版．东京：青林书院，1996：254.

法占有目的作为盗窃等取得罪成立要件的前提是其内容必须确定，否则，各说各话的现象就不可避免。

第三，即使非法占有目的的内涵按大陆法系国家的通说被确定下来，也不能把它当作为区分罪与非罪、此罪与彼罪的要件。因为按通说的解释，非法占有目的是故意之外的主观要件，实质上是一种犯罪动机，而财产罪的性质是由其主观方面的故意内容和客观方面侵害财产的行为方式所决定的，犯罪动机对说明这类行为的性质及社会危害性程度，并不起决定作用。例如，区分毁坏财物罪与盗窃罪时，如果不看客观方面有无窃取行为、有无占有的转移，仅以行为人内心有无非法占有目的作为划分的标准，显然是不妥当的。

第四，必要说的提出，在很大程度上是为了把不可罚的一时使用行为与盗窃等取得罪以及毁坏财物罪与取得罪区分开来。①但是，如前所述，非法占有目的并不具有这种机能。相反，如果按必要说行事，还会带来理论上的混乱乃至实践上的无所适从。

第五，必要说认为，只有把非法占有目的作为盗窃等取得罪的要件，才能说明取得罪的法定刑为何比毁坏财物罪的重。但是，实际上，法定刑的轻重是由犯罪的性质及其可能达到的危害社会的程度所决定的，犯罪的动机目的并不起决定作用。盗窃罪的法定刑之所以重于毁坏财物罪的，除了主观方面的恶性程度不同之外，与客观方面行为方式的不同以及行为所体现的社会危害性的程度差异也有密切关系。再说，日本刑法中所规定的侵占脱离占有物罪，也是一种取得罪，日本的通说认为也要以非法占有为目的，但此罪的法定刑却比毁坏财物罪的低。

第六，从日本的司法实践来看，最初的判例不仅严格坚持必要说的立场，而且给非法占有目的附加了较多限制条件，目的是要限制财产罪的处罚范围。但是，随着资本主义的高度化、财产关系的复杂化，对所有权的使用收益机能扩大刑法保护，成为时代的客观要求，为了与这种形势相适应，法院的判例逐步对非法占有目的作了宽泛化的解释，从整体来看，已呈现出接近非法占有目的不要说的趋势。②由此可见，传统的必要说已不适应司法实践的需要。

第七，在刑法未把非法占有目的规定为取得罪的成立要件的国家，采取必要说与应当严格解释刑法的现代法制原则不符。因为对刑法规定的犯罪成立要件及处罚规定，只有严格按其词义解释，才能既不罪及无辜，也不放纵犯罪，这是现代法制原则的基本要求。在适用或解释刑法时，无论是放弃犯罪成立的某种条件，还是给犯罪增加某种成立条件，均与现代法制原则不符。另外，即使是在刑法明文将非法占有目的规定为取得罪的成立要件的国家，也应该从其本义上来理解，不能随意给它附加一些含义（但立法解释除外）。否则，就是越权解释（带有立法的性质），也

① 大野真义．演习刑法各论．京都：晃洋书房，1998：141.

② 中山研一，等．现代刑法讲座：第4卷．东京：成文堂，1982：265.

同样违反现代法制原则。

第八，如前所述，从本义上理解，非法占有目的是非法占有或控制财物的目的（意思），它是盗窃等取得罪的故意所包含的内容，并非故意之外的独立的主观要件。但如果没有故意，取得罪也就不可能成立。从这种意义上，把非法占有目的说成是盗窃等取得罪的成立条件，似乎也有一定的道理。然而，非法占有目的必要说提出的前提，不是从本义上理解非法占有目的，而是给它附加了特定的含义，并认为它是故意之外的独立的要件。这种立论前提的错误，势必影响其结论的科学性。

第二章

抢劫罪

第一节　抢劫行为

抢劫行为表现为以暴力或以当场实施暴力相威胁，或者采用其他使被害人不能反抗的人身强制方法，当场劫取公私财物。抢劫行为是复行为，由方法行为和目的行为两部分组成。方法行为是指为了劫取财物，而实施的暴力、胁迫或其他人身强制行为；目的行为则是指劫取公私财物的行为，即当场夺取财物，或者迫使他人当场交付财物的行为。二者结合才构成完整的抢劫行为。只有前者而无后者，一般只构成抢劫未遂。

一、方法行为

（一）暴力、胁迫方法

根据我国刑法第263条的规定，暴力、胁迫是抢劫罪的两种普通方法。其中，暴力主要是指对人身实施猛烈的打击或强制，如殴打、捆绑、掐脖子、堵嘴巴等。应当注意的是，这里的暴力是行为人为排除或压制被害人的反抗，以便当场夺取其占有的财物而实施的。如果是基于其他目的而对被害人实施暴力，之后临时起意当场占有其财物的，即使此种暴力行为在客观上为行为人当场占有财物提供了方便，也不能视为抢劫方法的暴力，对这种拿走财物的行为也不应定为抢劫罪。如强奸犯将被害妇女打昏并强奸后，见被害人的手提包掉在地上，遂起意将手提包拿走。由于强奸犯打被害妇女的目的不是劫取财物，与拿走被害人手提包没有主观联系，所以不构成抢劫罪。

从广义而言，暴力是指使用非法的有形力，包括对人身的暴力和对财物的暴力。但对抢劫罪的暴力而言，是否包括对财物的暴力，则是有待进一步研究的问题。有的国家（如意大利）刑法明文规定，只能“采用对人身的暴力”；也有的国家（如日本、韩国、越南、中国）刑法没有作明确的限定。日本刑法理论认为，暴力必须是指向人的，但不一定是直接对人的身体施行的，即使是对物施加有形力，若能抑制被害者的意思、行动自由，一般就能视为本罪的暴力手段。① 我国也有学者认为，“暴力方法，主要是指对人身实施强烈的打击或强制……但是，根据刑法第 289 条规定，在聚众‘打砸抢’中，‘毁坏或者抢走公私财物的，除判令退赔外，对首要分子，依照本法第二百六十三条的规定定罪处罚’，即以抢劫罪论处，这里包含了对财产的暴力”②。但是，笔者认为，抢劫罪的暴力是用来排除被害人反抗的，而对财产实施暴力（如砸毁等），则并不能直接排除被害人的反抗，只有可能使被害人产生恐惧而不敢反抗，也就是说，其实质是胁迫。至于刑法第 289 条规定，对聚众“打砸抢”，毁坏公私财物的，也与抢走公私财物的行为一样，要依照抢劫罪定罪处罚，这显然是不合适的。因为定罪的前提是行为必须符合刑法规定的某罪的构成要件，而故意毁坏公私财物的符合刑法第 275 条故意毁坏财物罪的构成要件，并不符合抢劫罪的构成要件，对这种行为不按故意毁坏财物罪定罪处罚，反而按抢劫罪定罪处罚，无疑有悖于定罪的基本原则。

作为抢劫方法的胁迫，是指为了使被害人不敢反抗，以便当场占有其财物，而以当场实施暴力相威胁。至于行为人是否真有实施暴力的意思以及是否确有实施那种暴力的能力，则在所不问。采用胁迫方法抢劫的特点有二：一是以行为人自己或受其支配的他人将立即对被害人实施暴力相威胁，例如，以当场杀害、伤害、殴打等相恐吓。威胁的方式多种多样，既可能是口头的，也可能是书面的；既可能是用手势、动作，也可能是用眼神或表情。但如果没有任何胁迫的表现，只是被害人因自己胆小而感到恐惧，眼见行为人拿走其财物而不敢制止，则不能构成抢劫罪。二是胁迫的目的是使被害人不敢反抗，而当场夺取或者迫使被害人当场交付财物。如果制造恐怖威胁他人，不是为了排除被害人的反抗，而是要引起混乱，趁机窃取财物，则不构成抢劫罪；如果采用胁迫方法，是要求被害人答应日后交付财物，也不能构成抢劫罪，而有可能构成敲诈勒索罪。

作为抢劫罪方法的暴力、胁迫是否必须达到一定程度？对此，有的国家刑法有明文规定。如俄罗斯刑法第 162 条规定，抢劫罪的成立以“使用危及生命或健康的暴力，或以使用这种暴力相威胁”为成立条件；瑞士刑法第 139 条规定，只有“加暴行于人，使其生命身体受急迫危险或以其他方法使不能抗拒者”，才构成抢劫罪。应该注意的是，对抢劫罪的暴力、胁迫方法作严格限制性规定的国家，往往会在判例或学说中作一些扩张解释。如“苏俄最高法院全会 1966 年 3 月 22 日决议指出，‘以侵占他人财产为目的实施的侵袭行为，对受害人造成轻度身体伤害或者根本没有造成任何健康损害，但在使用暴力之时对受害人生命或健康构成现实危险的’，

① 大塚仁．刑法概说（各论）．东京：有斐阁，1992：208.

② 高铭暄．新编中国刑法学：下册．北京：中国人民大学出版社，1998：763.

应根据关于强盗罪责任的条款定罪"①。也有许多国家的刑法对暴力、胁迫的程度没有作限制性的规定，如日本、意大利、韩国等国刑法即是如此。不过，即便是这些国家，有的也通过判例和学说作出限制性的解释，要求暴力、胁迫达到一定程度，才构成抢劫罪。如日本的判例和通说认为，对于作为抢劫罪方法的暴力、胁迫，不能从广义上理解，而应该从最狭义的角度来解释，即是指达到足以抑制对方反抗程度的暴力、胁迫。采用没有达到这种程度的胁迫方法，使对方产生畏惧并交付财物的，构成恐吓罪（即敲诈勒索罪）。②

我国刑法对暴力、胁迫达到何种程度才构成抢劫罪并无明文规定。我国刑法理论和司法实践一般不主张要求暴力达到压制被害人抵抗的程度，认为只要行为人有抢劫的意图，并且为了占有财物而对被害人施加暴力，一般就应以抢劫罪论处。理由是：有时同样的暴力对不同的被害人可能产生不同程度的作用，要确定暴力是否达到了足以使被害人不能抗拒的程度，难以用具体的标准来掌握认定。③ 但是，近年来，也有学者认为，只有足以危害被害人的生命与健康的暴力，才能构成抢劫罪的暴力行为，未达此程度的侵犯人身而非法占有财物的行为，只能构成抢夺罪。例如，将被害人绊倒或按倒后夺走财物；乘被害人拿出钱包之机猛击其手臂，将钱包打落在地后，拿起钱包逃离；甲将被害人抱住而由乙夺走其财物；如此等等，由于暴力均未达到危害被害人健康的程度，不能定抢劫罪，而只能构成抢夺罪。④ 笔者认为，上述两种观点都有失偏颇。如前所述，抢劫罪是用暴力、胁迫等方法排除被害人的反抗，以夺取其财物，这就要求暴力、胁迫必须达到一定的程度，如果是很轻微的暴力，根本不足以排除被害人的反抗，那就不能视为抢劫方法的暴力，行为人取得财物的行为也就不具有强取的性质，即不能评价为抢劫。由此可见，抢劫罪的暴力、胁迫必须达到抑制被害人反抗的程度，这是由抢劫罪的性质所决定的，那种认为只要夺取财物时施行了暴力就构成抢劫罪的观点，显然忽视了这一点。但是，认为暴力必须达到危害被害人的生命与健康之程度的观点，则又走向了另一个极端。因为排除被害人反抗的暴力虽然通常会达到危及被害人生命或健康的程度，但也有例外的情况，以上述甲将被害人抱住而由乙夺取其财物的案件为例，行为人的暴力固然没有达到危害被害人身体健康的程度（一般也无此种可能性），但不失为一种有效排除被害人反抗的方法，在此基础上夺取财物，自然应该认定为抢劫。

那么怎样判断暴力、胁迫是否达到抑制对方反抗的程度呢？日本刑法理论界有两种不同主张：一种是主观说，主张以行为人是否预见到暴力、胁迫能够抑制对方反抗，即以行为人的主观认识作为判断的标准。如果行为人认识到即使采用客观上

① 斯库拉托夫，等．俄罗斯联邦刑法典释义：下册．黄道秀，译．北京：中国政法大学出版社，2000：428-429.

② 大谷实．刑法讲义各论．4版．东京：成文堂，1990：214.

③ 高铭暄．新编中国刑法学：下册．北京：中国人民大学出版社，1998：764.

④ 赵秉志．侵犯财产罪疑难问题司法对策．长春：吉林人民出版社，2000：36.

轻微的暴力、胁迫方法，也能抑制对方的反抗，那就应该视为抢劫罪的暴力、胁迫。例如，在犯罪人用玩具手枪胁迫对方夺取其财物的场合，被害者以为是真枪而不敢反抗，由于犯人预见到会达到这样的效果，因而构成抢劫罪。[①] 另一种是客观说，认为应该从暴力、胁迫的性质的角度来作判断，也就是以是否达到足以抑制普通人反抗的程度作为客观的判断标准。就前述用玩具手枪胁迫的实例来说，由于从客观上看，这种胁迫不能认为是抢劫的方法，因而该行为不能构成抢劫罪。客观说是日本法院判例和通说的主张。[②]

但是，社会上的普通人是一个抽象的概念，“足以抑制普通人反抗的程度”这种标准，也很难掌握。因此，客观说的学者主张对这一标准予以具体化。一般认为，应该综合考虑被害者的有关情况（如被害者的人数、年龄、性别、性格等）、行为的状况（如作案的时间、场所等）、行为人的有关情况（如暴力、胁迫行为的表现形式、行为人的外貌等）。即使是用同样的威胁言辞，白天与晚上也可能会使对方产生不同程度的恐惧效应；犯人的服装、神态不同，也会使人产生不同的心理反应；还有对未成年人和妇女，采用轻微的暴力、胁迫，往往就能抑制其反抗。总之，综合各种因素判断，如果认为某种暴力、胁迫从社会观念上，足以使一般人陷入不能反抗的状态，那就可以认为其是抢劫罪的方法行为；反过来，如果达不到使一般人陷入不能反抗状态的程度，只是因为被害者有癔症，而实际上产生了抑制其反抗的效果，这就不能构成抢劫罪。不过，也有持客观说的论者提出，判断暴力、胁迫的程度时，综合考虑的各种因素还应该包含行为人特别认识的事情。按照这种观点，如果行为人知道被害者患有特殊的癔症，即便是采用不足以抑制一般人反抗的胁迫方法夺取其财物，也可以构成抢劫罪。[③] 这种观点有一定的合理性，只不过实际上就与前述主观说没有多少差异了。

相比而言，客观说更合理一些。因为作为抢劫罪实行行为的暴力、胁迫行为存在与否是一种客观事实，不会因为行为人主观上的认识不同而有所改变，当然应该从客观方面来作判断。判断时无疑要考虑案件的各种具体因素，但不能把行为人对某种事实认识与否也纳入其中，否则，就背离了客观说的基本立场，所作的判断也就失去了客观性。

一般来说，对人身体实施的暴力，其最严重程度是致人死亡。那么，抢劫罪的暴力方法是否包含故意杀人，换句话说，为占有他人财物而当场故意杀死被害人的，是否应以抢劫罪论处？这涉及对我国刑法第 263 条所规定的抢劫“致人死亡”这一严重情节的理解问题，我们将在下文展开论述。

（二）其他方法

如前所述，抢劫罪的特色是强取他人财物，为了强取通常就得采用暴力或胁迫

① 宫本英修．刑法大纲．东京：弘文堂，1935：357.

② 前田雅英．刑法各论讲义．2 版．东京：东京大学出版社，1995：217.

③ 团藤重光．刑法纲要各论．3 版．东京：创文社，1990：586.

方法以排除被害人的反抗。但除此之外，还有无其他方法？也就是说，作为抢劫罪方法的行为，是否以暴力、胁迫为限？对此，各国刑法的规定不一。多数国家刑法规定仅以暴力、胁迫为限，如德国、日本、意大利、韩国、泰国、奥地利、俄罗斯等国刑法就是如此。不过，即便是这些国家，有的也把采用暴力、胁迫之外的方法劫取财物的行为，规定为特别类型的抢劫罪。如日本刑法对于采用“使他人昏醉”之方法而“盗取其财物”的行为，规定了一种特殊的昏醉抢劫罪。另有的国家则通过判例和学说，把“使他人昏醉”之方法解释为暴力或胁迫行为所包含的内容。如“苏俄最高法院全体会议在1966年3月22日决议中建议将为了侵占他人财产而使用烈性安眠药物和其他迷幻药物（如用克洛菲啉加烈性酒）导致受害人失去知觉的情形定为强盗罪”①。但也有一些国家刑法规定，抢劫罪的方法除了暴力和胁迫之外，还包括其他方法，至于其范围则并未加以限定，如越南、瑞士等国刑法就是采取这种立法形式。我国刑法也是如此。相比而言，将抢劫罪的方法限定在暴力、胁迫的范围内，并像日本刑法那样，明文规定“使他人昏醉而盗取其财物的，以强盗论”，这可能是一种较好的立法方式。因为“其他方法”是一个不明确的概念，与罪刑法定原则所要求的明确性不符。并且，从我国的司法实践和通说的解释来看，抢劫罪的“其他方法”无非是指用酒灌醉、用药物麻醉、使用催眠术等“昏醉”方法。② 既然如此，那就倒不如用具体列举的方式来取代抽象概括式的规定。

鉴于我国刑法第263条中的“其他方法”不够明确，我们有必要作严格限制的解释。其一，“其他方法”必须是与暴力、胁迫相类似的侵害人身的方法（不包括欺骗等不侵害人身的方法）；其二，“其他方法”是针对财物的占有人实施的暴力与胁迫之外的用来排除其反抗的方法（通常是使被害人失去保护财物的能力）；其三，采用“其他方法”的目的是便于当场夺取被害人占有的财物。如果不是行为人的行为导致被害人昏睡并使之失去保护财物的能力，而是被害人自己因酗酒、生病等而昏睡，行为人趁机拿走其财物的，则不属于采用“其他方法”抢劫，而只可能构成盗窃罪；如果行为人以帮被害人看守财物为名哄骗其入睡，趁对方处于熟睡状态而拿走其财物的，行为人的哄骗虽与被害人的熟睡有密切联系，但由于哄骗他人入睡的行为不具有侵害人身的特性，不属于抢劫罪的“其他方法”，也不可能构成抢劫罪；如果行为人为实施其他犯罪而采用麻醉等方法，使被害人处于昏睡状态后，临时起意拿走其身边的财物，如行为人为强奸妇女，在其食物中投放安眠药，致其昏睡并奸淫后，发现被害妇女携带的手提包内有大量现金，遂起意拿走其手提包的，对这种取得财物的行为就不能认为是抢劫罪，而只能视为盗窃罪，应该与强奸罪合并处罚。

另外，对于以酒灌醉被害人，趁其昏睡之机拿走其财物的行为，能否认定为采

① 斯库拉托夫，等．俄罗斯联邦刑法典释义：下册．黄道秀，译．北京：中国政法大学出版社，2000：429.

② 高铭暄，马克昌．刑法学：7版．北京：北京大学出版社，2016：494.

用“其他方法”抢劫，在我国刑法理论界有两种不同认识：一种观点认为，不构成抢劫罪而应认定为盗窃罪。因为醉酒在一般情况下并不危害人的健康，所以不能认为灌醉是侵犯人身权利的行为；灌醉只是盗窃罪的预备行为，其后趁人昏睡时拿走其钱物的行为符合盗窃罪的特征。① 另一种观点认为，灌醉同麻醉一样都是侵犯他人人身的行为，是行为人对被害人人身的一种非法强制，它排除了被害人对财物的有效保护。因此，对把被害人灌醉、乘其昏睡取其财物的行为，应认定为以其他侵害人身的行为实施的抢劫罪。② 笔者认为，对于先以酒灌醉，尔后趁被害人昏睡而拿走其财物的行为，不可一概而论。如果被害人喝酒达到一定量后拒绝再喝，而行为人强行将其灌醉；或者在不容易致醉的低度酒中掺进大量高度酒，在被害人不知情时骗其过量饮用致醉，并以此作为使被害人失去保护财物能力的方法，趁其昏睡拿走其财物的，这同强行使被害人服用安眠药或在其食物中秘密投放安眠药，致被害人昏睡后取财具有同样的性质，应该以抢劫罪论处。因为是行为人的行为直接导致被害人醉酒昏睡，并且醉酒也是有损身体健康的行为。但是，即便行为人有趁被害人醉酒昏睡后拿走其财物的意图，如果其只是用言辞劝诱、刺激被害人过量饮酒，被害人是否继续饮用还有自主决定的余地，被害人因不服输而过量饮酒致醉，行为人趁机拿走其财物的，也不属于用“其他方法”抢劫，而只可能构成盗窃罪。在这种场合，被害人醉酒是由他自己的行为引起的，行为人的劝诱、刺激只是其过量饮酒的诱因，显然，不能将劝诱、刺激有意思能力人饮酒的行为，评价为与暴力、胁迫相当的侵害人身的行为。

在司法实践中，经常发生这样的案件：行为人趁财物的所有人或保管人在屋内之机，将屋门锁上、拧住或堵住，在财物所有人或保管人知晓的情况下，非法拿走其屋外的财物，但并未对其实施胁迫或强力打击。对这类案件的定性，有的认为应定盗窃罪，有的认为构成抢夺罪，还有的认为属于抢劫罪。主张定抢劫罪的论者对这是采用“暴力”方法还是“其他方法”抢劫，又有不同认识。其中，一种比较权威的观点认为，这类案件的实质是利用禁闭财物所有者或占有者的手段，使之无法保护财物，从而夺取其财物，但该行为不属于抢劫罪“暴力”的禁闭。因为行为人并非采用强行绑架、推拉等手段强力禁闭被害人，而是利用被害人在屋内的便利，关锁门窗将其禁闭，这属于抢劫罪“其他方法”的禁闭。如果把未对人身施加强力的禁闭视为暴力，则与暴力的含义和人们的一般理解都不合。③ 笔者认为，对这类案件定抢劫较为合理。因为行为人是在明知财物的占有者已发现并试图阻止其拿走财物的情况下拿走财物的，显然不属于盗窃。当着财物占有者的面违背其意愿夺取其财物的，一般只可能构成抢劫罪或抢夺罪，二者区分的标志是看有无抑制被害人反抗的侵害人身行为。在上述类型的案件中，行为人利用客观有利条件，并采取锁

① 法学季刊，1984（2）：78.

② 赵秉志．侵犯财产罪研究．北京：中国法制出版社，1998：62.

③ 赵秉志．侵犯财产罪．北京：中国人民公安大学出版社，1999：65.

住、堵住门窗等手段，将被害人禁闭于屋内，这显然是一种抑制被害人反抗的侵害人身的行为，以此作为夺取财物的手段，自然是属于抢劫。但这是采用“暴力”方法抢劫，而不是采用“其他方法”抢劫。如前所述，作为抢劫方法的“暴力”并非要达到危害人的生命或健康的程度，只要是针对人实施的并足以抑制被害人的反抗的即可。将被害人禁闭于一定场所，剥夺其自由，使之失去保护财物的能力，这应该认为是作为抢劫方法的“暴力”所能包容的。至于禁闭的手段可能多种多样，例如，将被害人推拉进房间禁闭，诱骗进房间禁闭，趁其在房间时将门锁上，如此等等，只有形式的差异并无实质的不同。假如趁某人熟睡时用渔网将其网住，使之不能挣脱，在其惊醒后当着其面搬走其家中的财物，这同趁其入睡时将其卧室门锁上，在其知晓的情况下搬走其客厅的财物相似，只不过前者是利用渔网将其网住，而后者则是利用房间的封闭性能将其禁闭，显然对二者应该同等看待，都视为采用“暴力”方法（而不是采用“其他方法”）抢劫才合适。

二、目的行为

抢劫罪的目的行为是强取（或劫取）他人财物，即在采用暴力、胁迫等侵害人身的方法排除对方反抗的基础上，行为人自己夺取对方的财物；但也有由对方交付财物的情形。某种取得财物的行为是否具有强取的性质，是抢劫罪成立与否的关键。与强取相关的理论上有争论的问题主要来自以下几方面。

（一）暴力、胁迫是否必须达到抑制反抗的效果

行为人尽管采用了足以抑制对方反抗的暴力、胁迫方法，但被害人只是产生了一点恐惧，不是在被抑制反抗的状态下交付财物的。在这种情况下，应该如何处理？对此，日本刑法理论界主要有两种不同回答：一是抢劫既遂说，认为只要客观上采用了抢劫方法，并且取得了对方的财物，就构成抢劫罪既遂。因为“抑制反抗”并不是抢劫罪成立所必需的要件。日本法院的判例也持这种主张。① 另一种是抢劫未遂说，认为抢劫罪既然以“强取”为要件，那么只有行为人的暴力、胁迫抑制了被害人的反抗，在此基础上取得财物才能视为强取。没有抑制被害人的反抗而取得财物的，自然不是强取。因此，上述设例的实质是，行为人出于抢劫的意思而着手实行犯罪，但没有充足强取的要件，因而只能成立抢劫未遂罪。②

如果将上述既遂说贯彻到底，则只要行为人采用了抢劫罪所必要的暴力、胁迫方法，即使对方连恐惧之心都未产生，只是基于怜悯之情交给其财物，这也同样构成抢劫既遂。但这样的结论是不合理的。在这种场合，似乎采用未遂说即认为构成抢劫未遂比较合适。

正如有的论者所述，产生恐惧之心交付财物与基于怜悯之情交付财物，毕竟不是一回事。况且，在通常情况下，把抑制反抗的状态完全发生作为既遂的要件也不

① 前田雅英．刑法各论讲义．2版．东京：东京大学出版社，1995：220.

② 团藤重光．刑法纲要各论．3版．东京：创文社，1990：588.

妥当。不过，从抢劫罪的本质而论，存在某种程度的抑制反抗是必要的。因为抢劫罪除了侵犯财产之外，还侵犯被害者的生命、身体、自由。如果行为人虽然采用了抢劫方法，但却是在完全没有产生抑制对方反抗的效果时取得财物的，那就应该以抢劫未遂论。反过来，又不能把抑制反抗的标准定得过高，要求被害人处于完全不能反抗的状态时，才认为达到了抑制反抗的程度，才构成抢劫既遂，这是不合情理并且在实践中很难掌握认定的。因此，只要行为人采用的暴力、胁迫方法，从社会观念上可以被认为是抢劫方法，就应该认为转移财物是抑制被害人反抗的结果，即使对方只是产生一点恐惧而交付了财物，也应构成抢劫既遂。①

（二）暴力、胁迫与取得财物之间的因果关系

一般认为，强取财物意味着暴力、胁迫与取得财物之间必须有因果关系。在通常情况下，行为人总是先采取暴力、胁迫方法，抑制被害人的反抗，尔后直接夺取其财物或迫使其交出财物。不过，也有先夺取财物紧接着对被害人施行暴力、胁迫的抢劫实例。在这种场合，行为人在抢劫意思支配下的方法行为，与目的行为的先后顺序是颠倒的，但实质上暴力、胁迫行为是确保取得的财物的方法，如果没有暴力、胁迫，最终也不可能得到财物。所以，仍然可以说两者之间有因果关系。

应当注意，在有些国家（如日本）的司法实践中，并不一定很重视两者之间的因果关系。例如，日本法院有判例认为，行为人趁被抑制反抗的被害者不注意时拿走其财物的行为，构成抢劫罪；还有判例认为，由于被告人的暴力、胁迫，被害人将所持财物放置现场而逃走，此后被告人予以夺取的行为，也成立抢劫罪。不过，也有判例认为，行为人为了强取他人财物而对其进行胁迫，被害人因恐惧而逃走时掉下了财物，尔后取得这种财物的行为，不构成抢劫罪。据此，有学者认为，只要实施了暴力、胁迫行为，并趁机取得占有了财物，就可以认为是强取，并不一定要求两者之间有严格意义上的因果关系。但是，如果暴力、胁迫与取得财物之间没有直接的联系，就应当否定两者之间有因果关系，抢劫罪也就不能构成。②

第二节　抢劫罪的加重犯

我国刑法第 263 条分 8 项规定了抢劫罪的加重犯，即犯抢劫罪而又具有该条规定的 8 项严重情节之一的，要处以比普通抢劫罪更重的法定刑。

一、入户抢劫

关于“入户抢劫”的含义，学术界有不同的解释。第一种观点认为，入户抢劫

① 前田雅英．刑法各论讲义．2 版．东京：东京大学出版社，1995：221.

② 同①221 - 222.

是指非法闯入或潜入居民家中实施抢劫，不包括进入机关、团体、企业事业单位的办公室、教室、仓库以及公共娱乐场所等抢劫。① 第二种观点认为，入户抢劫是指在公民长期、固定生活、起居或者栖息的场所抢劫，除了私人住宅之外，还包含以船为家的渔船、牧民居住的帐篷，甚至宾馆房间、固定值班人员的宿舍等在实际功能和心理感觉上与私人住宅相同的场所，也应纳入“户”的范围。② 第三种观点认为，入户抢劫是指在公民生产、生活的封闭性场所抢劫，除了私人住宅之外，其他供人们生活、学习的建筑物，如国家机关、企业事业单位、人民团体、社会团体的办公场所，公众生产、生活的封闭性场所，也在“户”的范围之内。③ 第四种观点认为，入户抢劫是指在允许特定人员出入、生活、工作的地方抢劫，这里的“户”既包括公民的住宅和院落，也包含机关、团体、企业事业等单位的院落和办公室，还包括以船为家的渔民的渔船和旅客在旅店居住的房间等。④

以上几种观点的分歧在于，对“入户抢劫”中的“户”，是从严格意义上理解，还是作扩大范围的解释以及扩大至何种范围。笔者认为，应该作严格限制的解释。

首先，刑法第263条规定“入户抢劫”是抢劫罪的加重犯，其处刑标准明显重于普通抢劫罪，如果作扩大范围的解释，就会使一些依法本来只能适用普通抢劫罪法定刑的被告人，被适用加重犯的法定刑处罚，这对被告人自然是不利的，而根据罪刑法定原则，应该禁止不利于被告人的扩张解释。

其次，按照《现代汉语词典》的解释，“户”是指“门、人家、住户”。可见，“入户抢劫”的本来含义是指进入私人住宅抢劫。之所以对进入私人住宅抢劫要作为加重犯看待，是因为私人住宅关系到公民的人身、财产安全和生活安宁，入户抢劫不仅侵犯公民的人身权和财产权，而且还危及公民的住宅居住安全。现代世界各国都非常重视保护公民的住宅居住安全，我国也不例外。我国宪法第39条规定：“中华人民共和国公民的住宅不受侵犯。禁止非法搜查或者非法侵入公民的住宅。”以此为根据，我国刑法第245条规定了独立的“非法侵入住宅罪”。而“入户抢劫”除了抢劫财物之外，还存在非法侵入住宅的问题，这也是刑法把“入户抢劫”规定为抢劫罪加重犯的根本理由。

再次，2000年11月最高人民法院的《关于审理抢劫案件具体应用法律若干问题的解释》（以下简称《抢劫解释》）也基本上是从严格限制的立场来解释“入户抢劫”的。该司法解释明确指出，“‘入户抢劫’，是指为实施抢劫行为而进入他人生活的与外界相对隔离的住所，包括封闭的院落、牧民的帐篷、渔民作为家庭生活场所的渔船、为生活租用的房屋等进行抢劫的行为”。对这一规定，2005年6月最高人民法院又在《关于审理抢劫、抢夺刑事案件适用法律若干问题的意见》（以下简

① 高铭暄．新编中国刑法学．北京：中国人民大学出版社，1998：769.
② 周振想，林维．抢劫罪特别类型研究．人民检察，1999（1）.
③ 肖中华．论抢劫罪适用中的几个问题．法律科学，1998（5）.
④ 最高人民检察院刑事检察厅．最新刑法释义与适用指南．北京：中国检察出版社，1997：427.

称《两抢意见》）中进一步指出，“认定‘入户抢劫’时，应当注意以下三个问题：一是‘户’的范围。‘户’在这里是指住所，其特征表现为供他人家庭生活和与外界相对隔离两个方面，前者为功能特征，后者为场所特征。……二是‘入户’目的的非法性。进入他人住所须以实施抢劫等犯罪为目的。抢劫行为虽然发生在户内，但行为人不以实施抢劫等犯罪为目的进入他人住所，而是在户内临时起意实施抢劫的，不属于‘入户抢劫’。三是暴力或者暴力胁迫行为必须发生在户内。入户实施盗窃被发现，行为人为窝藏赃物、抗拒抓捕或者毁灭罪证而当场使用暴力或者以暴力相威胁的，如果暴力或者暴力胁迫行为发生在户内，可以认定为‘入户抢劫’；如果发生在户外，不能认定为‘入户抢劫’”。至于机关、团体、企业事业单位的院落、办公室，旅馆的客房、学校的学生宿舍，单位职工的集体宿舍，则不属于私人住宅（即不能视为“户”）。① 进入这样的场所抢劫，通常不危及公民的住宅居住安全，不存在刑法中的“非法侵入住宅”的问题，因而一般不能认定为“入户抢劫”。问题在于，如果某种场所既被用来从事经营又被用作生活起居，进入这种场所抢劫能否认定为“入户抢劫”？2016 年 1 月最高人民法院《关于审理抢劫刑事案件适用法律若干问题的指导意见》（以下简称《抢劫案指导意见》）明确指出：“对于部分时间从事经营、部分时间用于生活起居的场所，行为人在非营业时间强行入内抢劫或者以购物等为名骗开房门入内抢劫的，应认定为‘入户抢劫’。对于部分用于经营、部分用于生活且之间有明确隔离的场所，行为人进入生活场所实施抢劫的，应认定为‘入户抢劫’；如场所之间没有明确隔离，行为人在营业时间入内实施抢劫的，不认定为‘入户抢劫’，但在非营业时间入内实施抢劫的，应认定为‘入户抢劫’。”

另外，虽然在他人住宅内抢劫了财物，但进入住宅时并无抢劫意图，并且有合法理由进入住宅的，同样不存在非法侵入住宅的问题，不应认定为“入户抢劫”。上述《抢劫案指导意见》明确指出：“认定‘入户抢劫’，要注重审查行为人‘入户’的目的，将‘入户抢劫’与‘在户内抢劫’区别开来。以侵害户内人员的人身、财产为目的，入户后实施抢劫，包括入户实施盗窃、诈骗等犯罪而转化为抢劫的，应当认定为‘入户抢劫’。因访友办事等原因经户内人员允许入户后，临时起意实施抢劫，或者临时起意实施盗窃、诈骗等犯罪而转化为抢劫的，不应认定为‘入户抢劫’。”例如，甲出高价买乙的名牌服装，但乙给的是冒牌货，甲发现之后，到乙家里要求退货，乙不仅不退货，反而不承认甲要求退换的服装是自己所卖的货。甲一气之下，突发抢劫意念，将乙打倒在地，强行夺取其装有几千元的提包一个。对这样的案件，应按普通抢劫罪处理。但是，如果行为人出于其他动机目的非法侵入他人住宅，譬如，为了报复伤害他人或者强奸妇女的，侵入他人住宅从事犯罪活动过程中或之后，临时起意进行抢劫的，则与先有抢劫故意而入户抢劫的情形

① 除非有极为特殊的情况，确实具备“户”的两个基本特征的，才可能例外地被认定为“户”。

没有实质的差别，都存在非法侵入他人住宅的问题，应以“入户抢劫”论处。

总而言之，“入户抢劫”并非只有行为人为抢劫而入户才能成立，先非法侵入他人住宅、后起意抢劫的，也能成立“入户抢劫”；只不过基于合法目的或理由进入他人住宅后，临时起意抢劫的，不能成为“入户抢劫”。

二、在公共交通工具上抢劫

一般来说，在公共交通工具上抢劫，不仅侵害的人数较多，而且涉及的面广，会造成乘客和驾驶人员的恐惧，引起秩序混乱，危及交通运输的安全。如驾驶人员因恐惧或注意力分散而出现操作失误，引发交通事故；轮船上的乘客因遇抢劫而引起船上秩序混乱，导致轮船倾覆；等等。正因为这类抢劫具有危害交通运输安全的特殊性，有些国家刑法将其规定为独立的犯罪，纳入危害公共安全的犯罪之中，规定了比普通抢劫罪更重的法定刑。如德国刑法第 316 条 a（对汽车司机的强盗攻击）规定：“利用道路交通的特殊情况，对汽车司机或某一乘客的身体、生命或自由进行攻击，犯抢劫（第 249 条和第 250 条）、窃后抢劫（第 252 条）、敲诈勒索（第 255 条）罪的，处 5 年以上自由刑。”我国刑法虽然没有对“在公共交通工具上抢劫”单独规定罪名，只是将其作为一种加重犯，处以比普通抢劫罪更重的法定刑；但其立法的理由，也主要是考虑到这种抢劫同普通抢劫相比，还存在危及交通运输安全的特殊性，因而有必要加重其法定刑。

在公共交通工具上抢劫，必须具备如下几个基本特征。

（1）抢劫行为发生在公共交通工具上。如果不是发生在交通工具上，而是发生在机场、车站、码头、隧道等场所，自然不能认定为“在公共交通工具上抢劫”。另外，即使是在公共交通工具旁边（如守在汽车、轮船门边）对刚下车、下船的乘客、驾驶员等实施抢劫行为的，也不能扩大解释为“在公共交通工具上抢劫”，这是罪刑法定原则的基本要求。

（2）抢劫行为是针对运行过程中的公共交通工具上的人员实施的。如果不是针对运行过程中的旅客、司售、乘务人员实施的，而是针对停驶期间其他在交通工具上活动的人员实施的，例如，行为人见外出打工的被害人夜间在一辆停在车站的公共汽车上睡觉，便采用暴力手段夺取了其价值一千余元的财物。这样的抢劫犯罪案件虽然发生在公共交通工具上，但因不危及交通运输安全，不属于刑法第 263 条所指的“在公共交通工具上抢劫”。甚至按前述最高人民法院的《两抢意见》，“在未运营中的大、中型公共交通工具上针对司售、乘务人员抢劫的”，也同样“不属于‘在公共交通工具上抢劫’”。

（3）抢劫的目的行为所指向的对象是交通工具之外的财物。如果为劫取交通工具本身，而采用暴力手段驱赶走或杀害交通工具上的人员，以夺取交通工具的，虽然也构成抢劫罪，并且可能因抢劫数额巨大而要适用加重犯的法定刑，但却不能认定为“在公共交通工具上抢劫”。如果采用暴力、胁迫或者其他方法劫持航空器或船只、汽车，则构成刑法第 121 条规定的“劫持航空器罪”或第 122 条规定的“劫持船只、汽车罪”，同样不能认定为“在公共交通工具上抢劫”。应当注意的是，行为人在飞行中的民用航空器上实施的抢劫，虽然有可能危及飞行安全，并且刑法第123条规定了独立的“暴力危及飞行安全罪”，但这属于一行为触犯数罪名的想象竞合的情形，由于按抢劫罪的加重犯比按“暴力危及飞行安全罪”处罚更重，因而应认定为抢劫罪，并适用第263条第2项“在公共交通工具上抢劫”之规定来处罚，而不能适用第123条以“暴力危及飞行安全罪”定罪处罚；同时，也不能实行数罪并罚。

另外，关于“在公共交通工具上抢劫”，理论界对于应当包括在城市公共汽车、有轨电车、无轨电车、客运中巴车、高架列车、地铁列车、长途客车、旅客列车、民航客机、载客船只等公共大型交通工具上抢劫，认识比较一致。最高人民法院的《抢劫案指导意见》也认为，“‘公共交通工具’，包括从事旅客运输的各种公共汽车，大、中型出租车，火车，地铁，轻轨，轮船，飞机等”。并且，“对于虽不具有商业营运执照，但实际从事旅客运输的大、中型交通工具”，也同样“可认定为‘公共交通工具’”。只不过对以下几种情形是否属于“在公共交通工具上抢劫”，目前理论界还存在认识分歧。

（1）针对小型出租车司机及其所载人员的抢劫。一般来说，为社会公众提供运输服务的机动交通工具，包括小型出租汽车都属公共交通工具。1984年公安部发布的《城市公共交通车船乘坐规则》明确把出租汽车（包括小型出租车）列为公共交通管理的对象。因此，有论者认为，在小型出租车上抢劫司机或乘客的财物，也属于“在公共交通工具上抢劫”。不过，考虑到小型出租车只能乘坐几人，在这种车上抢劫的，一般不如在公共汽车、电车、大中型出租车上抢劫的危害性大，为了体现罪刑相适应原则，最高人民法院的《抢劫案指导意见》中明确指出，公共交通工具“不含小型出租车”。笔者认为，作这样的限制解释，将出租小汽车排除在外是合理的。因为作这种有利于被告人的限制解释，并不违反罪刑法定原则。但是，处理其他在大、中型公共交通工具上抢劫的案件，不应以其中实际乘坐人数的多少，来决定是否认定为“在公共交通工具上抢劫”；也不问实际抢了几个人，都应认定为“在公共交通工具上抢劫”。只有这样，才有利于遏制和消除以公共交通工具为袭击目标，危及广大旅客人身、财产安全的犯罪现象。①

（2）在单位内部接送职工上下班的大型机动交通工具上抢劫。对于这种案件，能否认定为“在公共交通工具上抢劫”？按最高人民法院的《抢劫案指导意见》，“接送职工的单位班车、接送师生的校车等大、中型交通工具，视为‘公共交通工具’”。在其中抢劫，无疑也属于“在公共交通工具上抢劫”。至于为何作这样的解释，这涉及对“公共”二字的理解以及公共交通工具范围的界定问题。有的论者认为，公共交通工具是指供公众（不特定的多数人）使用的交通工具，因而供单位内

① 王作富．认定抢劫罪的若干问题．刑事司法指南，2000（1）．

部使用的交通工具如工厂、学校的班车并非公共交通工具。① 也有论者认为，对在公共交通工具上的抢劫行为作加重处理，是因为这种抢劫的社会危害性大，对社会秩序的侵害也更加严重。在刑法将个人人身、财产等合法权益抽象为社会利益予以保护时，应当重视其社会性，即重视量的多数性。多数是“公共”的核心，显然，校车或工厂班车应当被认定为公共交通工具。② 笔者认为，公共交通工具一般具有两个特点：一是乘坐对象的公众性，二是行驶区间的社会性。前者是指乘坐对象要么是社会上不特定的个人（如出租小轿车的乘客），要么是不特定或特定的多数人（如社区或单位内的众多职工）。如果乘坐对象只是特定的个人（如私人小轿车的主人、单位专用小轿车的使用者），则由于不具有公众性，不能被视为公共交通工具。行驶区间的社会性，是指交通工具必须是在城市或乡村公路上行驶的。如果车辆只是被用于本单位内部（不出单位地盘）不太大的空间范围内，定点接送职工上下班，则由于其行驶区间不具有社会性，在这种车辆上抢劫通常不会危及社会交通运输的安全，其影响范围也有限，同样不能被认定为“在公共交通工具上抢劫”。但是，如果单位内部接送职工上下班的大型交通工具要经过城市的街道或乡村的公路，则应该被视为公共交通工具。因为这种交通工具同城市的公共汽车具有相同的性质，不能因为乘坐的通常只是本单位职工，就否定其“公共”性。假如行为人混上某单位接送职工上下班的大客车后，在汽车行驶进繁华的街道或偏僻公路段时抢劫，这同在公共汽车上抢劫就很难说有何差别，对其显然没有理由实行区别对待。再说，单位用自己的车运送职工集体外出旅游、参观、考察、学习，在来去途中遇到犯罪分子上车抢劫的，这同租用公共汽车运送的情形更谈不上有何不同，对此，如果不认为是在公共交通工具上抢劫，显然不合情理。正因为如此，主张在单位接送职工上下班的大型机动交通工具上抢劫不能认定为“在公共交通工具上抢劫”的论者也认为，这种情形应当作为例外，即应当认为是“在公共交通工具上抢劫”③。但是，同样是在单位大型公车上抢劫，并且抢劫的对象都是同一单位职工的财物，甚至有可能发生在同一路段，如果只是因为职工所要从事的具体活动不同，就在是否适用加重犯的法定刑即处刑轻重上出现明显的差异，无疑是不妥当的。

（3）对运输途中的机动公共交通工具加以拦截后抢劫。最高人民法院的《抢劫解释》明确指出：“刑法第二百六十三条第（二）项规定的‘在公共交通工具上抢劫’，……也包括对运行途中的机动公共交通工具加以拦截后，对公共交通工具上的人员实施的抢劫。”笔者认为，这样解释对严厉打击严重危害社会治安的车匪路霸，无疑是有积极意义的。但是，如果行为人拦截长途客运汽车后，并未上车对车上的人员实施抢劫，而是在车外强令司机或车上其他人员交付财物后才放行，那么把这种发生在车外的抢劫也解释为“在公共交通工具上抢劫”，显然是一种不利于

① 肖中华．论抢劫罪适用中的几个问题．法律科学，1998（5）．

② 张国轩．抢劫罪的定罪与量刑．北京：人民法院出版社，2001：346．

③ 同②347．

被告人的解释，是违反罪刑法定原则的。即便对这种抢劫有必要作为加重犯来处罚，那也应该通过修改刑法增设这方面的规定；在刑法没有这样的明文规定之前，不能任意作扩大解释。况且，拦截车辆后在车外抢劫的，并不直接危及交通运输的安全，同拦截车辆后把车上人员赶下车后抢走车辆的行为有相似之处。既然拦截车辆后直接抢走车辆的不以“在公共交通工具上抢劫”论处①，那么拦截车辆强令车上人员交付财物后放行的，所劫财物数额还要少一些，为何还要认定为“在公共交通工具上抢劫”，作为加重犯来处罚？

三、抢劫银行或者其他金融机构

根据最高人民法院的《抢劫解释》，“‘抢劫银行或者其他金融机构’，是指抢劫银行或者其他金融机构的经营资金、有价证券和客户的资金等。抢劫正在使用中的银行或者其他金融机构的运钞车的，视为‘抢劫银行或者其他金融机构’”。这里所说的“银行”，包括国家设立的各种银行、民营银行以及外国在我国设立的银行。“其他金融机构”，是指银行以外的从事货币资金的融通和信用业务的机构，包括证券公司、保险公司、信托投资公司、信用社等。刑法之所以把“抢劫银行或者其他金融机构”作为抢劫罪的加重犯，是因为金融安全关系到国家经济的稳定和民心的安定，而抢劫金融机构的经营资金、有价证券和客户资金，势必危及国家的金融安全，具有特殊的危险性和危害性，因而有必要予以严厉打击。但是，如果行为人在银行办公地点抢劫一般办公用品、生活用品，甚至银行职员个人的现金，则均不具有这样的特殊危害性，不能认定为“抢劫银行或者其他金融机构”。抢劫银行客户提取的存款或准备交存的现金，也不能视为“抢劫银行或者其他金融机构”。

四、多次抢劫或者抢劫数额巨大

按照最高人民法院的《两抢意见》，“‘多次抢劫’是指抢劫三次以上”，“对于‘多次’的认定，应以行为人实施的每一次抢劫行为均已构成犯罪为前提，综合考虑犯罪故意的产生、犯罪行为实施的时间、地点等因素”。一般要求在不同时间、不同地点作案。如果在同一地点，不间断地对两个以上的人依次实施抢劫，则应视为一次抢劫。②“对于行为人基于一个犯意实施犯罪的，如在同一地点同时对在场的多人实施抢劫的；或基于同一犯意在同一地点实施连续抢劫犯罪的，如在同一地点连续地对途经此地的多人进行抢劫的；或在一次犯罪中对一栋居民楼房中的几户居民连续实施入户抢劫的，一般应认定为一次犯罪。”

另外，笔者认为，这里的多次抢劫不应包括多次预备抢劫、多次抢劫未遂的情

① 最高人民法院的司法解释指出，拦截公共交通工具后对公共交通工具上的人员实施的抢劫，才视为“在公共交通工具上抢劫”，其隐含的意思是，抢走公共交通工具本身的，则不能认为是“在公共交通工具上抢劫”。

② 王作富．认定抢劫罪的若干问题．刑事司法指南，2000（1）．

形。因为“多次抢劫”作为抢劫罪的加重犯，其法定刑比普通抢劫罪重得多，应该从严掌握，预备抢劫固然也有可能构成犯罪（如预备抢劫银行的运钞车），但毕竟未着手实行，抢劫未遂虽已着手实行，而同抢劫既遂相比危害性还是要小一些。顺便指出，我国刑法第263条把“多次抢劫”规定为抢劫罪的加重犯不够妥当。因为作案的次数对抢劫罪的社会危害性程度并不起决定作用，起决定作用的是抢劫的手段和侵害的对象、抢劫数额的大小以及造成的危害后果等。如果行为人多次采用一般的威胁手段在乡间小路上抢劫了数额较小的财物，并未造成严重后果，按现行刑法的规定，作为抢劫罪的加重犯处10年以上有期徒刑，这就未免有处罚过重的嫌疑。况且，刑法对盗窃、诈骗、抢夺、敲诈勒索等财产罪，都有加重犯的规定，但并未把多次作案作为这些罪的加重犯来规定，盗窃罪中的“多次盗窃”、抢夺罪中的“多次抢夺”，均只是与盗窃、抢夺“数额较大”等相并列的构成犯罪的情节，而在抢劫罪中“多次抢劫”却成为与“抢劫数额巨大”相并列的加重犯的情节，这显然有失协调性、统一性。

“抢劫数额巨大”是指行为人实际抢得的财物价值数额巨大。如果行为人以数额巨大的财物作为抢劫目标，但实际抢到手的财物并未达到数额巨大标准，或者因意志以外的原因未能抢到数额巨大的财物，对此能否认定为“抢劫数额巨大”？有论者认为，可以按“抢劫数额巨大”的未遂犯处罚。① 最高人民法院的《抢劫案指导意见》也认为，“对以数额巨大的财物为明确目标，由于意志以外的原因，未能抢到财物或实际抢得的财物数额不大的，应同时认定‘抢劫数额巨大’和犯罪未遂的情节，根据刑法有关规定，结合未遂犯的处理原则量刑”。但是，笔者认为，刑法第263条是把“抢劫数额巨大”作为加重犯来规定的，而加重犯并无未遂可言。也就是说，只有犯罪分子实际抢到了数额巨大的财物，才能认定为“抢劫数额巨大”，适用加重犯的法定刑来处罚。否则，只要不存在其他加重犯的情节，就只能按普通抢劫罪处理。至于抢劫财物达到多少数额才算“巨大”，按最高人民法院的《抢劫解释》，“‘抢劫数额巨大’的认定标准，参照各地确定的盗窃罪数额巨大的认定标准执行”。

最高人民法院的《两抢意见》还对如下几种特殊类型的抢劫数额的计算提出了指导意见：（1）抢劫信用卡后使用、消费的，其实际使用、消费的数额为抢劫数额；抢劫信用卡后未实际使用、消费的，不计数额，根据情节轻重量刑。所抢信用卡数额巨大，但未实际使用、消费或者实际使用、消费的数额未达到巨大标准的，不适用“抢劫数额巨大”的法定刑。（2）为抢劫其他财物，劫取机动车辆当作犯罪工具或者逃跑工具使用的，被劫取机动车辆的价值计入抢劫数额。（3）抢劫存折、机动车辆的数额计算，参照执行《关于审理盗窃案件具体应用法律若干问题的解释》的相关规定。另外，根据最高人民法院的《抢劫案指导意见》，“通过银行转账

① 张国轩．抢劫罪的定罪与量刑．北京：人民法院出版社，2001：363.

或者电子支付、手机银行等支付平台获取抢劫财物的，以行为人实际获取的财物为抢劫数额”。

五、抢劫致人重伤、死亡

（一）立法概况

在司法实践中，抢劫之际致人死伤的现象时有发生，由于它既侵犯财产权益，又严重危及人身健康和生命安全，因而有些国家（如日本）刑法在普通抢劫罪之外，往往还设有抢劫致死伤罪这种加重类型的抢劫罪，规定了更重的法定刑。我国刑法虽然没有单独设立此罪，但把抢劫致人重伤、死亡作为抢劫罪的加重犯，规定了比普通抢劫罪更重的法定刑。

抢劫致人重伤、死亡可能有两种类型：一是对重伤、死亡结果无故意，即作为抢劫罪的典型结果加重犯而出现的情形，这是严格意义上的抢劫致人重伤、死亡；二是对重伤、死亡结果有故意，即行为人故意重伤或杀害他人以夺取财物的情形。对于后一种类型是否作为抢劫罪的加重犯，各国刑法的规定并不一致。有的国家（如韩国）刑法明文规定抢劫罪的加重犯包括故意“伤害”“杀害”他人的情形；也有的国家把抢劫杀人作为独立的犯罪予以规定，“抢劫致死”中不包含故意杀害他人以夺取其财物的情形；我国和日本等国刑法对此未作明文规定，因而对这一问题存在理论上的争论。

另外，抢劫致伤（包括致人重伤）与抢劫致死是两种不同的危害后果，据此，一些国家刑法将其作为两种不同的犯罪，分别规定了轻重不同的法定刑。例如，韩国刑法第337条规定的是强盗伤害、致伤罪，第338条规定的则是强盗杀人、致死罪，对前者“处无期或者七年以上劳役”，对后者则“处死刑或者无期劳役”。我国对“抢劫致人重伤、死亡”适用相同的法定刑，可能有失妥当性。因为重伤与死亡的后果所体现的社会危害程度毕竟有较大差异，法定刑轻重也应有别。这也是许多国家刑法对抢劫致死与致伤分别规定轻重不同法定刑的理由所在，我们也有必要仿效。

（二）行为对象

抢劫致死伤的对象是人。对于该对象是否仅限于抢劫行为针对的被害人，各国刑法的规定并不完全相同。有的国家刑法明文规定该对象仅限于被害人，如俄罗斯刑法第162条规定，抢劫“给受害人的健康造成严重损害的”，处以比普通抢劫更重的刑罚。但多数国家刑法并无这样的限制，如日本刑法第240条规定，“强盗致人负伤的，……致人死亡的”；韩国刑法第237条、第238条规定，“因强盗伤害他人，或者致他人受伤的”“因强盗而杀害他人，或者致他人死亡的”，构成“强盗致死伤罪”“强盗伤害、致伤罪”或“强盗杀人、致死罪”。对于这里所指的“人”（或“他人”）是否包括被害人之外的第三者，日本等国刑法理论和实践上认识不一。有的学者认为，死伤的对象必须是抢劫的被害者，如果抢劫犯人为了免受逮捕而致第三者死伤，则不能定抢劫致死伤罪，应该根据其主观心理状态的不同，分别定杀人罪、伤害罪或过失致死罪等罪。[①] 但也有学者认为，死伤的对象不以抢劫的被害者为限，只要是在抢劫时，由抢劫犯人的行为引起了死伤结果的发生，不论死伤者是不是抢劫的被害人，都应以本罪论。日本的判例大多持这种主张。例如，最高裁判所曾有判例认为，抢劫犯人为了免受逮捕，致警察死伤的，构成本罪；抢劫犯人在开枪射杀被害人时，击中了没有预料到的第三者的，也构成本罪。[②]

我国的刑法学论著过去很少涉及这一问题。有的论者在解释我国刑法第 263 条中的“抢劫致人重伤、死亡”时指出，“这里所说的‘致人重伤、死亡’，是指为了抢劫公私财物实施暴力行为，造成被害人重伤或者死亡的后果”[③]。这与上述前一种观点基本相同。另有论者认为，“这里的‘致人重伤、死亡’，应该是指行为人在抢劫财物的过程中，使用暴力致人重伤或死亡”[④]。这与上述后一种观点相似。

相比而言，后一种观点比较合理。因为把致人重伤、死亡作为抢劫罪的严重情节，主要考虑的是抢劫行为所造成的危害后果严重，所以有必要加重法定刑。至于死伤的是抢劫的被害人还是第三者，其实质并无多大差别，没有理由区别对待；况且，事后抢劫（或转化抢劫）致人死伤，也要按抢劫致人死伤处理，而在事后抢劫中，暴力、胁迫行为在许多场合是针对第三者实施的。但是，应当注意，死伤的对象必须是抢劫犯人之外的他人，如果是抢劫犯人本人（如抢劫犯人实施暴力行为时，因用力过猛造成本人手臂骨折），或者是抢劫犯人的同伙（如抢劫犯人对被害人实施暴力行为时，误伤了同案犯），则由于这与致他人死伤在性质上有较大差别，因而不能认定为“抢劫致人重伤、死亡”。还应该注意，除了暴力行为外，胁迫行为同样能致人死伤，在司法实践中，就经常发生被害人因受抢劫犯人的暴力威胁而引起心脏病突发死亡或严重精神失常的事，这自然也应该认为是“抢劫致人重伤、死亡”的情形。因此，上述认为抢劫致人重伤、死亡是指“使用暴力致人重伤或死亡”的观点，失之片面。

（三）行为与结果之间的联系

“抢劫致人重伤、死亡”的成立，以抢劫犯人引起了重伤或死亡结果的发生为条件。对于死伤结果是否必须由作为抢劫手段的暴力、胁迫行为所引起，刑法理论上有不同认识。[⑤] 一种是手段说（或限定说），认为死伤结果只能是由作为抢劫手段的暴力、胁迫行为直接产生的。因为抢劫致死伤是抢劫罪的结果加重犯，加重结果自然要由抢劫行为引起，否则，就只能对引起死伤的行为另外单独定罪。另一种是机会说（或非限定说），认为只要是在抢劫的时机引起了死伤结果发生的即可，并不要求死伤结果是由作为抢劫手段的暴力、胁迫行为引起的。因为在实践中抢劫

① 西村克彦．强盗罪考述．东京：一粒社，1983：57.
② 大塚仁，等．刑法解释大全：第 9 卷．东京：青林书院，1988：376.
③ 蔡兴教．财产贪贿犯罪的疑难和辨症．北京：中国人民公安大学出版社，1999：198.
④ 陈明华．刑法学．北京：中国政法大学出版社，1999：605.
⑤ 曾根威彦．刑法的重要问题（各论）．东京：成文堂，1995：178－179.

引起死伤结果的情况比较复杂，并非只有暴力、胁迫手段引起死伤结果这一种情形。还有一种关联性说（或折中说），认为既不能要求死伤结果必须由作为抢劫手段的暴力、胁迫行为直接产生，又不能不作任何限制，至少死伤的结果必须是由与抢劫相关联的行为引起的，才能认定为抢劫致死伤。日本法院的判例历来是采取机会说的。过去，日本学者中有很多人赞成手段说，但现在此说已失去了支持者。①

从理论上分析，抢劫犯人为了取得财物，先必须排除被害人的反抗，因而有必要采用一定强度的暴力、胁迫手段，并有可能危及被害人的生命、身体的安全。刑法正是为了有效地抑制那种采用危险的特别强烈的暴力、胁迫手段的抢劫犯罪，才对采用暴力、胁迫手段致人死伤的情形，作了加重法定刑的规定。这样解释也很有道理。但是，根据一些国家刑法的规定，事后抢劫致人死伤也要按抢劫致死伤罪论处，而事后抢劫引起他人死伤的暴力、胁迫行为，并非用来排除被害人反抗以夺取其财物，而是为了防止财物被夺回或者为免受逮捕、湮灭罪证而实施的。如果在普通抢劫的场合，抢劫犯人为了免受逮捕、湮灭罪证，将他人打伤甚至打死，只是因为这种暴力手段不是用来排除被害人反抗的抢劫手段，就不作为抢劫致死伤处理，那就与事后抢劫致人死伤的情形不协调。另外，机会说又有过于扩大抢劫致死伤之范围的弊病。例如，抢劫犯人在对被害人实施暴力行为时，误伤了同案犯，或者抢劫犯人之间发生争斗造成死伤。如果仅仅因为死伤结果发生在抢劫时，就对这类案件按抢劫致死伤处理，显然不妥当。因为抢劫致死伤加重法定刑的理由是行为人实施了特别危险的抢劫行为，而上述情形不能说明抢劫行为具有特别的危险性。由此可见，对死伤的结果应该有所限制。关联性说认为至少死伤结果应该是由与抢劫相关联的行为引起的，这有一定的道理。但何种行为是与抢劫相关联的行为，还需要作进一步的解释。为了与事后抢劫相协调，应该把为夺取、确保财物或者为免受逮捕、毁灭证据而实施的行为，理解为与抢劫相关联的行为。这种行为当然是在“抢劫的时机（或机会）”实施的，即使不是抢劫的手段行为，也必须与手段行为和取得财物的行为在时间、场所很接近的范围内，并且死伤的结果与这类行为之间要有因果关系，否则，不能让行为人对死伤结果负刑事责任。例如，被害人在追捕未抵抗的抢劫犯人时摔倒致死伤，被害人在反击抢劫犯人时自己弄伤了手臂等，日本就有判例认为，这不构成抢劫致死伤。② 另外，死伤的对象还必须是直接或间接地对抢劫相关联行为有妨碍的人。

（四）主观要件

抢劫致人重伤、死亡的主观要件涉及以下两个有争议的问题。

第一，抢劫致人重伤、死亡的成立，是否至少要有实行暴力的故意？例如，抢劫犯人胁迫被害人时，被害人逃跑途中摔成重伤（或死亡）。在抢劫犯人既无实施

① 阿部纯二，等．刑法基本讲座：第5卷．法学书院，1993：129－130.

② 前田雅英．刑法各论讲义．2版．东京：东京大学出版社，1995：237.

暴行的意思也无伤害意图的场合，抢劫犯人能否构成抢劫致人重伤、死亡？对此，日本等大陆法系国家的学者有不同认识。① 一种观点认为，刑法规定抢劫致死伤罪主要是考虑到抢劫之际，容易发生不是基于故意的死伤结果，为了强调保护被害人的人身安全，因而对于只有胁迫的故意，没有暴行的故意，甚至纯粹是过失致死伤的情形，也以抢劫致死伤罪论处。这是日本刑法理论上的通说。另一种观点认为，从刑法关于抢劫致死伤罪的规定来看，“致人伤害”自然要具备伤害罪的要件，行为人至少要有实行暴力的故意；同样道理，“致人死亡”与伤害致死罪一样，即使没有伤害的意图，也至少要有实行暴力的意思。如果只有胁迫的意思，没有暴行的故意，只是由过失的暴力引起了死伤结果的发生，那就应该单独定过失致死伤罪。还有一种观点认为，本罪的成立仅有实行暴力的故意是不够的，还应该要求行为人对于产生死伤结果的行为的高度危险性的基础事实有认识。例如，抢劫犯人采用一般方式威胁被害人交出钱财，被害人后退一步时掉到台阶下摔死或摔伤。行为人完全不知道被害人背后有台阶，所采用的行为手段也无特别的危险性，死伤结果纯粹出于偶然。即便行为人有暴行的故意，按抢劫致死伤适用重的法定刑，也还是不妥当的。因为作为结果加重犯的抢劫致死伤，并非只是故意犯与过失犯简单复合的形态，而是以基本犯具有高度的具体的危险性作为前提的，并且由那种危险的行为直接引起结果的发生，使那种高度的危险性得以证实时，才作为加重法定刑的根据的。

以上三种观点中，第二种观点认为行为人必须要有实行暴力的故意，即故意实施暴力引起死伤结果的才可能构成抢劫致死伤。但是，在司法实践中，由抢劫犯人的胁迫行为导致被害人精神失常、引起被害人心脏病发作而死亡的事时有发生，当被害人受到暴力或胁迫时逃跑摔倒而致死伤更是常有的事，很难说抢劫犯人有实行暴力的故意时造成的死伤，与只有胁迫的故意时造成的死伤有多大的差别，对两者实行区别对待是没有充分根据的。至于第三种观点认为，仅有实行暴力的故意还不够，还要对于产生死伤结果的行为的高度危险性的基础事实有认识，这就把那种对死伤结果的发生有疏忽大意过失（无认识的过失）的情形，完全排除在抢劫致死伤的范围之外。但既然抢劫致死伤包含结果加重犯，那就不应当把行为人对加重结果有疏忽大意过失的情形排除在外。总之，抢劫致死伤的成立，并非要求行为人必须有实行暴力的故意，仅有胁迫的故意（没有实行暴力的故意）也能构成。

第二，抢劫犯人如果有杀害被害人的故意，能否构成抢劫致死罪？对此，有的国家刑法明文规定抢劫致死罪包括有杀人故意的情形。例如，韩国刑法第 338 条规定，“因强盗而杀害他人，或者致他人死亡的”，构成“强盗杀人、致死”罪。其中，有杀人故意的，定强盗杀人罪，无杀人故意而致人死亡的，定强盗致死罪。但许多国家刑法并无这样的明文规定。例如，日本刑法第 240 条后段规定，抢劫“致

① 阿部纯二，等．刑法基本讲座：第 5 卷．法学书院，1993：133－137.

人死亡的，处死刑或者无期徒刑”。我国刑法关于抢劫致死的规定同日本的这一规定相似，也没有指明是否包含故意杀害他人而当场取走财物的情形。只不过最高人民法院 2001 年 5 月作出的《关于抢劫过程中故意杀人案件如何定罪问题的批复》明确指出：“行为人为劫取财物而预谋故意杀人，或者在劫取财物过程中，为制服被害人反抗而故意杀人的，以抢劫罪定罪处罚。行为人实施抢劫后，为灭口而故意杀人的，以抢劫罪和故意杀人罪定罪，实行数罪并罚。”刑法理论界对这一问题仍存在以下几种不同认识：一种观点认为，抢劫致人死亡是指因抢劫而过失致人死亡，不包括故意杀人。如果为占有他人财物，而当场故意致人死亡的，应另定故意杀人罪，与抢劫罪实行并罚。因为其故意杀人完全具备故意杀人罪的构成要件，如果只定抢劫罪一罪，会轻纵罪犯。① 另一种观点认为，抢劫致人死亡一般是故意伤害而过失致人死亡，也有可能是间接故意致人死亡，但不包括故意杀人。因为如果是为了劫取财物而直接故意杀人，则超过了抢劫的暴力范围，应分别定抢劫罪和故意杀人罪，实行并罚。② 还有一种观点认为，抢劫致人死亡包括因抢劫过失和故意（含直接故意与间接故意）致人死亡。理由是：其一，为了当场取得财物而当场故意杀人的与抢劫的没有本质区别，行为人事实上是以抢劫的故意实行其行为的，故应认定为抢劫罪。其二，刑法第 263 条并没有明文将致人死亡限定为过失，认为只能是出于过失与间接故意的观点，不符合犯罪构成原理。既然过失致人死亡的，属于抢劫致人死亡；故意致人死亡的，当然也属于抢劫致人死亡。其三，将当场杀死他人取得财物的行为认定为抢劫罪，完全可以做到罪刑相适应，不会轻纵抢劫罪。其四，将当场杀害他人取得财物的行为认定为抢劫罪，便于区分抢劫罪与故意杀人罪，可以避免在区分二者时造成混乱。其五，将当场杀害他人取得财物的行为认定为抢劫罪，才能与对于故意重伤他人后当场取走财物的行为定抢劫罪相协调。③ 笔者赞成最后这种观点，并认为上述争议的发生，与我国和日本等国刑法没有把抢劫致死与抢劫杀人分开作规定有重要关系。如果分开作了规定，前者作为结果加重犯，仅限于过失致死；后者作为结合犯，只能是故意杀害，并且对后者规定比前者更重的法定刑。这样一来，既可避免上述不必要的争论，又能保证定罪的科学性和量刑上的均衡。

六、冒充军警人员抢劫

冒充军警人员抢劫，是指假冒军警人员的身份实施抢劫的情形。这种抢劫犯罪除了具有普通抢劫的危害性之外，还会损害军警的声誉，造成很坏的社会影响。因此，刑法把它规定为加重犯予以严厉打击。这里的“军警人员”是指现役军人、武装警察、公安和国家安全机构的警察、司法警察，不包括其他执法人员或者司法人

① 高铭暄主编．新编中国刑法学：下册．北京：中国人民大学出版社，1998：764.

② 马克昌等主编．刑法学全书．上海：上海科学技术文献出版社，1993：345.

③ 张明楷．刑法学（下）：第 5 版．北京：法律出版社，2016：993.

员。“冒充”是指通过出示假证件、假着装、假标志或者口头宣称的方式，向被害人表明自己是军警人员。假冒的方式多种多样，既包括非军警人员冒充军警人员，也包括军人冒充警察、警察冒充军人，甚至包括此种军警人员冒充彼种军警人员的情形。但士兵冒充军官，一般警察冒充警察局长，则不属于这里所指的“冒充军警人员”。至于冒充是否达到以假乱真的程度，被害人是否确实以为是军警人员，则在所不问。特别要注意的是，不要把冒充军警人员“执行公务”、胁迫他人交付财物的敲诈勒索，当作冒充军警人员抢劫来处理。

值得研究的是，真正的军警人员显示军警人员身份实施抢劫的，应如何处理？最高人民法院的《抢劫案指导意见》指出：“军警人员利用自身的真实身份实施抢劫的，不认定为‘冒充军警人员抢劫’，应依法从重处罚。”有学者认为，军警人员显示其真实身份抢劫的情节比冒充军警人员抢劫的更为严重，更具有提升法定刑的理由。并且，“‘冒充’包括假冒与充当，其实质是使被害人得知行为人为军警人员，故军警人员显示其身份抢劫的，应认定为冒充军警人员抢劫”①。笔者也不否定，真正的军警人员抢劫同样会损害军警的声誉，造成社会公众心理的不安。同一般人抢劫相比，其社会危害性确实更大。但是，认为真正的军警人员显示其真实身份抢劫的情节比冒充军警人员抢劫的更为严重，则有失妥当性。因为冒充军警人员的行为本身就具有严重的社会危害性，这也是刑法第372条规定独立的“冒充军人招摇撞骗罪”、第279条第2款规定“冒充人民警察招摇撞骗的”应按招摇撞骗罪从重处罚的理由所在。因此，应该肯定，冒充军警人员抢劫的比真正的军警人员抢劫的具有更为严重的社会危害性，将真正的军警人员显示军警人员身份抢劫解释为符合“冒充军警人员抢劫”的规定，是不具有合理性的。即便是认为真正的军警人员抢劫有必要作为抢劫罪的加重犯予以规定，那也只能通过今后立法予以增补，而不能随意作不符合立法原意的扩大解释，否则，就违反了罪刑法定原则。

按最高人民法院的《抢劫案指导意见》，认定“冒充军警人员抢劫”，要注重对行为人是否穿着军警制服、携带枪支、是否出示军警证件等情节进行综合审查，判断是否足以使他人误以为是军警人员。对于行为人仅穿着类似军警的服装或仅以言语宣称系军警人员但未携带枪支，也未出示军警证件而实施抢劫的，要结合抢劫地点、时间、暴力或威胁的具体情形，依照常人的判断标准，确定是否认定为“冒充军警人员抢劫”。

七、持枪抢劫

根据最高人民法院的《抢劫解释》，“‘持枪抢劫’，是指行为人使用枪支或者向被害人显示持有、佩带的枪支进行抢劫的行为”。从这一司法解释可以看出，持枪抢劫除了直接使用枪支作为抢劫的暴力或胁迫手段外，还包括向被害人显示持有、佩带的枪支，以此作为威胁被害人手段的情形。如果行为人并未携带枪支，却谎称

① 张明楷．刑法学（下）：第5版．北京：法律出版社，2016：994.

有枪，以此来威胁被害人的；或者虽然携带了枪支，但并未使用，也没有向被害人显露，而是暗藏在身上，准备在特殊情况下使用的，则不能认为是“持枪抢劫”。刑法之所以把持枪抢劫规定为抢劫罪的加重犯，是因为这种抢劫对被害人或周围群众的生命安全构成重大威胁。

关于“枪支”的概念和范围，上述司法解释指出，应该“适用《中华人民共和国枪支管理法》的规定”。该法第46条规定“本法所称枪支，是指以火药或者压缩气体等为动力，利用管状器具发射金属弹丸或者其他物质，足以致人伤亡或者丧失知觉的各种枪支”，主要包括军用的枪支，射击运动用的枪支，狩猎用的有膛线枪、散弹枪、火药枪等具有较大杀伤力的枪支。私人非法制造的能发射金属弹丸、具有杀伤力的枪支，也应包括在内。至于“枪支”是否包含假枪，即对于手持假枪抢劫的，能否视为“持枪抢劫”，理论界有不同意见。有的论者认为，立法者将“持枪抢劫”列为抢劫罪的严重情节之一，其用意不只在于从严打击那些携带真枪、在客观上有可能给被害人生命健康造成严重危害的抢劫行为，而且也包括严惩那些携带假枪、足以给被害人造成巨大威胁、产生巨大恐惧的抢劫行为。并且，从司法实践的需要来说，将持假枪抢劫理解为“持枪抢劫”是十分必要的。因为大多数持枪抢劫的犯罪分子，都是以枪支作威胁的，而持假枪与持真枪造成的威胁几乎没有什么区别。[①] 但是，笔者不赞成这种观点。因为持玩具枪等假枪抢劫的，对被害人和周围群众的生命安全并不构成现实的威胁，与普通抢劫并无不同，没有持真枪抢劫所具有的特殊危险性或危害性。至于说在被害人误以为是真枪的情况下，持假枪威胁与持真枪威胁的客观效果相同，这只是表明这种威胁的程度比普通威胁要严重一些，但法律规定对持枪抢劫作为加重犯处罚，很大程度上是因为持枪抢劫具有危害公共安全的性质，而持假枪抢劫并不具有这种性质。另外，枪支管理法中所指的枪支，也显然仅限于真枪，不包括玩具枪等假枪。按最高人民法院的上述司法解释，也只能得出这样的结论：持假枪抢劫不是这里所说的“持枪抢劫”。

八、抢劫军用物资或者抢险、救灾、救济物资

“军用物资”是指除枪支、弹药、爆炸物之外的，供军事上使用的其他物资，如军用被服、粮食、油料、建筑材料、药品等，但只限于正在使用的和储存备用的军事物资，不包括在工厂制造过程中的或已经报废的军事物资。因为不是正在使用或储存备用的物资，或者是已经报废的物资，即便是被犯罪分子抢走，也不会直接影响部队的战斗力，没有特殊的危害性，所以该行为不能被作为抢劫的加重犯处罚。军用物资的范围不能扩大，不能把抢劫军队的现金和有价证券以及军人个人所有的生活用品的行为，当作“抢劫军用物资”处理，也不能把抢劫警用物品的包括在内。“抢险、救灾、救济物资”，是指已经确定将要用于或者正在用于抢险、救灾、救济的物资，包括正处于保管、运输、调拨、储存过程中，但已确定其抢险、

① 肖中华．论抢劫罪适用中的几个问题．法律科学，1998（5）．

救灾、救济之特定用途的物资。如果是抢劫曾经用于或准备用于抢险、救灾、救济，但现已不再用于或不准备用于这方面的物资，则不能认定为“抢劫抢险、救灾、救济物资”。另外，抢劫军用物资或者抢险、救灾、救济物资，必须以行为人明知对象是有这些特定用途的物资为成立条件，如果事前或者事中并不知道其特定用途，则不能构成本项加重犯。

第三节　抢劫罪的既遂与未遂

一、抢劫的着手实行

抢劫罪的未遂或既遂的成立，以行为人已着手实行抢劫为前提。一般来说，抢劫罪实行的着手，以行为人出于强取财物的目的，实施足以抑制被害人反抗的暴力、胁迫开始时为起点。以抢劫为目的，侵入他人住宅，但如果没有实施暴力、胁迫行为，仍然不能说已着手实行抢劫罪。如果行为人有抢劫的犯意，并做好了相应的准备，但到现场之后并没有采用暴力、胁迫等手段，就很顺利地拿到财物而离去，这也不能认为已着手实行抢劫，大多只能认定为盗窃。

二、抢劫罪普通犯既遂与未遂之区分

关于普通抢劫罪既遂与未遂的区分，最高人民法院的《两抢意见》指出：“抢劫罪侵犯的是复杂客体，既侵犯财产权利又侵犯人身权利，具备劫取财物或者造成他人轻伤以上后果两者之一的，均属抢劫既遂；既未劫取财物，又未造成他人人身伤害后果的，属抢劫未遂。”除了这种区分标准之外，我国刑法理论界还有两种有影响的主张：一种主张以是否侵犯人身权利为标准。理由是：抢劫罪不仅侵犯财产权利，同时还侵犯人身权利，而且人身权利是更重要的权利。因此，抢劫犯罪分子只要在着手实行抢劫过程中，对被害人的人身权利以暴力、胁迫或者其他方法加以侵犯，不论财物是否到手，均构成抢劫罪的既遂。① 另一种主张以是否取得财物为标准。理由是：抢劫罪是侵犯财产罪，虽然它侵犯的是复杂客体，但其主要客体是财产所有权，并且普通抢劫罪的犯罪结果只能是对财物的强行非法占有。因此，应该以这种结果是否发生作为犯罪既遂与未遂的区分标志，也就是说不论是否造成被害人的伤害，只要因行为人意志以外的原因未能非法占有财物的，均属于抢劫未遂；如果已强行非法占有财物的，则构成抢劫既遂。② 这是我国刑法理论界的通说。笔者也赞成这种主张。因为抢劫罪毕竟是一种侵犯财产罪，并且它与盗窃、诈骗、敲诈勒索等罪都属于取得罪的范畴（只是取得财物的方式有所不同），取得罪

① 朱晓斌．抢劫罪中的既遂与未遂的探讨．法学，1981（复刊）．

② 高铭暄，马克昌主编．刑法学：第7版．北京：北京大学出版社，2016：497.

的特点是非法取得他人占有下的财物，取得占有既是行为人的主观目的之所在，又是其行为的社会危害性的具体表现，这也是许多国家的判例和学说都把取得财物作为取得罪既遂标志的根本理由。如果不以是否取得财物来区分抢劫罪的既遂与未遂，那就不符合财产罪的基本理论。再说，如果以是否侵犯人身权利作为区分标准，实际上就意味着否定抢劫罪存在未遂的问题。因为按照这种观点，只要对被害人实施暴力、胁迫行为，就会侵犯其人身即构成抢劫既遂，自然也就没有成立犯罪未遂的余地。这样的结论显然既不具有合理性，也不符合司法实际。

值得进一步研究的是，窃取部分财物之后被人发现，又接着采用暴力、胁迫手段强取的，也构成抢劫罪（“突变抢劫”）。这同事后抢劫（或转化抢劫）有相似之处。但事后抢劫是为了防止被抓捕或被夺回财物、或毁灭罪证而实施暴力、胁迫行为的。“突变抢劫”则往往在采用暴力、胁迫后，又有进一步的夺取财物的行为，一般认为，开始的行为构成盗窃罪，后来的行为成立抢劫既遂，后者吸收前者。这种“突变抢劫”，也同样是以实施暴力、胁迫行为时为着手时期，以进一步取得财物为既遂的标志的。但是，如果窃取财物被人发现后，又实施暴力、胁迫行为，想要夺取财物，而未能进一步夺取到财物，这是否构成抢劫既遂呢？在日本刑法理论界，肯定与否定两种观点都有。抢劫既遂说认为，行为人既然已经取得了部分财物，紧接着又实施了暴力、胁迫行为，就应该把全案作为一个整体，评价为抢劫既遂。否则，以抢劫未遂论，就会出现与事后抢劫不协调的问题。因为事后抢劫也是先窃取财物，尔后又施加暴力、胁迫的情形，既然事后抢劫为既遂，那么突然转化成的抢劫也应该是既遂。但是，抢劫未遂说认为，取得财物只是盗窃行为的结果，与暴力、胁迫行为并没有因果关系，仅有暴力、胁迫行为，而没有在此基础上夺取财物的，则仍然只能视为抢劫未遂。①应该肯定，这后一种观点比较合理。

此外，行为人意图抢劫他人财物，但因对象认识错误，将自己的财物视为他人之物而予以抢劫的，这属于不能犯的问题。例如，被告人的摩托车被盗之后，想到要抢回一辆摩托车，以弥补损失。但采用暴力手段夺取之后，被告人发现是自己被盗的摩托车。对于这种所谓对象不能犯案件的处理，理论界有不同认识。有的认为不应该当犯罪处理。但笔者认为，这构成抢劫罪（未遂）。因为行为人如果不发生认识错误，危害结果是有可能发生的，所以对法益构成现实的威胁；再说，抢劫罪是复行为犯，行为人夺取的财物虽然是自己的，事实上不存在对他人财产所有权的侵犯，但其实施的暴力、胁迫行为构成对他人人身权利的侵害则是无疑的，从这种意义上说，上述案件又有不同于一般的对象不能犯案件的特殊性，所以有必要当抢劫未遂来处理。

三、抢劫罪加重犯既遂与未遂之区分

关于加重抢劫罪（或抢劫罪的加重犯）既遂与未遂的区分，最高人民法院的《两抢意见》指出：“刑法第二百六十三条规定的八种处罚情节中除‘抢劫致人重

① 前田雅英．刑法各论讲义．2版．东京：东京大学出版社，1995：226.

伤、死亡的'这一结果加重情节之外，其余七种处罚情节同样存在既遂未遂问题，其中属抢劫未遂的，应当根据刑法关于加重情节的法定刑规定，结合未遂犯的处理原则量刑。”对这里所说的“其余七种处罚情节同样存在既遂未遂问题”，刑法学者大多表示赞同。但对“抢劫致人重伤、死亡”是否一概均属既遂（即无未遂），学者们的认识很不一致。一种意见认为，只要因抢劫而致人重伤、死亡，那就完全齐备了刑法第263条所规定的抢劫罪的加重构成要件，根据我国刑法理论关于加重构成无未遂的原则，不论行为人是否取得财物，均应以抢劫既遂论。①这与《两抢意见》相同，也是我国刑法理论界的通说。另一种意见认为，抢劫罪属于侵犯财产的犯罪，应以行为人是否占有财物作为区分既遂与未遂的标准，抢劫致人重伤、死亡也不例外，即便是结果加重犯，理论上仍然有成立未遂的余地。只不过由于发生了致人重伤、死亡的严重后果，对抢劫财物未遂的，也可以不从轻、减轻处罚。② 笔者倾向于这后一种意见。由于我国刑法第263条后段之第5项列举的“抢劫致人重伤、死亡”，只是加重法定刑的一种情节，不是一种独立的犯罪，自然只能以实际发生这样的结果为适用该条后段所规定的更重的法定刑的条件，因而不存在因未造成死伤结果而构成抢劫致死伤罪的未遂问题。但是，抢劫致人重伤或死亡而未取得财物的现象有可能出现，对此是定抢劫既遂还是未遂，则有讨论的余地。如前所述，抢劫罪是财产罪中的一种取得罪，取得罪都是以行为人取得财物作为既遂的标志的，抢劫致人重伤、死亡也不应当例外。再说，我国的通说也认为，普通抢劫罪的既遂与未遂，以行为人是否取得财物为标准，而对定同一罪名的抢劫致人重伤、死亡，却又另立既、未遂的认定标准，这在理论上显然是有矛盾的。固然，抢劫致人重伤、死亡所造成的后果特别严重，应该予以重罚，但即便是被害人死亡结果已经发生，如果行为人并未取得财物，这同既造成被害人死亡又取得了其大量财物的情形相比，在危害性程度上还是有差别的，仍然有必要实行区别对待，对之以未遂论也无可厚非。况且，以未遂论并非就会出现轻纵罪犯的不良后果。因为我国刑法规定对未遂犯只是可以比照既遂犯从轻或者减轻处罚，对其中罪大恶极者，完全可以不从轻处罚。

第四节　抢劫信用卡并使用

一、抢劫信用卡与使用

抢劫信用卡是司法实践中经常发生的事，大多是行为人在抢劫其他财物时抢到

① 高铭暄，马克昌主编．刑法学：第7版．北京：北京大学出版社，2016：497.

② 张明楷．刑法学（下）：第5版．北京：法律出版社，2016：987.

了信用卡；也有的是直接针对信用卡实施抢劫行为。抢到信用卡之后，有的拿去使用，也有的并不使用。不以使用为目的，抢到信用卡后也未使用的，对抢劫信用卡的行为，自然没有单独评价的必要，即不能认定其抢劫信用卡的行为构成抢劫罪。例如，行为人以非法占有为目的，采用暴力手段强取他人钱包后，发现钱包内有一张信用卡和1 000元现金，于是将现金拿走，将钱包和内存有 1 万元的信用卡丢掉；又如，行为人为了让对方取不到款，采用暴力手段强取对方的信用卡后，将内存有1 万元的信用卡毁坏。对前者，按抢劫定罪不会有争议，但这是因为行为人抢劫了他人钱包及1 000元现金，并非因为行为人抢劫了存有 1 万元钱的信用卡。计算抢劫数额时，也不能将信用卡内存的 1 万元加进去。对后者，有人认为，“抢劫罪的成立由于不存在数额上的要求，所以即使单纯地抢劫一张信用卡的行为也完全符合抢劫罪的构成要件，可以成立抢劫罪。因此，抢劫信用卡而未使用的，不论行为人是否同时劫取到其他财物，都可以以抢劫罪认定”①。但笔者认为，如果只是以抢信用卡为目的，采用暴力胁迫等侵害人身的手段也仅仅只是当场夺取了信用卡（未夺取其他物品），并且也未使用信用卡，那就不能认定其构成抢劫罪。因为我国刑法中的抢劫罪固然不同于其他侵犯财产罪，没有把“数额较大”作为犯罪的成立条件。然而，我国的通说认为，“立法上未对抢劫的数额和情节作出规定，以限制打击面。但这并不意味着在具体认定抢劫罪时不需要考虑抢劫的数额和情节。如果抢劫行为显著轻微，取得财物数额非常小，危害又不大，就应根据刑法第 13 条但书的规定，作为一般违法行为处理，而不应定为抢劫罪”②。由于信用卡卡片本身的经济价值很低，如果行为人采用的暴力、胁迫等侵害人身的手段行为的危害性也很小，该行为自然也就属于情节显著轻微的一般违法行为，不应定抢劫罪。如果暴力、胁迫手段行为的危害性很大，如伤害、杀害了被害人，该行为构成了犯罪，那也不宜定抢劫罪。这是因为抢劫罪是一种复杂客体的犯罪，除了侵犯财产所有权之外，还侵犯人身权利，并且其主要客体（或法益）是财产所有权，中外刑法理论也都认为抢劫罪是一种财产罪。如果行为人主观上只想夺取经济价值数额很小的财物，客观上也仅夺取了这样的财物，那就表明其行为对财产所有权的侵害程度很低，根据我国处罚财产罪的刑法原理，应当认为没有必要作为财产罪来处罚。即便其暴力、胁迫等侵害人身的手段行为的危害性很大（如伤害、杀害了被害人），也只能按其他犯罪（如故意伤害罪、故意杀人罪）定罪处罚，而不能按抢劫罪定罪处罚。否则，就会产生定性不准的问题。况且，一般认为，抢劫罪是一种以非法占有他人财物为目的的“目的犯”，而强取信用卡本身并非行为人的主观目的之所在。因此，将强取信用卡的行为认定为抢劫既与刑法理论相悖，也与实际情况不符。

抢到信用卡之后，又拿去使用取得了大量财物的，不论是在抢其他财物时抢到

① 张宁．谈冒用型信用卡诈骗罪．辽宁警专学报，2008（5）．

② 高铭暄，马克昌主编．刑法学．北京：中国法制出版社，2007：593.

了信用卡后拿去使用的，还是直接针对信用卡抢劫到手后拿去使用的，都同上述抢到信用卡后不使用的情况大不一样，由于会造成他人大量的财产损失，因而有必要予以定罪处罚。至于如何定罪，有论者提出，“抢劫他人的信用卡并且使用的行为应当一律定性为抢劫罪。因为行为人是以非法占有为目的强行劫取他人信用卡，之后使用所抢得的信用卡的行为属于进一步实现其非法占有目的的后续手段，整个行为是在同一个目的和故意支配之下实施的，应当评价为刑法上的一个行为。在对抢劫他人的信用卡并且使用的行为进行整体评价时，完全符合抢劫罪的构成要件，也符合信用卡诈骗罪的构成要件，故对抢劫他人的信用卡并且使用的行为，应当按想象竞合犯的‘从一重处断’原则处理，从而按其中重罪抢劫罪处理”①。但是，在笔者看来，想象竞合犯的特点是对同一个行为，从不同的侧面来评价构成不同的罪，由于行为只有一个，在实质上是一罪，只不过在观念上是数罪，所以才“从一重处断”即按一罪定罪处罚，而不实行数罪并罚。例如，行为人用一块石头抛出去砸别人的贵重工艺品，除砸毁了工艺品之外，工艺品的碎片又砸死了一个小孩。行为人一次抛投石块的一个行为，既砸毁了别人的一件工艺品，又砸死了一人，分别构成故意毁坏财物罪和过失致人死亡罪，这是想象竞合的典型例子。但上述抢到信用卡后使用信用卡取钱的情形，则有两个不同的行为，一个是采用暴力或胁迫手段劫取信用卡，另一个是使用信用卡取钱，并非同一个行为，因此不属于想象竞合的情形。将其评价为抢劫罪和信用卡诈骗罪，是将前后两个行为分开来评价得出的结论，并非对同一个行为从不同侧面所作的评价。那么，换一种思路，将前一个抢信用卡、后一个使用信用卡的行为，视为同一个犯罪行为的两个具体环节，来进行所谓的整体评价，是否可以得出“一律定性为抢劫罪”的结论呢？答案应该是否定的。因为抢劫罪的特征是行为人采用暴力、胁迫或者其他强制性手段当场强行劫取他人财物，而抢到信用卡之后有可能是过了多天才猜出密码拿到自动取款机上取了款，这并不符合当场强行劫取他人财物的构成特征，定抢劫罪显然不妥当。至于说将强行劫取他人信用卡后使用所抢得的信用卡的行为视为“进一步实现其非法占有目的的后续手段”，以此作为定抢劫罪的理由，这也仍然不具有合理性。如前所述，行为人抢到信用卡后如果不拿去使用，那就不会给持卡人带来财产损失，且信用卡卡片本身的经济价值很低，因此抢劫信用卡本身并不构成抢劫罪。使用所抢得的信用卡，这才是行为的危害性之关键所在，而将这种犯罪行为视为前一个非犯罪行为的“后续手段”，作这样的“整体评价”，无疑是一种本末倒置。

笔者认为，对抢劫信用卡并使用行为的定性，不可一概而论。要根据抢劫信用卡后是当场使用还是事后使用，或者既当场使用又事后使用，来作不同的处理。至于如何定性处理，下文将分别展开述说。

① 丁春峰．信用卡诈骗罪若干问题研究．北京人民警察学院学报，2009（1）．

二、抢劫信用卡并当场使用

抢劫信用卡后又当场使用抢得的信用卡的案件，主要有三种类型：一是当着被害人的面使用信用卡，并当场取得了财物。二是一部分犯罪人将被害人控制在一定场所，另一部分犯罪人使用信用卡取得财物后，将被害人释放。三是抢劫信用卡后当场使用但并未取得财物。

首先，就第一种类型的案件而言，行为人采用暴力、胁迫等强制手段劫取他人信用卡后，当场使用抢得的信用卡取得财物，一般是迫使被害人告知密码后在自动取款机上取款，也有的是信用卡未设密码，直接用信用卡在自动取款机上取款。那么，这种取款行为能否视为刑法第196条规定的“冒用他人信用卡”的信用卡诈骗行为呢？笔者的回答是否定的。“冒用”，顾名思义，是指冒名顶替使用，即未经权利人授权而使用。在权利人在场的情况下使用其物品，如果经其同意后使用，肯定不属于“冒用”；虽未征求权利人同意与否的意见，但当着其面使用，而权利人未阻止的，则应视为默许使用，也不属于“冒用”。同样道理，行为人采用暴力、胁迫等强制手段劫取信用卡后当着被害人的面使用的，这属于权利人被迫同意或无法阻止他人使用的情形，显然也不属于“冒用”，也就是说行为人不是通过冒用他人信用卡而取得财物的，而是通过强制手段排除被害人的反抗而迫使其同意或无法阻止行为人使用其信用卡取得其财物的，这与采取暴力胁迫手段排除被害人的反抗或阻止而当场拿走其财物具有相同性，所以应当认定为抢劫罪。

其次，就第二种类型的案件而论，通常是多人共同作案，互相配合完成犯罪，虽然不是当着被害人的面使用信用卡取得财物的，但在实质上可以作这样的评价。例如，甲、乙、丙、丁四人合谋于某日晚趁被害人在自动取款机上取款之机，强行夺取其信用卡，并将其劫持到一偏僻地段，强迫其说出密码。尔后，甲、乙负责看守被害人，丙、丁持卡到自动取款机上取款。丙、丁取款失败后，用手机联系甲、乙，二人再次殴打被害人，迫使其说出真实密码。丙、丁取出5 000元后，告知甲、乙逃离。如前所述，行为人强行夺取被害人信用卡的行为本身并不构成抢劫罪，但是，采用暴力手段迫使被害人说出信用卡上的密码，在强行控制住被害人的情况下，使用信用卡在自动取款机上取款的行为，这应该视为被害人被迫同意行为人使用其信用卡的情形，不属于“冒用他人信用卡”取财。又由于行为人是在强行控制住被害人的情况下，按照其提供的密码从自动取款机上取款的，虽然取款机离被害人有相当的距离，被害人也看不到行为人取款，但是，被害人知道几个行为人之间是有分工合作并有紧密联系的，当他告诉对方错误的密码后，对方取不到钱就会用移动电话告诉控制着他的行为人，就会殴打逼迫他说出真实的密码，直至取到钱为止；因而这同当着被害人的面取走其信用卡上的大量现金没有实质的差异，应当认定为行为人当场强行夺取了被害人财物，构成抢劫罪。

再次，就第三种类型的案件来说，行为人抢到信用卡之后当场使用，未取得财物的原因可能多种多样，有的是因为密码不准确，有的是因为取款机出故障，还有的是因为被他人发现，等等。只要行为人抢到信用卡后当着被害人的面使用了信用卡，就表明其主观上有当场强行劫取他人财物的故意，客观上有强行劫取财物的行为，并且这种行为对他人的财产权构成现实的威胁。这与采用暴力手段抢他人的钱包因包中无钱而一无所获一样，应该按抢劫未遂论处。

三、抢劫信用卡并事后使用

对于抢劫信用卡后不当场使用而是事后加以使用，特别是事后自己破解密码又使用的案件如何定性，学者们有不同认识。第一种观点认为，按照刑法有关盗窃信用卡并使用的，以盗窃罪定罪处罚的立法精神，对于以诈骗、抢夺、抢劫等方式取得他人信用卡并加以使用的，应以行为人先前的行为作为定性的依据，即应以诈骗罪、抢夺罪或抢劫罪等罪论处。① 第二种观点认为，“即使是单独抢劫信用卡的行为，也有可能构成抢劫罪。如此，其后的使用行为如果达到数额较大标准，又构成信用卡诈骗罪，二者存在牵连关系，可以按牵连犯的处理原则处理”②。第三种观点认为，抢劫信用卡本身构成抢劫罪；事后使用所抢劫的信用卡取得财物的行为，则要分两种情况来论，如果在银行柜台或者在特约商户向职员冒用，就构成信用卡诈骗罪，如果在自动取款机上使用，则构成盗窃罪。对于事后使用信用卡构成的信用卡诈骗罪或盗窃罪，应与事前构成的抢劫罪实行数罪并罚。③

在笔者看来，以上三种观点都值得商榷。第一种观点以我国刑法有盗窃信用卡并使用的按盗窃罪定罪处罚的规定，作为对抢劫信用卡并使用的行为定抢劫罪的根据，显然不具有妥当性。这涉及刑法第 196 条第 3 款是法律拟制还是注意性规定的问题。该款明文规定：“盗窃信用卡并使用的，依照本法第二百六十四条的规定（即盗窃罪的规定——笔者注）定罪处罚。”如果这一规定只是注意（或提示）性的规定，那么上述第一种观点就具有合理性，也就是说盗窃信用卡并使用的，本来就是完全具备盗窃罪的构成要件的行为，立法者只是提醒司法人员注意，不要与别的罪相混淆。由此推论，诈骗、抢夺、抢劫信用卡的，自然也是要按诈骗罪、抢夺罪或抢劫罪定罪处罚。因为注意规定只具有提示作用，即便是没有这样的规定，也不影响按有关法条所规定的犯罪定罪处罚。但是，法律拟制则有所不同，它是将原本不同的行为按照相同的行为处理（包括将原本不符合某种规定的行为也按照该规定处理）。就盗窃信用卡并使用的行为而言，由于盗窃信用卡的行为本身并不能构成盗窃罪，而盗窃之后使用信用卡本来是属于冒用他人信用卡的行为的，构成信用卡诈骗罪，但刑法第 196 条第 3 款将这种行为规定为要按盗窃罪定罪处罚，这就意味着把本来不具备盗窃罪构成要件（而具备信用卡诈骗罪构成要件）的行为，规定为按盗窃罪定罪处罚，这显然是法律拟制性规定，并非注意（或提示）性规定。“因

① 刘宪权．信用卡诈骗罪若干问题研究．政治与法律，2008（10）．

② 赵秉志，许成磊．盗窃信用卡并使用行为的定性分析与司法适用．浙江社会科学，2006（6）：48.

③ 张明楷．诈骗罪与金融诈骗罪研究．北京：清华大学出版社，2006：720.

此，不能将本规定的拟制内容‘推而广之’。例如，行为人骗得他人信用卡之后又对自然人使用的，不能认定为诈骗罪，而应认定为信用卡诈骗罪（冒用他人信用卡）”①；抢劫信用卡事后使用的，不能认定为抢劫罪，而应该定信用卡诈骗罪。

以上第二、三种观点都认为，抢劫信用卡本身就构成抢劫罪，事后使用信用卡的行为则又触犯了其他罪名。但是，如前所述，如果行为人以抢劫财物为目的，在抢其他物品的同时取得了信用卡，当然可以构成抢劫罪，但这是因抢劫了其他物品（并非抢劫了信用卡）而构成抢劫罪的。如果只是以抢信用卡为目的，也仅仅只是当场夺取了信用卡（未夺取其他物品），并且也未使用信用卡，那就不能认定其构成抢劫罪。因此，认为抢劫信用卡事后予以使用的行为，既触犯抢劫罪又触犯信用卡诈骗罪，这与我国法律的规定和有关财产罪的解释论不符。固然，在日本等大陆法系国家，由于刑法对抢劫、盗窃、诈骗等财产罪构成要件的规定并无数额的要求，因而行为人盗窃、抢劫信用卡之后又予以使用的，自然盗窃、抢劫信用卡的行为可以被视为构成盗窃罪、抢劫罪，之后的使用行为则另构成诈骗罪或使用计算机诈骗等罪。但是，根据我国刑法的规定和有关财产罪的基本理论，盗窃、抢劫一张价值很低的信用卡，并不能单独评价为构成盗窃罪、抢劫罪。既然如此，认为抢劫信用卡事后使用的行为，既触犯抢劫罪又触犯信用卡诈骗罪，就不具有妥当性。从而，认为两罪之间存在牵连关系、想象竞合关系或者认为后罪属于不可罚的事后行为②，也就失去了立论的基础。因为无论是牵连犯、想象竞合犯，还是不可罚的事后行为（或共罚的事后行为），均是以行为触犯两个以上罪名为成立前提条件的。并且，即便认为抢劫信用卡事后予以使用的行为触犯了抢劫罪和信用卡诈骗罪等两个以上的罪名，也不宜实行数罪并罚。因为抢劫信用卡事后使用的行为最终是给同一个被害人造成了同一个危害结果（即财产损失）。在日本等大陆法系国家，学者们大多认为这属于包括的一罪，即由于两个行为造成同一个犯罪结果在违法评价上是一罪，因而不实行数罪并罚，仅按其中的一个重罪来处断。③ 至于上述第三种观点将事后使用信用卡的行为还要分两种情况作不同处理，即在自动取款机上取款定盗窃罪，在银行柜台或者特约商户对自然人冒用定信用卡诈骗罪，则更值得商榷。对此，笔者将在后面有关章节展开论述，在此不赘述。

从以上分析不难看出，正确的结论是：对抢劫信用卡并事后使用的行为，一般只能定信用卡诈骗罪，不能另定抢劫罪或单独定抢劫罪，更不能定为信用卡诈骗罪与抢劫罪的合并处罚。不过，如果是采用达到伤害、杀人程度的暴力手段抢劫信用卡的，则手段行为有可能另构成故意伤害罪或故意杀人罪，应当与事后使用信用卡所构成的信用卡诈骗罪合并处罚。

值得进一步研究的是，行为人采用暴力、胁迫等侵害人身的手段强行夺取他人

① 张明楷．诈骗罪与金融诈骗罪研究．北京：清华大学出版社，2006：693.

② 张宁．谈冒用型信用卡诈骗罪．辽宁警专学报，2008（5）．

③ 西田典之．刑法各论：第4版．东京：弘文堂，2007：202.

信用卡，卡上未设密码或者强迫他人说出密码后，并未立即到自动取款机上取款，而是经过一段时间后，在被害人不在场的情况下，到自动取款机取款或到特约商户购物的情况。例如，某日晚被告人李某发现女青年张某持一张存有4 000元钱的借记卡到一自动取款机前取款，因自动取款机出故障而张某未取到款，即采用暴力手段强行夺取其信用卡，并强迫其说出密码。次日早晨李某到另一自动取款机上取走了4 000元现金。对这类案件，能否认定行为人当场夺取了财物，构成抢劫罪呢？有人认为，采用暴力、胁迫等手段抢劫信用卡，如果信用卡未设密码或者当场强迫持卡人说出密码，由于信用卡内可使用的金钱已置于行为人的控制之下，因而应认定行为人抢劫了同样数额的财物。就上述案件而言，李某抢到张某的借记卡知道密码后，即可认定其抢劫到了卡内4 000元钱，不论其是否取出钱以及实际取到了多少钱。但是，笔者认为，这种观点不具有妥当性。即便行为人采用暴力手段夺取了他人信用卡并知道了密码，且当场就可以使用信用卡取得财物，但只要其并未当场使用信用卡，就不具备采用强制手段排除被害人反抗当场劫取财物的抢劫罪的构成要件，从而不能认定其构成抢劫罪；尔后使用（非当场使用）的，可能构成信用卡诈骗罪。这是因为行为人抢到信用卡并不等于抢到了信用卡中的财物。信用卡只是一种信用凭证，信用卡上的存款是在信用卡发放者（通常为金融机构）的管理或占有之下的，只要不使用信用卡在自动取款机上取款、在金融机构的柜台取款或在特约商户购物消费，即使信用卡卡片毁坏、消失了，信用卡账户上的存款也不会消失，持卡人并不会遭受财产损失。正因为如此，行为人抢到信用卡并知悉了卡上的密码，并不等于就取得了卡上的钱款，只是为获取钱款创造了便利条件。如同抢到了他人在开放式存物柜中的钥匙一样，只要行为人未当场用抢到的钥匙打开柜门、取走他人存放的财物，就不能认定其构成抢劫罪。事后（非当场）用钥匙打开存物柜取走他人财物的，有可能构成盗窃罪。

四、抢劫信用卡既当场使用又事后使用

行为人抢劫信用卡后，既当场使用该信用卡取一部分款，又事后使用该信用卡取一部分款。例如，甲、乙、丙三人于某日晚使用暴力抢劫了A的信用卡，并强行将A带到附近的取款机旁，逼迫A说出密码。由于每次从自动取款机上只能取出5 000元，甲等三人取出5 000元后，发现A的信用卡内还有4 000元。甲等三人将A放走后，于次日持A的信用卡从自动取款机上取出剩下的4 000元。对这类案件，有论者认为，当场使用与事后使用，分别构成不同的罪，应当实行数罪并罚①；也有论者认为，无论是当场使用还是事后使用，应一律定抢劫罪。② 笔者赞成前一种观点。如前所述，抢劫信用卡并使用的行为定性的关键是看使用行为，而当场使用与事后使用具有不同的性质，当场使用抢来的信用卡取得他人财物的，具有当场强

① 张明楷．诈骗罪与金融诈骗罪研究．北京：清华大学出版社，2006：721.

② 丁春峰．信用卡诈骗罪若干问题研究．北京人民警察学院学报，2009（1）.

取财物（即采用强制手段排除被害人反抗当场夺取其财物）的特性，因而构成抢劫罪。但事后使用抢来的信用卡取得他人财物的，则不具有当场强取财物的特性，而具备“冒用他人信用卡”的特征，所以成立信用卡诈骗罪。

那么，用抢得的同一张信用卡同样是到自动取款机上取款，为何当场用来取款与事后用来取款，不按同一罪处罚，而要按不同的罪实行数罪并罚呢？如前所述，有论者提出，抢得信用卡，迫使被害人告知密码后，信用卡中所存的钱款就已置于行为人的控制之下。因此，应认定其抢到了信用卡中的所有钱款。按照这种观点，抢到信用卡之后，无论是当场使用还是事后使用，都只可能构成抢劫一罪。但这种对抢到信用卡与抢到装有货币的钱包等同看待的主张，显然是忽视了信用卡自身的特性，没有看到当场使用抢得的信用卡取得财物，与事后使用这种信用卡取得财物，在取得财物的手段上的差异（即前者是强行劫取他人财物，后者是“冒用他人信用卡”骗取财物），而这正是对二者要分别定抢劫罪与信用卡诈骗罪的根据所在。

第五节　事后抢劫

一、事后抢劫的概念与类型

事后抢劫，按我国刑法第 269 条的规定，是指犯盗窃、诈骗、抢夺罪，为窝藏赃物、抗拒抓捕或者毁灭罪证而当场使用暴力或者以暴力相威胁的情形。对此，应依照刑法第 263 条关于抢劫罪的规定定罪处罚。这可以视为法律的拟制性规定。

对事后抢劫，有些国家（如俄罗斯）刑法没有作规定；有些国家刑法虽然有规定，但并非按抢劫罪定罪处罚。如越南刑法第 155 条规定，盗窃他人财产并“行凶逃跑”的，是盗窃罪的一种加重法定刑的情节；有些国家（如保加利亚、罗马尼亚）刑法明确把事后抢劫规定在抢劫罪中；有些国家（如中国）刑法规定对事后抢劫以抢劫罪论处；还有些国家刑法明确将事后抢劫规定为独立的犯罪，称之为“事后抢劫罪”或“准抢劫罪”、“抢劫性盗窃罪”，如德国、日本、韩国等国刑法就是如此。我国台湾地区、澳门地区刑法也采取这种立法形式。

一般来说，普通抢劫是先采用暴力、胁迫手段抑制被害人的反抗，尔后夺取其财物；事后抢劫则是先非法取得（如窃取）财物，紧接着实施暴力、胁迫行为，两者实施行为的顺序虽然有所不同，但从整体上观察，并无实质上的差异，因而，日本等国把后者作为一种独立罪名，适用与普通抢劫罪相同的法定刑。当后者出现致人死伤的结果时，适用抢劫致死伤罪的规定；另外实施了强奸行为时，则按抢劫强奸罪定罪处罚。但是，事后抢劫罪与普通抢劫罪毕竟有差别，它不是一种典型的抢劫罪，因此，在日本刑法理论上，一般将它与昏醉抢劫罪归为一类，统称为“准抢劫罪”①。

应当指出，在日本刑法理论界，许多学者把“突变抢劫”视为一种独立的抢劫罪的类型。“突变抢劫”与事后抢劫极为相似，两者都是在盗窃财物后，进一步实施了暴力、胁迫行为，主要差别是主观目的有所不同，前者实施暴力、胁迫行为一般是为了进一步夺取财物，后者则是为了防止财物被夺回或为了免受逮捕、湮灭罪证。但是，在日本刑法中，对“突变抢劫”并没有作明文规定，学者们给它所下的定义又各不相同，其范围有大有小，无法准确界定。因而，有学者提出，“突变抢劫”的概念应该被废除，不要把它作为一种独立的抢劫罪的类型来看待。实际上，有一部分“突变抢劫”属于事后抢劫，另一部分则属于普通抢劫的范畴。②

二、事后抢劫的主体

对事后抢劫的主体范围，各国刑法的规定不一。日本、意大利、奥地利、韩国、泰国等绝大多数国家只限于盗窃犯人，而我国刑法规定，除此之外还包括诈骗、抢夺犯人。

在我国第一部刑法典的起草过程中，曾有草案（如 1957 年的草案）规定，“犯偷窃、抢夺罪”者，才可能构成事后抢劫。③ 当时之所以没有规定诈骗罪的转化问题，是因为考虑到诈骗罪是骗取他人的信任而获得财物的，转化为抢劫罪的可能性不大；后来又想到不能完全排除先行诈骗、尔后向抢劫转化的情况，因而增加了诈骗罪的转化。④ 在我国新刑法的修订过程中，也曾有多个修订草案将诈骗排除在转化抢劫的范围之外。如 1996 年 10 月、1996 年 12 月和 1997 年 2 月全国人大常委会法制工作委员会的修订草案，都未将诈骗纳入有关事后抢劫的条文中。⑤ 从各国刑法的规定和我国的立法情况来看，诈骗能否转化为抢劫或有无必要将其纳入事后抢劫（转化型抢劫）的范畴，还有待进一步研究。

德、日等大陆法系国家对于事后抢劫罪是否属于身份犯，在理论和实践上都有不同认识。日本历来的判例持肯定态度，理论上的通说也是如此。但是，近年来，也有不少学者提出了否定意见。⑥

身份犯说的理由是，日本刑法第 238 条关于事后抢劫罪的规定中的“盗窃”，是指作为行为主体的盗窃犯人，而不是指盗窃这种实行行为。本罪的实行行为只能是基于特定目的而实施的暴力、胁迫行为。按照此说，不具有盗窃犯人身份者（如诈欺犯人），为了防止非法取得的财物被夺回或者为了免受逮捕、湮灭罪证，而实

① 大塚仁．刑法概说（各论）．东京：有斐阁，1992：215－216.

② 香川达夫．强盗罪的再构成．东京：成文堂，1992：92－93.

③ 我国刑法理论上通常称之为转化型抢劫罪。

④ 高铭暄．中华人民共和国刑法的孕育和诞生．北京：法律出版社，1981：206－297.

⑤ 赵秉志主编．新刑法全书．北京：中国人民公安大学出版社，1997：1754，1780，1811.

⑥ 阿部纯二等编．刑法基本讲座：第 5 卷．法学书院，1993：116.

施暴力、胁迫行为的，不构成本罪。此说形成的背景是对“身份”从广义上理解，即认为“身份并不限于男女性别、本国人外国人的差别，亲属关系、公务员的资格那样的关系，而是包括所有同一定的犯罪行为相关的犯人的人的关系的特殊地位或状态”①。

非身份犯说认为，日本刑法第238条中的“盗窃”，是指作为实行行为一部分的窃取行为，并非指盗窃犯人这种行为主体。因为事后抢劫罪与普通抢劫罪一样，都是财产犯、贪利犯，也应该以是否取得财物作为既未遂的标准。由于事后抢劫罪取得财物在先，暴力、胁迫在后，因而只能根据盗窃既遂还是未遂来确定本罪的既未遂。又由于在实行着手之后才发生既未遂的问题，因而只有将盗窃作为实行行为的一部分，才可能把盗窃既遂、未遂作为本罪既遂、未遂的标志。②

以上两说中，非身份犯说看到了把盗窃既遂、未遂作为本罪既遂、未遂的标志，而将暴力、胁迫作为实行行为起点所存在的问题，但是，把本罪的实行着手提前到盗窃行为时，也会遇到解释上的难题。如果盗窃犯人实际上没有实施暴力、胁迫行为，自然不存在事后抢劫的问题，而按非身份犯说，只要有为了达到本罪的三种目的而实施暴力、胁迫行为的意思，开始实施盗窃行为的就算本罪已着手，这显然不合情理。虽然也有持非身份犯说的论者认为，应把本罪的着手时期定在为了达到本罪的三种目的而实施暴力、胁迫行为时，但这又明显与非身份犯说的根本主张不相容。③ 事实上，实行行为与身份不可混为一谈，本罪的主体是实施盗窃行为的人（即身份犯），这是毋庸置疑的，至于本罪的实行行为是以盗窃着手时为起点，还是以暴力、胁迫行为时为开始，则应另当别论。

如果说事后抢劫罪是身份犯，那么，它是真正身份犯还是不真正身份犯呢？在日本刑法理论界，两种观点同时存在。其中，真正身份犯说认为，事后抢劫罪同受贿罪要求行为主体是公务员一样，只有具有盗窃犯人这种身份者才可能实施，因而是真正身份犯。但不真正身份犯说认为，不具有盗窃犯人身份者实施暴力、胁迫行为的也构成犯罪，只不过是成立暴行罪、胁迫罪而已，盗窃犯人如果有刑法规定的三种特定目的，实施同样的行为时，则要按处罚重的事后抢劫罪来处罚，所以事后抢劫罪是一种不真正身份犯。的确，在不真正身份犯的场合，以业务侵占罪为例，即使非身份者实施该行为，也可能成立罪质相同的罪（普通侵占罪）；而在事后抢劫的场合，不具有盗窃犯人的身份者实施暴力、胁迫行为，只可能构成暴行罪、胁迫罪，其罪质与事后抢劫罪的不同，并且暴行罪、胁迫罪不能说是事后抢劫罪的普通类型，其法定刑也不是事后抢劫罪的“通常之刑”。因此，事后抢劫罪不是典型的不真正身份犯。但另一方面，又由于不具有身份者可以实施事后抢劫罪中的暴力、胁迫行为，而对真正身份犯来说，不具有身份者是不可能实施的，因而事后抢

① 曾根威彦．刑法的重要问题（各论）．东京：成文堂，1995：170.

② 香川达夫．强盗罪的再构成．东京：成文堂，1992：164.

③ 阿部纯二等编．刑法基本讲座：第5卷．法学书院，1993：123.

劫罪又不可能是真正身份犯。但如果考虑到事后抢劫罪包含有暴力、胁迫行为，它在侵犯财产的同时，也侵犯他人的人身，在侵犯人身这一点上，它与暴行罪、胁迫罪有共同性，所以也可以说它是一种不真正身份犯。①

与本罪是否属于身份犯相关的另一个有争议的问题是，盗窃时有完全责任能力，但实施暴力、胁迫行为时，陷入不可罚的完全无责任能力状态或应减轻处罚的限定责任能力状态的，对这种情形应该如何处理呢？如果认为事后抢劫罪是身份犯，窃取行为不是实行行为，实施作为实行行为的暴力、胁迫时，无责任能力或限定责任能力，这当然不可罚或应减轻处罚。日本曾有地方裁判所的判例持这种主张。但是，如果认为本罪不是身份犯，窃取行为也是本罪实行行为的一部分，那么，上述情形就属于在一系列的犯罪行为中，行为人的责任能力发生变化的问题。由于实行行为（窃取行为）开始时有完全的责任能力，因而对于从窃取到暴力、胁迫这一系列行为的整体，也应该认为有责任能力。②

根据我国刑法第 17 条的规定，已满 14 周岁不满 16 周岁的人，可以成为抢劫罪的主体。由于我国刑法第 269 条规定，对事后抢劫要按抢劫罪定罪处罚，据此，似乎可以认为已满 14 周岁不满 16 周岁的人，能够成为事后抢劫的主体。但是，刑法第 269 条规定，事后抢劫成立的前提条件是“犯盗窃、诈骗、抢夺罪”，而上述未成年人不能犯这三种罪，由此而论，也就不可能成为事后抢劫的主体。尽管最高人民法院的司法解释认为，对这里的“犯盗窃、诈骗、抢夺罪”应该理解为指实施这类行为，并不要求达到构成犯罪的程度③，但作这种不利于被告人的解释有违反罪刑法定主义的嫌疑。在刑法未作修改之前，笔者认为，对这里的“犯盗窃、诈骗、抢夺罪”理解为指构成犯罪的情形较为稳妥。由于已满 14 周岁不满 16 周岁的人不能犯盗窃、诈骗、抢夺罪，自然也就不可能实施事后抢劫犯罪。2006 年 1 月最高人民法院的《关于审理未成年人刑事案件具体应用法律若干问题的解释》第 10 条明确指出：“已满十四周岁不满十六周岁的人盗窃、诈骗、抢夺他人财物，为窝藏赃物、抗拒抓捕或者毁灭罪证，当场使用暴力，故意伤害致人重伤或者死亡，或者故意杀人的，应当分别以故意伤害罪或者故意杀人罪定罪处罚。”这一解释可以视为采取了此种主张。

三、事后抢劫的行为

事后抢劫行为由两部分组成，即先行实施的盗窃、诈骗或抢夺行为与后行的暴力或以暴力相威胁的行为，二者缺一则不称其为事后抢劫。

一般来说，为了把某种行为评价为事后抢劫，先行实施的盗窃等行为与暴力、胁迫行为之间还必须具有紧密联系。之所以有这样的要求，是因为事后抢劫与普通

① 阿部纯二等编．刑法基本讲座：第 5 卷．法学书院，1993：123.

② 曾根威彦．刑法的重要问题（各论）．东京：成文堂，1995：171.

③ 最高人民法院 2016 年 1 月 6 日发布的《关于审理抢劫刑事案件适用法律若干问题的指导意见》。

抢劫属于同一性质的犯罪，成立事后抢劫必须能够将行为人实施的暴力、胁迫评价为夺取财物的手段，而要做到这一点，就要求暴力、胁迫是在先行的盗窃等行为之后，或者放弃盗窃等犯意后很短时间内实施的，使得在社会观念上（不是在刑法上）认为盗窃等行为还没有终了。也只有在这种状态中实施暴力、胁迫行为，才能视为与普通抢劫罪具有相同性质的事后抢劫。另外，两者之间的联系通常是由实施两种行为的场所距离的远近、时间间隔的长短决定的。如果在相隔很远的时间和场所实施暴力、胁迫行为，则不能认定为事后抢劫。

从我国刑法第 269 条的规定可以看出，事后抢劫的前行为必须是“犯盗窃、诈骗、抢夺罪”，后行为（即暴力、暴力威胁）必须是“当场”实施的。但既然我国刑法规定，盗窃、诈骗、抢夺公私财物，一般只有达到“数额较大”的标准，才构成相应的犯罪；那么，对于作为事后抢劫成立前提条件的“犯盗窃、诈骗、抢夺罪”，是否也应该作严格解释，理解为指盗窃、诈骗、抢夺财物数额较大构成犯罪的情形呢？一种观点认为，行为人实施的盗窃、诈骗、抢夺行为必须达到“数额较大”构成犯罪的程度①；另一种观点认为，不要求行为人的盗窃、诈骗、抢夺行为达到“数额较大”构成犯罪的程度，但也不能是数额很小的小偷小摸行为。②这后一种观点是通说。最高人民法院的《抢劫案指导意见》也明确指出：“‘犯盗窃、诈骗、抢夺罪’，主要是指行为人已经着手实施盗窃、诈骗、抢夺行为，一般不考察盗窃、诈骗、抢夺行为是否既遂。但是所涉财物数额明显低于‘数额较大’的标准，又不具有《两抢意见》第五条所列五种情节之一的，不构成抢劫罪。”笔者认为，从严格的罪刑法定主义的立场而言，对刑法所规定的“犯盗窃、诈骗、抢夺罪”，只能理解为指构成犯罪的情形。如果解释为只要有盗窃、诈骗、抢夺行为，就有可能构成事后抢劫，那就是一种不利于被告人的扩张解释，有违反罪刑法定主义的嫌疑。但是，作上述严格解释，又有不合理之处。因为普通抢劫罪的成立并无数额限制，而事后抢劫与普通抢劫只是在暴力、胁迫与取财的先后顺序上有差别，并无实质的不同，在成立犯罪的条件上也不应有差别。事实上，在德国、意大利等许多国家刑法中都明文规定，只要在“盗窃时”或“窃取物品后”当场或立即实施暴力、胁迫行为，就有可能构成事后抢劫罪，并非只有“犯盗窃罪时”或“盗窃犯罪后”才构成事后抢劫罪。由此可见，我国刑法将事后抢劫的前行为规定为“犯盗窃、诈骗、抢夺罪”存在缺陷，有必要修改。

与此相关并有待进一步研究的是，实施其他特殊类型的盗窃、诈骗、抢夺行为（如盗伐林木，盗窃广播电视设施，盗窃、抢夺军用物资，金融诈骗，合同诈骗），为窝藏赃物、抗拒抓捕或者毁灭罪证而当场使用暴力或以暴力相威胁，这能否转化为抢劫罪？有的学者持肯定态度，认为“盗窃广播电视设施、公用电信设施、电力

① 孙园利，郑昌济．刑法第一百五十三条的法理浅析．法学评论，1983（3）．

② 陈兴良，曲新久．案例刑法教程：下卷．北京：中国政法大学出版社，1994：278.

设备的行为，……都不影响其在新刑法第269条规定的条件下可以转化为抢劫罪”。还有“集资诈骗罪、贷款诈骗罪、票据诈骗罪、金融票证诈骗罪、信用证诈骗罪、信用卡诈骗罪、有价证券诈骗罪、保险诈骗罪和合同诈骗罪……，这些特殊诈骗罪和普通诈骗罪一样，在具备新刑法第269条规定的法定条件的情况下，都可转化为抢劫罪”①。但是，如前所述，从严格的罪刑法定主义的立场而言，我国刑法第269条规定的“犯盗窃、诈骗、抢夺罪”，自然只限于侵犯财产罪一章所规定的普通盗窃、诈骗、抢夺罪，因为其他特殊类型的盗窃、诈骗、抢夺既然刑法规定了单独的罪名和法定刑，就是有别于普通盗窃、诈骗、抢夺的犯罪，在刑法没有明文规定的条件下，认为实施这类行为也可能转化为抢劫罪，同样有违反罪刑法定主义的嫌疑。不过，也应当看到，金融诈骗，合同诈骗，盗窃广播电视等设施，盗窃、抢夺军用物资，都是比普通盗窃、诈骗、抢夺有更大的社会危害性的行为，认为实施这类行为后采用暴力、胁迫手段等不可能转化为抢劫，这似乎不太合情理。况且，过去刑法未单独规定金融诈骗、合同诈骗时，这类诈骗犯罪都是包容在一个统一的诈骗罪中的，实施这类诈骗行为后，为抗拒抓捕等而当场使用暴力或以暴力相威胁，也构成事后抢劫。现在由于刑法对这类诈骗单独规定了罪名，反而不能转化为抢劫了，这明显缺乏合理性。若要从根本上解决这一问题，最好的办法是将刑法第269条中的“犯盗窃、诈骗、抢夺罪”修改为“实施盗窃、诈骗、抢夺行为”，以拓展该条的适用范围。但是，在刑法尚未作这样的修改完善的情况下，从刑事司法的必要性与合理性的立场出发，对该条中的“犯盗窃、诈骗、抢夺罪”作适当的扩大解释，将实施上述特殊类型的盗窃、诈骗、抢夺犯罪的情形也纳入其中，认定为可能构成事后抢劫，无疑是必要的。

应当指出，我国刑法规定的事后抢劫成立条件中的“当场”，在司法实践往往难以认定。对“当场”的理解，刑法理论和司法实践有几种不同观点。第一种观点认为，“当场”就是实施盗窃、诈骗、抢夺犯罪的现场。② 第二观点认为，“当场”是指与窝藏赃物、抗拒抓捕、毁灭罪证有关的地方。从时间上看，可以是盗窃等行为实施时或刚实施完不久，也可以是数天后；从地点上看，可以是盗窃等的犯罪地，也可以是离开盗窃等犯罪地的途中，还可以是行为人的住所等地。③ 第三种观点认为，“当场”一指实施盗窃等犯罪的现场；二指以犯罪现场为中心与犯罪分子活动有关的一定空间范围，此外只要犯罪分子尚未摆脱监视者力所能及的范围，都属于“当场”。如盗窃存折、支票，当场的范围应从盗窃的时间、场所扩大到兑换货币或提取货物的时间和场所。④ 第四种观点认为，“当场”是指实施盗窃、诈骗、抢夺罪的现场，

① 肖中华．论抢劫罪适用中的几个问题．法律科学，1998（5）．

② 赵秉志主编．侵犯财产罪疑难问题司法对策．长春：吉林人民出版社，2000：98.

③ 赵秉志．侵犯财产罪．北京：中国人民公安大学出版社，1999：118.

④ 赵秉志主编．侵犯财产罪研究．北京：中国法制出版社，1998：129.

或者刚一逃离现场即被人发现和追捕的过程，可以被视为现场的延伸。① 这是我国刑法理论界的通说。最高人民法院的《抢劫案指导意见》也明确指出："'当场'是指在盗窃、诈骗、抢夺的现场以及行为人刚离开现场即被他人发现并抓捕的情形。"笔者也赞成这种观点。其他三种观点要么是对"当场"的范围限制得过窄（如将"当场"理解为犯罪现场），要么是把"当场"的范围划得太宽（如延长到作案后数天或远离现场的兑换、提货场所等），忽视了"当场"在时间、场所上应有的密接性和认定过程中必须贯彻的灵活性。通说的观点则避免了这两方面的缺陷，因而具有较大的可取性。

另外，作为事后抢劫手段的暴力、胁迫是否必须达到一定程度？这也是理论上有争论的问题。如前所述，在德、日等国，作为普通抢劫罪的手段的暴力、胁迫，一般认为应该达到足以抑制对方反抗的程度。那么，事后抢劫的暴力、胁迫行为是否也必须达到这种程度呢？学者们大多认为，事后抢劫同普通抢劫有相同程度的危险性和反社会性，尽管暴力、胁迫与夺取财物的时间先后顺序有所不同，但罪质相同，因此，暴力、胁迫的程度也应相同。但是，也有学者认为，事后抢劫大多是在已经取得财物时实施暴力、胁迫行为，往往采用比普通抢劫轻的暴力、胁迫手段，就能达到目的，因而事后抢劫的暴力、胁迫程度可以轻于普通抢劫罪。② 可是，在现实生活中，犯人在已被人发现而受到抓捕时，为了逃走总会实施一定的暴力行为，如果不论暴力程度轻重与否，一概以事后抢劫论罪，特别是在出现致人伤害的后果时，更要按法定刑很重的抢劫伤人罪定罪处罚，这势必造成处罚过苛的不良后果。正因为如此，日本近来的判例对本罪的暴力程度有从严掌握的倾向。③ 我国刑法理论上的通说也认为，事后抢劫中的"使用暴力或者以暴力相威胁"，是指犯罪分子对抓捕他的人实施足以危及身体健康或者生命安全的行为，或者以将要实施这种行为相威胁。暴力、威胁的程度，应当以抓捕人不敢或者不能抓捕为条件。如果没有伤害的意图，只是为了摆脱抓捕而推推撞撞，可以不认为是使用暴力。④

四、事后抢劫的目的

事后抢劫罪属于目的犯，行为人在实施了盗窃等行为后，除了要故意实施暴力或以暴力相威胁的行为外，还要求实施这种行为时必须出于特定目的。至于特定目的的内容，各国刑法的规定并不一致。根据日本刑法的规定，实施暴力、胁迫行为必须是出于三种目的之一，即保护赃物的目的、免受逮捕的目的或湮灭罪证的目的；但意大利、巴西刑法规定必须是为了保护赃物或者逃避逮捕；而德国、奥地利刑法规定只能是为了保护赃物。我国刑法的规定与日本相似，即必须具有窝藏赃物、抗拒抓捕或毁灭罪证三种目的之一。

① 高铭暄主编．新中国刑法学：下册．北京：中国人民大学出版社，1998：768.

② 大塚仁等编．刑法解释大全：第9卷．东京：青林书院，1988：360.

③ 前田雅英．刑法各论讲义．2版．东京：东京大学出版社，1995：232.

④ 马克昌等主编．刑法学全书．上海：上海科学技术文献出版社，1993：345.

“窝藏赃物”，实际上是指行为人把已经非法盗得、骗得、夺得的财物即赃物护住，不让被害人或其他制止、追捕者夺回去，而不是指作案得逞后把赃物放在自己或他人家里隐藏起来。①

“抗拒抓捕”，是指行为人在“犯盗窃、诈骗、抢夺罪”后，当场被受害人或者其他在场人发现时，为免被抓捕归案，而予以抗拒。“抗拒抓捕”是对 1979 年刑法第 153 条“抗拒逮捕”作修改而成的。过去对该条中的“抗拒逮捕”理解不一，有的认为“抗拒逮捕”中的逮捕，仅限于或主要是指经人民检察院批准或由人民法院决定并由公安机关执行的逮捕；有的认为对“逮捕”应作广义理解，不能仅限于依法批准执行的逮捕，还包括公安人员和广大群众抓捕扭送盗窃、诈骗、抢夺犯的行为。这种认识不一导致对案件的定性和处理出现分歧，正是为了避免出现这样的现象，也是为了保证立法用语的准确性和科学性，现行刑法作了上述修改。②

“毁灭罪证”，是指销毁或消灭行为人犯盗窃、诈骗、抢夺罪的痕迹或者人证、物证、书证等，以掩盖其罪行。例如，行为人入户盗窃时，被回家的主人碰见，行为人慌忙逃跑，但发现自己装有身份证的小包掉在了现场，又立刻返回，将户主打昏强行将包夺走。这也属于为“毁灭罪证”而实施暴力行为的情形。

事后抢劫的目的决定了行为人实施的暴力或以暴力相威胁的行为，同普通抢劫罪中的暴力、胁迫行为的性质和作用有所不同。后者是用来排除被害人反抗，为夺取财物创造条件的行为，因此，是手段行为；而前者是取得财物后，为了窝赃、拒捕或毁证而实施的，不是夺取财物的手段行为，而是实现其他目的的行为。因此，如果行为人正在盗窃时，被物主发现，为了取得财物，对物主实施暴力或以暴力相威胁的，则不属于事后抢劫，而是普通抢劫。如前所述，在日本刑法理论界，许多学者把这种抢劫称为“突变抢劫”，视为一种独立的抢劫罪的类型，并认为其与事后抢劫极为相似，主要差别则在于主观目的不同，前者实施暴力、胁迫行为一般是为了进一步夺取财物，后者则是为了防止财物被夺回或为了免受逮捕、湮灭罪证。③

五、事后抢劫的加重犯

根据刑法第 269 条的规定，对事后抢劫应该按刑法第 263 条抢劫罪的规定定罪处罚，由于第 263 条有两个法定刑幅度，即对普通犯与加重犯要按不同的法定刑处罚，并且该条明文规定了若干种适用加重法定刑的情节；因而事后抢劫也就有普通犯与加重犯之分，凡具备第 263 条所规定的加重情节的，也就构成事后抢劫的加重犯。2016 年 1 月最高人民法院的《抢劫案指导意见》指出：“入户或者在公共交通

① 高铭暄．中华人民共和国刑法的孕育和诞生．北京：法律出版社，1981：266.

② 赵秉志．侵犯财产罪．北京：中国人民公安大学出版社，1999：121－122.

③ 香川达夫．强盗罪的再构成．北京：成文堂，1992：92－93.

工具上盗窃、诈骗、抢夺后，为了窝藏赃物、抗拒抓捕或者毁灭罪证，在户内或者公共交通工具上当场使用暴力或者以暴力相威胁的，构成‘入户抢劫’或者‘在公共交通工具上抢劫’。”基于同样的理由，盗窃、抢夺银行或者其他金融机构的经营资金、有价证券和客户的资金等，因被人发现而当场使用暴力或者以暴力相威胁的，应当认定为“抢劫银行或者其他金融机构”；实施事后抢劫并有多次作案、取得的财物数额巨大或者致人重伤、死亡的情节的，应分别认定为“多次抢劫”、“抢劫数额巨大”或“抢劫致人重伤、死亡”；实施事后抢劫过程中，行为人有冒充军警人员、持枪作案或者侵害对象是军用物资、抢险、救灾、救济物资等情节的，则应分别认定为“冒充军警人员抢劫”、“持枪抢劫”或者“抢劫军用物资或者抢险、救灾、救济物资”。

值得研究的是，入户盗窃被发现后，在被追捕的途中（离开了作案现场后）使用暴力或者以使用暴力相威胁的，能否认定为“入户抢劫”？在公共交通工具上盗窃被人发现后，在被追捕途中（离开了交通工具后）使用暴力或者以使用暴力相威胁的，能否认定为“在公共交通工具上抢劫”？2005 年 6 月最高人民法院的《两抢意见》明确指出：“入户实施盗窃被发现，行为人为窝藏赃物、抗拒抓捕或者毁灭罪证而当场使用暴力或者以暴力相威胁的，如果暴力或者暴力胁迫行为发生在户内，可以认定为‘入户抢劫’；如果发生在户外，不能认定为‘入户抢劫’。”由此推论，在公共交通工具上盗窃被发现，在公共交通工具外实施暴力或者以暴力相威胁的，同样不能被认定为“在公共交通工具上抢劫”。在笔者看来，这是因为事后抢劫实行行为的起点是使用暴力或胁迫时，此前的盗窃等行为并非事后抢劫的实行行为，由此而论，上述前一种情形是入户盗窃、出户后才实行抢劫，后一种情形则是在公共交通工具上盗窃、离开交通工具后才实行抢劫，并不符合“入户抢劫”或“在公共交通工具上抢劫”的特征。

六、事后抢劫的既遂与未遂

我国刑法学者一般认为，事后抢劫既然要按刑法第 263 条所规定的普通抢劫罪定罪处罚，那么其既遂、未遂的标准也应该与普通抢劫罪相同。因此，我国的刑法学论著大多未将这作为特殊问题提出来作专门研究。但是，日本刑法理论界对这一问题有比较深入的研究，可以供我们所参考。日本学者大致提出了以下几种主张：第一种主张是，事后抢劫罪①只有在盗窃既遂的场合才能成立，其既遂、未遂的标准，应该根据盗窃犯人采用暴力、胁迫手段是否达到防止所窃财物被他人夺回的目的而定，如果财物未被他人夺回（目的已达到），那就是既遂；如果已被夺回（目的未达到），则是未遂。第二种主张是，以暴力、胁迫行为本身作为认定既未遂的标准，只要盗窃犯人基于刑法规定的三种目的而实施了暴力、胁迫行为，即使盗窃是未遂，事后抢劫罪也算是既遂；只有着手实行暴力、胁迫而未遂者，才能被视为

① 日本的事后强盗（或事后抢劫）罪即为我国的转化型抢劫。

事后抢劫未遂。第三种主张是，以盗窃行为是既遂还是未遂，作为认定事后抢劫罪既遂、未遂的标准，即盗窃既遂则事后抢劫也为既遂，盗窃未遂则事后抢劫也是未遂。这是日本刑法理论上的通说，也是日本法院的判例所采取的主张。第四种主张是，以最终是否取得财物作为事后抢劫罪既未遂的标准，即便是盗窃既遂，如果采用暴力、胁迫手段没有达到目的，财物还是被他人夺回，这仍然属于事后抢劫未遂；如果盗窃未遂，为免受逮捕、湮灭罪迹而实施暴力、胁迫行为，尽管达到了这样的目的，但由于没取得财物，自然只能算是事后抢劫未遂。①

在笔者看来，以上第一种主张认为只有盗窃既遂者，才可能构成事后抢劫罪，这不符合事实。因为盗窃未遂者虽然不可能出现为防止所盗财物被夺回而采用暴力、胁迫的问题，但为免受逮捕、湮灭罪迹而实施暴力、胁迫行为，则完全有可能发生，这当然也可能构成事后抢劫罪；再说，事后抢劫罪是一种目的犯，防止所盗财物被夺回的目的是否达到，并不影响既未遂的成立。第二种主张以侵犯人身的暴行、胁迫行为本身作为事后抢劫罪既未遂的认定标准，显然忽视了事后抢劫罪的本质是以取得财物为内容的贪利犯，它同以生命、身体作为保护重点的抢劫致死伤有重要差别，如果不把财物取得与否作为既未遂的认定标准，反而注重侵犯人身的方面，这不免有本末倒置的嫌疑；再说，按第二种主张，只要基于刑法规定的三种目的实施了暴力、胁迫行为就成立事后抢劫罪的既遂，那么本罪的未遂事实上就不可能有存在的余地，但根据日本刑法第 243 条的规定，本罪的未遂是有可能出现的。第三种主张以盗窃的既未遂作为认定事后抢劫既未遂的标准，但按通说的解释，事后抢劫罪是身份犯，暴力、胁迫行为是实行行为，未遂、既遂都只能发生在实行着手之后，以实行行为前的盗窃行为的既未遂，作为本罪既未遂的认定根据，在理论上是难以自圆其说的；况且，盗窃既遂之后，如果当场被所有者发现，尽管行为人为防止财物被夺回而实施了暴力行为，但还是被夺走了财物，在这种场合，若按事后抢劫既遂论罪，也不太妥当。因为在普通抢劫的场合，采用暴力手段而未得到财物，或当场被物主夺回了财物的，一般只能算是抢劫未遂；事后抢劫的危害性和危险性不至于超过普通抢劫罪，把普通抢劫当未遂处罚的情形，在事后抢劫罪中按既遂处理，显然也有失公允。第四种主张则不存在这样的弊病，以暴力、胁迫行为之后，最终是否得到了财物作为既未遂的划分标准，这其一不违反既未遂只能发生在实行行为之后的理论，其二注重了事后抢劫的保护法益，其三也能与认定普通抢劫罪既未遂的标准相协调。

七、事后抢劫的共犯

事后抢劫的特点是行为人先犯盗窃、诈骗、抢夺罪，后为窝藏赃物、抗拒抓捕或者毁灭罪证而当场使用暴力或者以暴力相威胁，那么先行为人盗窃、诈骗、抢夺他人财物后，在逃跑的过程中，后行为人在明知事实真相的情况下，为了帮助其逃

① 曾根威彦．刑法的重要问题（各论）．东京：成文堂，1995：172－174.

脱，对追捕者实施暴力的，这是否构成事后抢劫的共犯？在笔者看来，因先行为人事先并无抢劫的故意，只要他并没有要求后行为人对追捕者实施暴力帮助其逃跑，就不能因为后行为人的行为使其行为的性质转化为抢劫罪，否则，就违反了罪责自负的原则。至于后行为人的暴力行为，由于并非先行为人行为的一部分，对其不能以“承继的共犯”论处，应该单独评价，只可能构成故意伤害罪等侵害人身罪，不能以事后抢劫论处。

但是，如果先行为人要求后行为人提供上述帮助，后行为人在明知事实真相并与先行为人有意思联络时，对追捕者当场使用暴力或者以暴力相威胁，双方能否构成“承继的共犯”？对此，日本学者有比较细致的研究，可以供我们参考。其中，一种观点认为，事后抢劫罪是真正身份犯，并且从日本刑法第 65 条第 1 项的立法精神出发，真正身份犯中非身份者事实上也可能实行犯罪，该条项中的“加功”就包含真正身份犯的共同正犯。因此，不具有盗窃犯人这种身份者，也能成为事后抢劫罪的共同正犯。日本曾有地方法院的判例采取这种主张。另一种观点认为，事后抢劫罪是不真正身份犯，上述情形自然也能成立共犯，但按日本刑法第 65 条第 2 项的规定，应该依照暴行罪或胁迫罪的法定刑处罚（在致被害人伤害或死亡时，按伤害罪或伤害致死罪的法定刑处罚）。还有一种观点认为，事后抢劫罪不是身份犯，但却是一种结合犯，非盗窃犯人与盗窃犯人之间可能构成承继的共同正犯。其中，认为构成承继的共同正犯，并且采取行为共同说的立场者认为，由于后行为人的行为而引起伤害结果发生的，成立事后抢劫罪与伤害罪的共同正犯。①

在笔者看来，按照日本的上述身份犯说，“盗窃”并非事后抢劫罪的实行行为，由于是根据窃取的有无来决定本罪的既未遂的，因而承继的共同正犯也就不可能成立。不过，如果以最终是否得到财物来确定本罪的既未遂，站在身份犯说的立场，承继的共同正犯仍有可能成立。因为盗窃犯即便窃取到了财物，也还没有进入事后抢劫罪的既遂状态，非身份者（非盗窃犯人）也还可以承继身份者使财物不被他人夺回，以达到本罪的既遂状态。但是，按照我国的共同犯罪理论，只要双方有共同故意并实施了共同的行为，不论实施的是实行行为还是教唆、帮助行为，也不管是参与实施了实行行为的全部，还是只实施了其中的一部分，都可能成立共同犯罪。在上述情况下，既然先行为人与后行为人有双方的意思联络即有共同故意，二人又分别实施了事后抢劫行为的一部分，那么对二人的行为应作为一个整体的行为来评价，认定事后抢劫的共犯成立。

两人以上共同实施盗窃、诈骗、抢夺犯罪，其中部分行为人为窝藏赃物、抗拒抓捕或者毁灭罪证而当场使用暴力或者以暴力相威胁的，对于其余行为人是否以抢劫罪共犯论处？2016 年最高人民法院的《抢劫案指导意见》明确指出：“主要看其对实施暴力或者以暴力相威胁的行为人是否形成共同犯意、提供帮助。基于一定意

① 曾根威彦．刑法的重要问题（各论）．东京：成文堂，1995：174－175.

思联络，对实施暴力或者以暴力相威胁的行为人提供帮助或实际成为帮凶的，可以抢劫共犯论处。”

另外，在司法实践中还经常发生这样的案件：甲、乙双方共谋入室盗窃，甲在门外望风，乙入室后发现室内有人，并被主人抓住了胳膊，乙为了挣脱便用随身携带的小刀将对方刺成重伤后逃离。乙构成事后抢劫并要按致人重伤处刑，这自然不成问题。但甲能否与乙构成事后抢劫的共犯，则要作进一步的研究。如果双方对此事先有商议，并带了备用的小刀，那么乙的行为就并未超出事先预谋的范围，甲也就构成事后抢劫的共犯。反过来，如果双方事先并未商议当遇到有人在室内时应采取何种措施，或者事先商议只谋财而不害命也不伤人，那么乙的行为显然是超过了共谋的范围，是一种过限行为，在门外望风的甲也就不应对其过限行为负刑事责任，也就是说甲只构成盗窃罪，乙构成抢劫罪。

第三章

盗窃罪

第一节　盗窃行为及其类型

一、盗窃行为的特性

盗窃罪的行为是窃取（或盗取）他人财物。窃取是指违反占有人的意思，排除其对财物的占有，将财物转移给自己或者第三者占有。窃取的本意应该是秘密取走财物。但德、日等国并不这样严格解释，一般认为只要行为人没有使用暴力、胁迫手段而取走财物，就可以认为是窃取。之所以如此，是因为德、日等国刑法没有规定抢夺罪，只好将公然夺取财物的行为也解释为窃取，纳入盗窃罪的范围来处罚。意大利刑法甚至明文将抢夺规定为一种加重盗窃。我国刑法规定了抢夺罪，显然不能像德、日等大陆法系国家那样对窃取作宽泛的解释。

在俄罗斯，由于刑法规定了独立的抢夺罪，加上刑法第158条规定，盗窃是指“秘密窃取他人财产的”行为，所以，对盗窃行为自然是从本意上解释的，限定在秘密取走财物的范围内。我国刑法对侵犯财产罪的规定与俄罗斯刑法的规定比较接近，理论上的通说也认为，盗窃罪的行为只能表现为秘密窃取（不包括公然夺取）他人财物的行为。并且两国学者都认为，秘密窃取包括主客观两方面的内容，即客观上采取隐秘方式取走其财物，主观上行为人自认为被害人不知晓。只不过我国的通说认为，只要行为人采取秘密的、自认为不为财物的所有人或保管人所知晓的方法将财物取走的，不管第三者是否知晓，也不问行为人是否以为第三者知晓，均不影响盗窃罪的成立。而俄罗斯学者认为，秘密窃取必须以行为人自认为不被财物的所有人或其他人所觉察的方式取走财物为条件，如果小偷不顾自己侵害他人财产所有权的事实已被第三人所知悉，明目张胆地公开拿走所盗财物，则构成抢夺罪（不能定盗窃罪）。①

① 斯库拉托夫等主编．俄罗斯联邦刑法典释义：下册．黄道秀，译．北京：中国政法大学出版社，2000：407－409.

以上两种解释分歧的焦点在于：行为人避开财物的所有人、管理人，在明知第三者知悉的情况下，拿走了他人财物的，这是否属于秘密窃取？笔者认为，不可一概而论。在以私人财物作为侵害对象的场合，行为人避开财物的所有人或管理人的视线拿走其财物，即使第三者知晓，甚至行为人也明知第三者知晓的，仍然应视为秘密窃取。因为盗窃、抢劫、抢夺、诈骗等侵犯财产的取得罪，是以取得财物的方式（或手段）来区分的。而取得财物的方式是相对于财物的所有者、管理者而言的。例如，抢劫罪的暴力、胁迫手段是指行为人对财物的所有人或管理人施行暴力、胁迫；诈骗罪的欺骗手段也只能是对财物的所有人、管理人施行的。盗窃罪的秘密窃取自然也不例外。因此，财物的所有人、管理人之外的第三者是否知悉，行为人是否知道第三者知悉，原则上不影响秘密窃取乃至盗窃罪的成立。但是，国家所有与集体所有的财产具有一定的特殊性。在财产管理者不在场的情况下，行为人当着其他人的面，明知其他人（甚至很多人）知悉，明目张胆地公开拿走国家、集体所有的财物的，这同管理人在场时公然夺取的，并无多大差异，将这种夺取财物的行为认定为秘密窃取，似乎不够妥当。

秘密窃取与公然夺取是两种不同的侵犯财产的行为，其社会危害性程度也有差异。一般来说，后者重于前者。因而把两者区别开来，规定为不同的犯罪是必要的。但是，在司法实践中，有时两者又很难区分。按中、俄两国刑法理论上的通说，只有行为人采取隐秘的、自认为不为财物所有人或管理人知晓的方式将财物取走的，才可以认定为秘密窃取。假如扒窃分子作案时对被害人是否已发觉漠不关心，也就是说他预见到自己的作案意图有可能已被对方发觉（也有可能尚未被发觉），在这种情况下仍掏走其钱包，这是秘密窃取还是公然夺取，按上述通说就无法认定。但是，在德、日等没有规定抢夺罪的国家，由于盗窃罪中包括秘密窃取与公开夺取两种情形，自然不会发生这种定罪上的困难。从这种意义上说，不单独规定抢夺罪，也有其司法上的便利性与理论上的合理性。

窃取的手段与方法多种多样。窃取与欺骗手段有可能同时并用，此时就会发生是定盗窃罪还是定诈骗罪的问题。一般来说，如果行为人实施窃取行为时，所采用的欺骗手段并没有使对方基于认识错误而交付财物，那仍然构成盗窃罪。例如，行为人伪装成顾客到商店试穿衣服，然后穿着衣服假装上洗手间而逃走。对这样的案件应该认定为构成盗窃。因为被害人并没有基于认识错误而交付衣服。如果行为人试穿衣服后对店员说："我将衣服穿回去后马上就送钱来。"店员信以为真，同意其穿走衣服，但行为人并未送钱到商店来，这就构成诈骗。

窃取还有可能采用欺骗方法、公开的形式进行，此时容易与诈骗罪、抢夺罪相混淆。例如，火车车皮卸货时，行为人冒充搬运工拿走了一件货物。就冒充搬运工而言，这带有欺骗性；从当着众多人的面拿走财物来看，则具有公开性。但其行为的实质仍然是采取自认为不为财物的所有人、管理人发觉的方式取得财物，因而应认定为盗窃。又如，把他人所有、管理的财物谎称为自己的财物，出卖给不知情的善意的第三人使其搬运走。这是利用不知情的第三者盗窃所有者的财物，是一种间接实行的盗窃，不能认定为诈骗罪。

还应当注意，盗窃对象的不同，其行为的表现形式也有较大差异。一般来说，盗窃可移动的有体物，通常是将财物秘密转移到行为人控制之下，并且脱离财物所有人或持有人的控制范围，如从他人口袋里掏出钱包放到自己口袋里；把他人的电视机从其房间搬出运到自己家里；等等。盗窃电力、煤气、天然气等无体物，通常表现为通过传输系统加以使用和消耗，而不可能像有体物那样转移占有，不存在转移的有形时空问题，往往只要行为人启动开关，就意味着已开始盗用，所有人就会产生财产上的损失。正因为这类行为的实质是盗用，有不同于传统盗窃的特色，所以有些国家刑法将其规定为独立的犯罪。这是一种很好的办法，值得我们借鉴。

如前所述，我国刑法第 265 条所规定的是一种特殊类型的盗窃罪，其行为表现形式包括：(1) 偷接他人的电话线路，利用他人的电话码号，偷打电话；(2) 盗用他人移动电话码号，进行非法并机；(3) 明知自己使用的电话或移动电话是盗接在他人电话线路上的，或者是非法并机的伪机，而继续使用。这些行为虽然没有直接将他人的财物非法转为己有，但所有通话费用都记在他人账上，要由他人来支付，无疑会给他人造成财产损失，这同上述盗用他人电力等能源的行为具有相同性质。

二、盗窃财物数额较大

如前所述，盗窃罪作为一种侵犯财产的犯罪，其社会危害性大小、罪与非罪的区分，主要是由盗窃财物的价值数额决定的。1979 年刑法第 151 条规定，盗窃“数额较大”的才构成盗窃罪。在修订刑法的过程中，考虑到盗窃财物数额大小虽然是盗窃罪成立与否以及罪轻罪重的决定性因素，但也不是唯一因素，还可能有特殊情况，如多次盗窃，每次被抓获查实的数额都不太大，甚至加在一起也达不到“数额较大”的标准，而行为的社会危害性程度并不比一次盗窃就达到“数额较大”标准者的低。为此，1997 年刑法典又在盗窃“数额较大”之外，增补“多次盗窃”作为构成犯罪的情节。但除此之外，并非就再没有盗窃财物未达“数额较大”标准而有必要当犯罪处理的情形了，事实上，还有一些盗窃行为，如入户盗窃、携带凶器盗窃、扒窃等，虽然严重危害公民的财产安全，并对被害人的人身安全形成威胁，具有严重的社会危害性，但往往由于案犯一次作案案值达不到定罪标准，无法对其定罪处理，只能给予治安处罚，打击力度不够。为此，2011 年全国人大常委会通过的《刑法修正案（八）》基于司法实践的需要，又补充增加“入户盗窃”“携带凶器盗窃”“扒窃”为构成盗窃罪的情形。即便如此，也仍然还有一些未达“数额较大”的普通标准，又不在法条明文列举的构成盗窃罪的几种情形之中，但有严重社会危害性而有必要当盗窃罪处罚的情形。为此，2013 年 4 月最高人民法院、最高人民检察院《关于办理盗窃刑事案件适用法律若干问题的解释》（以下简称《盗窃案解释》），通过降低“数额较大”标准的方式，将上述情形作为盗窃财物“数额较大”的特殊情形纳入盗窃罪的处罚范围之中。根据该司法解释的规定，盗窃公私财物，具有下列情形之一的，“数额较大”的标准可以按照普通标准（即盗窃公私财物价值1 000元至3 000元以上）的50％确定：（1）曾因盗窃受过刑事处罚的；（2）一年内曾因盗窃受过行政处罚的；（3）组织、控制未成年人盗窃的；（4）自然灾害、事故灾害、社会安全事件等突发事件期间，在事件发生地盗窃的；（5）盗窃残疾人、孤寡老人、丧失劳动能力人的财物的；（6）在医院盗窃病人或者其亲友财物的；（7）盗窃救灾、抢险、防汛、优抚、扶贫、移民、救济款物的；（8）因盗窃造成严重后果的。应该肯定，这样处理比较符合司法实际情况，也与根据社会危害性程度区分犯罪与一般违法行为的刑法原理相一致，但是，从罪刑法定主义的立场而论，司法解释不能超出法律规定的范围，不能作不利于被告人的解释。刑法第 264 条明文规定，盗窃公私财物，只有达到“数额较大的”标准，或者具备“多次盗窃、入户盗窃、携带凶器盗窃、扒窃”之情节的，才能构成盗窃罪，而司法解释把盗窃财物本来未达“数额较大”标准而又不具有法定构成犯罪之情节者，解释为构成盗窃罪，这与第 264 条的规定不符，并且是不利于被告人的解释，因此，有违反罪刑法定原则之嫌疑。从上面的分析可以看出，现行刑法第 264 条对盗窃罪成立条件的规定存在缺陷，有必要作适当修改，可以考虑修改为“盗窃他人财物的，处……”。对盗窃财物数额较小，情节显著轻微的，则适用刑法总则第 13 条“但书”的规定，不予定罪量刑，仅给予治安处罚。为保证执法的统一性，可以用司法解释来规定哪些盗窃行为属于情节显著轻微，不定罪处罚。这样处理，既不违反罪刑法定原则，又能适应司法实践的需要，或许是一种理想的选择。

另外，盗窃公私财物，达到了数额较大的标准的，是否可能因具备其他情节而使行为的社会危害性达不到犯罪的程度呢？回答应该是肯定的。根据上述《盗窃案解释》第 7 条的规定，盗窃公私财物数额较大，行为人认罪、悔罪，退赃、退赔，且具有下列情形之一，情节轻微的，可以不起诉或者免予刑事处罚；必要时，由有关部门予以行政处罚：（1）具有法定从宽处罚情节的；（2）没有参与分赃或者获赃较少且不是主犯的；（3）被害人谅解的；（4）其他情节轻微、危害不大的。那么，作这样的解释是否妥当呢？我国现行刑法第 13 条明文规定，“情节显著轻微危害不大的，不认为是犯罪”，这就意味着行为人的行为即便符合刑法分则规定的某种犯罪的所有要件，也还得考虑其社会危害性程度严重与否，社会危害性很小的，不能当犯罪处理。因此，这一司法解释不违反刑法的规定和罪刑法定的原则。

三、多次盗窃

“多次盗窃”，本意是指 3 次以上盗窃。但按前述《盗窃案解释》，只有 3 次盗窃均发生在 2 年之内的，才能认定为多次盗窃。如果有 2 次在 2 年内，过了 2 年后又盗窃一次被抓获，盗窃次数虽已达 3 次，但不能认定为多次盗窃。之所以在时间上予以限制，是因为在比较短的时间内多次盗窃，表明行为人的主观恶性较大，因而即便没有达到盗窃财物数额较大的标准，也有必要将该行为当犯罪处罚。盗窃时间间隔过长，就表明行为人的主观恶性不大，所以不能作为定罪的因素来考虑。但是，如果是在同一时间、同一地点，针对同一被害人，分3次拿走其财物；或者是针对3位被害人，分3次拿走财物，则不能认定为多次盗窃。有论者持相反的主张，认为“对于基于一个概括的犯意，连续在一定场所三次盗窃不同被害人的财物，或者对一栋办公楼中的几个办公室连续实施盗窃的，应当按客观行为认定为多次盗窃，而不能按主观心理状态认定为一次盗窃”①。笔者认为，行为人既然是基于一个犯意连续实施盗窃行为，就应评价为实施了一个盗窃行为（即一次盗窃），而不能认定为实施了多个盗窃行为（即多次盗窃）。最高人民法院在有关司法解释中对“多次抢劫”的认定，就从一个侧面对这种主张的合理性给予了有力的佐证。② 归根到底还是因为这种连续盗窃的情形，不能表明行为人的主观恶性大，因而不能被视为定罪的严重情节。

“刑法第264条规定多次盗窃是为了扩大盗窃罪的处罚范围”③，也就是将行为人多次盗窃财物但每次的数额，甚至累计数额均未达到“数额较大”标准的情形，纳入盗窃罪的处罚范围。但是，这并不意味着只要有多次盗窃的行为，不论其是否盗窃到财物或盗窃财物数额的大小，一概都要按盗窃罪定罪处罚。众所周知，我国自古以来都是把盗窃财物的数额大小作为判定盗窃罪能否成立以及决定处罚轻重的关键因素看待的。在通常情况下，只有盗窃财物数额较大的才能定罪处罚，在特殊情况下，其他的因素虽然也应考虑，但不能过分夸大这些因素在定罪与处罚上的作用或意义。从前述《盗窃案解释》中也不难看出这一点。该解释所列的几种严重情形，如“组织、控制未成年人盗窃”“自然灾害、事故灾害、社会安全事件等突发事件期间，在事件发生地盗窃”“盗窃残疾人、孤寡老人、丧失劳动能力人的财物”“盗窃救灾、抢险、防汛、优抚、扶贫、移民、救济款物”等，并不比“多次盗窃”的严重性程度低，但能否构成犯罪还要看盗窃财物的数额，即只有达到了“数额较大”标准的50%，才能定罪处罚。因此，对于多次盗窃财物累计数额过小的“小偷小摸”的案件，显然不能按盗窃罪定罪处罚。一般来说，对于多次盗窃财物接近数额较大标准的，有必要认定为盗窃罪。另外，多次盗窃虽不以每次都盗窃到财物为前提，但如果每次均盗窃未遂，则至少要有一次是以数额巨大的财物或珍贵文物为盗窃目标的或者有其他严重情节，才能定罪处罚。

四、入户盗窃

入户盗窃，是指非法进入他人住所内盗窃。依据前述《盗窃案解释》，非法进入供他人家庭生活，与外界相对隔离的住所盗窃的，应当认定为“入户盗窃”。对

① 张明楷．刑法学（下）：第5版．北京：法律出版社，2016：953.

② 2005年6月最高人民法院《两抢意见》指出：“对于行为人基于一个犯意实施犯罪的，如在同一地点同时对在场的多人实施抢劫的；或基于同一犯意在同一地点实施连续抢劫犯罪的，如在同一地点连续地对途经此地的多人进行抢劫的；或在一次犯罪中对一栋居民楼房中的几户居民连续实施入户抢劫的，一般应认定为一次犯罪。”

③ 同①952.

这里的“户”，最高人民法院在1999年10月27日的《全国法院维护农村稳定刑事审判工作座谈会纪要》中指出：“‘入户盗窃’的‘户’，是指家庭及其成员与外界相对隔离的生活场所，包括封闭的院落、为家庭生活租用的房屋、牧民的帐篷以及渔民作为家庭生活场所的渔船等。集生活、经营于一体的处所，在经营时间内一般不视为‘户’。”最高人民法院在2005年6月8日的《两抢意见》进一步指出：“‘户’在这里是指住所，其特征表现为供他人家庭生活和与外界相对隔离两个方面，前者为功能特征，后者为场所特征。一般情况下，集体宿舍、旅店宾馆、临时搭建工棚等不应认定为‘户’，但在特定情况下，如果确实具有上述两个特征的，也可以认定为‘户’。”之所以将“户”限定在家庭生活之用并与外界相对隔离的住所这样的范围内，主要是因为考虑到“入户盗窃”的特殊危害性在于侵犯公民的居住隐秘与居住安宁的权益，因而盗窃财物即便没有达到数额较大的标准，也有必要定罪处罚。如果在多人居住的集体宿舍、临时搭建工棚内盗窃财物，则没有这样的特殊危害性，所以没有必要特殊对待。

入户盗窃是否要求身体入户，即行为人身在户外，仅用工具将户内衣物挑钩出来，甚至是手伸进户内拿走财物的，能否认定为入户盗窃？回答应该是否定的。因为这种盗窃行为对被害人的居住安宁，特别是其人身安全并不构成威胁，与一般的盗窃并无多大差别，因而不能作为盗窃的严重情节纳入“入户盗窃”之中。

入户盗窃者“入户”是否要有违法性，即是否要将“入户”限定在“非法入户”的范围内，对基于合法的事由入户，尔后趁机窃取财物的，能否认定为“入户盗窃”？回答也应该是否定的。由于因合法事由入户，不存在侵犯户主居住隐秘与居住安宁的问题，也不会造成其心理上的恐惧感或不安感，不具有“入户盗窃”那样的不同于普通盗窃的特殊危害性与危险性，同样不能认定为“入户盗窃”。否则，就会不当地扩大盗窃罪的处罚范围，特别是将亲友间、朋友间趁串门之机，顺手牵羊窃取户内财物的行为，按“入户盗窃”处理，明显不具有合理性。至于非法入户者在入户之前是否要有盗窃的犯意，则另当别论。例如，为了骗取财物而入户，因诈骗未得逞而趁机盗窃户内财物的；为了抢劫财物而入户，但因被害人不在户内而窃取其财物的；为了报复伤害对方而入户，但因被害人不在家或逃离，而窃取其财物的，均应认定为入户盗窃。

入户盗窃虽不要求盗窃时户内有人，即便是进入已有一段时间无人居住的户内盗窃的，也可以认定为入户盗窃。但如果是进入很长时间无人居住（如外出几年一直空置着）的户内盗窃的，则不宜认定为入户盗窃。另外，趁被害人不在家时撬锁破门入户盗窃或者夜间趁被害人熟睡之机钻窗入户盗窃，与在被害人门户大开外出时溜进去盗窃，虽同属入户盗窃，但在情节轻重上有较大差异，定罪处罚时也应区别对待。

应当注意的是，入户盗窃虽然也是在盗窃财物未达数额较大标准时，因有“入户”这一严重情节而认定犯罪成立的情形，但同样也得适当考虑盗窃财物的数额。

对本来只想入户盗窃价值数额很小财物者，如非法进入农户窃取几个鸡蛋、偷拿几个苹果的，就不能认定为盗窃罪。

五、携带凶器盗窃

所谓携带凶器盗窃，从字面含义理解，是指携带对人具有杀伤力的器具盗窃的情形。携带凶器盗窃，同样不以窃取数额较大财物为成立盗窃罪的条件。也就是说，只要携带凶器盗窃，不论是否窃取到财物，也不管财物的价值数额是否较大，均可认定为盗窃罪。之所以如此，是因为携带凶器盗窃意味着行为人在实施盗窃行为的过程中，如果被人发现或被追捕，就有可能使用凶器，从而严重威胁他人的人身安全，其社会危害性和人身危险性比普通盗窃的明显要大，因而要按盗窃罪来定罪处罚。

对于“携带凶器”之中的“凶器”应如何理解？这是需要进一步研究的问题。一般来说，凶器包括性质上的凶器与用法上的凶器两类。性质上的凶器，是指枪支弹药、管制刀具等本身用于杀伤人的物品；用法上的凶器，是指从使用的方法来看，可能用于杀伤他人的物品。如家用菜刀、手杖，用于切菜时、用于支撑行走时不是凶器，但用于或准备用于杀人、伤人时为凶器。对这里的“凶器”，是应从狭义上理解为仅限于性质上的凶器，还是应从广义上理解为包含用法上的凶器，刑法学界有不同认识。前述《盗窃案解释》采取折中的主张，明确指出“携带枪支、爆炸物、管制刀具等国家禁止个人携带的器械盗窃，或者为了实施违法犯罪携带其他足以危害他人人身安全的器械盗窃的，应当认定为‘携带凶器盗窃’”。按这一解释，“携带凶器盗窃”中的“凶器”除了“国家禁止个人携带的器械”这种性质上的凶器之外，还包括“其他足以危害他人人身安全的器械”，同时强调携带这后一种器械还必须有“为了实施违法犯罪”的主观意图。可见，这后一种器械虽然在用法上的凶器的范围之内，但并非所有用法上的凶器都能囊括于其中，而是仅限于“足以危害他人人身安全的”那一部分，如家用菜刀就在其中。啤酒瓶固然可以用来砸伤、砸死人，却不属于足以危害他人人身安全的器械，携带啤酒瓶盗窃的，当然不能认定为携带凶器盗窃。

有论者认为，《盗窃案解释》中的上述“规定不当缩小了盗窃中凶器的范围”①，但笔者认为，适当缩小是必要的。因为在现实生活中，许多日常用品、劳动工具（如老虎钳、扳手等）都是可以作为凶器来使用的，临时起意的盗窃案也时常发生，如果行为人事先携带有劳动工具或生活用品，但并未想到作案时用来杀伤他人，事实上也未使用的，仅因其携带有这样的器械而盗窃，就认定为携带凶器盗窃，予以定罪处罚，显然是不适当地扩大了盗窃罪的处罚范围的。

携带凶器盗窃时，要求行为人认识到自己随身携带了凶器。如果盗窃时忘记了自己随身携带的包中放有匕首，则不能认定为携带凶器盗窃。至于是否要求行为人

① 张明楷．刑法学（下）：第5版．北京：法律出版社，2016：954.

具有随时对被害人使用的意思，从《盗窃案解释》的上述规定来看，携带国家禁止个人携带的器具（即性质上的凶器）盗窃的，不要求行为人有使用的意思。这是因为携带这类器具本身就有违法性，对社会的公共安全构成威胁，被作为盗窃的一种严重情形看待是合适的。但如果是“携带其他足以危害他人人身安全的器械”（即用法上的凶器）盗窃，则必须要有使用（即备用）的意思。如果无这种意思，那就不属于“为了实施违法犯罪”而携带，其行为（如携带刚购买准备切菜用的菜刀）本身并不具有违法性，对社会的公共安全也不构成威胁，自然也就不能被作为盗窃的严重情节看待。不过，无论携带哪一种凶器，只要是在盗窃的过程中，因被人发现，为窝藏赃物、毁灭罪证、抗拒抓捕而当场使用凶器施暴或威胁的，就构成抢劫罪。

如前所述，携带凶器盗窃，并不以窃取数额较大财物为构成盗窃罪的条件，但是，也并非完全不看盗窃数额。如果行为人只想盗窃数额很小的财物，即便是携带管制刀具之类的凶器作案，也不能按盗窃罪定罪处罚。例如，甲与乙携带管制刀具准备到邻村去殴打丙，路过一块西瓜地时，甲与乙各摘一个西瓜在路边吃时，被种瓜人抓住。如果以甲、乙携带凶器盗窃作为定盗窃罪的依据，显然不具有妥当性。因为盗窃罪毕竟是一种侵犯财产的犯罪，如果行为人主观上仅想盗窃价值数额很小的财物，客观事实也是如此，那就表明其行为对他人财产权的侵害程度很低，自然也就没有必要对其按侵犯财产的犯罪定罪处罚。

六、扒窃

扒窃是一个含义不太清晰的概念，一般民众大多理解为扒手从别人身上偷窃财物。① 扒手多为职业惯犯，成为职业扒手之前，往往要经过较长时间的训练。因此，职业扒手实施的典型的扒窃往往有较强的技术性，大多动作轻巧麻利，窃取他人放在衣服口袋中的钱包等财物不易被发觉。并且，一旦被发觉抓获，大多属于盗窃未遂，即便是盗窃既遂，通常也达不达数额较大的标准，均无法按盗窃罪定罪处罚。2011年2月通过的《刑法修正案（八）》增列“扒窃”为盗窃罪的一种特殊情形，无疑是为了有效惩罚这类特殊的盗窃犯罪。从《全国人民代表大会常委会法律委员会关于〈中华人民共和国刑法修正案（八）（草案）〉修改情况的汇报》就不难看出这一点，该文件指出：“有的常委委员、部门和地方指出，扒窃行为严重侵犯公民人身和财产安全，社会危害性较为严重，且这种犯罪技术性强，多为惯犯，应当在刑法中作出明确规定。法律委员会经同有关方面研究，建议采纳这一意见。”由此可见，《刑法修正案（八）》增列“扒窃”的立法动因，主要是为了有效地惩罚扒手扒窃。但是，由于“扒手”是一个更难界定的概念，因此只能从“扒窃”行为来界定这类盗窃罪的范围。

根据前述《盗窃案解释》的规定，在公共场所或者公共交通工具上盗窃他人随

① 中国社科院语言研究所词典编辑室编．现代汉语词典：第5版．北京：商务印书馆，2005：1014.

身携带的财物的，应当认定为扒窃。扒窃在客观上必须具备以下条件：（1）窃取财物的行为发生在公共场所或公共交通工具上。公共场所，是指不特定的多数人可以进入停留的地方，如车站、码头、民用航空站、商场、公园、影剧院、展览馆、运动场等。公共交通工具，是指从事旅客运输的各种公用汽车，大、中型出租车，火车、船只、飞机等正在营运中的机动交通工具。只要窃取财物的行为发生在这种场所，即便当时人不多，扒窃也可能成立。（2）窃取的是他人随身携带的财物。所谓随身携带，就是通常所说的带在身上或放置在身上，如放在衣服口袋中或提在手上、背在背上、扛在肩上的包袋等容器中。离身放置的物品，即便就在眼前，也不能成为扒窃的对象。有论者提出，“在飞机、火车、地铁上窃取他人置于货架上、床底下的财物的，均属于扒窃”①。笔者不赞成这种主张，“不仅盗窃被害人放置于火车或汽车等交通工具行李架上的财物不成立扒窃，即使是盗窃被害人放置于座位旁边的财物，甚至是盗窃被害人挂在座椅背上的衣服口袋或者包中的财物，也都不构成扒窃”②。因为扒窃的特点就是盗窃随身携带或贴身放置的体积小的物品，窃取离身的物品，特别是离身的体积较大的物品，如将他人放在火车货架上体积较大的行李箱拎走的，无疑也是盗窃，但明显不具有扒窃的特点，不能认定为扒窃。

应当注意的是，对于具备扒窃的上述基本特征，即在公共场所或者公共交通工具上盗窃他人随身携带财物的情形，尽管不以数额较大作为盗窃罪成立的前提，但也并非一概都要定罪处罚，还得区分不同情况作不同处理。如果是经过一段时间训练的扒手实施的扒窃，即便是第一次作案就被抓获，并且所扒钱包内只有几元钱，也应定罪处罚。因为行为人已做好了长期反复盗窃的主观心理上和行动技能上的准备，其主观恶性较大，对社会已形成严重威胁。但如果是在公交车上，眼见他人衣袋中的钱包裸露在外，一时见钱眼开，初次盗窃即被抓获，窃取的钱包内仅有几元钱，类似这种非扒手偶尔初犯的扒窃，且数额较小的，则不宜定罪处罚。

第二节　盗窃罪的既遂与未遂

一、盗窃的着手实行

在我国的司法实践中，对盗窃未遂的一般不予定罪处罚。根据前述《盗窃案解释》的规定，盗窃未遂，只有情节严重者，如以数额巨大的财物、珍贵文物为盗窃目标或者有其他严重情节的，才定罪处罚。因此，离盗窃既遂还有相当距离的实行着手，在司法实践中没有受到重视，有关其的理论上的研究也尚未展开。

① 张明楷．刑法学（下）：第5版．北京：法律出版社，2016：955.

② 黎宏．刑法学各论．北京：法律出版社，2016：319.

但是，在德、日等国，由于刑法规定盗窃罪的未遂也应受处罚，盗窃预备则不受处罚，而未遂与预备相区别的标志是是否已着手实行犯罪，因此，确定盗窃罪着手实行的时间，具有极其重要的意义。德、日学者一般认为，实行行为的着手时间，以具有引起构成要件结果发生的现实危险性的行为开始时为标志。就盗窃罪而言，侵害他人占有财物的行为开始时，就是盗窃罪的着手。之所以如此，是因为盗窃罪的实行行为是窃取，而所谓窃取是指违反占有者的意思，排除财物的占有者对财物的占有，将财物转移给自己或第三者占有。从这一定义可以看出，窃取行为的着手时间，只能是侵害他人对财物占有的行为开始时。在通常情况下，只要没有特殊的障碍，某种行为有使他人的财物转移到自己或第三者支配之下的可能性时，就可以认定为盗窃罪实行的着手。①

现实生活中的盗窃犯罪有各种各样的类型，如进入住宅盗窃、进入仓库盗窃、扒窃，等等。不同类型的盗窃，其着手实行的时间可能有所不同，对此，日本刑法理论一般是分别进行讨论，并分别采取不同的认定着手实行的标准。② 应当肯定，针对不同类型的盗窃案件，采用不同的认定盗窃着手实行的标准，这种务实精神和思辨方法是可取的。但对进入住宅盗窃与进入仓库盗窃，采取两种完全不同的认定着手实行的标准，则不一定妥当。在现实生活中，仓库之中并非完全无人住留看守，进入有人留守的仓库盗窃就很难说与侵入有人在家的住宅盗窃有多大差别；同时，住宅之中也并非时常住人，进入外出旅行无人居住的住宅盗窃，同进入无人留守的仓库盗窃，也难说有何不同。因此，对两者区别看待并无足够的理由。相反，把两者都作为入室盗窃一类，再根据室内有人或无人以及行为人是否知晓室内有无人，分别采取不同的认定着手实行的标准，也许更合理一些。比如，进入无人居住的室内盗窃，只要一进入室内，即可认为已着手实行；进入有人居住的室内盗窃，则以开始物色财物为着手实行。撬门扭锁、凿壁挖洞，尚未入室者，由于不可能发生盗窃罪的结果（转移财物的占有），因而不应当认定为实行的着手。已着手实行盗窃，因意志以外的原因而未取得财物者，为盗窃未遂。

二、盗窃既遂的标准

盗窃是否已既遂，直接关系到对盗窃犯处罚的轻重。在我国，由于司法实践中对盗窃未遂一般不予处罚，因此在许多场合，盗窃既遂与否关系到犯罪能否成立以及是否需要追究刑事责任的问题。

德、日等大陆法系国家关于盗窃罪的既遂时间或认定标准，主要有以下四种学说：（1）接触说，认为行为人的手接触到想要窃取的财物时就是既遂；（2）取得说，认为行为人侵害他人对财物的占有，将他人财物置于自己或第三者占有之下时便是既遂；（3）转移说，认为行为人将财物转移到其他场所时才是既遂；（4）隐匿

① 大谷实．刑法各论的重要问题．东京：立花书房，1990：119－220.

② 刘明祥．财产罪比较研究．北京：中国政法大学出版社，2001：186－188.

说，认为行为人将财物隐藏在不容易被人发现的场所时才是既遂。

以上四种学说中，取得说是通说。大陆法系国家学者一般认为，盗窃罪的本质是窃取他人财物，所谓窃取，就是侵害他人对财物的占有，将财物置于自己或第三者的占有之下，或者说取得对财物的占有。取得说正好符合窃取的内在含义。而接触说不符合盗窃罪的本质，并且会使盗窃罪的既遂过于提前；转移说与隐匿说也不符合盗窃罪的本质，反过来又会使盗窃罪的既遂时间过于推后。①

我国刑法理论界除了存在与大陆法系国家理论界完全相同的接触说、转移说、隐匿说之外，还有一种控制说也与上述取得说相当。因为控制说主张以盗窃犯是否已获得对被盗财物的实际控制为标准，已实际控制财物的为既遂，未实际控制财物的为未遂。② 这与把取得占有作为既遂标志的取得说的实质内容是相同的。与上述四种学说不同的主要有以下几种：一是损失说，主张以盗窃行为是否造成公私财物损失为标准，即盗窃行为造成公私财物损失的为既遂，未造成公私财物损失的为未遂。这是1992年“两高”司法解释③所采用的观点。二是失控说，认为应以财物的所有人或保管人是否丧失对财物的占有权即控制为标准，凡盗窃行为已使财物所有人或保管人实际丧失了对财物的控制的即为盗窃既遂；而财物尚未脱离所有人或保管人的控制的，为盗窃未遂。三是失控加控制说，认为应以被盗财物是否脱离所有人或保管人的控制并且实际置于行为人控制之下为标准，被盗财物已脱离所有人或保管人控制并且已实际置于行为人控制之下的为盗窃既遂，反之为盗窃未遂。④ 四是失控或控制说，认为盗窃行为已经使被害人丧失了对财物的控制或者行为人已经控制了所盗财物的，都是既遂。⑤ 五是折中说，主张对于一般财物的盗窃，以失控加控制说为标准，对于某些特殊财物的盗窃则以控制说为标准。这里的“特殊财物”是指某些在空间上不发生移动的无形财物，如拍摄、复制或利用计算机盗窃的财物。这些无形财物，由于其本身的特点，在其失窃后，所有人、持有人、使用人并未完全失去控制，但又不能认为这种情况是盗窃未遂。⑥

从中外刑法理论上关于盗窃既遂标准的各种学说可以看出，区分既未遂的立足点有所不同。有的立足于行为人一方，即以行为人是否已接触、取得（或控制）、转移或隐匿被盗财物，作为区分既未遂的标志；也有的立足于财物的所有者或占有者一方，即以所有者或占有者是否遭受财产损失或者是否失去对财物的控制（或占有），作为区分既未遂的标准；还有的把两方面结合起来，既考虑所有者或占有者是否已失去对财物的控制（或占有），又兼顾行为人是否已取得（或控制）被盗财

① 大塚仁．刑法概说（各论）．东京：有斐阁，1992：189.

② 赵秉志．侵犯财产罪．北京：中国人民公安大学出版社，1999：181－182.

③ 该司法解释已失效。

④ 赵秉志主编．侵犯财产罪研究．北京：中国法制出版社，1998：197－198.

⑤ 张明楷．刑法学：下．北京：法律出版社，1997：777.

⑥ 高铭暄，马克昌主编．刑法学：下编．北京：中国法制出版社，1999：903.

物，两方面同时具备的，才能视为既遂；另有的认为只要具备其中某一方面就是既遂。

就方法论而言，立足于行为人一方来确定既未遂的标准是可取的。因为行为人既是行为的主体也是犯罪的主体，认定犯罪乃至确定犯罪既遂与否，自然应该从行为人及其所实施的行为来作判断，盗窃罪也不例外。以财物的所有者或占有者是否遭受财产损失或是否失去对财物的控制（或占有）来确定既未遂的标准，这在方法论上是有缺陷的。再说，从我国刑法第 23 条的规定来看，区分既遂与未遂的总标准是犯罪得逞与否，犯罪已得逞者是既遂，未得逞者是未遂。得逞与未得逞都是相对行为人（而不是第三者）而言的。对盗窃罪来说，行为人的主观目的是取得他人财物，取得（或控制）了他人的财物的才可能认为盗窃罪已得逞，未取得（或控制）他人财物的，即便是他人已失去对财物的控制，仍然只能视为盗窃罪未得逞。另外，从刑法理论上讲，盗窃罪既然是一种非法取得他人财物的取得罪，理应以行为人是否取得（或控制）意图取得的财物作为认定既未遂的标准。

不过，如果侧重于刑法的保护机能，则由于刑法以保护合法权益为目的，惩罚盗窃罪的目的无非是要保护财产所有者、占有者对财产的权利，并且盗窃罪社会危害性的大小，也主要不在于行为人是否控制了财物，而在于被害人是否丧失了对财物的控制；因而从此种意义上说，即使行为人没有取得（或控制）财物，被害人失去对财物的控制的，被视为盗窃既遂也是有道理的。因此，在认定盗窃既未遂时，原则上采用取得说，特殊情况（即行为人未取得财物但被害人失去了对财物的控制的）下采用失控说，这可能是符合司法实际的最佳选择。

三、盗窃既遂与未遂的判断

在大陆法系国家，学者们认为，即使采用作为通说的取得说，在一些具体的盗窃案件中，还要根据所窃财物的性质、形状、被害人对财物的占有状态、窃取行为的表现形式等来进行判断。一般来说，对体积小的财物，只要行为人将财物藏到自己身上，如拿在手中、夹在腋下、放入口袋、藏入怀中等，就认为是盗窃既遂。反过来，对体积大的难以搬走的财物，只有行为人使该财物处于可以搬走的状态，才构成盗窃既遂。例如，盗窃汽车时，只要行为人使汽车发动可以逃走，就属于盗窃既遂。另外，从被害人对财物的占有状态来看，如果行为人使财物脱离了被害人的监视、控制，就应认为其取得了财物，构成盗窃既遂。例如，在被害人住宅、店铺内盗窃的场合，由于被害人对财物的占有、控制力强，除了可以藏在身上的物品外，只有行为人将财物搬出住宅、店铺外，脱离了居住者、店员的监视，才能视为盗窃既遂。但如果被害人对财物的控制力弱，则以财物处于可能被搬出的状态，作为盗窃既遂的标志。例如，行为人在被害人外出时进入其住宅盗窃，取出其衣物等装入包中，即为盗窃既遂。①

① 新保义隆．刑法各论．4 版．东京：早稻田经营出版，1997：146.

由于盗窃行为的表现形式多种多样，有时采用取得说的标准认定某一具体案件，也会发生认识上的分歧。特别是当行为人取得财物与被害人失去对财物的占有不一致时，就会出现认定上的困难。例如，列车上的乘务员在列车运行时把列车上的货物抛到列车外，打算返回来取走。在这种情况下，将财物抛出车外，只是意味着被害人已经失去了对财物的占有，行为人并没有实际取得财物。但是，日本最高裁判所有判例认为，将财物抛出车外时即构成盗窃既遂。持取得说的学者一般也持此种主张。① 这显然是从宽泛意义上解释“取得财物”所得出的结论。一般来说，如果列车员记住了抛下财物的地点，而且其他人难以发现该财物的所在处，即使行为人还没有回到该场所取走财物，认定其取得了财物，构成盗窃既遂也有一定的道理。如果他抛下了财物但忘记了所抛投的地点，则很难认定其取得了财物。若要把这种情形解释为盗窃既遂，取得说就显得无能为力了。

我国学者也主张，认定盗窃既遂应根据案件的不同情况，综合考虑多种因素，实行区别对待。一般来说，如果进入不能随便进出的场所盗窃，原则上应以财物被盗出室外（或控制区外）作为既遂的标志；在允许自由进出的场所（如商店、旅馆等）盗窃的，对于不能随身携带之物，应以窃出该场所为既遂，对于可以随身携带之物，以隐藏在身上（或包内）为既遂的标志；在无特定控制区的室外公共场所行窃的，要看是否有人在现场监管财物，有人监管的，应以财物脱离监管人的监控为既遂标志，无人监管的，则以财物移离原处为既遂标志；对于在现代化交通运输工具上盗窃的，则要根据交通工具所处的状态与所窃财物的性质而定，如果在运行中的货车上盗窃货物，只要货物脱离了运输工具即为既遂；如果在停驶的运输工具上盗窃货物，一般以财物脱离管理人监视、警戒为既遂；如果在运输工具上盗窃轻便货物或旅客携带的物品，则以财物脱离旅客监控或者行为人将财物隐藏于身作为既遂的标志。②

第三节 盗窃信用卡并使用

司法实践中，盗窃信用卡并使用的案件时有发生。对这类案件应当如何定性，定性当然会涉及对我国刑法第 196 条第 3 款应如何理解的问题；还有对于二人以上共同作案应当如何处理，区分这类犯罪既未遂的标准应当如何掌握，如此等等，都是理论上有待进一步研究并且是与我国刑法第 196 条第 3 款的规定是否科学合理密切相关的问题。

① 前田雅英．刑法各论讲义．东京：东京大学出版社，1989：227.
② 王礼仁．盗窃罪的定罪与量刑．北京：人民法院出版社，1999：167-169.

一、以盗窃罪论处是否合理

我国刑法第196条第3款规定，“盗窃信用卡并使用的，依照本法第二百六十四条的规定（即盗窃罪的规定——笔者注）定罪处罚”。盗窃他人信用卡后又加以使用，这种使用就是“冒用他人信用卡的”行为，是该条所列的几种信用卡诈骗的表现形式之一，对此不以信用卡诈骗罪论处，而按盗窃罪（第264条）定罪处罚，自然是一种例外。

对于“盗窃信用卡并使用的”以盗窃罪定罪处罚是否合理，我国刑法理论界存在肯定与否定两种不同观点。笔者持否定论，下面对肯定论者提出的肯定其合理性的理由逐一作简要评析。

第一，有论者认为，盗窃信用卡并使用的，属于牵连犯的问题，即牵连触犯盗窃罪和信用卡诈骗罪两个罪名，应从一重处断，按盗窃罪定罪处罚。① 还有论者认为，在这种情况下，盗窃行为是主行为，行为人冒用他人名义使用信用卡的行为是盗窃罪的继续，是从行为。按主行为吸收从行为的原则，应定盗窃罪。② 但是，在笔者看来，我国的信用卡是银行或金融机构发给消费者使用的一种信用凭证。它不同于货币和有价证券，持卡人失去信用卡并不会直接造成财产损失，并且信用卡卡片本身的经济价值很低，而我国刑法规定的盗窃罪，一般要盗窃价值数额较大的财物才能构成。因此，盗窃信用卡的行为，不可能触犯盗窃罪的罪名，自然不发生与信用卡诈骗罪相牵连的问题，同样不存在盗窃罪这种行为吸收信用卡诈骗罪之从行为的问题。

第二，有论者认为，区分盗窃罪与诈骗罪（包含信用卡诈骗罪）的关键，就是看被害人是否因受骗而自愿将财物交付给行为人，只要被害人不是因受蒙蔽而自愿交付财物给行为人，就不构成诈骗罪，而只能构成盗窃罪。如盗窃他人信用卡后，到银行设置的取款机上冒领现金。由于银行不承担损害后果，被害人是信用卡的所有者，而被害人并未向行为人交付财物，所以不能定信用卡诈骗罪，而只能定盗窃罪。③ 但是，在司法实践中，虽然绝大多数诈骗案件都是被害人受骗后向行为人交付财物的，但也有受骗者未受害，受害者未受骗的案件，即被骗者是此人而被害者却是彼人的情形，这种发生在三者之间的诈骗案件，在德、日等国刑法理论上被称为“三角欺诈”④。上述窃取有效信用卡后取得财物的情形，就是这种“三角欺诈”的适例。其特殊性就表现在受骗交付财物的银行等单位并未受害，受害的财物所有者并未受骗。因此，以盗窃信用卡并使用的案件中，并非被害人受骗而自愿将财物交给行为人，来否定其行为的诈骗性质，并作为定盗窃罪的理由，显然忽视了“三角欺诈”的存在。

① 王作富主编．刑法．北京：中国人民大学出版社，1999：319.

② 陈明华主编．刑法学．北京：中国政法大学出版社，1999：508.

③ 高铭暄主编．新编中国刑法学：下册．北京：中国人民大学出版社，1998：784.

④ 山口厚．诈欺罪中的处分行为．平野龙一先生古稀祝贺论文集．东京：有斐阁，1990：459.

第三，有论者提出，盗窃他人的信用卡，就等于取得了一定价值的货币使用权，只不过这些货币要通过使用信用卡而得以实现。因此，盗窃信用卡并使用的，在性质上是盗窃，应当按盗窃罪定罪处罚。① 但是，盗窃罪的对象只限于财物，不包括财产权利或财产性利益，这是各国刑法理论所公认的观点，也是许多国家刑法明文规定的。所以，盗窃货币使用权之说，不具有合理性。

第四，有论者认为，信用卡是有价值意义的支付凭证，凭卡可以取得财物，盗窃信用卡并使用的行为同盗窃印鉴齐全的支票骗取财物的行为相类似，所以，要以盗窃罪论处。② 最高人民法院在 1986 年 11 月 3 日对上海市高级人民法院就一个案件的请示答复中也指出：被告人盗窃信用卡后又仿冒卡主签名进行购物、消费的行为，是将信用卡本身所含的不确定价值转化为具体财物的过程，是盗窃犯罪的继续，应定盗窃罪。在笔者看来，认为信用卡是一种支付凭证，盗窃信用卡并使用的行为同盗窃印鉴齐全的支票后骗取财物的行为相类似，以此作为定盗窃罪的根据，似乎也有缺陷。我国过去长期的司法实践对盗窃印鉴齐全的支票后骗取财物的，固然一直是以盗窃罪论处的，但刑法第 194 条并无第 196 条第 3 款那样的规定，如果认为两者应被同样看待，则第 194 条关于票据诈骗罪的规定中也应该有类似的规定。既然没有，那么，今后对盗窃印鉴齐全的支票后骗取财物的行为，就只能理解为第 194 条中的冒用他人支票所包含的票据诈骗行为，不能另定盗窃罪。因此，以过去的司法解释将盗窃印鉴齐全的支票后骗取财物的以盗窃论处，作为盗窃信用卡并使用的也要以盗窃论处的根据，显然不具有可靠性。

第五，有论者认为，刑法第 196 条第 3 款关于盗窃信用卡并使用的以盗窃罪论处的规定，是一种法律拟制，即将这部分信用卡诈骗行为拟制规定为盗窃罪。设立该法律拟制的理由主要在于：（1）行为人通常是在盗窃现金等财物的同时盗窃信用卡的，如果盗窃后不使用，不宜将卡上的钱数认定为盗窃数额，如果使用了，则所使用的数额应与前面盗窃的财物数额累计为盗窃数额。（2）行为人盗窃信用卡后既可能在自动取款机上使用，也可能在银行柜台或特约商户使用，前者属于盗窃性质，后者属于诈骗性质。而将盗窃信用卡并使用的行为以盗窃论处，则可以简化案件的处理。（3）盗窃信用卡并使用的行为的社会危害性与盗窃行为的社会危害性相当，故对这种行为以盗窃论处，具备法律拟制的实质理由。③

在笔者看来，认为刑法第 196 条第 3 款关于盗窃信用卡并使用的以盗窃罪论处的规定是法律拟制，这无疑是正确的。法律拟制是将原本不同的行为按照相同的行为处理（包括将原本不符合某种规定的行为也按照该规定处理）。就盗窃信用卡并使用的行为而言，由于盗窃信用卡的行为本身并不能构成盗窃罪，而盗窃之后使用信用卡本来是冒用他人信用卡的行为，构成信用卡诈骗罪，但刑法第 196 条第 3 款

① 宋晓峰主编．金融犯罪的界限与认定处理．北京：中国方正出版社，1998：246.

② 陈兴良主编．刑法新罪评释全书．北京：中国民主与法制出版社，1995：531.

③ 张明楷．诈骗罪与金融诈骗罪研究．北京：清华大学出版社，2006：697.

将这种行为规定为要按盗窃罪定罪处罚，这就意味着把本来不具备盗窃罪构成要件（而具备信用卡诈骗罪构成要件）的行为，规定为按盗窃罪定罪处罚，这显然是法律拟制性规定。在讨论这种规定是否具有合理性时，前述几种肯定论没有看到这一点，从而也就没有把握住问题的实质，其论证理由当然也就难以成立。上述第五种肯定论虽然正确指出了刑法第 196 条第 3 款是法律拟制规定，但论证这一规定具有合理性的理由并不充分。

首先，行为人通常在盗窃现金等财物时盗窃到信用卡固然是事实，但这不能成为要将窃取后使用信用卡的行为定盗窃罪的理由。如前所述，如果盗窃信用卡后不用，那么所有者不会遭受财产损失，使用才是行为危害社会的关键所在，而使用他人的信用卡就是刑法第 196 条第 1 款规定的“冒用他人信用卡的”情形，并且是盗窃信用卡之后另行实施的行为，单独定信用卡诈骗罪不成问题。

其次，将盗窃信用卡并使用的行为以盗窃罪论处可以简化案件的处理之说，是以论者认为在自动取款机上使用信用卡构成盗窃罪为根据的，但在自动取款机上使用信用卡取款与在银行柜台或特约商户使用信用卡取款或购物并无实质的差异，都应该定信用卡诈骗罪。因此，认为上述法律拟制规定可以简化案件处理，这并不可信。

再次，认为盗窃信用卡并使用的行为的社会危害性与盗窃行为的社会危害性相当，因而有必要以盗窃论处，将此作为法律拟制的实质理由，有一定的合理性。毕竟行为人在“冒用他人信用卡”的行为之外，还有一个盗窃信用卡卡片的行为，这比仅有冒用一种行为的情形，社会危害性确实要大一些，处罚重一点也无可厚非。但处罚重一点可以在量刑时考虑，并非一定要通过定重罪来实现。况且，在司法实践中，盗窃与诈骗手段并用的案件时常发生，如行为人窃取他人寄存物品的凭证，尔后又冒领走他人财物的，其危害性比拾得他人寄存物品的凭证后冒领走财物的危害性无疑要大，但还是只能定诈骗罪，只不过量刑时处罚适当重一点。如果不这样处理，将这种盗窃凭证后冒领他人财物的案件，都升格定为盗窃罪，那就违反了财产罪定罪的基本原理。

最后，将盗窃信用卡并使用的行为拟制规定为以盗窃论处，会造成与抢劫、抢夺、诈骗、敲诈索取他人信用卡后使用行为在定性上的不协调。采用盗窃之外的非法手段取得他人信用卡后予以使用的，比未采用这些非法手段取得他人信用卡后使用的行为，社会危害性同样要大一些，但是，由于现行刑法仅对盗窃信用卡并使用的情形作了拟制规定，而对抢劫信用卡并使用的等未作拟制规定，因而对采用这类非法手段取得信用卡后又使用的，仍然只能定信用卡诈骗罪。这就意味着对同种情形，法律作了不同的处理，难免使人对其合理性产生怀疑。或许有人会提出，今后可以修改刑法，补充作与刑法第 196 条第 3 款相似的拟制规定，将抢劫、抢夺、诈骗、敲诈索取信用卡并使用的，以抢劫罪、抢夺罪、诈骗罪、敲诈勒索罪论处，定性不协调的问题也就迎刃而解了。但是，笔者认为，这并非上策。由于刑法上的法律拟制规定，大多是将不具备某种犯罪构成要件的行为硬性规定为按此罪定罪处罚，这就决定了其对定罪的科学性是一个挑战，可以说是立法者为了解决处罚的合理性或处理案件的便宜性而采取的一种不得已的措施，因此为了保证立法的科学合理性，应尽可能慎用甚至不用法律拟制规定。否则，就会造成定罪混乱的消极后果。有鉴于此，笔者建议将刑法第 196 条第 3 款的规定修改为：采用盗窃、抢劫、抢夺等非法手段取得信用卡而使用的，从重处罚。

但是，在刑法未作修改之前，根据罪刑法定和有法必依的原则，我们还得严格依法行事，并且要通过合理的解释与恰当的认定，使其缺陷得到一定程度的弥补。基于此种认识，笔者主张，将“盗窃信用卡并使用”中的“信用卡”解释为仅限于真实有效能正常使用的信用卡卡片；将“使用”理解为按信用卡特有的电子支付卡的功能加以利用；至于“盗窃”则认为是指采用秘密窃取的方法取得他人占有之下的信用卡卡片。如果行为人误认伪卡为真实有效的信用卡而盗窃并使用的，构成信用卡诈骗罪。但使用盗窃的信用卡不以盗窃者本人使用为限，还包含利用第三者使用，故意帮助、教唆第三者使用的情形。盗取他人信用卡信息资料复制信用卡后使用的、盗用他人留置在自动取款机插口内未退出取走的信用卡取款的，不是“盗窃信用卡并使用”的行为，应以信用卡诈骗罪论处。对此，笔者将在下文展开论述。

二、含义解析与司法认定

（一）盗窃信用卡并使用中的“信用卡”

根据全国人大常委会通过的《关于〈中华人民共和国刑法〉有关信用卡规定的解释》，“刑法规定的‘信用卡’，是指由商业银行或者其他金融机构发行的具有消费支付、信用贷款、转账结算、存取现金等全部功能或者部分功能的电子支付卡”。刑法第 196 条第 3 款规定的“盗窃信用卡并使用”中的“信用卡”，当然也是指这种电子支付卡，既包含具有透支功能的狭义的“信用卡”，也包括不具有透支功能的借记卡。至于是否包含伪造的、作废的等无效信用卡，则有较大争议。有论者认为，该款中的“信用卡”，除了真实有效的信用卡之外，还包含无效卡、伪造卡、变造卡和涂改卡。① 但多数学者认为，“本款所规定的‘信用卡’仅限于他人的真实有效的信用卡”②。笔者认为后一种观点更为可取。这首先是因为刑法规定的行为对象如果是某种物品而又未标明包含伪造的、无效的、虚假的，那就只能理解为真实有效的。例如，我国刑法第 280 条规定的盗窃、抢夺、毁坏国家机关公文、证件、印章罪中的“公文、证件、印章的”，显然只能是真实有效的，盗窃伪造的公文、证件、印章的，肯定不可能构成盗窃公文、证件、印章罪。否则，“如果认为刑法使用的指向某种人或事物的名词都包括虚假的人或事物在内，那么，构成要件

① 张智辉，刘远主编．金融犯罪与金融刑法新论．济南：山东大学出版社，2006：341.

② 张明楷．诈骗罪与金融诈骗罪研究．北京：清华大学出版社，2006：694.

就丧失了定型机能”①。况且，如果明知是伪造的或作废的信用卡而盗窃并使用，那就完全属于刑法第196条第1款中所指的“使用伪造的信用卡”“使用作废的信用卡”的情形，自然是构成信用卡诈骗罪。

值得研究的是，行为人以为是真实有效的信用卡而盗窃并使用，但客观上信用卡是伪造或作废的，应如何处理？对此，有几种不同认识。第一种观点认为，应以信用卡诈骗罪未遂论处。因为盗窃并使用的信用卡，一般是有效信用卡，不知是作废或伪造的信用卡，意欲诈骗数额较大财物而使用的，属于信用卡诈骗未遂的情形。② 第二种观点认为，应以盗窃罪论处。因为使用伪造、作废的信用卡构成信用卡诈骗罪的，要求行为人主观上明知是伪造、作废的信用卡，既然不明知那就不能认定为信用卡诈骗罪，那么只能认为“盗窃信用卡”包含盗窃真实有效的信用卡和伪造卡、废弃卡、止付卡，因而对上述行为应依照刑法第196条第3款的规定以盗窃罪论处。③ 第三种观点认为，应以信用卡诈骗罪既遂论处。“盗窃无效信用卡的行为，如果误以为是有效的而盗窃，是一种典型的盗窃罪未遂形态；盗窃这种无效信用卡并使用骗取钱财的，应是吸收犯，以本罪（即信用卡诈骗罪——引者注）吸收盗窃罪（未遂）。”④ 第四种观点认为，应根据是对自然人使用的还是在自动取款机上使用的，分别以信用卡诈骗罪和盗窃罪既遂论处。因为对自然人使用时，行为人主观上有盗窃的故意（以刑法第196条第3款的规定为根据），客观上实施了信用卡诈骗行为，这属于抽象的事实认识错误，但二者具有重合的性质，在使用伪造的、作废的信用卡骗取财物的限度内，主客观实现了统一，所以，应认定为信用卡诈骗罪。如果是在自动取款机上使用的，则由于机器不能受骗，不可能构成信用卡诈骗罪，理所当然地成立盗窃罪（不适用刑法第196条第3款）。⑤

笔者认为，以上几种观点都有商榷的余地。第一种观点认为应以信用卡诈骗罪未遂论处，但正如张明楷教授所述，行为人既然是利用伪造或作废的信用卡取得了财物，给他人造成了财产损失的，那么还以信用卡诈骗未遂论处，就明显缺乏合理性。况且，不知是伪造或作废的信用卡，也并非成立信用卡诈骗罪未遂的理由。⑥ 第二种观点以刑法第196条第3款规定的“盗窃信用卡并使用”中的“信用卡”包含伪造卡、废弃卡、止付卡，作为对上述行为以盗窃罪论处的根据，但正如前文所述，该款中的“信用卡”只能是真实有效的信用卡，因而其论据并不可靠。并且，使用伪造、作废的信用卡构成的信用卡诈骗罪，并非只有行为人明知是伪造、作废的信用卡而使用的才能构成。例如，行为人拾得他人钱包后发现内有一张信用卡，以为是真实有效的信用卡而使用，并获取了大量现金，但实际上该信用卡是对方伪

① 张明楷．诈骗罪与金融诈骗罪研究．北京：清华大学出版社，2006：701.

② 梁华仁，郭亚．信用卡诈骗罪若干问题研究．政法论坛，2004（1）.

③ 李文燕．金融诈骗犯罪研究．北京：中国人民公安大学出版社，2002：310.

④ 刘远著．金融诈骗罪研究．北京：中国检察出版社，2000：440.

⑤⑥ 张明楷．诈骗罪与金融诈骗罪研究．北京：清华大学出版社，2006：702.

造的。我们能以行为人不知是伪造的信用卡而使用，来否定其构成信用卡诈骗罪吗？事实上，构成我国刑法规定的信用卡诈骗罪，只要行为人以非法占有他人财物为目的，故意使用信用卡（包含真实的、虚假的信用卡）非法占有了他人数额较大财物即可。第三种观点认为，误认无效的信用卡为有效的而盗窃的，这就是盗窃罪未遂，言下之意是盗窃有效的信用卡的就构成盗窃既遂，但由于信用卡卡片本身的价值很低，达不到我国刑法规定的盗窃罪数额较大的标准，因而不能构成盗窃罪，既然如此，也就不存在信用卡诈骗罪吸收盗窃罪的问题。第四种观点认为，行为人以为是真实有效的信用卡而盗窃并对自然人使用的，这属于抽象的事实认识错误，即行为人主观上有犯盗窃（即刑法第 196 条第 3 款拟制的盗窃罪）的故意，客观上实施了信用卡诈骗行为，二者具有重合的性质，在信用卡诈骗的限度内重合，所以应认定为信用卡诈骗罪既遂。笔者赞成这种观点。

有必要进一步说明的是，盗窃罪与信用卡诈骗罪在通常情况下，并不存在相重合的问题。只不过刑法第 196 条第 3 款规定对“盗窃信用卡并使用”的行为以盗窃罪论处，这是法律上拟制的一种盗窃罪，并非普通的盗窃罪。① 它是由盗窃信用卡与使用信用卡两种行为相结合构成的，仅盗窃信用卡而不使用的行为，不能构成犯罪，但仅有恶意使用信用卡（包含真实的、伪造的信用卡）骗取他人数额较大财物的行为，即可构成信用卡诈骗罪。正因为如此，可以认为刑法第 196 条第 3 款拟制的盗窃罪是完全包容了信用卡诈骗罪的。行为人误以为是真实有效的信用卡而盗窃并使用的，虽不可能构成这种拟制的盗窃罪既遂（可认为是由于行为人主观上的认识错误而未遂），但若完全具备了信用卡诈骗罪的主客观要件，在行为人取得了大量财物的条件下，认定为信用卡诈骗罪既遂不成问题。又由于在我国一般不处罚盗窃未遂行为，所以对这类案件只能按信用卡诈骗罪既遂来处理。有必要指出的是，笔者不赞成第四种观点将在自动取款机上使用盗窃来的伪造信用卡的行为定性为盗窃罪的主张，认为行为人误以为是真实有效的信用卡（实为伪造的信用卡）而盗窃并使用的，无论是对自然人使用还是在自动取款机上使用，均构成信用卡诈骗罪。对此，笔者将在后面有关章节展开论述，在此不赘述。

（二）盗窃信用卡并使用中的“使用”

根据我国刑法的规定，一般只有盗窃数额较大的财物的，才能构成盗窃罪，而信用卡本身的经济价值低廉，所以盗窃信用卡并不使用的，不能构成盗窃罪。又由于信用卡诈骗罪要求有利用信用卡获取他人财物而给他人造成财产损失的行为，盗窃信用卡之后，如果并不使用，那也就不会使他人遭受财产损失，因而也不可能构成信用卡诈骗罪。

至于对于刑法第 196 条第 3 款规定的“盗窃信用卡并使用”中的“使用”应如何理解？学者们有不同认识。有人认为，这里的“使用”是指行为人用自己盗窃所

① 张明楷．诈骗罪与金融诈骗罪研究．北京：清华大学出版社，2006：695.

得的信用卡取现、刷卡购物和享受服务。也有人认为，这里的“使用”仅仅是指盗窃信用卡后出售、转让或者出租；对于盗窃信用卡后取现、刷卡购物或享受服务的，应当按照信用卡诈骗罪定罪处罚，而不能按照刑法第 196 条第 3 款的规定以盗窃罪论处。理由在于：出售、转让或者出租盗窃所得的信用卡，事实上是对信用卡加以使用的一种方法，而该使用方法行为为先行的盗窃行为吸收，正好符合盗窃罪的构成；盗窃信用卡后取现、刷卡购物或享受服务，是一种欺骗行为，也是行为人获取并占有他人财物的关键所在，因此应评价为信用卡诈骗罪。还有人认为，行为人将盗窃所得的信用卡作为一种资信证明、抵押物来骗取他人的信任从事经济活动的，也是“盗窃信用卡并使用”的情形，同样应以盗窃罪论处。①

笔者以为，我国刑法第 196 条的规定中有多处用了“使用”一词，如“使用伪造的信用卡”“使用以虚假的身份证明骗领的信用卡”“使用作废的信用卡”“盗窃信用卡并使用”等，这里的“使用”，都是指按信用卡的通常使用方法予以利用。②之所以如此，是因为我国的通说认为，信用卡诈骗罪是一种复杂客体的犯罪，除了侵犯他人财产所有权之外，还侵犯国家对信用卡的管理制度。③ 而信用卡是一种电子支付卡，它具有消费支付、信用贷款、转账结算、存取现金等功能，只有按信用卡自身的功能（即通常使用方法）来加以利用，才可能破坏国家的信用卡管理制度，使信用卡不能正常发挥其在社会经济生活中的重要作用。如果不是按信用卡自身特有的功能来加以利用，如用拾得的信用卡拨开他人住宅的门锁，进入房间盗窃了大量财物，虽然也侵犯了他人的财产所有权，但并未破坏信用卡管理制度，因而不能构成信用卡诈骗罪。同样道理，用盗窃来的信用卡作为一种资信证明、抵押物来骗取他人的信任从事经济活动，甚至骗取了他人大量财物的，虽然也“使用”了信用卡，但由于这种“使用”不是按信用卡自身特有的功能来加以利用的，因此不在刑法第 196 条第 3 款规定的“盗窃信用卡并使用”中的“使用”范围之内，不能以盗窃罪论处。对骗取了大量财物的，可按普通诈骗罪定罪处罚。如果用窃取的信用卡取现、刷卡购物和享受服务，这当然可以评价为按信用卡自身特有的功能予以利用（即“使用”了窃取的信用卡），但将“使用”仅限于这三种情形，则有以偏概全之嫌。比如，用盗窃来的信用卡在 ATM 机上操作，将卡内的存款转到自己的账户的，这难道不是“使用”信用卡，对这种行为不能以盗窃论处吗？显然，不将这种用信用卡转账的形式包容在“使用”信用卡的范围之内不具有合理性。至于前述有一种观点认为，盗窃信用卡后取现、刷卡购物或享受服务的，这是以欺骗手段骗取财物，应评价为信用卡诈骗罪，因而应将这类行为排除在“盗窃信用卡并使用”的“使用”之外。在笔者看来，使用盗窃来的信用卡的行为，无疑也是“冒用他人信用卡”，这是刑法第 196 条明文规定的信用卡诈骗罪的表现形式之一，对这

① 肖中华．如何理解“盗窃信用卡并使用”．法学论坛，2005（5）．

② 张明楷．刑法学．3 版．北京：法律出版社，2007：602.

③ 高铭暄，马克昌主编．刑法学．北京：中国法制出版社，2007：498.

种行为单独而论，确实要按信用卡诈骗罪定罪处罚。但是，刑法第196条第3款明文规定“盗窃信用卡并使用”的，要按盗窃罪定罪处罚。这是法律上的拟制规定，即把本来符合信用卡诈骗罪构成要件的行为，规定为要按盗窃罪定罪处罚。① 即便这一规定不具有合理性，在法律未作修改之前，还得依法行事，不能将符合这一法律规定的行为排除在外。因此，用窃取的信用卡取现、刷卡购物或享受服务的，符合信用卡诈骗罪的构成要件，这不能成为将其排除在“盗窃信用卡并使用”范围之外的理由。

那么，将窃取的信用卡出售或有偿转让给其他人的行为，能否认定为“使用”信用卡呢？有论者认为，“盗窃信用卡并使用”中的“使用”行为应包含“出售”行为，因为出售行为也具有诈骗性质，与通常所指的使用并没有实质的区别，对行为人应以盗窃罪定罪处罚。② 另有论者认为，“使用”与“出售”是有严格区别的，是两种不同的行为，不存在前者包含后者的关系。因此，对盗窃信用卡后出售给他人使用的行为，不能以盗窃罪论处。③ 笔者认为，一般来说，“使用”是按物的用途加以利用，“出售”则是用物来换取金钱，二者确有不同，不能说前者包含后者。但是盗窃信用卡之后，盗窃者将信用卡卖给别人去使用的，最终使持卡人遭受了财产损失，尽管购买并使用的人也有责任，但不能否定盗窃者起了关键作用，应该对危害后果承担主要责任。否则，就不利于惩罚犯罪和保护财产所有权。例如，甲盗窃了同事一张内存有5万元的信用卡并知悉其密码后，对乙声称是自己的卡，因有急用愿以4.5万元的低价转让给乙，并在自动取款机上让乙查看了卡内存款的数额又告知了密码。乙花4.5万元买下信用卡之后，分多次提取了卡内的5万元款项。对于此案，乙由于误以为是甲的信用卡，基于贪利动机买下后使用，其主观上并无犯罪故意，不可能构成盗窃罪或信用卡诈骗罪等罪。如果认为甲只有盗窃信用卡的行为，并无使用信用卡的行为，那就不能以盗窃罪论处，从而也无法被当作犯罪来处罚。这样处理，显然不具有合理性。问题的关键在于，行为人盗窃信用卡之后自己虽未直接使用，但却将卡卖给第三者，第三者按信用卡自身特有的功能使用了，也正是由于第三者的使用行为，因而持卡人遭受了财产损失。这就表明对“盗窃信用卡并使用”中的“使用”，不能仅限于盗窃者本人直接使用，还包括利用第三者使用的情形。如果是利用不知情的第三者或无刑事责任能力的人使用的，则有可能成立盗窃罪的间接实行犯。如果是盗窃信用卡之后，将真相告诉第三者，让第三者去使用的，这是利用知情的第三者“使用”的情形，自然有可能与第三者构成盗窃

① 张明楷．诈骗罪与金融诈骗罪研究．北京：清华大学出版社，2006：693.

② 刘宪权．信用卡诈骗罪的司法认定．北京：政法论丛，2003（6）.

③ 马长生，王珂．盗窃信用卡并使用行为之定性分析//张智辉，刘远主编．金融犯罪与金融刑法新论．济南：山东大学出版社，2006：370－371.

的共犯。[1] 据此来分析上述案件，盗窃信用卡的甲“出售”信用卡给乙，从乙手中获得了4.5万元，这只是表面现象，实质上是甲利用不知情的乙使用信用卡并获取了卡中所存的款项，甲可以被视为间接实行犯。不过，盗窃信用卡后予以“出售”的情况可能多种多样，有的是盗窃者明确告诉购买者是盗窃来的信用卡，购买者因贪利购买后使用的，双方有可能构成盗窃的共犯；有的是盗窃者欺骗购买者是拾得的信用卡而卖给对方，购买者使用后取得了大量财物的，这也可以在实质上被评价为盗窃者利用不知情的第三者使用盗来的信用卡的情形，对其以盗窃罪的间接实行犯论处不成问题。只不过购买信用卡的使用者的行为，实质上属于我国刑法第196条第1款规定的“冒用他人信用卡”，且其主观上有犯罪故意，因而构成信用卡诈骗罪。

此外，盗窃者将窃取的信用卡无偿转让或送给第三者（包含允许第三者拿走），第三者使用后取得了大量财物的，对盗窃者能否认定为具备“使用”了盗窃的信用卡的要件，以盗窃罪论处？笔者认为，对此不可一概而论，应分如下几种情形作不同处理。

(1) 关于行为人盗窃他人的信用卡知悉密码后，将信用卡送给第三者并告知密码，授意第三者使用，第三者取得了大量财物（盗窃者分文未取）的。在这类案件中，盗窃者的授意及提供的便利（送信用卡并告知密码），对第三者使用信用卡起了决定性的作用，也就是说盗窃者的行为与第三者使用信用卡的行为之间有因果关系，尽管盗窃者分文未取，也应当对第三者的使用行为及其造成的危害后果承担法律责任，即认定其实施了盗窃信用卡并使用的行为，只不过不是由其直接使用的而是由第三者使用的，同样要以盗窃罪论处。在笔者看来，将刑法第196条第3款规定的“盗窃信用卡并使用”中的“使用”，解释为包含授意第三者使用让第三者受益（行为人自己未受益）的情形，可以与诈骗罪类比。诈骗罪的成立虽然要求行为人主观上有非法占有他人财物的目的，客观上占有了他人财物，但是，行为人欺骗他人将财物转给第三者占有（即便第三者是善意占有的），行为人自己不占有（不受益）的，也可能构成诈骗罪。基于同样的理由，盗窃他人信用卡后自己不使用送给第三者使用的，当然也可能被评价为盗窃并使用了信用卡，依法应以盗窃罪论处。

(2) 关于行为人盗窃他人未设密码的信用卡后送给第三者（包含允许第三者拿走），第三者使用信用卡取得了大量财物的。对这类案件，要根据盗窃者是否知道盗窃的信用卡未设密码，来确定其是否应对第三者使用信用卡的行为承担刑事责任。如果盗窃者明知是未设密码的信用卡，送给第三者就有可能被其拿去使用，从而给信用卡的所有者带来财产损失，但仍希望或放任这种结果发生的，则对盗窃者

① 第三者与信用卡的盗窃者构成盗窃的共犯，而不是单独构成信用卡诈骗罪，这是因为其构成承继的共犯。

应以盗窃并使用了信用卡来论，即应以盗窃罪论处。因为在这样的场合，盗窃者提供信用卡给第三者的行为，对信用卡被使用以及所有者遭受财产损失具有决定性的作用，加上其主观上对此有认识，具备盗窃并使用信用卡的主客观要件。如果盗窃者不知是未设密码的信用卡而送给第三者，第三者使用信用卡取得了大量财物的，对盗窃者不能以盗窃罪论处。这是因为虽然盗窃者提供信用卡给第三者，对第三者使用信用卡的行为起了决定性的作用，但由于信用卡是否设有密码，对第三者能否轻易使用具有决定性的意义。盗窃者既然不知他人的信用卡未设密码，那么他对第三者能否使用信用卡就处于一种未知状态，从而也就不能认定其有帮助第三者使用信用卡的故意。如前所述，刑法第 196 条第 3 款规定的“盗窃信用卡并使用”中的“使用”虽不以盗窃者本人直接使用为限，可以是利用他人间接使用，或者是教唆、帮助他人使用，但在教唆、帮助他人使用的场合，必须有教唆、帮助他人使用的故意。如果盗窃者不知道第三者会拿去使用，而允许其将自己盗窃的他人的信用卡拿走，第三者避开盗窃者使用并取得了大量财物的，对盗窃者不能以使用了信用卡来论，即不构成盗窃罪。

（3）关于行为人盗窃他人设有密码的信用卡后送给第三者（包含允许第三者拿走），第三者获取密码后使用信用卡取得了大量财物的。对这类案件，同样要看盗窃者有无帮助第三者使用信用卡的故意。如果盗窃者认为第三者因无法获取密码而不可能使用信用卡，将信用卡送给第三者（或允许第三者拿走），但第三者破译密码并使用信用卡取得了大量财物的，则由于盗窃者不具有帮助第三者使用信用卡的故意，因此不能认定其盗窃并使用了信用卡。反过来，如果盗窃者知道第三者有办法获取密码并且会使用信用卡，还将信用卡送给第三者（或允许第三者拿走），那就表明盗窃者有帮助第三者使用信用卡的故意，应当认定其具备了盗窃并使用信用卡的要件，要以盗窃罪论处。

或许有人会提这样的疑问：为何盗窃信用卡的人把信用卡送给第三者（或允许第三者拿走），第三者使用信用卡取得了大量财物的，要求盗窃者主观上有教唆或帮助第三者使用的故意，才能对其以盗窃并使用了信用卡（即以盗窃罪）论处呢？这是因为我国刑法第 15 条第 2 款规定，“过失犯罪，法律有规定的才负刑事责任”。这意味着如果刑法规定某种行为故意与过失均可能实施，在刑法没有明文规定包含过失行为时，则只能理解为仅限于故意行为。因此，对刑法第 196 条第 3 款规定的“盗窃信用卡并使用”中的“使用”只能理解为故意使用。在盗窃者自己直接使用的场合，其主观上的故意十分明显，并不难认定；在其利用第三者间接使用的场合，则要求其有利用第三者使用的故意；在教唆或帮助第三者使用的场合，同样要求其有教唆或帮助第三者使用的故意。否则，不能要盗窃者对第三者使用信用卡的行为承担刑事责任。

值得研究的是，“盗窃信用卡并使用”中的“使用”是否包含用信用卡“透支”的情形？有学者认为，“刑法第 196 条第 3 款所规定的以盗窃罪论处，仅限于对信用卡账户内的资金以盗窃罪论处，而不包括对‘透支’部分也以盗窃罪论处”。这就意味着，“盗窃信用卡并使用”中的“使用”不包含“透支”。如甲盗窃乙的信用卡，猜出密码后，得知信用卡中存有1万元，甲将1万元取出后，又以非法占有为目的，在银行柜台透支5 000元。对甲的前一行为应以盗窃罪论处，后一“透支”行为应定信用卡诈骗罪，并且要实行并罚。①笔者认为，这种观点值得商榷。因为“透支”是信用卡的一种最基本的功能，用盗窃的信用卡“透支”，自然也是按信用卡自身特有的功能（即常用的方法）来“使用”，没有理由将其排除在“使用”盗窃的信用卡的范围之外。至于说行为人将信用卡中存有的1万元取出，会使持卡人遭受财产损失，而其“透支”的5 000元，由于发卡银行不可能找持卡人催收，遭受损失的可能是发卡银行，但这对行为的定性并无影响。况且，如前所述，“盗窃信用卡并使用”中的各种“使用”行为，实质上都是“冒用他人信用卡”的行为，单独而论均构成信用卡诈骗罪，由于刑法将其拟制为盗窃罪，依法都应该按盗窃罪定罪处罚，不能将其中一部分抽出来定信用卡诈骗罪。再说，对行为人基于同一种目的故意实施的同一种“使用”盗窃来的同一张信用卡的行为，却分别定盗窃罪和信用卡诈骗罪，还要实行并罚，这也与定罪处罚的刑法理论相悖。并且，假如行为人用盗窃来的存有1万元的信用卡到商店购买了价值15 000元的电视机一台，在其“使用”的15 000元中，有5 000元属于“透支”，那么，对于同一个“使用”信用卡付一笔货款的行为，能够分开来定盗窃罪和信用卡诈骗罪并实行数罪并罚吗?

此外，刑法第196条第3款规定的“盗窃信用卡并使用”中的“使用”是否包含在自动取款机上使用，也是一个颇有争议的问题。有论者持否定态度，认为信用卡诈骗罪中的“使用”信用卡，包含要以盗窃罪论处的“盗窃信用卡并使用”中的“使用”，都是仅指对自然人使用，不包含在自动取款机上使用。因为机器不能受骗，对于在自动取款机上“使用”盗窃的信用卡取得大量现金的行为，理所当然要定盗窃罪，不存在适用刑法第196条第3款的余地。② 但笔者认为，刑法第196条第3款规定的“盗窃信用卡并使用”中的“使用”，包含在自动取款机上使用，机器不能受骗不能成为否定在自动取款机上可以“使用”盗窃来的信用卡的理由，也不能成为否定在自动取款机上恶意取款可能构成信用卡诈骗罪的根据。至于具体理由，笔者已在相关论文中作了详细阐述③，在此不赘述。

（三）盗窃信用卡并使用中的“盗窃”

“盗窃信用卡”，是指行为人采用秘密窃取的方法取得他人占有之下的信用卡的行为。盗窃的对象必须是存有客户合法有效信息资料的信用卡卡片，不包含盗窃无信息资料的空白卡片后，添加磁条信息，即伪造可以使用的信用卡，之后用来骗取

① 张明楷．诈骗罪与金融诈骗罪研究．北京：清华大学出版社，2006：706.

② 同①699.

③ 刘明祥．用拾得的信用卡在ATM机上取款行为之定性．清华法学，2007（4）；刘明祥．再论用信用卡在ATM机上恶意取款的行为性质——与张明楷教授商榷．清华法学，2009（1）．

财物的情形，也不包括盗取信用卡信息资料、伪造信用卡后加以使用取得财物的情形。

在司法实践中，经常遇到偷看他人的信用卡卡号和密码，甚至用微型摄像机、“磁条数据采集器”等技术设备秘密获取他人信用卡信息资料后，伪造信用卡加以使用来获取大量财物的案件。① 有论者认为，信用卡卡号和密码等信息资料是信用卡的实质内容，信用卡卡片只是信息资料的载体，盗取信用卡的卡号和密码等信息资料，是伪造复制信用卡的关键，对用来骗取他人财物起了至关重要的作用，也就是说盗取信用卡卡号和密码等信息资料就等于窃取了信用卡，因此，对这类案件，应该认定为符合刑法第196条第3款“盗窃信用卡并使用”的规定，即应以盗窃罪论处。② 但是，笔者认为，“盗窃信用卡”仅限于盗窃他人存有合法有效信息资料（即能够正常使用）的信用卡卡片的行为，不包含盗取他人信用卡信息资料的情形。“因为盗窃是转移对象占有的行为，盗窃既遂意味着行为人将被害人的财物转移为自己占有。……偷看他人信用卡卡号与密码的行为，并不导致他人丧失信用卡的占有”，他人的信用卡也并不因此转移为偷看者占有。③ 另外，盗取他人信用卡信息资料后，一般还要伪造复制假卡，并使用假卡来获取他人财物。仅就使用假卡而言，这属于刑法第196条第1款规定的“使用伪造的信用卡”的情形，理所当然构成信用卡诈骗罪。而“盗窃信用卡并使用”是直接拿所窃取的信用卡来用，上述案件并不具备这样的要件，所以不能以盗窃罪论处。

在现实生活中，还经常发生持卡人在自动取款机取款，因故未将信用卡退出取走，信用卡所连接的自动取款机的信息系统还处于运作状态，行为人趁机输入取款数额、发出取款指令、取走大量现金的案件。持卡人未退出并取走信用卡的，有的是因持卡人不懂操作程序，也有的是因持卡人忘记了退出和取走信用卡，还有的是因自动取款机出故障，另有的是因行为人事先设置障碍或骗局而使持卡人未能退出并取走信用卡。对于这类案件，能否认定行为人盗窃并使用了信用卡，适用刑法第196条第3款的规定以盗窃罪论处呢？笔者的回答是否定的。首先，就持卡人未退出并取走信用卡不是由于行为人的行为（如事先设置障碍或骗局）而产生的案件而论，行为人虽然有使用他人信用卡取款的行为，但却没有“盗窃信用卡”的行为。因为是持卡人将信用卡插入自动取款机未取走的，行为人并未接触信用卡，不存在将他人占有之下的信用卡转移为自己占有的“盗窃”行为。其次，即便是行为人事先设置障碍或骗局导致持卡人未退出和取走信用卡的案件，如杨某在自动取款机前取款，正当他清点取款机吐出的现金时，被告人A突然触碰其左腿，杨某转身想弄清发生了什么事，被告人B从右边挤上去，将一张卡插进取卡口。杨某回过身来，以为取卡口中的卡是取款机退出的自己的卡，便拿着信用卡和取的钱离开。被

① 张太凌．伪造信用卡套现90万7人获刑．新京报，2007-08-25.

② 王立华．偷看他人卡号和密码伪造借记卡取款如何定罪．检察日报，2003-03-24.

③ 张明楷．诈骗罪与金融诈骗罪研究．北京：清华大学出版社，2006：707.

告人A迅速用杨某留在取款机内的卡取出了4 000元钱。这类案件，也同样不存在“盗窃信用卡”的问题。尽管有论者持相反的意见，认为此案中的“A和B利用演双簧的方法秘密窃取了杨某的信用卡”[①]，但在笔者看来，毕竟行为人设置障碍（如在插卡口放障碍物）或实施骗局（如上例），只是使持卡人将信用卡留在取款机中，并非通过这些特殊手段将持卡人的信用卡转移到自己的手中。而盗窃是一种转移物的占有的行为，如果没有转移某物的占有，也就不能认为行为人盗窃了此物。有人认为，行为人采取非法手段使他人将信用卡留在取款机插口内离开之后，只要行为人在现场，他当然就可以掌控与支配取款机插口内的信用卡了，这就足以认定其“盗窃”了他人的信用卡。但是，虽然持卡人将信用卡留在了取款机插口内，但取款机的设置者即便远在千里之外，也持续着对取款机及其内部所存的货币和其他物品的占有，因此，持卡人留在取款机插口内的信用卡，在持卡人离开之后，就被认为已处于取款机的设置者的占有之下。尽管取款机前已无他人，行为人很容易拿走信用卡，但在其未接触信用卡并拿走之前，应该认为信用卡仍在取款机的设置者占有之下，即并未转给行为人占有，也不能认为行为人窃取了信用卡。不过，未盗窃信用卡并不意味着就不能使用他人信用卡。由于持卡人将信用卡留在自动取款机的插口内，并且信用卡所连接的取款机信息系统还处于开启状态，行为人自然就可以直接操作使用了。这如同某人将电脑放在自己办公桌上并处于开启状态，他人进到其办公室在电脑上打字或上网，这自然是使用了其电脑，只不过电脑仍在主人的占有之下，不能说使用者占有或盗窃了主人的电脑。

那么，使用他人留在取款机插口内的信用卡，取走他人信用卡上大量钱款的行为，应当如何定性呢？有论者认为，这是一种侵占他人遗忘物的行为，应认定为侵占罪。[②] 笔者认为，这种观点值得商榷。持卡人将信用卡遗留在取款机插口内忘了取走，这种信用卡卡片被视为遗忘物固然有一定道理。但信用卡账户的存款仍在持卡人的账户上，并未遗忘在取款机中，因此，不能将持卡人信用卡账户上的钱款也视为遗忘物。由于行为人取走的并非信用卡卡片，而是信用卡账户上的钱款，所以，不能认为行为人取走的是遗忘物、构成侵占（遗忘物）罪。况且，即便认为持卡人账户上的钱款也是遗忘物，那也是遗留在取款机内，已置于取款机的设置银行的占有下的，行为人取走他人占有之下的钱款的，存在侵害占有的问题，不可能构成侵占罪，而有可能构成盗窃罪。事实上，行为人是利用持卡人已输入密码、自动取款机信息系统仍处于运作状态，而向取款机输入取款数额、发出取款指令的，之后自动取款机才按程序吐出现金。按信用卡的使用规则，只有持卡人才能使用信用卡，才能向取款机输入取款数额、发出取款指令，行为人不是持卡人，也就根本无权做上述操作，未经授权而在自动取款机信息系统处于开启和运作状态的情况下，擅自输入取款

① 韦飞红，叶珊．对盗窃信用卡并在ATM机上使用行为的司法认定．河南公安高等专科学校学报，2009（3）．

② 彭文华．利用他人遗忘在ATM机上运作的储蓄卡取款的行为之定性．政治与法律，2009（6）．

数额、发出取款指令，其实质就是冒名顶替使用（即冒用）他人信用卡，构成信用卡诈骗罪。

不过，应当指出，如果行为人拿走了他人遗留在取款机插口的信用卡后，又返回到同一取款机或其他取款机取款或到特约商户购物，则具备了“盗窃信用卡并使用”的条件，应当适用刑法第196条第3款的规定，以盗窃罪论处。这是因为既然持卡人遗留在取款机插口内的信用卡，在其离开取款机之后，已置于取款机设置者的占有之下，那么行为人私下拿走就是一种窃取他人占有物的行为，因此，应认定为“盗窃信用卡”。应当注意的是，只有盗窃了信用卡之后，使用窃取的信用卡取得了财物的，才符合刑法第196条第3款的规定，才能以盗窃罪论处。如果行为人先利用他人未退出取走的信用卡，直接在取款机上输入取款数额发出取款指令取得了大量钱款，尔后又取走了他人信用卡的，虽然行为人既实施了使用他人信用卡的行为，又实施了盗窃他人信用卡的行为，但由于他不是使用盗窃来的信用卡取得财物的，不具备“盗窃信用卡并使用”的要件，实际情况是，使用时并未盗窃信用卡，盗窃后尚未使用。如果行为人盗窃信用卡之后，又进一步使用了该信用卡，那就属于“盗窃信用卡并使用”的情形，应以盗窃罪论处，并要与先前实施的使用他人未退出取走的信用卡所构成的信用卡诈骗罪实行并罚。

此外，对于特约商户职员盗划信用卡的行为，能否认定为“盗窃信用卡并使用”，适用刑法第196条第3款的规定，以盗窃罪论处？这也是一个有争议并需要进一步研究的问题。所谓盗划信用卡，是指特约商户职员利用工作之便，在顾客使用信用卡购物、消费结算时，私下重复划卡，侵吞顾客信用卡账户内资金的行为。有学者认为，“盗划信用卡的行为，完全符合盗窃罪的构成要件……因而不需要引用刑法第196条第3款的规定”，应直接按盗窃罪定罪处罚。[①] 但笔者认为，盗划信用卡的行为，由于不存在“盗窃信用卡”的问题，根本不符合刑法第196条第3款的规定，当然也就不能适用该规定。首先，如前所述，“盗窃信用卡”是指窃取信用卡卡片的行为，也就是信用卡卡片在他人的占有之下，行为人采用自认为不使卡片的占有者发觉的方式转给自己占有。而盗划信用卡的情形是持卡人为付款自愿将信用卡交给盗划者（特约商户职员）的，这就意味着盗划者是基于合法的原因或事由占有他人信用卡的，肯定不能将其暂时占有信用卡的行为解释为“盗窃信用卡”。其次，从盗划信用卡取得财物的方式来看，行为人是通过避开持卡人的视线，私下重复划卡，从而侵吞其信用卡账户内资金的。信用卡账户内的资金只有通过发卡银行转账结算，才能被最终行为人取得。这就意味着行为人取得持卡人（客户）资金，是通过银行交付而取得的，并非其直接夺取来的。而盗窃罪是一种有违对方意思的夺取罪，必须有直接夺取占有的行为，通过有一定交付或处分财物权限的人的

① 张明楷．诈骗罪与金融诈骗罪研究．北京：清华大学出版社，2006：728.

交付而取得财物的，不可能是盗窃。[①] 最后，盗划信用卡行为的实质是未经持卡人授权私下使用其信用卡（重复划卡），这属于刑法第 196 条规定的“冒用他人信用卡”的情形，构成信用卡诈骗罪。另外，还有人提出，特约商户职员盗划信用卡，存在利用职务上便利获取财物的问题，应该依据身份的不同认定为贪污罪或职务侵占罪。[②] 但是，正如张明楷教授所述，“盗划信用卡的行为，直接导致持卡人的财产损失，而不是直接导致发卡银行的财产损失，更不是直接导致特约商户的财产损失（特约商户也不可能保管持卡人的财物）。既然如此，就不能认定特约商户职员的行为构成贪污罪或者职务侵占罪”[③]。因为贪污罪或职务侵占罪只能是利用职务之便将本单位财物非法占为己有。

三、犯罪既未遂之区分

采用何种标准来区分盗窃信用卡并使用的犯罪案件之既未遂，也是理论上有争议的问题。有人认为，盗窃信用卡并使用的，应以是否窃取到信用卡，作为认定盗窃罪既遂与否的标志。因为盗窃行为是主行为，行为人冒用他人名义使用信用卡的行为是盗窃罪的继续，是从行为。应以盗窃这种主行为是否既遂作为本罪既遂的标志，而不能以使用信用卡这种从行为是否完成作为认定既遂的标准。也有人认为，盗窃信用卡之后，只要有使用的行为就构成盗窃罪既遂。因为盗窃信用卡并使用的，是一种复行为犯，只要既实施了盗窃行为又实施了使用行为，就完全具备了刑法第 196 条第 3 款以盗窃罪定罪处罚的全部要件，因而即便是未取得财物，也属于犯罪既遂。还有人认为，盗窃信用卡并使用的，只有使用信用卡取得了他人财物（或用来支付了费用）的，才能构成犯罪既遂。因为对于盗窃信用卡并使用的行为既然是按盗窃罪定罪处罚，那也就应该按盗窃罪既遂的标准来掌握认定。笔者赞成最后这种主张，理由如下。

第一，如前所述，信用卡是一种信用凭证，并非财物，窃取到信用卡并不等于取得了财物。因此，把窃取到信用卡作为盗窃罪既遂的标志是不妥当的。因为窃取信用卡只是行为人取得财物的手段，用窃取的信用卡来取得他人财物，既是其主观目的之所在，也是给所有人造成财产损失的根本原因，所以还是应该以是否取得财物作为认定既遂与否的标准。

第二，盗窃信用卡并使用的，刑法规定以盗窃罪定罪处罚，固然可以认为是一种复行为犯，但是，复行为犯的既遂并非都不要求有危害结果的发生。例如，抢劫罪也是一种复行为犯，但由于它是一种财产罪，理论上的通说认为，普通抢劫罪仍然要以是否劫取到财物作为既遂与否的标志，采用暴力、胁迫手段而未劫取到财物的，还是只能认定为抢劫未遂。同样道理，盗窃信用卡并使用的，只有已取得财物

① 前田雅英．刑法各论讲义：第 4 版．东京：东京大学出版会，2007：273.

② 黄祥青．信用卡诈骗罪的立法分析与司法认定．人民司法，2000（6）；刘华．信用卡犯罪中若干疑难问题探讨．法学，1996（9）．

③ 张明楷．诈骗罪与金融诈骗罪研究．北京：清华大学出版社，2006：727.

（或用来支付了费用）的，才能按盗窃既遂处理。使用过程中被人发现，或者因不知密码等原因而未提取到现金的，则不能认为是盗窃既遂。

第三，从刑法理论而言，无论是信用卡诈骗罪还是盗窃罪，都是以非法取得他人占有的财物为特征的取得罪，是否取得他人占有的财物是这类犯罪既遂与否的标志。刑法第196条第3款只是规定盗窃信用卡并使用的，要按盗窃罪定罪处罚，并未规定要按盗窃罪既遂来处罚。是否属于盗窃既遂还得按盗窃罪既遂的标准来掌握或认定，不能另搞一套。因此，只有以行为人使用信用卡取得财物与否（或支付费用与否）作为犯罪是否既遂的标志，才是符合刑法理论和刑法之规定的。

第四节　窃取财产性利益

德国、日本等大陆法系国家刑法有关财产罪对象的规定中，财物与财产性利益的区别，也就是从狭义上使用财物的概念，并将盗窃罪的对象仅限于财物（即狭义的财物），而不包含财产性利益。但抢劫、诈骗、敲诈勒索等罪的对象，则既可以是财物，也可以是财产性利益。我国刑法没有区分财物与财产性利益，尽管也有学者认为，应从狭义上理解我国刑法中财物的概念，把财产性利益排除在财产罪的侵害对象范围之外①，但通说认为，我国刑法是从广义上使用财物概念的，作为诈骗罪、敲诈勒索罪对象的“财物”是包含财产性利益的。② 至于对盗窃罪对象的“财物”能否也从广义上理解，即除了狭义的财物之外，是否还包含财产性利益，则存在肯定与否定两种观点的对立。

一、对肯定说的批驳

肯定说认为，盗窃罪的对象既可以是财物，也可以是财产性利益。其理由主要有以下几点，笔者认为，均不合适，因而予以剖析。

肯定说的理由之一是，德、日等大陆法系国家刑法中区分财物与财产性利益，规定盗窃罪的对象只能是财物，不能是财产性利益，而我国刑法不区分财物与财产性利益，所规定的各种具体财产罪的对象几乎都是“公私财物”，根本没有出现“财产性利益”的概念，但从刑法分则第五章所用的“侵犯财产罪”的名称和刑法总则第91、92条对“财产”含义的解释，不难看出财产性利益也包含在“公私财物”范围之内，同样可能成为财产罪的侵害对象。既然如此，刑法第264条规定的“盗窃公私财物”之中的“财物”，当然也应包含“财产性利益”③。

① 陈烨．财产性利益与罪刑法定问题．上海交通大学学报（哲学社会科学版），2013（5）：44.
② 高铭暄，马克昌主编．刑法学．北京：中国法制出版社，2007：602，615.
③ 黎宏．论盗窃财产性利益．清华法学，2013（6）：127.

在笔者看来，由于德、日刑法与我国刑法对财产罪的规定有差异，德、日刑法中的“财物”是狭义的财物（不包含财产性利益），我国刑法中的“财物”是广义的财物（包含财产性利益），对两种有差异的财物概念，自然是不能从完全相同的含义上去理解的。一般来说，认为我国刑法中的“财物”包含财产性利益并无不妥。但具体到某种特定财产罪对象的财物是否包含财产性利益，即是应当从狭义上理解为不包含还是应从广义上理解为包含，则另当别论。因为不同类型的财产罪具有不同的特点，有的只能以狭义的财物为侵害对象，另有的则既可能以狭义的财物也可能以财产性利益为侵害对象，这正是德、日刑法区分财物与财产性利益的原因所在。我国刑法虽然没有区分财物与财产性利益，但在解释某种具体财产罪时，也得考虑其侵害的对象是仅限于狭义的财物还是也包含财产性利益的，甚至对狭义的财物还得考虑是仅限于动产还是也包括不动产，不能忽视其具体的犯罪特点，以为对刑法不同条文中的“公私财物”都只能作完全相同的理解（即从广义上理解为包含财产性利益），否则，就可能得出不合理的结论。① 正因为如此，即便是持肯定论的张明楷教授也不否认，尽管狭义的财物包括动产和不动产，“但由于财产罪的具体表现形式不同，不动产只能成为某些犯罪的对象”。抢夺罪、聚众哄抢罪的对象就只能是动产，不能是不动产。② 由此可见，我国刑法中的某种特定财产罪的对象是否包含不动产、财产性利益，关键在于该罪的犯罪特点（或具体表现形式）能否对某物予以侵害，而不在于“财物”的概念之中是否包括不动产、财产性利益。德、日刑法将盗窃罪的对象仅限定在狭义财物的范围内（不包含财产性利益），其理论根据就在于盗窃犯罪的特点（或行为表现）决定了财产性利益不能成为其侵害对象。这也是在我国同样要采取这种立场的根本原因所在。对此，笔者将在下文展开述说。

肯定说的理由之二是，我国刑法的有关规定，肯定了财产性利益可以成为盗窃罪的对象。例如，我国刑法第 265 条规定“以牟利为目的，盗接他人通信线路、复制他人电信码号或者明知是盗接、复制的电信设备、设施而使用的”，依照盗窃罪的规定定罪处罚。该条将非法获取电信服务却不交纳费用这种获取财产性利益的行为按盗窃罪定罪处罚的规定，明显是关于盗窃利益罪的注意规定，是对盗窃利益行为可以定盗窃罪的重要法律根据。③ 又如，我国刑法第 287 条规定：“利用计算机实施金融诈骗、盗窃、贪污、挪用公款、窃取国家秘密或者其他犯罪的，依照本法有关规定定罪处罚。”从社会上发生的具体案件来看，“可以肯定的是，利用计算机实施盗窃行为时，所盗窃的对象主要是财产性利益，而不是狭义财物。所以，刑法

① 例如，对我国刑法第 275 条规定的“故意毁坏公私财物”中的“财物”，尽管持肯定论者认为也包含财产性利益（张明楷．刑法学（下）：第 5 版．北京：法律出版社，2016：1025.），但不知这样理解的合理性何在？在司法实践中又是否能找到以财产性利益为侵害对象的故意毁坏财物罪的实例？

② 张明楷．刑法学（下）．第 5 版．北京：法律出版社，2016：935.

③ 王骏．抢劫、盗窃利益行为探究．中国刑事法杂志，2009（12）：14.

第287条的注意规定，明确肯定了财产性利益可以成为盗窃罪的对象”①。

众所周知，对于刑法第265条是注意规定还是法律拟制，目前仍有认识分歧。笔者赞成，“本条属于特别规定（法律拟制），亦即，将不符合盗窃行为特征的行为拟制为盗窃行为，并以盗窃罪论处”。因为“盗用他人电话之类的行为，并没有使任何对象发生转移，只是应当付电话费而没有付费而已，并不符合盗窃行为的特征。尽管如此，刑法仍将其拟制为盗窃行为。然而，拟制规定是不能类比适用的，只能适用于有此规定的情形”②。至于刑法第287条，笔者虽赞同是注意规定，并且也不否认“利用计算机实施盗窃行为时，所盗窃的对象主要是财产性利益”，但不认为该条“明确肯定了财产性利益可以成为盗窃罪的对象”。因为该条只是提示司法人员注意，利用计算机可能实施包含金融诈骗、盗窃等在内的犯罪行为，应依法定罪处罚，并未指明利用计算机实施金融诈骗、盗窃行为的，就要按金融诈骗罪、盗窃罪定罪处罚，而是应依照刑法“有关规定定罪处罚”。而按刑法的“有关规定定罪处罚”的前提条件是要符合法条规定的构成要件。实际上，金融诈骗罪并非具体罪名（只是类罪名），对利用计算机实施金融诈骗的，还得根据其实施的行为符合金融诈骗罪中的哪一种罪的构成要件，来确定按何罪定罪处罚。同样道理，对利用计算机实施的盗窃行为如何定罪，也要看其符合刑法哪一条文规定的构成要件。例如，利用计算机盗窃他人商业秘密的，也可以说是窃取了财产性利益，但这种行为符合刑法第219条侵犯商业秘密罪的规定，无疑只有按此罪定罪处罚才符合刑法第287条的精神，而不能以盗窃罪定罪处罚。

肯定说的理由之三是，德国、日本、韩国等国刑法之所以没有将财产性利益规定为盗窃罪的行为对象，是因为他们的刑法中规定有利用计算机诈骗罪，而利用计算机诈骗的实质是盗窃利益，特别是随着金融工具、手段的发达，利用计算机转移他人债权等财产性利益的犯罪现象越来越多，增设利用计算机诈骗罪之后，就可以将这类盗窃利益的行为纳入进去，从而也就可以将这类行为排除在盗窃罪的范围之外。但是，我国刑法中没有规定利用计算机诈骗罪，因而有必要将这类行为纳入盗窃罪的处罚范围。③

德、日等国设立利用计算机诈骗罪的立法目的确实是解决发生在金融领域的利用计算机取得财产性利益的犯罪案件的处罚问题，例如，非法利用他人的储蓄卡，从自动取款机上将他人的存款转移到自己的账户上，并没有取出现金的；或者转移

① 张明楷．论盗窃财产性利益．中外法学，2016（6）：1419.

② 张明楷．论盗窃财产性利益．中外法学，2016（6）：1425. 最高人民法院2000年5月发布的《关于审理扰乱电信市场管理秩序案件具体应用法律若干问题的解释》第7条、第8条分别规定：“将电信卡非法充值后使用，造成电信资费损失数额较大的，依照刑法第二百六十四条的规定，以盗窃罪定罪处罚。”“盗用他人公共信息网络上网账号、密码上网，造成他人电信资费损失数额较大的，依照刑法第二百六十四条的规定，以盗窃罪定罪处罚。”这两条规定只是刑法第265条的具体表述，并不是类比适用。

③ 张明楷．论盗窃财产性利益．中外法学，2016（6）：1417-1419.

到自己的账户后，通过自动转账来支付电话费、水电费的等。由于行为人没有实际获取现金，仅取得了财产性利益，在德、日等国不能被认定为盗窃罪；又因机器不能被骗，而没有人受骗并交付财物，也不能成立诈骗罪。但如果不处罚这样的行为，就不能有效维护公民的财产权益。正是为了弥补这种处罚上的漏洞，才设立了利用计算机诈骗罪。[①] 我国刑法固然没有设立利用计算机诈骗罪，但却规定有信用卡诈骗罪。而信用卡可以在自动取款机上使用，也就是可以利用计算机系统来转账或取款，且根据全国人大常委会的有关立法解释，只要是由金融机构发行的电子支付卡，都属于刑法规定的"信用卡"。这样一来，德、日等国发生在金融领域的利用计算诈骗的犯罪，如上述非法利用他人的储蓄卡，从自动取款机上将他人的存款转到自己账户上的行为，在我国，就属于刑法第 196 条规定的"冒用他人信用卡"的行为[②]，应按信用卡诈骗罪定罪处罚。又由于现在的银行将顾客的账户都纳入计算机信息系统进行管理，顾客最初到银行去存款，银行都会在开立账户的同时给一张储蓄卡或借记卡（即信用卡），因此，顾客的存款账户也可以说是信用卡账户。只要对信用卡诈骗罪适当作扩大解释，将以非法占有为目的从他人银行账户转走大量钱款的行为，如在自动取款机上将他人的大量存款转到自己的账户或取出现金，或者利用他人手机绑定的银行账号付费或转款，或者利用自己非法获取的他人银行账号和密码，通过计算机信息系统将他人的大量钱款转入自己的账户或网上付费购物，等等，未经账户主人授权，违背其意愿从其账户转走款项，使其遭受财产损失的行为，均可认定为属于刑法第 196 条第 1 款第 3 项规定的"冒用他人信用卡"的情形。由此可见，对发生在金融领域的利用计算机诈骗的犯罪案件，无论是非法获取大量现金的还是非法获取财产性利益的，大多能按我国的信用卡诈骗罪定罪处罚。

毋庸置疑，还有少数发生在金融领域的利用计算机诈骗的犯罪案件，是我国的信用卡诈骗罪所不能包容的，并且也有一些利用计算机诈骗的犯罪案件，不是发生在金融领域的，更无法用信用卡诈骗罪去应对。那么，对于这类德、日等国的利用计算机诈骗罪所包容的行为，尤其是其中的利用计算机非法获取财产性利益的情形，在我国，应如何定罪处罚？这就成为一个必须面对的问题。这也是持肯定论者主张将盗窃罪的对象拓展为包含财产性利益的重要理由或原因之所在。在笔者看来，尽管利用计算机诈骗的犯罪案件大多是骗取财产性利益[③]，德、日等国刑法增设此罪，主要也是为了解决此类案件的定罪处罚问题，但是我国刑法没有规定利用

① 西田典之．日本刑法各论：3 版．刘明祥，王昭武，译．北京：中国人民大学出版社，2007：164.

② 2008 年 4 月 18 日公布的最高人民检察院《关于拾得他人信用卡并在自动柜员机（ATM 机）上使用的行为如何定性问题的批复》指出："拾得他人信用卡并在自动柜员机（ATM 机）上使用的行为，属于刑法第一百九十六条第一款第（三）项规定的'冒用他人信用卡'的情形，构成犯罪的，以信用卡诈骗罪追究刑事责任。"

③ 日本刑法将利用计算机诈骗罪的对象限定为财产性利益，但德国刑法中的利用计算机诈骗罪的对象，既可以是财产性利益，也可以是财物。

计算机诈骗罪，并不等于对于利用计算机非法获取财产性利益的行为，就只能按盗窃罪定罪处罚，否则，就无法定罪处罚。事实上，在我国，除了对前述构成信用卡诈骗罪的，应按此罪定罪处罚之外，对于不能按此罪处罚的利用计算机诈骗的犯罪案件，按诈骗罪定罪处罚更为合理。

众所周知，传统的诈骗罪是以自然人因被欺诈陷于错误而交付（处分）财产为成立条件的，而机械不可能陷于错误，相对于机械的普通诈骗罪也就不可能成立。但是，随着计算机科学技术的发展，被人工智能化的电子计算机具有了代替人从事某些事务的功能，如自动取款机被称为电子营业员，可以代替自然人的营业员为客户办理存款、取款、转账付款等业务。正因为如此，一些不法分子基于不法取得的目的，非法利用或操纵这类被智化了的计算机，将他人的款项转到自己或第三者的银行账户，给他人造成财产损失。在刑法尚未增设利用计算机诈骗罪之前，对于这类利用计算机非法取得他人财物或财产性利益的案件，应如何定性处理，是否有必要增设利用计算机诈骗罪？对此，德、日刑法学界有不同主张。有不少学者认为，所谓利用计算机诈骗，无非是人与计算机分工，通过自动的数据处理完成的，最终的效果可以归属于计算机背后的人的被骗与误认，至于这个人是谁用不着去调查，也没有必要去确认，这类行为完全可以被包容于传统的诈骗罪中，因而没有必要增设利用计算机诈骗罪。① 只不过立法者考虑到这种利用计算机非法取得他人财产上利益的行为，因没有“人”被欺骗并陷入错误而交付或处分财产，不具备诈骗罪的构成要件，又因不存在财物的占有转移，也不具备盗窃罪的构成要件，为避免产生处罚漏洞，而增设利用计算机诈骗罪。并且，从许多设立独立罪名的国家（如德国、日本等）刑法所用的罪名和分类来看，大多考虑到其行为形态在外形上与欺骗人取得财产上不法利益的诈骗罪相类似，因而称之为“利用计算机诈骗罪”，将其作为诈骗罪的一种特殊类型纳入诈骗罪章中②，而并未称之为“利用计算机盗窃罪”，将其纳入盗窃罪的范畴。有些没有单独设罪的国家刑法，对于使用计算机诈骗的行为也是明文规定以诈骗罪论处（并非以盗窃罪论处）。如瑞典刑法第九章第1条第2款规定：“输入不正确或不完整的信息，或者修改程序或记录，或者使用其他手段非法影响自动数据处理或其他类似自动处理的结果，致使行为人获利而他人受损的，也以诈欺罪论处。”由此可见，利用计算机诈骗（包含信用卡诈骗）虽然与传统的诈骗罪、盗窃罪等有差别，但在性质上仍然属于诈骗（并非盗窃）。在我国刑法没有规定利用计算机诈骗罪的情况下，不应当认为这种行为的实质是盗窃财产性利益，而对其按盗窃罪定罪处罚。相反，因这种行为具备诈骗的实质，至少与诈骗和盗窃相比，更接近于诈骗，故应按诈骗罪定罪处罚。并且还应当看到，由于我国刑法第266条对诈骗罪采取简单描述罪状（即“诈骗公私财物”）的规定方式，

① 阿部纯二等编．刑法基本讲座：第5卷．法学书院，1993：56－57.

② 川端博．刑法各论概要．2版．东京：成文堂，1996：214.

没有像德、日刑法对普通诈骗罪有“欺骗他人使之交付财物”（日本刑法第246条）或以欺骗方法“使他人陷于错误之中”（德国刑法第263条）的规定，不受只有欺骗自然人才能成立普通诈骗罪的立法限制，也就是存在把利用计算机诈骗解释为可能构成我国刑法中的普通诈骗罪的空间或余地，即诈骗罪的成立不以自然人直接受骗为成立条件。利用代替人处理事务的智能计算机的信息误认非法获取他人财物（含财产性利益）的，实质上是使计算机背后的人受骗从而取得财物，因而认定这种行为属于“诈骗公私财物”，对其按诈骗罪定罪处罚，既不存在法律上的障碍，也不存在解释上的缺陷。

肯定说的理由之四是，德国、日本、韩国等国刑法之所以没有将财产性利益规定为盗窃罪的行为对象，还有一条重要原因是，这些国家“刑法所规定的盗窃罪，不以数额较大为成立条件，……如果处罚盗窃财产性利益的行为，可能导致盗窃罪的处罚范围漫无边际”。又由于在这些国家，“许多盗窃财产性利益的行为，完全可能被评价为盗窃了有体物而被认定为盗窃罪。例如，盗窃他人存折、银行卡的，就存折、银行卡这种有体物本身成立盗窃罪；如果事后又从银行柜台取出现金或者在特约商户消费的，另成立诈骗罪，而且属于并合罪”。因而，这些国家的刑法也没有必要把财产性利益规定为盗窃罪的对象。① 但是，一方面，“在我国，盗窃罪的成立以数额较大为起点，对单纯盗窃财产性利益凭证的行为，不可能以凭证本身的价值认定为盗窃罪，因而不利于保护财产性利益”。“只有通过肯定财产性利益可以成为盗窃罪的对象，才能有效地保护财产性利益。”另一方面，又由于盗窃罪的成立以数额较大为要件，“即使处罚盗窃财产性利益的行为，也不至于使盗窃罪的处罚范围漫无边际”。因此，在我国肯定财产性利益可以成为盗窃罪的对象，既有必要性也有可行性。②

在笔者看来，不能说这一解释完全没有道理，但至少是带有片面性和不准确性的。德、日等国刑法规定的盗窃罪虽然不以数额较大为起点，但并非对于盗窃他人一张手纸、偷摘他人枣树上一粒小枣吃，都要当盗窃罪来处罚，而是运用可罚的违法性（或实质的违法性）的理论将这种行为排除在处罚范围之外。“盗窃财产性利益”的价值数额，一般不会小到一张手纸、一颗枣的程度，为何大陆法系国家的司法官不能同样运用可罚的违法性（或实质的违法性）理论将其排除在外呢？又怎么能得出在这些国家“如果处罚盗窃财产性利益的行为，可能导致盗窃罪的处罚范围漫无边际”的结论呢？另外，上述肯定论者所举的盗窃他人存折、银行卡后又取出现金或者在特约商户消费的，这并非取得了财产性利益的实例，而是取得了财物。因而所谓在德国、日本“许多盗窃财产性利益的行为，完全可能被评价为盗窃了有体物而被认定为盗窃罪”的说法也不够准确。日本的通说认为，上述盗窃他人存

① 张明楷．论盗窃财产性利益．中外法学，2016（6）：1418.

② 同①1419.

折、银行卡的案件，就把他人占有之下的存折、银行卡夺走而言，构成盗窃罪；但尔后用存折、银行卡取款或到特约商户消费的行为，并非定盗窃罪而定诈骗罪。很明显，这类犯罪的实质或者说危害性之所在是后面这一部分行为。用他人存折、银行卡通过计算机将他人的款项转入自己的账户或第三者账户还了债的，这才是上述论者所指“盗窃财产性利益”的情形，对此，在德国、日本并非定盗窃罪，而定利用计算机诈骗罪。

正如张明楷教授所述，从德国、日本等大陆法系国家的刑法规定和理论解释来看，“认为债权等财产性利益不能成为盗窃罪的对象，可谓 19 世纪的观念”①。他们至今仍不改变这种观念，在笔者看来，还是因为只有“基于被害人有瑕疵的意思，才可能转移债权等财产性利益，所以，这些国家的刑法往往规定抢劫罪、诈骗罪、敲诈勒索罪的对象可以是财产性利益”②。而不把财产性利益规定为盗窃罪的对象，关键在于盗窃的特点是行为人直接夺取他人占有的财物，而债权等财产性利益是一种无形的法律上的权利或利益，不可能直接被人夺取（或直接转移占有），只有在民事法律的观念上才可以被占有或被转移，因而不能成为刑法中盗窃罪的侵害对象。至于说在我国“对单纯盗窃财产性利益凭证的行为，不可能以凭证本身的价值认定为盗窃罪，因而不利于保护财产性利益”，笔者认为，这种说法可能与实际不符。事实上，盗窃财产性利益凭证的案件，大多有前后两个行为，分开来看，盗窃凭证的前行为的危害性程度往往很低，根本没有处罚的必要性；只有利用凭证取得财物或财产性利益的后行为，才是侵害法益并给他人造成财产损害的关键所在，也才有给予刑事处罚的必要性。但后行为构成的犯罪并不是盗窃罪。例如，盗窃他人真实有效的支票的，如果行为人不以提取或转走支票所列款项为目的，将支票撕毁了，支票所有者的款项不会受损失，当然也就没有必要当盗窃罪来处罚；如果盗窃支票后，又到银行冒名提取了巨额款项或者通过计算机将款项转到第三者账户还了自己所欠的债，后面这种行为才有给予刑事处罚的必要性。而这属于刑法第 194 条规定的冒用他人支票的情形，自然应当按票据诈骗罪定罪处罚。按此罪而不按盗窃罪定罪处罚，同样能有效保护财产性利益，不存在“只有通过肯定财产性利益可以成为盗窃罪的对象，才能有效地保护财产性利益”的问题。

肯定说的理由之五是，“如果说财产性利益能够成为诈骗罪的对象的话，就没有理由将其排除在盗窃罪的对象之外。因盗窃的危害性大于诈骗，更应当处罚”。并且，如果说诈骗罪的对象包括财物和财产性利益，而盗窃、抢夺的对象只能是财物的话，那么在适用刑法第 269 条事后抢劫的规定时，就会形成这样的结局：“诈骗财产性利益，为窝藏赃物、抗拒抓捕或者毁灭罪证而当场使用暴力或者以暴力相威胁的，构成抢劫罪；而盗窃、抢夺财产性利益的，即使为窝藏赃物、抗拒抓捕或

①② 张明楷．也论用拾得的信用卡在 ATM 机上取款的行为性质——与刘明祥教授商榷．清华法学，2008（1）：107.

者毁灭罪证而当场使用暴力或者以暴力相威胁的，至多会构成故意伤害罪，但绝对不能构成抢劫罪。”如出租车到达目的地之后，“乘客尚未交付车费而打开车门，准备溜走，结果被司机发现，乘客为抗拒抓捕而打伤司机的场合，则至多只能构成故意伤害罪，而不能成立事后抢劫罪”。这“实在是让人瞠目”①。

如前所述，我国的通说认为，财产性利益可以成为诈骗罪的对象，我国刑法规定的盗窃罪与诈骗罪的法定刑虽然基本相同，但传统的观念是盗窃罪比诈骗罪重，司法实践中对前者的处罚实际上也重于对后者的处罚。因而，难免使人产生这样的疑问：既然诈骗财产性利益的可能构成诈骗罪并受刑事处罚，为何性质更严重的盗窃财产性利益的，反而不可能构成盗窃罪即不受刑事处罚呢？在笔者看来，这是因为刑法规定的具体财产罪有各自不同的特点或构成要件，决定了各自的侵害对象可能有差异，导致轻罪可能侵害的对象重罪反而不可能去侵害。例如，不动产的不可移动性，决定了其虽不可能成为抢夺罪的侵害对象，但却可以成为法定刑比抢夺罪的轻得多的侵占罪的侵害对象。基于同样的理由，正如提出上述质疑的肯定论者所述，“从行为性质来看，诈骗罪的场合，被害人利益受损通常是因为其自身具有一定的过错（如过于轻信他人或者贪图小便宜），是自己在有错误认识的状态下主动将财物交给行为人的，而盗窃罪的场合，被害人没有任何过错，行为人多半是在被害人不知情的情况下将其财物拿走的”②。正因为如此，且财产性利益大多是法律上的权利（如债权）等无形的东西，行为人取得财产性利益（如取得债权、免除债务），通常要有被害人处分财产权利的意思表示或相应的行动（即为一定行为或不为一定行为）③，而被害人在产生错误认识的情况下处分或转让其财产权利，行为人因而取得财产性利益的现象很常见，这也正是财产性利益可以成为诈骗罪对象的原因所在。但财产性利益不可能“在被害人不知情的情况下”被“拿走”（即不能被窃取），因此，不能成为盗窃罪侵害的对象。以上述肯定论者所举出租车乘客逃费为例，出租车的乘客到达目的地之后，“尚未交付车费而打开车门，准备溜走”，这种行为不能评价为“在被害人不知情的情况下将其财物拿走”（或“窃取”），性质不属于刑法第269条规定的犯盗窃罪的情形，不能构成本条规定的事后抢劫，但却有可能构成第263条规定的普通抢劫罪。因为在司机发现乘客“准备溜走”而予以阻止并要求其付费的情况下，乘客采用暴力、胁迫手段强行离去的，这属于德、日等国刑法规定的采用暴力、胁迫手段取得财产上的不法利益（即抢劫财产性利益）的情形，可能构成抢劫罪（即抢劫利益罪）。我国刑法虽然没有抢劫利益的明文规定，但可以借鉴德、日等国的刑法解释论，将财产性利益包含到“抢劫公私财物”的“财物”之中，从而也就可以将这种行为直接按抢劫罪定罪处罚。④ 上述肯定论者所担忧的“让人瞠目”的事也就不会发生。

① 黎宏．论盗窃财产性利益．清华法学，2013（6）：129.

② 同①128.

③ 王骏．刑法中的“财物价值”与“财产性利益”．清华法学，2016（3）：49.

④ 姚万勤，陈鹤．盗窃财产性利益之否定——兼与黎宏教授商榷．法学，2015（1）：58.

肯定说的理由之六是，“如果否认财产性利益可以成为盗窃罪的对象，要么导致诸多处罚漏洞，要么导致处罚的不协调”①，并用一些实例来予以证明。② 笔者认为，这一理由同样不能成立，所举的盗窃财产性利益的实例，按盗窃罪定罪处罚也不具有合理性。对此，笔者将在下文展开论述。

二、对否定说的论证

否定说认为，盗窃罪的行为对象仅限于财物，而不包含财产性利益。这是由盗窃罪的性质或特点（即构成要件）所决定的。③ 对此，包括笔者在内的持否定说的论者过去并未充分展开论述，因而受到持肯定说者的质疑。④ 现在看来确实有必要展开作进一步的阐述。

毋庸置疑，必须弄清我国刑法第264条所规定的“盗窃公私财物”中“盗窃”的含义。如果我们仔细梳理一下我国刑法中的“盗窃”一词，就不难发现其也有广义与狭义之分。从广义而言，“盗窃”，是指用不合法的手段秘密地取得或获取。⑤ 例如，我国刑法第219条规定，“以盗窃、利诱、胁迫或者其他不正当手段获取权利人的商业秘密的”，是侵犯商业秘密罪的行为之一，这里的“盗窃”即非法秘密获取权利人商业秘密，就是从广义而言的。商业秘密是一种技术信息和经营信息，属于知识产权范畴的无形财产。持肯定说的论者或许会认为，既然我国刑法中的“盗窃”一词可以从广义理解，那么债权等财产性利益是法律上的权利，与作为知识产权之一的商业秘密具有相似性⑥，当然也可以成为盗窃罪的行为对象。笔者也不否认，由于采用不法手段完全有可能秘密获取信息、法律权利等无形的东西，因而按一般民众的观念，从广义而言，盗窃商业秘密、盗窃国家秘密、盗窃知识产权、盗窃财产性利益的现象都有可能发生。但是，正如前文所述，在德国、日本等国刑法中，尽管明确区分财物与财产性利益，并且明文规定诈骗罪、敲诈勒索罪等罪的对象，既可能是财物也可能是财产性利益，却将财产性利益排除在盗窃罪的对象范围之外，也就是将盗窃罪中的“盗窃”限定在狭义的窃取财物的范围内。之所以如此，归根到底是因为要区别对待具有不同特点的侵犯财产的犯罪。

众所周知，德国、日本等大陆法系国家刑法规定的侵犯财产权的犯罪主要有：抢劫罪、盗窃罪、侵占罪、诈骗罪、敲诈勒索罪、毁弃罪等。我国刑法也规定有这些财产罪，可以说这些罪是财产罪的基本类型（或主要种类）。刑法分这些种类规定具体的财产罪及不同的法定刑，所采取的标准或其关注点主要在于，行为人是基

① 张明楷．论盗窃财产性利益．中外法学，2016（6）：1419.

② 王骏．抢劫、盗窃利益行为探究．中国刑事法杂志，2009（12）：9；黎宏·论盗窃财产性利益．清华法学，2013（6）：122.

③ 刘明祥．财产罪比较研究．北京：中国政法大学出版社，2001：38.

④ 黎宏．论盗窃财产性利益．清华法学，2013（6）：124.

⑤ 中国社会科学院语言研究所词典编辑室编．现代汉语词典：第5版．北京：商务印书馆，2005：280.

⑥ 甚至商业秘密本身就可以成为财产性利益。李强．财产犯中财产性利益的界定．法学，2017（12）：45.

于取得还是毁弃财产的目的意思而实施的，并将财产罪分为取得罪与毁弃罪两大类。基于不法取得财产的目的意思实施的取得罪（如盗窃罪、诈骗罪等）占财产罪的绝大多数。在取得罪中，又以是否转移财产的占有为标准，分为转移占有罪（又称为夺取罪）与不转移占有罪（即侵占罪），除了侵占罪之外，其他的取得罪均为转移占有罪。在转移占有的夺取罪中，又以是否违反被害人的意思转移财产的占有为根据，分为盗取罪和交付罪。其中，盗取罪（如盗窃罪、抢劫罪等）以违反被害人的意思转移财产的占有为成立条件，交付罪（如诈骗罪、敲诈勒索罪）则以基于被害人有瑕疵的意思交付财产为构成要件。①

从我国和德、日等大陆法系国家刑法对财产罪的分类规定不难看出，盗窃罪是一种以违反被害人意思转移财物占有为特征的盗取罪。我国古代法律就规定有“盗”罪，并将强盗与窃盗皆纳入“盗”罪的范畴，与现代财产罪分类中所用的“盗取罪”（简称为“盗罪”）的含义基本相同。自古以来，盗罪（或盗取罪）的一大特点是直接夺取（或拿走）他人占有下的财物，其中，盗窃（即窃盗）罪是秘密窃取，通常是避开财物所有者或管理者的耳目偷偷地拿走，抢劫（即强盗）罪则是采取暴力、胁迫等强制手段强行夺取。由于抢劫罪大多是在被害人知晓的情况下当面强行夺取其财物，有的是威逼被害人交出财物之后拿走，这种由被害人交出财物的抢劫罪与作为交付罪一种类型的敲诈勒索罪很相似，也有交付罪的某些特点。只不过被威逼交出财物的抢劫案中，被害人没有不交出财物的选择余地，即不属于基于被害人意思（或有瑕疵的意思）交付财物，因而不同于敲诈勒索罪这种交付罪。正因为有部分抢劫罪表面上与作为交付罪之一的敲诈勒索罪很相似，而财产性利益可以成为敲诈勒索罪等交付罪的侵害对象，为了与之相协调，德、日等国刑法明文规定，财产性利益也可以成为抢劫罪的对象。

但是，盗窃罪这种最典型的直接夺取占有的盗取罪（即窃取罪），其窃取（即秘密取得）的行为特征（或构成要件），决定了不存在诈骗罪等交付罪中因被害人交付（或处分）财产而取得的现象，从而也就决定了财产性利益不能成为其侵害对象。正如前文所述，行为人获取财产性利益（如取得债权、免除债务），往往要有被害人处分财产权利的意思表示或相应的行动，这也是德、日等国刑法将财产性利益限定为可以成为诈骗罪等交付罪或与交付罪相类似（如抢劫等）罪的行为对象，而不能成为其他类型财产罪之行为对象的原因所在。

如前所述，对于作为盗窃罪构成要件的“窃取”或“盗窃”，应从狭义上理解为仅限于窃取他人财物的情形。之所以作这样的限定，是因为盗窃罪的“窃取”或“盗窃”行为，还必须具有“侵害占有并拿走”② 或者“打破占有并建立新的占有”③ 这样的基本特征。而这又是由盗窃罪这种最典型的直接夺取占有的盗取罪的

① 松原芳博．刑法各论．东京：日本评论社，2016：166.

② 高桥则夫．刑法各论．东京：成文堂，2011：250.

③ 车浩．盗窃罪中的被害人同意．法学研究，2012（2）：102.

特性所决定的。因为“窃取本来含有秘密取得之意”①，行为人往往要避开财物的所有者或管理者的耳目偷偷地拿走其财物，这就意味着必定要直接“侵害占有”或“打破占有”，并在此基础上“拿走”或“建立新的占有”。这种直接夺取占有（或直接转移占有）的情形，明显不同于间接夺取占有（或间接转移占有）的交付罪。因为诈骗罪等交付罪转移占有的一大特色是，被害人基于自己的有瑕疵的意思，表面上“自愿”地将财产交付（或处分）给行为人，也就是说行为人取得占有是通过被害人交付（或处分）财产这种途径实现的，具有间接夺取占有（或间接转移占有）的特性。正因为如此，在诈骗罪等交付罪中，行为人不仅可以通过被害人的交付而取得财物，而且还可以通过被害人实施的处分行为而获得财产性利益（如取得债权、免除债务）。因为债权等法律上的权利虽然不能被他人直接夺取（或拿走），但却可以通过权利人的相应行为予以转让，这正是诈骗罪等交付罪的对象既可能是财物也可能财产性利益，既包含动产也包括不动产的根本原因所在。只不过这种法律上财产权利的转让，固然也可以使行为人获取财产上的利益、被害人遭受财产上的损失，同行为人取得财物、被害人失去财物并无实质上的差异，正是基于此种考虑，刑法才将这种被害人转移财产权利的情形，与其转移财物的作同样对待，但严格来说，基于被害人实施的处分行为而将某种财产权（如债权等）转让给行为人的，这还不属于刑法上“转移占有”的情形。

盗窃罪直接“侵害占有”或“打破占有”的特性，在一定程度上决定了其侵害对象只能是财物而不能是财产性利益。因为“侵害占有”或“打破占有”是以占有客观存在为前提条件的。而刑法上的占有是指人在事实上掌握或控制财物的状态。对于民法上承认的观念性或规范性的占有（如继承占有），刑法不予承认，而特别注重占有的事实性。德、日刑法之所以将盗窃罪的对象仅限于有体物，原因也在于只有有体物才有客观的存在空间与外形，才能被人在事实上掌握或控制（即占有），这种占有状态也才可能被直接侵害或被打破，处于占有状态的东西才可能被夺取或“拿走”。正因为如此，持肯定说即认为财产性利益也是盗窃罪之对象的张明楷教授也承认，“就狭义的财物而言，应当使用占有所有之类的概念；就债权与其他财产性利益而言，由于并不存在类似于占有与所有之分，只需要使用享有、具有、拥有之类的概念。……可是，由于我们认可了‘盗窃罪是转移占有的犯罪’，……又承认债权等财产性利益能够成为盗窃罪的对象，所以，不得不就财产性利益也使用占有的概念”②。也就是说，财产性利益本来不能被占有，只不过由于它能够成为盗窃罪的对象，而盗窃罪是转移占有的犯罪，才不得不承认财产性利益也能被占有。笔者以为，这样的解释难以令人信服，并且，按形式逻辑的推论规则，应该得出相反的结论。因为“只有肯定了财产性利益的占有，侵害财产性利益的行为成立盗窃

① 西田典之．日本刑法各论：3版．刘明祥，王昭武，译．北京：中国人民大学出版社，2007：116.
② 张明楷．刑法学（下）：第5版．北京：法律出版社，2016：942.

才成为可能。先肯定侵犯财产性利益的行为成立盗窃，随后不得不接受财产性利益占有的概念，则颠倒了结论与论据之间的逻辑关系，存在循环论证的问题”①。事实上，财产性利益既然本来不能被占有，那么也就不可能被转移占有，而盗窃罪是转移占有的犯罪，逻辑的结论应当是财产性利益不能成为盗窃罪的对象。

在刑法理论上，将占有定义为“人对物的控制支配关系”或“在事实上控制特定物的状态”，早已成为通说。“一般而言，占有所要求的事实控制力，往往通过一种狭义上的人与物的空间联系来实现。”② 这也就决定了占有的对象原则上仅限于有体物。因为只有有体物的物理属性表明其是以一定的物理的时空关系为存在根基的，才可能与人之间形成时空的联系。而债权等财产性利益是人抽象思维的产物，是一种完全脱离时空的观念上的存在，尽管也被纳入法律调控管理的范围，也可以被人在法律上管理控制，但却只能是一种观念性的管理控制，与作为有体物的事实上的掌握控制有实质的差别，因而不能成为占有的对象。如前所述，正因为有体物以一定的物理外形存现于客观世界中，人对有体物的占有即在事实上的掌握控制才能以一定的时空形式体现出来，作为盗窃罪的构成要件的直接“侵害占有”或“打破占有”并在此基础上夺取占有或“拿走”才有可能实现；且通过有体物的位移（即位置的变化）就能从客观上判断是否已转移占有。而债权等作为观念性存在的财产性利益，不可能被权利人之外的第三者直接“夺取”或“拿走”，也就是不能以打破并建立占有的方式予以侵害。③ 以肯定论者所举出租车的乘客到达目的地后偷偷溜走以逃交车费的案件为例，肯定论者认为，逃交车费是免除自己应当交付车费的债务，属于窃取财产性利益的行为。④ 笔者也不否认，在这种场合，司机的财产权利确实受到侵害，但乘客打破了司机的占有吗？“拿走”了司机的什么呢？这显然是肯定论者也无法肯定回答的问题。

那么，对于既未打破占有也没拿走任何东西，只是窃取了财产性利益，如暗中获取了债权、偷偷逃掉了债务的行为，按盗窃罪定罪处罚是否合理呢？肯定论者认为，盗窃财物与盗窃财产性利益只有形式上的差异，并无实质的不同。因为窃取一万元现金与逃掉一万元的债务（即免交一万元钱），从行为人一方而言，获取的财产利益相同；从被害人一方来看，遭受的财产损失无异，因而应当同样对待。但是，从刑法对财产罪的分类规定及法定刑的设置来看，即便是针对同一对象（如价值1万元的电脑）的行为，是否“侵害占有”或“打破占有”以及是直接还是间接“侵害”或“打破”，是否“拿走”，乃至采用何种手段“拿走”，这些对所构成的犯罪及处罚的轻重都有很大的影响。例如，盗窃罪和侵占罪都是以取得他人财物为目的的取得罪，某人一台价值1万元的电脑，无论是被盗窃还是被侵占，对其造成的

① 徐凌波．虚拟财产犯罪的教义学展开．法学家，2017（4）：51.
② 车浩．占有概念的二重性：事实与规范．中外法学，2014（5）：1187－1188.
③ 徐凌波．虚拟财产犯罪的教义学展开．法学家，2017（4）：52.
④ 黎宏．论盗窃财产性利益．清华法学，2013（6）：129.

财产损失是同样的，但对盗窃者与侵占者所定的罪不同，所判处的刑罚轻重也会有很大差别。原因就在于“盗窃罪是以侵害占有作为手段侵害所有权的犯罪，即同时侵害所有权与占有这两种法益的犯罪。而作为非夺取罪的侵占罪，仅以所有权为侵害内容，不包含夺取占有的要素”①。又如，盗窃罪与诈骗罪虽然都是侵害占有的夺取占有（或转移占有）罪，但盗窃罪是直接夺取占有（或直接转移占有）罪，而诈骗罪是间接夺取占有（或间接转移占有）罪，正因为如此，一般认为，盗窃罪比诈骗罪重，司法实践中对盗窃罪的处罚也比对诈骗罪的重。再如，取得罪的典型是盗窃罪，毁弃罪的典型是毁坏财物罪，与被盗窃相比，财物被毁坏之后，由于不可能被原样追回，被害者最终所受的损害可能更大。尽管如此，盗窃罪被规定的法定刑反而更重。这样区别对待两种犯罪，主要是考虑到盗窃罪是把他人之物“拿走”归属于自己（即建立新的占有）的犯罪，基于这种利欲冲动的犯罪者多，而基于破坏的冲动不“拿走”只是毁坏他人之物者毕竟少，为达到一般预防的目的，因而对盗窃罪规定更重的处罚，予以更为强烈的禁止。② 由此可见，侵害或打破占有的有无及其方法（或行为样态），对具体财产罪的成立有重要意义。盗窃罪作为最典型的直接夺取罪（即直接夺取占有罪），必须具备侵害或打破占有（即夺取占有）的构成要件，这既是其成立的关键之处，也是刑法设立此罪的锋芒所在，即打击直接夺取占有的行为。正因为如此，日本刑法尽管明文规定财产性利益可以成为诈骗等财产罪的对象，但在立法和司法上长期坚持，“针对财产性利益所实施的盗窃（利益盗窃）行为不可罚”③。这归根到底还是由于财产性利益不能成为刑法中占有的对象，利益盗窃也不存在侵害或打破占有（即夺取占有或“拿走”）的问题；且如果把利益盗窃作为一般的盗窃罪予以规定或对待，那么民法上的债务不履行（借款到期不还等）就可能直接成立犯罪。这明显行不通，不能被社会公众所认同。④

值得注意的是，肯定论者为了把财产性利益纳入盗窃罪的对象范围，不得不将本来不能被占有的财产性利益，也解释为可以被占有。由于债权等财产性利益是人抽象思维的产物，是观念性的东西，肯定财产性利益能被占有，就意味着占有并不要求具有事实性，而完全可以是观念性的。这种占有观念化的解释论，势必使占有概念失去明确性，从而导致盗窃罪构成要件定型性的丧失。因为这表明占有的转移不再以时空关系的变化为其存在论的基础，占有的转移实际上就混同于财产的转移，甚至变成了利益的转移，夺取占有也就等同于获得利益，“打破他人占有就被置换或者等同于损害他人的权益，除了一个权益损害的结果之外，盗窃罪的客观构成要件部分就再也没有什么实质性的内容了。因为无论犯罪对象是有体物，还是无形的财产性利益，只要造成了权利人权益损害的后果，就总是可以……毫无遗漏和障碍地得到一个‘打破占有’的结论，也因此得出构成盗窃罪的结论。这样一来，

①② 井田良．讲义刑法学·各论．东京：有斐阁，2016：194.

③ 西田典之．日本刑法各论．3版．刘明祥，王昭武，译．北京：中国人民大学出版社，2007：108.

④ 井田良．讲义刑法学·各论．东京：有斐阁，2016：192.

所有不能被其他财产犯罪的构成要件所涵摄的案件，几乎都可以认定为盗窃罪”①。但这显然违背了立法者分别设置盗窃罪及其他财产罪的初衷，并且会从根本上动摇财产罪分类的理论基础。

近来，也有肯定论者意识到，“针对实体财物适用的占有理论，并不能当然适用于财产性利益”。这是“由于财产性利益具有异于实体财物的特质，运用占有理论来解释财产性利益盗窃的行为构造并不妥当。更为可行的做法，是立足于盗窃行为的基本属性，同时结合财产性利益本身的特质，为财产性利益盗窃建构一套独立的行为构造”。即“实体财物盗窃的行为构造是拿走，而财产性利益盗窃的行为构造则是僭权。前者的表现方式是占有的破坏与新建，后者则是权利的消灭与再造”②。但是，在笔者看来，既然财产性利益盗窃的行为构造是僭权，是权利的消灭与再造，而不是对占有的破坏与新建（即拿走财物），那就表明其不具备盗窃罪这种直接夺取占有罪的构成要件，也就是不具有其作为盗取罪的本质特征，自然也就不可能构成盗窃罪。如果在盗窃罪的构成要件之外，“为财产性利益盗窃建构一套独立的行为构造”，那等于是新设立了一套构成要件，实质上是建构了一个不同于盗窃罪的新罪。这作为一种立法建议也未尝不可，但作为一种解释论，将明显不同于盗窃罪的行为硬性塞进盗窃罪之中，无疑是不具有合理性的。不过，值得肯定的是，持此种主张的论者，看到了盗窃财产性利益的行为与盗窃财物的行为在构造上的重大差异，并揭示了此种行为的实质是僭权，是财产权利的消灭与再造。在笔者看来，这种行为的实质与诈骗财产性利益行为的实质相同，正因为如此，对肯定论者所述盗窃财产性利益的情形，只要稍作点扩大解释，大多可以诈骗财产性利益来论。以前述出租车乘客逃交车费为例，乘客到达目的地之后，趁司机不注意而溜走的，这被视为盗窃财产性利益。但如果乘客上车时就准备到达后不交车费而溜走的，这被认定为骗取财产性利益，相信不会有异议；问题是乘客到达目的地之前并未想逃费，只是到达目的地后，见司机下车专心查看车况才趁机溜走的，对此认定为骗取财产性利益（即骗取服务或免付费），似乎不妥当，这或许是肯定论者要认定为盗窃财产性利益的情形。但笔者主张，即便是对这种情形，也可以考虑认定为骗取财产性利益。因为从我国刑法第224条对合同诈骗罪的规定不难看出，行为人与他人签订合同取得他人财物后，只要是以非法占有为目的而不履行合同，给他人造成财产损失的，不论行为人何时产生非法占有的目的，也不管签订合同是否采用了欺骗手段，均有可能构成合同诈骗罪。基于同样的理由，乘客乘出租车，就意味着与司机达成了租车的协议，并承诺会付费，乘客无论何时产生不付费的想法，只要实际上没付费就溜走，都可以从实质上被评价为骗取服务而不付费（即骗取财产性利益）。

① 车浩．占有概念的二重性：事实与规范．中外法学，2014（5）：1216.

② 马寅翔．限缩与扩张：财产性利益盗窃与诈骗的界分之道．法学，2018（3）：46.

三、财物与财产性利益的界分

如前所述，我国刑法分则第五章侵犯财产罪有多个条文使用了“公私财物”一词，其中的“财物”有广义与狭义两种不同含义，即有的条文所规定的作为特定财产罪（如诈骗罪）侵害对象的“财物”，应从广义上理解为包含财产性利益；也有的条文（如规定盗窃罪的第264条）中的“财物”，则应从狭义上理解为不包含财产性利益。正因为如此，在理解和适用相关法条时，就必须将狭义与广义的“财物”区分开来，实际上也就是要区分狭义的“财物”与“财产性利益”。这是否定说（即否定财产性利益能够成为盗窃罪对象）的基本主张。毋庸置疑，按否定说，这种区分有特别重要的意义；但对肯定说而言，由于狭义的财物与财产性利益，均可成为盗窃罪等绝大多数财产罪的侵害对象，因而区分两者并无多大意义和必要性。

既然否定说认为行为对象是狭义的财物还是财产性利益，对盗窃罪的成立与否有决定性的意义，那么如何区分两者就成为此说必须面对和解决的问题。一般来说，狭义的“财物”（以下简称为财物），是指作为民法物权客体的“物”，可分为有体物与无体物，有体物又可分为动产与不动产。“所谓财产性利益，是指财物以外的其他一切财产性利益。”按日本的通说和判例的主张，获得财产性利益“除了取得债权或担保权、使人提供劳务、服务等这些积极性利益之外，还包括得到诸如免除债务或暂缓支付等消极性利益”①。在民法中，财物受物权保护，财产性利益则在债权保护之列。“物权的效力在于权利人能在物权所赋予的权能范围内，对于一定物加以支配，并且排除他人对该物的干涉，其权利及于所有他人。……债权的效力在于权利人能请求特定他人为一定行为与不为一定行为，其权能是在债权人与债务人之间存在效力，原则上不及于第三人。‘财产性利益’体现的就应当是相对人行为对于权利人的利益。”②

应当注意的是，刑法之中“财物”的概念与民法物权客体的“物”的概念并不完全相同，并且各国由于刑法规定的不同，对财产罪的行为对象的表述及“财物”的理解也有差异。例如，对盗窃罪的行为对象，德国刑法规定为“动产”，日本刑法规定为“财物”。又如，德国刑法学界一致认为，“动产”仅限于有体物；日本刑法学界对“财物”的含义，则存在“管理可能性说”与“有体性说”的对立。“管理可能性说”认为，财物以有管理可能性为要件，而不必是有体物，因此，电、热等能源也可以成为财物。与此相反，“有体性说”认为，财物就是指有体物，仅限于固体、液体、气体，而电、热、冷等无形物不属于财物。③ 但是，窃电（即盗用电力）的现象在社会生活中时有发生，并且会给权利人带来较大财产损失，因而也

① 西田典之．日本刑法各论．3版．刘明祥，王昭武，译．北京：中国人民大学出版社，2007：148.

② 王骏．刑法中的“财物价值”与“财产性利益”．清华法学，2016（3）：49.

③ 同①109.

有处罚的必要性。而按有体性说，这种行为则有可能被排除在处罚范围之外，这不利于保护财产法益。为了避免出现这样的问题，德国和日本刑法都作了特别规定，只不过处理方式有所不同。日本刑法第 245 条规定，“电视为财物”。德国刑法第 248 条 c 则是把盗用电力的行为规定为独立的犯罪。正因为如此，德国对盗窃罪的行为对象就可以限定为有体物；由于“电视为财物”，日本对窃电行为仍然要按盗窃罪定罪处罚，这样一来，作为盗窃罪对象的“财物”包含无体物的“管理可能性说”，就有其存在的空间和余地。[①] 只不过“管理可能性说”有扩大“财物”范围的风险，必须加以限制。“正因为如此，当今日本刑法学的通说认为，刑法上所谓的无体物，应当是‘物理上可以管理之物’，即存在于自然界之中，和电力在性质上能够相提并论的东西，而不能将其范围无限扩张，将牛马的牵引力、债权等也包括在其中。”[②] 我国刑法不仅未区分财物与财产性利益，而且也没有类似日本刑法第 245 条、德国刑法第 248 条 c 那样的对电力之类的无体物的规定，那么对我国刑法中盗窃罪对象的“财物”，是应该采用“有体性说”还是“管理可能性说”来解释，也是不应回避的问题。只不过“有体性说”在我国不存在德国和日本那样的法律根据与条件，将严重窃电行为纳入盗窃罪的处罚范围，不仅是我国司法实务中历来的做法，而且在刑法理论界也无异议，因此，可以说我国的理论和实务中一直都采取“管理可能性说”。并且，我国没有像日本那样严格限制“管理可能性说”的适用，不存在不适当扩大无体物认定范围的倾向。

一般来说，财物之中的有体物，因是以某种物理外形存现于客观世界中（即具有有体性）的，与以无形的法律权利所体现的债权等财产性利益大多不难区分。而无体物由于其不具有物理外形（即具有无体性），因而与无形的财产性利益相似，有时很难区分。至于有无区分的必要，不可一概而论。在德国，由于无体物本来就被排除在财物（即动产）的范围之外，无体物与财产性利益都不能成为盗窃罪的行为对象，因而区分两者并无多大必要性。在日本，采取“有体性说”也是如此；但如果采取“管理可能性说”，由于电力之类的有物理的管理可能性的无体物是财物，可能成为盗窃罪的对象，而财产性利益不能成为盗窃罪的对象，因而有区分两者的必要性。在我国，由于否定说认为盗窃罪的行为对象只能是财物不能是财产性利益，而无体物属于财物（不是财产性利益）[③]，所以按否定说，自然是有必要区分无体物与财产性利益的。但是，肯定说认为，无论是财物还是财产性利益，都能成为盗窃罪的行为对象，因而区分两者对盗窃罪及绝大部分财产罪的成立并无多大意义。正因为如此，有持肯定说的论者甚至认为，财产性利益可以视为无体物，无体

① “管理可能性说”认为，日本刑法第 245 条“电视为财物”是注意规定；但“有体性说”认为，该条规定是例外规定。（山口厚．刑法各论：2 版．王昭武，译．北京：中国人民大学出版社，2011：200.）

② 黎宏．结果本位刑法观的展开．北京：法律出版社，2015：357.

③ 童伟华．论盗窃罪的对象．东南大学学报（哲学社会科学版），2009（4）．

物也可纳入财产性利益的范畴。①

不过，持肯定说的黎宏教授倒是主张，应将无体物与财产性利益区分开来，并且，还进一步提出了为何要区分以及如何区分的深刻见解。他指出："无体物即便没有一定形状，但其也是天然地存在于自然界的客观实在，本质上还是一种'物'，而财产性利益则是人和人之间人为设定的权利（主要表现为债权），可以随着作为其前提的法律或者合同规定的变化而变化，本质上不属于'物'。因此，在盗窃无体物的场合，必然造成行为对象的客观损耗即减少或者灭失；相反地，在非法获取财产性利益的场合，并不必然导致行为对象的客观损害，而只是请求权的灭失。"②简而言之，电力等无体物是一种无物理外形的客观实在，而债权等财产性利益是一种观念的东西；前者是客观世界的"物"，后者为精神世界的法律观念；盗窃无体物会造成行为对象的客观损耗或变化，获取财产性利益则只会造成权利人权利的丧失。笔者不仅完全赞成黎宏教授的上述主张，而且认为由于这种区分对盗窃罪的成立有决定性的意义，因而对无体物的范围还应像日本的通说那样作严格限制，即"只有和电力在性质上可以相提并论的水蒸气、冷气等能源之类的、具备在自然界存在的物质性的东西"，才能视为刑法上的无体物③，以免不适当的扩大无体物的范围，从而将一些本来不构成盗窃罪的行为，纳入盗窃罪的处罚范围。例如，近些年来，有不少论者将网络游戏中的武器装备等虚拟物品纳入无体物的范围，认为盗窃这种虚拟物品就是盗窃无体物，因而可能构成盗窃罪。④ 但是，网络游戏中的武器装备等虚拟物品（即狭义的虚拟财产）是精神范畴的东西，并不能对客观世界直接发挥作用，而电能、热能等能量是物质范畴的东西，能对客观世界直接产生有形的影响（如电可用来照明、驱动机车）；况且，盗用网络游戏中的武器装备等虚拟物品同盗用电力等能量也有重要差异，电能、热能等能量经使用后即消耗殆尽，而网络游戏中的虚拟装备被行为人盗用之后，仍然还在网络游戏运营商控制的网络游戏场中，甚至还可能原样返还给特定的游戏玩家。⑤ 可见，网络游戏中的虚拟物品与无体物有实质的差别，不能认定为无体物。事实上，"虚拟财产作为债权，是财产性利益的特殊表现形式"⑥。行为人盗用这类虚拟物品所获取的是财产性利益，与盗窃财物有重要差别，因而不能认定为盗窃罪。

另外，还有一个同财物与财产性利益的区分相关的有争议问题是，盗窃不记名的债权凭证的，其盗窃的对象是财物还是财产性利益？例如，行为人盗窃了他人可在某大型商场购买 5 000 元商品的不记名电磁购物卡。如果按传统的观念，以物的

① 李强．财产犯中财产性利益的界定．法学，2017（12）：42.

② 黎宏．刑法学各论．2 版．北京：法律出版社，2016：290.

③ 大谷实．刑法讲义各论．2 版．黎宏，译．北京：中国人民大学出版社，2008：167.

④ 赵秉志，阴建峰．侵犯虚拟财产的刑法规制研究．法律科学，2008（4）：154.

⑤ 刘明祥．窃取网络虚拟财产行为定性探究．法学，2016（1）：157.

⑥ 徐凌波．虚拟财产犯罪的教义学展开．法学家，2017（4）：53.

存在形式作为认定财物的依据，行为人盗窃的电磁卡片本身才是财物，但因其价值微薄，按我国刑法的规定，无法以盗窃罪定罪处罚。而被害人遭受了5 000元钱即数额较大的财产损失，对行为人不定罪处罚，显然不利于保护财产法益。笔者也不否认，按传统的以物的存在形式作为认定财物之依据的观念来处理这类案件，确实会出现上述不合理的现象。但应当看到，随着商品经济的发展，现代社会的经济规则与交易模式越来越多并且日益复杂化，除了金钱与实物当场直接交易的传统模式之外，金钱与实物乃至时空分离的商品交易模式也大量涌现，债权在经济生活中占据了重要地位，各种类型的债权凭证也相继产生。顾客花5 000元买一张购物的电磁卡片，这种购物卡就是一种债权凭证，卡片本身作为物的存在形式仅值1元左右，其电磁记录所记载的5 000元债权是一种无形的财产性利益。持卡的顾客可以用这张卡在指定商场挑选5 000元的商品，失去这张卡就等于失去了5 000元。这就意味着这张卡片在指定的商场“具有一种类似于货币这种纸张载体与该载体所记载的价值——现金额一样紧密的关系”①。也就是说，这张5 000元的购物卡在该商场同5 000元的纸币具有同样的功能，即可以换取价值5 000元的商品。因此，应当认定盗窃这张购物卡的行为对象是财物，即与5 000元纸币有同样功能的电磁卡片，盗窃财物的价值数额是5 000元，而不是卡片本身的成本价1元钱。如同盗窃5 000元纸币一样，不能以纸币之纸张的成本价，而应当以其记载的数额5 000元作为财物的数额。此外，盗窃5 000元的购物卡，尽管卡片记载的5 000元是持卡人享有的债权，但不能认为行为人是盗窃了5 000元债权这种财产性利益，就如同盗窃5 000元纸币不能说是获取了相对纸币发行者的5 000元债权。总之，认定盗窃罪对象的财物，不能纯粹只考虑物的存在形式而不顾及物的价值，而应当将物的存在形式与物所蕴含的特殊的内在价值融为一体来做判断。② 并且，这种财物既可以是作为整体（即全部）被盗窃，也可以作为一部分被盗窃，作为物的存在形式（如购物卡）本身最终是否已被行为人所占有，也不影响从实质上认定其取得了含有特殊内在价值的财物。例如，行为人从工友的包中窃取一张内存5 000元的电磁购物卡，在商店用来给自己买了2 500元的商品后，又将该磁卡放回工友的包中。行为人虽然并未最终取得物的存在形式（即已将电磁卡片放回原处），但取得了卡片内存一半数额的钱款的商品，如同窃取他人钱包掏出其中一半钱币后又将钱包放回原处一样，应当认定行为人窃取了磁卡内所存一半数额的金钱。

不应忽视的是，如果盗窃的是记名的债权凭证或支付凭证，如银行发给存款客户的储蓄卡或借记卡，电磁卡片记载有客户存储的5 000元钱，也就是其享有5 000元存款债权，那么这张借记卡（或储蓄卡）与上述5 000元的购物卡，在物的存在形式（即电磁卡片）及其本身的价值乃至记载的债权数额方面均相同，但这种记名

① Schnabel：NStZ 2005.18.20；王莹．论财产性利益可否成为盗窃罪行为对象——“介入行为标准”说之提倡．政法论坛，2016（4）：157.

② 王莹．盗窃罪“非法占有目的”对象刍议．中外法学，2015（6）：1577－1578.

式的债权凭证依法只能归本人使用，即便被本人丢失，也并不意味着债权凭证所记载的债权者的财产即债权的丧失，本人可以通过挂失等方式避免财产损失，还可以再补办一张同样的凭证。这表明这类记名的债权凭证上记载的财产和数额并未融入凭证之中，或者说并未成为该凭证所蕴含的特殊的内在价值。因此，盗窃这类凭证后如果没有进一步的冒用行为（如将盗窃的借记卡扔掉），则只能按凭证本身的微薄价值来计算盗窃数额，因而不能对行为人定罪处罚。

四、窃取财产性利益的处理路径

如前所述，肯定说认为，如果否定财产性利益可以成为盗窃罪的对象，就会形成处罚漏洞或处罚轻重明显失当的问题。笔者拟对此说论者常用的几种盗窃财产性利益的实例作进一步的分析，以说明对这类案件不按盗窃罪而以其他罪定罪处罚或者采取其他方式处理，可能是最佳途径。

（一）窃取欠条案的处理

在司法实践中，债务人偷回欠条（或借据）的案件时有发生。其中，有的导致被害人没有实现债权而造成其重大财产损失。对这类案件如何处理意见不一，存在无罪说、侵占罪说、盗窃罪说等不同主张。理论上的通说是盗窃罪说①，司法机关大多也是按盗窃罪来处理这类案件的。② 持盗窃罪说的论者，又有两种不同解释路径：一种是将欠条解释为财产性利益，认为盗窃欠条就是盗窃财产性利益；另一种是将欠条解释为财物之中的有体物，认为盗窃欠条就是盗窃财物。对侵占罪说，笔者完全赞同张明楷简明扼要的否定意见③，在此不作进一步的阐述。对盗窃罪说，笔者也持否定态度，但考虑到此说与本文主题有密切关系，因而展开作进一步的剖析。

如上所述，盗窃罪说的一种解释路径是，认为盗窃欠条就是盗窃财产性利益。有部分持肯定说的论者认为，只有肯定财产性利益能够成为盗窃罪的对象，才能将这类案件按盗窃罪定罪处罚，也才可能避免出现处罚漏洞。因为“欠条是一种债权凭证，作为一种文书，它是有体物，在此意义上说，它是财物。可是在我国，财产

① 黎宏．论盗窃财产性利益．清华法学，2013（6）：133.

② 如浙江省高级人民法院、浙江省人民检察院、浙江省公安厅 2002 年 1 月 9 日联合发布的《关于抢劫、盗窃、诈骗、抢夺借据、欠条等借款凭证是否构成犯罪的意见》中明确指出：债务人以消灭债务为目的，抢劫、盗窃、诈骗、抢夺合法、有效的借据、欠条等借款凭证，并且该借款凭证是确认债权债务关系存在的唯一证明的，可以抢劫罪、盗窃罪、诈骗罪、抢夺罪论处。

③ 有论者认为，A 窃回由 B 借出 20 万元的欠条后不还债，导致 B 遭受 20 万元财产损失的，应认定 A 侵占了 B 20 万元，构成侵占罪。张明楷教授认为 A 不构成侵占罪，理由在于：“首先，A 向 B 借款 20 万元，并不意味着 A 代为保管 B 的现金。借贷关系与保管关系的性质不同，不应当将借贷关系评价为保管关系。其次，金钱具有特殊性，即谁占有谁所有。B 将 20 万元借给 A 之后，20 万元现金属于 A 所有，而不再属于 B 所有。所以，A 不归还现金的行为，并没有侵害 B 的所有权。最后，B 将自己享有所有权的 20 万元现金借给 A 之后，就对 A 享有债权。A 不履行债务的行为，并不符合将‘他人财物非法占有己有’的特征。”（张明楷．论盗窃财产性利益．中外法学，2016（6）：1437.）

罪的成立常常以数额较大为起点，而债权凭证本身作为有形物时的价值并不大，所以，难以认为债权凭证都是狭义财物。欠条只是代表债权（资金返还请求权）这样一种财产性利益，如果这张欠条是债权债务关系的唯一凭证，那么，债权人丧失欠条也就意味着财产受到损失，窃取欠条行为自应成立盗窃罪”①。并且，由于“不法获取借据的行为，事实上就是对财产性利益的侵犯……对于债务人不法获取债权人控制的借据后，债权人通过其他证据得以主张债权的，虽说没有造成实际的金钱损失，但是事实上已经造成了对债权人财产性利益的威胁和侵害，所以，不应当影响行为本身的性质”②。简而言之，这种观点认为，欠条代表债权这种财产性利益，当欠条是债权债务关系的唯一凭证时，债权人失去欠条就意味着对欠条上记载的财产丧失，因此，盗窃欠条就等于盗窃财产性利益，可能构成盗窃罪。

但是，正如黎宏教授所述，“借据只能对当事人之间借贷法律关系的存在起证明作用，它所表明的债权债务关系的行使和履行，并不以借据的持有为必要，它的灭失对债权债务关系的设立、变更和消灭不造成任何实质性影响，……即便没有借据或者欠条，但有其他证据的话，也能证明债权债务关系的存在，债权人的财产不会因此而受到现实具体损失，最多可能会导致债权人追诉其债权的过程变得困难，但不至于导致债务的被免除”。因此，不能将欠条视为财产性利益，盗窃欠条也不等于盗窃财产性利益。③

如前所述，盗窃罪是一种直接转移占有罪，按笔者所持的否定说，债权等财产性利益是一种观念的东西，不能被人在事实上掌握控制，只能在法律观念上被享有，因而不能被人直接转移占有（或直接夺取），也就是不能成为盗窃罪的侵害对象。只不过肯定说将刑法上的占有予以观念化，承认财产性利益的占有，但并不否认盗窃财产性利益同样也必须要转移财产性利益。而在盗窃欠条的场合，“由于借条的物质存在形式与其价值是分离的，或者说不具有像普通财物那样的结合方式（普通财物中财物的物质存在形式本身即具有使用价值与流通价值，通过占有财物即可实现财物的价值，不需要第三人的协助），因此转移占有借条的物质存在形式本身并不能转移占有其价值或者说实现其价值”。也就是说欠条所证明的债权这种财产性利益，并不能随着欠条转移到盗窃获取者手中，即不能在事实上甚至观念上转移到其名下。④ 正因为如此，肯定财产性利益可以成为盗窃罪之对象的张明楷教授也认为，“即使行为人客观上转移了欠条，也没有直接转移财产性利益。所以，不能将盗窃欠条的行为直接认定为对财产性利益的盗窃。刑法第 196 条第 3 款的规定也说明了这一点。该款规定：‘盗窃信用卡并使用的，依照本法第二百六十四条

① 王骏．抢劫、盗窃利益行为探究．中国刑事法杂志，2009（12）：12.

② 武良军．论借据能否作为财产犯罪的对象．政治与法律，2011（2）：42.

③ 黎宏．论盗窃财产性利益．清华法学，2013（6）：133－134.

④ 王莹．论财产性利益可否成为盗窃罪行为对象——“介入行为标准”说之提倡．政法论坛，2016（4）：160.

的规定定罪处罚。’倘若认为盗窃信用卡就等于盗窃了信用卡所记载的财产性利益（对银行享有的债权），那么，法条就没有必要表述为‘盗窃信用卡并使用’。反过来说，盗窃信用卡时，行为对象就是信用卡本身，盗窃信用卡不等于盗窃了财产性利益”①。

那么，要肯定盗窃欠条可能构成盗窃罪，在张明楷教授看来，就得选择另一条解释路径，即“行为人对欠条这一有体物构成盗窃”。因为“既然欠条是唯一的债权凭证，而且盗窃欠条的行为事实上给被害人造成了财产损失，行为人的主观目的不只是占有欠条本身，而是为了占有欠条所体现的经济价值”，这就表明欠条是内含有经济价值的财物。如行为人窃回欠对方 10 万元钱的欠条，导致对方 10 万元债权不能实现的，就可以将盗窃数额认定为 10 万元。② 但是，正如王莹博士所述，按德国现在的通说即狭义的价值说与吸纳了该说的综合说，尽管蕴含于物之中的特殊内在价值也可能被视为非法占有的对象，“而借条所体现的债权并非是蕴含于借条之中的价值：其一，对于债务人来说，借条所证明的债权不能通过仅仅占有借条而实现，借条丧失也不必然带来债权的丧失，其他证据如证人证言、视听资料等也可以证明债权债务关系的存在；其二，对于第三人来说，借条所证明的债权也不具有流通价值，占有借条的人无法通过出卖借条来实现其所证明的债权。借条的物质存在形式仅仅是一张纸，而其价值就在于起到证明债权债务关系的作用，其性质是一种证明文书”③。并且，欠条这种记名的仅对特定人有效的证明债权的文书，同前述不记名的对所有人都有效即都能使用的债权证书（如大型商场发行的购物磁卡）有实质的差异。内存5 000元的购物磁卡在特定商场内与5 000元货币有同样的购买商品的功能，其记载的5 000元债权已蕴含于磁卡之中，失去这张购物磁卡就等于失掉了5 000元钱，得到这张购物磁卡就如同得到了5 000元钱，这是这张记载债权的购物磁卡能被视为财物（即有体物），盗窃这张购物磁卡所盗窃的财物数额应被认定为5 000元的关键所在。而欠条所证明的债权只对特定人有效，加上失去记载 10 万元债权的欠条，并不等于债权人就丧失了 10 万元债权，更不等于其失掉了 10 万元现金；反过来，得到这张欠条也不等于取得了 10 万元债权或现金，可见，欠条所记载的债权金额（即经济价值）并未融入或包含于欠条之中，将记载 10 万元债权的欠条等同于价值 10 万元的金钱或实物，认定盗窃这张欠条就是盗窃了 10 万元财物，这显然不合适。另外，如果说记载 10 万元债权的欠条就是价值 10 万元的财物，那么与债务人毫无关系的第三者盗窃欠条后撕毁的，也同样可能导致债务人无法实现债权，危害后果与债务人盗窃无异，似乎也应同样按盗窃罪定罪处罚。但认定这类行为人主观上有非法取得或占有他人价值 10 万元财物的故意，客

① 张明楷．论盗窃财产性利益．中外法学，2016（6）：1435.

② 同①1437.

③ 王莹．论财产性利益可否成为盗窃罪行为对象——“介入行为标准”说之提倡．政法论坛，2016（4）：160.

观上取得或占有了他人价值10万元的财物，明显与事实不符，因而不能定盗窃罪。如果说只有债务人盗窃欠条这种财物的才能构成盗窃罪，则又无法合理说明为何盗窃他人的同一种财物、造成的危害后果相同（即造成他人的财产损失）的，有的人构成盗窃罪，有的人却不能构成。由此可见，将欠条视为有体的财物，认为盗窃10万元的欠条就是盗窃价值10万元的财物，不具有合理性。

事实上，欠条只是一种证明债权债务关系的文书或凭据。债权人的债权能否得到实现，关键在于债务人有无履行债务的意愿和能力。即便债权人保存有债务人出具的欠条，债务人如果无履行债务的意愿，也可能采取不正当的手段（如移居隐藏到外地等）逃避履行，甚至债务人本有履行意愿但因遇到意外的灾难而不能履行的也十分常见；反过来，债权人失去欠条（如欠条丢失或被盗、被毁）并不一定会导致其债权无法实现，有履行诚意的人照样会自觉履行，无履行意愿者才有可能趁机不履行。窃回欠条的债务人大多是不想履行债务的，但也不排除有特殊例外的情形，如眼前无履行能力，想拖延一段时间履行，由于债权人的债权最终还是会实现即不会造成财产损失，显然不能对这种盗窃欠条者按盗窃罪定罪处罚。由此可见，即便债务人盗窃欠条，与债权人的债权没有实现而造成财产损失之间也并无直接的因果关系，直接的原因在于债务人没有履行债务。没有履行既可能是因客观上无履行能力，也可能是因主观上无履行意愿，只有那种客观上有履行能力仅因主观上无履行意愿而不履行者，才具有法律上的可遣责性。而盗窃欠条只是为债务人不履行债务创造了便利条件，即通过夺取债权文书的方式否定欠债，这只是其不履行债务情节严重的表现之一，既然如此，就不应当将责难或处罚的重心放在盗窃欠条上，而应当放在恶意不履行债务（即有能力履行而采取恶劣手段不履行）上。基于此种考虑，笔者主张借鉴有关国家（如西班牙）的刑法规定①，在我国中增设“恶意不履行债务罪”，对有履行债务的能力但却采用盗窃欠条等手段恶意不履行债务，情形恶劣的，予以定罪处罚。这才是处理盗窃欠条案件的最佳途径。

（二）盗用汽车等动产案件的处理

在社会生活中，经常发生有人偷偷骑走他人自行车或开走他人机动车，用后返还原处的现象。对这类行为，刑法学称之为“使用盗窃”或“盗用”的行为，能否按盗窃罪定罪处罚，成为一个有争议的问题。传统观念认为，盗窃罪不仅客观上要有窃取他人财物的行为，而且主观上还要有不法取得的意思或非法占有目的。而这种暂时使用、用后归还原物的行为，表明行为人主观上不具有非法占有的目的，因而对这类行为不能按盗窃罪定罪处罚。② 正如黎宏教授所述，“这种观点在市场经济不发达、人们生活不很富裕、暂时使用他人价值较小的财物，不会造成他人重大损失的传统社会或许有其道理，但在强调所有权观念的现代社会，即便是盗用，也

① 西班牙刑法在卷二第十三集分专章（即第七章）规定了不履行债务罪。

② 董玉庭．浅论使用盗窃犯罪．行政与法，2001（1）：72.

不合法，特别是在盗用他人高级汽车、大型计算机、别墅、游艇、飞行器之类稍微使用便有可能导致他人财物遭受较大折损消耗的场合，还坚持上述观念，恐怕是不现实的”①。为此，包括德国、奥地利等国刑法均设立了“无权使用交通工具”或“未经授权使用交通工具”等盗用型犯罪。日本等未设立这类盗用型犯罪的国家，则主要是通过对非法占有目的作扩大或变通的解释，甚至还有学者通过否定非法占有目的是盗窃罪的主观要件，将这类严重的盗用型行为纳入盗窃罪的处罚范围。②

我国刑法同日本刑法一样，没有像德国刑法那样的盗用型犯罪的处罚规定。近些年来，认为对盗用行为也可按我国刑法规定的盗窃罪定罪处罚的学者，似乎越来越多。但主张定盗窃罪的理由多种多样，有的借鉴日本学者对非法占有目的作扩大或变通解释③，也有的认为非法占有目的并非盗窃罪的主观要件④，还有的将非法占有目的解释为不法获利目的⑤，另有的明显不同于日本学界的解释方法，将盗用行为解释为盗窃财产性利益⑥或者将盗用所获取的财产性利益，作为认定盗窃数额的依据⑦，如此等等。由于篇幅所限，笔者不逐一评述，仅对与本文主题有直接关系的最后这种将财产性利益作为盗窃罪的对象或盗窃数额认定依据的解释作剖析。

如前所述，肯定说主张把财产性利益也纳入盗窃罪的对象范围的一条重要理由是，只有这样才能避免出现处罚漏洞，而将使用盗窃或盗用行为解释为盗窃财产性利益就是一个实例。因为如果说盗窃罪的对象只能是财物，“但盗用的场合，行为人所窃取的并不是财物本身，而是该财物的使用价值即财产性利益”，那就无法对这种行为定罪处罚。而“使用盗窃实质上是一种利益盗窃行为。这种利益就是被盗用行为消耗的财物本身的使用价值，可以用金钱等衡量，是一种财产性利益。由于财产性利益一旦被享用，就不能被挽回，可以说已经被行为人非法占有，因此，即便按照‘成立盗窃等夺取型犯罪，行为人必须具有非法占有目的’的通常理解，该种行为也能够被作为盗窃罪处理”。例如，“盗用他人……汽车等的，对于该……汽车的使用价值，可以构成利益盗窃罪”⑧。但是，这种盗用汽车等财物就是盗窃财产性利益的说法，只能说明行为人通过使用他人汽车等财物获取了利益，姑且不论这种利益本身是观念性的东西，并不能成为刑法上占有的对象，即便是承认这种观念性的占有，也无法解释这种财产性利益如何从被害人的占有之下转移归行为人占有。毕竟盗窃罪是一种夺取型（即直接转移占有型）的犯罪，必须要有“打破占有并建立新的占有”的行为，“行为人虽然取得了财产性利益、被害人也遭受了利益损失，但并不存在将他人占有的财产性利益转移给自己或者第三者占有的行为时，

① 黎宏．论盗窃财产性利益．清华法学，2013（6）：136.

②③ 张红昌．论可罚的使用盗窃．中国刑事法杂志，2009（5）：54.

④ 尹晓静．财产犯罪中非法占有目的之否定——“侵害占有、建立占有”客观分析之提倡．政治与法律，2011（11）：36.

⑤ 徐凌波．论财产犯的主观目的．中外法学，2016（3）：725.

⑥⑧ 黎宏．论盗窃财产性利益．清华法学，2013（6）：136.

⑦ 张明楷．论盗窃财产性利益．中外法学，2016（6）：1429.

则不能认定为盗窃罪”。就盗用汽车而言，“诚然，行为人盗用被害人汽车时，被害人就不能利用自己的汽车。但是，盗用汽车时，并不存在行为人将被害人占有的某种利益转移给自己或者第三者占有的事实”①。况且，“从财产性利益的角度看，盗用行为本身并不是转移财产性利益的过程，而是制造财产性利益的过程，即通过现实的使用行为把作为实体的财物所蕴含的作为可能性的使用价值现实化为确定且具体的利益。而且，这样的利益与使用行为本身无法分离，从而缺乏可转移性”②。

应当肯定，这种将使用盗窃或盗用视为盗窃财产性利益的主张，意识到了行为人基于暂时使用的意思拿走财物（如偷开汽车运送货物后将车返还原处）的，与以非法占有为目的盗窃财物（如窃走他人汽车后长期租给别人使用）的有重大差别，不能将前者视为直接盗窃了狭义的财物（如盗窃了汽车），这无疑是正确的。但将这种行为说成盗窃了财产性利益（如使用汽车带来的利益），难免使人产生这样的疑问，盗窃他人汽车后租给第三者使用收取租金的，同样获得了财产性利益，这是否意味着行为人既盗窃了汽车又盗窃了财产性利益？回答当然是否定的，收取的租金是盗车行为给其带来的利益，应当被盗车行为所吸收。基于同样的理由，盗用汽车使自己免除的租车要付的运费，这也是盗用行为给其带来的利益，盗用行为的对象是汽车（即是财物而不是财产性利益），免除的运费这种财产性利益也应当被盗用行为所吸收。况且，盗用行为是一种侵犯他人财产使用权的违法行为，应受谴责或责难的重心也应在于此，而不是此外的使用之后获取利益的行为。并且，“通常所理解的使用盗窃行为，是指以使用为目的而拿走有体物的行为，行为的对象仍然是有体物而非财产性利益。如果将使用盗窃归为利益盗窃，则意味着，将使用盗窃理解为以物的使用利益为对象的行为。这样一来，刑法评价的客体就从‘以使用为目的的拿走’（行为Ⅰ）转移到了‘拿走之后的使用’（行为Ⅱ）上。因此，‘使用盗窃属于利益盗窃’这一小前提本身存在概念的偷换”③。

以张明楷教授为代表的持肯定说的部分论者，可能是意识到了将盗用汽车直接解释为盗窃财产性利益，存在上述种种障碍，从而提出，“行为人事实上转移的是汽车本身这一有体物，既然如此，就应当认定为对汽车本身的盗窃”④。笔者也不否认，包含盗用汽车在内的绝大多数盗用有体物的情形，从表面上看都有移动有体物或使有体物发生空间位置变化的现象，这同盗窃罪的转移占有行为似乎没有差异，但盗用之后毕竟原物又回到了原位，也就是盗用者并未排除原物主对财物的占有并在此基础上建立新的占有，如果把盗用开始到结束作为一个整体来看，原物仍在原处，并且物的价值并未发生多大变化；从实质而论，行为人并未夺取（即“拿

①④　张明楷．论盗窃财产性利益．中外法学，2016（6）：1428.

②　李强．论使用盗窃与盗用．国家检察官学院学报，2018（2）：58.

③　徐凌波．论财产犯的主观目的．中外法学，2016（3）：730.

走”）他人财物，一般民众也都会认为，这只是擅自使用或偷偷使用别人的东西，并非“偷”或“拿”走别人的东西，即不是偷窃或盗窃。正如日本著名刑法学家川端博所述，“使用盗窃”的场合，实质上是一种暂时擅自借用，由于用后归还了，同通常的盗窃相比，可以说反伦理性弱。① 因而，不能将两者同等看待。

顺便指出，我国有立足于上述形式论的学者，不仅认为擅自动用他人汽车之类的有体物之后归还的行为，完全具备盗窃罪转移占有的要件，并认为这种“使用盗窃”实际上有先行的盗窃与后行的使用两个行为环节，同仅有一个使用行为的“盗用”在性质上有差异。由于“盗用”只是在原处使用，不存在“使用盗窃”那样的挪动财物的行为，也就是不具备盗窃罪的转移占有的行为要件，因此，“盗用”不可能构成盗窃罪，只有“使用盗窃”才可能构成盗窃罪。但我国刑法学界存在混淆两者的现象，即把“使用盗窃”等同“盗用”，将两个概念替换着使用。② 在笔者看来，这种主张同张明楷教授认为盗用汽车存在事实上转移占有汽车的主张一样，完全只是从形式上看到了行为人发动汽车驶离停置地这一面，而忽视了其短时间内又将汽车驶回原处的事实。众所周知，任何基于不法取得的意思或非法占有目的而盗窃他人财物者，除了事后反悔退还财物的情形外，都不可能自觉地将所窃取之物返还原处，因此，仅就“使用盗窃”者拿走某物的行动来与盗窃行为相比，却无视其有盗窃者所没有的返还原物的表现，其行为也不会出现盗窃所导致的使他人失去原物的结果，而这正是“使用盗窃”实质上不同于盗窃的关键所在。如前所述，“使用盗窃”的实质是未经权利人许可而擅自使用或动用其财物，由此而论，将这种行为称为“使用盗窃”或“盗用”并不准确，且容易与盗窃相混淆，准确的称谓应当是“擅自使用”。并且，“擅自使用”中的绝大多数都是挪动有体物的位置后去使用的，但也有不移动其原停放位置就在原处使用的情形。前者如擅自将他人的拖拉机发动后驾驶到自己的田地里去犁地的，后者如私下将别人停放在其鱼塘边的拖拉机发动之后，用其发动机带动自己的抽水泵为自己的鱼塘抽水的。这两种擅自使用他人拖拉机的行为只有形式上的差别，即前者使拖拉机离开了原停放地，后者未移动拖拉机只是在原地使用，按上述区别对待“使用盗窃”与“盗用”之论者的主张，前者可能构成盗窃罪，后者完全不可能构成。但这两种情形，无论从行为的具体表现及实质，还是从造成的损害（发动机的磨损）后果来看，均无多大差异，显然不应区别对待。可见，仅从部分外部行为表现而不从实质上来评价擅自使用他人有体物的行为，往往不可能得出合理的结论。

此外，若将盗用汽车认定为对汽车本身的盗窃，那就应当将汽车本身的交换价值作为盗窃财物数额，并要根据其价值数额大小来选择适用相应的法定刑。由于汽车的价值数额往往较高，而我国刑法是根据盗窃财物数额大小来确定处罚轻重的，

① 川端博．刑法各论概要．2版．东京：成文堂，1996：131.

② 李强．论使用盗窃与盗用．国家检察官学院学报，2018（2）：48.

假如行为人偷开他人价值百万元的豪华轿车兜风半小时后返还原处，除少量油耗和轻微磨损之外，没有造成其他方面的任何损害，对此若认定为盗窃财物数额特别巨大，判处行为人不低于10年有期徒刑的刑罚，显然不合适。为此，张明楷教授提出，“对盗用汽车的行为应认定为对汽车本身的盗窃，并不必然要按汽车本身的交换价值认定盗窃数额，完全可以按行为人获得（利用）的经济价值（即被害人损失的经济价值）认定犯罪数额”①。这样就可有效解决按汽车本身的交换价值认定盗窃数额可能带来的量刑畸重的问题。至于按盗用者所获得（利用）的经济价值认定盗窃数额的理由，他认为可以借鉴德国的综合说，将盗窃罪对象的财物理解为，不仅指财物本身，而且包括财物所蕴含的经济价值。“从不法层面来说，当有体物本身的数额较小，但经济价值较大，又只能认定为对有体物本身的盗窃时，如果行为人利用有体物的经济价值的盗窃行为导致被害人遭受财产损失，就必须按有体物的经济价值认定盗窃数额。从责任层面来说，虽然行为人违反他人意志转移了他人数额巨大或者特别巨大的财物（如汽车），但由于行为人的目的不是占有汽车本身，而是为了在一定时间内利用汽车的经济价值，就只能让行为人对所利用的汽车的经济价值承担刑事责任。”② 在笔者看来，德国的综合说所要解决的主要是对于盗窃的有体物本身的价值数额很小，但其所承载的即内含的经济价值数额较大，并且其内含的经济价值被消耗掉之后，有体物又返回物主手中的情形，如何定性的问题。例如，行为人从酒馆领取啤酒处窃取啤酒牌，尔后拿啤酒牌去领取啤酒，行为人对啤酒牌并无占有的目的，并且啤酒牌事实上又回到了原处。按物的存在形式说，对此种行为不能认定为盗窃，明显不合理。因此，德国的判例和现在的通说是采取物的价值说或综合说，认定此种行为构成盗窃罪。③ 这是因为在酒馆花100元买一张可领取10瓶啤酒的啤酒牌，就意味着这张成本价只值几分钱的啤酒牌，在这家酒馆实际上与100元纸币具有了同样的换取10瓶啤酒的功能，也就是100元的经济价值已融入这张啤酒牌之中，或者说啤酒牌蕴含的经济价值是100元。当行为人拿啤酒牌领取10瓶啤酒后，啤酒牌虽然回到了原处但其蕴含的价值已被消耗掉，如同行为人从卖家手中盗窃100元的钞票后又向其购买100元商品，钞票虽然又回到了卖家手中，但同样应当认定行为人盗窃了这100元钞票。而按张明楷教授的上述解释，盗用汽车盗窃的是汽车这一有体物本身，但盗窃的数额不是汽车内含的价值（即交换价值），而是使用汽车带来的经济价值（即使用价值）。这与德国的综合说或价值说所采取的认定财物的规则不符，即不是将有体物本身及其所蕴含的交换价值作为财物的整体来看待，从而计算该财物的数额的，而是将有体物的交换价值与使用价值分开来论，认定行为人盗窃的是交换价值为100万元的汽车本身，认定其使用该汽车取得的经济价值（可能仅为几十元或几百元）为盗窃数额。这不仅与德

①② 张明楷．论盗窃财产性利益．中外法学，2016（6）：1430.

③ 王莹．盗窃罪“非法占有目的”对象刍议．中外法学，2015（6）：1578-1579.

国的上述综合说不符，而且也与我国刑法规定的盗窃罪及其他财产罪中的“数额”的含义及司法实践中认定“数额”的规则不符。我国的通说和司法惯例，都是将财产罪中的“数额”理解为财物的价值数额，并且价值是指交换价值，并非使用价值。就盗窃罪等取得罪而言，行为人取得的财产与被害人失去的财产乃至“数额”都应当是同一的，这也是对象（素材）同一性原理的基本要求。而将盗用价值100万元的汽车解释为对汽车这一有体物本身的盗窃，盗窃数额却不按其100万元的交换价值而按几百元或几千元的使用价值认定，这能说行为人盗窃的对象与被害人失去的对象、行为人取得的财物数额与被害人失去的财物数额同一吗?

还有必要说明的是，我国与日本刑法由于无盗用型犯罪的处罚规定，对于盗用汽车之类的危害性较大的行为，确实不能恰当有效地应对。要解决这一问题，从解释论上下功夫固然是一条路径，但最佳途径还是应借鉴德国、奥地利等国的立法经验，在刑法之中增设盗用型犯罪的处罚规定。在刑法没有增设盗用型犯罪的处罚规定的情况下，日本将盗用汽车的行为以盗窃罪论处，比我国面临的障碍或问题要少。因为日本刑法对盗窃罪的定罪没有我国刑法的盗窃数额较大的要求，并且也不是以盗窃数额大小作为法定刑轻重的依据。由于日本的盗窃罪的定罪起点低、法官的自由载量余地大，盗用他人价值百万的豪华轿车兜风几小时，不比盗窃百元财物的危害性程度低，因而日本刑法将这种盗用行为与盗窃百元财物的案件同等对待，以盗窃罪定罪给予轻重相当的处罚，自然具有一定的合理性，也能为民众所接受。但我国刑法对盗窃罪不仅有定罪数额起点的要求，而且以数额大小来确定处罚的轻重。也就是说，我们对盗窃罪的定罪起点比日本高，对盗窃罪的处罚轻重要以盗窃财物价值数额大小为依据，法官的自由裁量余地不大，不能像日本那样将盗用百万元豪车的案件认定为盗窃汽车，却判处同盗窃百元财物的案件相当轻重的刑罚。这就决定了我们不能以日本的理论和实务对盗用汽车的案件以盗窃罪论处为依据，认为我国也应这样处理。相反，我们应当重视我国的立法和司法与日本的差异。并且，我国对不构成犯罪的盗用行为还可以作为治安违法行为，给予行政拘留、罚款等处罚，这是日本所没有的处罚路径，而我们按治安违法行为给予处罚的轻重，同日本按盗窃罪处罚的轻重实质上的差异并不大。因此，对于盗用汽车等财物的案件，在我国现行的立法体制下，不能按盗窃罪定罪处罚，但可以考虑以治安违法行为论处。

特别值得一提的是，2013年“两高”作出的《关于办理盗窃刑事案件适用法律若干问题的解释》第10条①对“偷开机动车”采取的处理原则是，“偷开机动车，

① 2013年4月2日最高人民法院、最高人民检察院《关于办理盗窃刑事案件适用法律若干问题的解释》第10条规定：“偷开他人机动车的，按照下列规定处理：（一）偷开机动车，导致车辆丢失的，以盗窃罪定罪处罚；（二）为盗窃其他财物，偷开机动车作为犯罪工具使用后非法占有车辆，或者将车辆遗弃导致丢失的，被盗车辆的价值计入盗窃数额；（三）为实施其他犯罪，偷开机动车作为犯罪工具使用后非法占有车辆，或者将车辆遗弃导致丢失的，以盗窃罪和其他犯罪数罪并罚；将车辆送回未造成丢失的，按照其所实施的其他犯罪从重处罚。”

导致车辆丢失的，以盗窃罪定罪处罚”，“将车辆送回未造成丢失的”，不以盗窃罪论处。笔者完全赞成该司法解释对偷开他人机动车的案件的处理意见。偷开机动车，“将车辆送回未造成丢失的”，正是前文所述的典型的盗用机动车的情形，按我国刑法的规定，确实不能以盗窃罪定罪处罚。但“偷开机动车，导致车辆丢失的”，一般只会发生在偷开者未将车辆送回原处而遗弃在其他地方的场合。由于其不将车辆送回而遗弃他处的，可以视为其处分车辆的行为，且这种处分行为又导致被害人车辆丢失即事实上造成了财物损失，这同行为人为急用盗窃他人手机，打完电话之后将手机扔掉被第三者拾得后卖掉一样，不能以行为人未想长期占有所盗之物，作为否定其行为的盗窃性质的依据。

（三）盗用、盗卖房屋等不动产案件的处理

对于盗用、盗卖房屋等不动产的行为，能否认为是盗窃财产性利益的行为，以盗窃罪定罪处罚？持肯定说的论者大多作肯定回答。但笔者对此持否定态度。

众所周知，盗用房屋等不动产的案件，如偷偷进入他人住宅长时间居住，在他人土地上大面积种植农作物等，司法实践中时有发生。其中，盗用房屋是最典型的实例，不仅发案较多，而且学界对此定性意见不一，持肯定说的论者也不例外。例如，黎宏教授认为，盗用他人房屋的，对于该房屋的使用价值，可以构成（利益）盗窃罪。① 而张明楷教授认为，盗用他人房屋的不成立对财产性利益的盗窃罪，认定为非法侵入住宅罪即可。② 笔者赞成张明楷教授的意见。

如前所述，盗窃罪是一种直接夺取占有（即直接转移占有）的犯罪，房屋之类的不动产的不可移动性，决定了其本身不可能被直接夺取占有即不能成为窃取的对象。“使用房屋、利用房屋以及盗用房屋的行为，并不意味着行为人取得了对房屋本身的占有，因而不符合‘盗窃’的行为特征，不可能对房屋本身成立盗窃罪。”③ 如果认为构成对使用房屋本身所产生的财产性利益的盗窃，也面临同样的难以解释盗用房屋者存在“打破占有并建立新的占有”的问题。因为“行为人盗用被害人房屋的行为，虽然取得了财产性利益，但这一行为并不符合‘盗窃’的行为特征。这种行为如同行为人没有买票溜进电影院观看电影一样，只是没有交付相应费用，……不是将他人利用房屋的财产性利益转移给自己或者第三者占有”④。对盗用房屋情节严重，确实有必要性当犯罪处罚的案件，即便不能按盗窃罪定罪处罚，也还可以考虑按非法侵入住宅罪定罪处罚，最高可以处 3 年有期徒刑，不会出现肯定论者所担忧的处罚漏洞或处罚畸轻的问题。

另外，对盗卖房屋等不动产的案件，张明楷教授认为，“如果行为人对不动产的产权建立了新的事实上的占有，则能认定为对财产性利益的盗窃。……违反产权

① 黎宏．论盗窃财产性利益．清华法学，2013（6）：134－135.

② 张明楷．论盗窃财产性利益．中外法学，2016（6）：1439.

③ 同②1438.

④ 同②1438－1439.

人的意志，将产权人的不动产谎称为自己的不动产出卖给第三者的，对产权人成立盗窃罪，对第三者成立诈骗罪（二者属于想象竞合）”①。由于司法实践中对盗窃罪的处罚重于诈骗罪的，按处理想象竞合的原则，自然是要以盗窃罪定罪处罚的。问题在于，对盗卖房屋的案件，认定“行为人对不动产的产权建立了新的事实上的占有”的根据何在？毋庸置疑，不动产的产权作为一种法律权利，行为人到有关权力机关办理过户手续即可认为房产权已发生转移，但这种转移只是财产的转移。“盗窃罪中，占有的转移体现为客观的‘拿走’行为，……占有的转移是有空间性的，而财产的转移则是观念上的。”② 因此，房屋的产权这种财产性利益由原房主转移到新主人的名义之下的，同盗窃罪的占有转移不可等同看待。简而言之，房屋的产权是一种法律上的权利，是观念性的东西，不可能被人直接“拿走”，房屋产权的转移不同于盗窃罪中占有的转移。因此，房产权这种财产性利益不可能成为盗窃罪的侵害对象。

盗卖他人房屋的案件，大多表现为行为人假冒自己是房屋产权人或者谎称受产权人委托代卖房屋，使买方产生误信而与之达成买卖协议，并将买房款交付给行为人，这完全具备诈骗罪的构成要件，对行为人按诈骗罪定罪处罚也是理所当然的结论。并且，这样定性与行为人的主观认识和一般民众的观念完全一致。因为别人的房屋自己搬不动，别人的房屋产权自己也拿不走，卖掉别人的房屋从买房者手中骗取到钱，这既是其主观上所追求的目标，也是其行为之社会危害性的关键所在。事实上，其行为对房屋产权人的房屋本身也并未造成任何损害，危害结果也体现在其骗取到了买房者大量的钱款，且有可能无法追回。因此，对此按诈骗罪定罪处罚是恰当的。况且，诈骗罪的法定刑与盗窃罪的相当，只不过司法实践中对诈骗罪的处罚比盗窃罪的事实上轻一点。按诈骗罪处罚行为人不仅不会出现处罚过轻的现象，而且判处比按盗窃罪处罚轻一点的刑罚，反而更为合理。因为毕竟行为人不是直接从被害人包中窃走了大量钱款，而是被害人受骗后向其交付了同样数额的钱款，前者是直接夺取他人财物，后者是由他人交付而取得其财物，这正是对诈骗罪的处罚要轻于对盗窃罪的根本原因所在。

（四）逃交高速公路通行费案件的处理

近些年来，逃交高速公路通行费的案件呈多样性多发的态势，对这类案件如何定性处理，成为司法实践中的一大难题。笔者在此仅讨论其中与本节主题相关的这样一类案件的定性问题：司机在收费站趁放行前车的横杆尚未落下之际，以紧跟前车开走的方式逃避交纳车辆通行费。在此之中，有的可能是趁收费员不注意而“偷偷溜走”；也有的是在收费员盯着甚至提醒其交费时“扬长而去”。特别是对前一种“偷偷溜走”型逃费案如何定性，司法实践颇有争议。肯定财产性利益可以成为盗

① 张明楷．论盗窃财产性利益．中外法学，2016（6）：1439－1440．

② 徐凌波．虚拟财产犯罪的教义学展开．法学家，2017（4）：53．

窃罪对象的论者认为，这是盗窃财产性利益的实例，在构成犯罪的条件下，无疑应当按盗窃罪来定罪处罚。如果否定财产性利益可以成为盗窃罪的对象，即便行为人采取这种“偷偷溜走”的方式逃交费用数额较大，确实有必要当犯罪来处罚，那也无法对其定罪处罚，这就会“导致刑法处罚上的重大破绽”①。但是，否定论者认为，对这种案件还可以按诈骗罪来定罪处罚。②

在笔者看来，肯定论者认为，这种“偷偷溜走”型逃费行为是盗窃财产性利益，可能构成盗窃罪，但正如前文所述，盗窃罪是一种直接夺取占有的财产罪，即财物在别人的占有之下，行为人转移归自己占有，也就是行为人必须要打破别人的占有并建立新的占有，简而言之，就是“拿走”。而财产性利益大多是一种法律上的权利，如果没有权利人相应的行为或动作，财产性利益就不会发生转移。以这里讨论的“偷偷溜走”型逃费为例，笔者也不否认，行为人使用高速公路后应交费而不交，无疑获取了财产性利益。肯定论者认为，行为人是通过“偷偷溜走”来逃费即免除债务的，也就是采用此种方式窃取了财产性利益。但是，债权债务作为一种法律上的权利，行为人怎么能“窃取”，司机不交费开车“偷偷溜走”，他直接夺取了收费站、收费员或其他人占有的什么呢？通俗地说，他“拿走”了别人什么东西？如果没有直接夺取他人占有的财物或者说没有“拿走”他人任何东西，那也就不具备盗窃罪窃取他人财物的构成要件，从而不可能构成盗窃罪。

笔者认为，对这类案件可以按诈骗来处理。肯定论者否定其诈骗性质的主要理由在于，诈骗的特点是行为人采用欺骗手段、使对方产生错误认识并交付（或处分）财产，从而获取他人财产，使他人遭受财产损害。但在司机不交费却开车“偷偷溜走”的场合，因不属于收费人员误以为其已交费予以放行，也不存在其他使收费人员产生误认而放行的事由，即不是收费人员因受司机的骗产生误认而不收其应交的路费并予以放行，而是司机自己不交费且未经允许开车“偷偷溜走”的，也就是不具备因对方受欺骗而交付（或处分）财产这一诈骗罪的构成要件，所以不可能构成诈骗罪。持此主张的论者只看到了司机不交费即不履行债务这一面，而忽视了债务产生的根本原因是其使用了高速公路、享受了高速公路建设者管理者提供的服务，享受有偿的服务就会产生付费的义务（即债务）。“路人的通行和收费站的收费可以理解为民事法律关系，即合同或者契约。在高速公路通行有偿服务的合同中，作为当事人双方秉承的是诚实信用、等价有偿原则。”③ 路人（即司机）进入高速公路，如同旅客入住旅店一样，事实上与对方形成合同关系，合同对方（即高速公路、旅店管理方）有为使用高速公路、入住旅店的人士提供服务的义务，路人、旅客在离路、离店时有付费的义务。路人通行之后不交费开车“偷偷溜走”，无疑是在高速公路管理方按有偿服务的合同履行了义务（即提供了服务）之后，路人不履

① 黎宏．论盗窃财产性利益．清华法学，2013（6）：124.

② 许桂敏．偷逃高速公路费的求证：入罪与认定．公民与法，2012（12）：10.

③ 同②11.

行（并且是意图永久不履行）自己按合同规定应承担的付费义务，同住旅店的客人不付费而溜走一样。由于高速公路、旅店的管理者误以为其入路、入店，享受服务后会按约付费，但实际上他并不付费而是要享受免费服务，因而高速公路、旅店的管理者是因误认才为其提供服务的，如果早知其不会付费也就不会让其使用道路、入住旅店（即不会提供相应的服务），可见，此种逃费行为的实质是骗取有偿服务这种财产性利益。

如前所述，按我国刑法第 224 条的规定，“收受对方当事人给付的货物、贷款、预付款或者担保财产后逃匿的”，即意图永久不履行合同规定的自己一方的义务，也就是具有非法占有目的的，是该条明文列举的一种合同诈骗的表现形式。使用高速公路即享受合同对方提供的服务后不付费“偷偷溜走”的，这同收受合同对方当事人给付的货物后不履行付款义务而逃匿的，并无实质上的差异。只不过合同诈骗罪所利用的合同往往是书面合同，骗取对方当事人货物所涉及的合同大多是货物（有体物）的买卖合同，而使用高速公路后逃费涉及的合同是按惯例形成的事实合同（非书面合同），是一种有偿服务合同；路人通过不履行合同所得到的是对方提供的“免费服务”，这同买方不按合同履行付款义务所得到的是对方提供的“免费货物”，只有形式上的差异并无实质的不同，因而将其认定为诈骗（即骗取有偿服务）是有法律依据的。并且，这种逃交高速公路通行费的行为，同旅客住旅店后不交费而逃离的行为十分相似，对于这类享受有偿服务后逃费的行为，我国过去的司法实践大多也是按诈骗定性处理的。

顺便指出，对前述司机在收费人员提醒其交费时仍紧跟前车开走车的“扬长而去”型逃费案，有论者认为，这是趁收费人员不备或无法阻拦，快速跟进，绝尘而去，从而逃避交纳通行费的行为，这属于抢夺财产性利益的情形，若逃费数额较大，应以抢夺罪定罪处罚。① 但笔者认为，抢夺罪与盗窃罪一样，是一种直接夺取财物占有的财产罪，大多表现为行为人在财物管理者的眼前，趁其不备将财物拿了就跑（即公然夺取）。这就决定了财产性利益不可能成为抢夺罪的侵害对象。因为财产性利益不可能被他人“拿了就跑”。事实上，这种“扬长而去”型逃费，同上述“偷偷溜走”型逃费并无实质差异，都是享受服务后违反合同不付费，也应认定为诈骗。同旅客住旅店后拿着行李经过前台时，收费人员提醒其交费，他却通过快速跑掉的方式逃费，对这种行为也只有按诈骗（即骗取有偿服务）来定性处理才合适。应当注意的是，如果行为人实施的不是这类单纯逃交高速公路通行费用的行为，而是通过对收费人员采用暴力或以暴力相威胁等侵害人身的手段，强行逃避应予交纳的通行费用的，则可以视为抢劫财产性利益，按抢劫罪定罪处罚。

① 田宏杰，等．跟车逃交高速通行费行为如何认定？学者专家意见分歧．http：//www.sohu.com/a/320573931_382470.

第五节 窃取网络虚拟财产

随着计算机科学技术的发展和网络的普遍应用，网络在社会生活中的作用也越来越大。网上娱乐尤其是网络游戏的繁荣发展，使网络虚拟财产大量涌现，并出现了一类新的侵权现象即侵犯网络虚拟财产现象，其中，窃取网络虚拟财产的案件不仅占绝大多数，而且在定性上目前仍有较大分歧。

一、定性分歧及其评析

对于窃取网络虚拟财产[①]情节严重的行为如何定性处理？在2009年《刑法修正案（七）》增设非法获取计算机信息系统数据罪之前，各地司法机关做法不一，有的一概不作为犯罪处理；有的作为犯罪来处罚，但定性却不一致，其中，大多是按盗窃罪定罪，部分是按侵犯通信自由罪定罪，部分是按破坏计算机信息系统罪定罪处理。[②]《刑法修正案（七）》颁布之后，各地司法机关对于这种行为的定罪仍不统一，有的按非法获取计算机信息系统数据罪定性，也有的还是按过去的做法定为盗窃罪，甚至还存在对同一案件一审以盗窃罪定罪、二审按非法获取计算机信息系统数据罪定罪的混乱现象。[③]

目前，我国刑法理论界对窃取网络虚拟财产行为应如何定罪，也存在认识分歧，主要有四种不同主张：第一种主张定非法获取计算机信息系统数据罪，认为《刑法修正案（七）》生效后，凡是违反国家规定，侵入计算机信息系统，非法获取其中存储、处理或者传输的数据，情节严重的，无论该计算机信息系统数据是否具有财产属性，是否属于值得刑法保护的虚拟财产，都不应再以盗窃罪论处。[④] 第二种主张定盗窃罪，认为《刑法修正案（七）》增设非法获取计算机信息系统数据罪，主要针对的是网络安全秩序，所以非法获取虚拟财产以外的其他计算机信息系统数据的行为，应按此罪处罚，但是，以盗窃方式获取虚拟财产这种类型的电子数据的，主要针对的是虚拟财产所有者的财产权益，因此应定盗窃罪。[⑤] 第三种主张认为，盗窃网络游戏虚拟财产构成犯罪的，同时触犯盗窃罪与非法获取计算机信息系

① 网络虚拟财产有广义与狭义之分。广义的网络虚拟财产，是指一切存在于特定网络虚拟空间的专属性的虚拟物，包括ID（如QQ账号、电子邮箱）、虚拟货币、虚拟装备等；狭义的网络虚拟财产，则是指大型多人在线网络游戏中的物品，如特定网络游戏中的游戏币、武器、服装、土地或其他具有价值的物品。本文中的虚拟财产是从狭义而言的，即仅指这类虚拟物品。

② 陈云良，周新．虚拟财产的刑法保护路径之选择．法学评论，2009（2）：147.

③ 夏尊文．论盗窃网络游戏虚拟财产行为定性的法律根据．行政与法，2014（4）：113.

④ 梁根林．虚拟财产的刑法保护——以首例盗卖QQ号案的刑法适用为视角．人民检察，2014（1）：6.

⑤ 王志祥，袁宏山．论虚拟财产刑事保护的正当性——与侯国云教授商榷．北方法学，2010（4）：156.

统数据罪两个罪名，属于想象竞合，可择一重罪处断。① 第四种主张认为，行为人实施盗窃虚拟财产的行为，必然要利用计算机网络系统，将不可避免地发生牵连犯罪的情况，同时触犯盗窃罪、非法侵入计算机信息系统罪、非法获取计算机信息系统数据罪等罪，一般应从一重罪处罚。②

在笔者看来，上述第四种主张（即“牵连犯说”），显然无法立足。众所周知，牵连犯是实质的数罪，即行为具备数个独立的构成要件，存在数罪并罚的可能性。正因为如此，刑法对有些牵连犯规定实行数罪并罚，对有些牵连犯则从处罚便宜性的需要出发规定从一重罪处罚。但牵连犯成立的前提是必须要有两个以上（含两个）犯罪行为，仅实施一个行为或数行为只成立一罪（即属于复行为犯）的，不可能构成牵连犯。而在窃取网络游戏虚拟财产的场合，行为人虽然通常既实施了非法侵入计算机信息系统的行为，又实施了获取其中存储、处理或者传输的数据（虚拟财产）的行为，但由于非法侵入计算机信息系统或者采用其他技术手段，是构成非法获取计算机信息系统数据罪的必要条件，如果没有采取这种特定手段，而获取计算机信息系统数据的，那就不构成这种罪，因此应当认为此罪是复行为犯，从而不能认为非法侵入计算机信息系统罪与非法获取计算机信息系统数据罪之间存在牵连关系。如同采取伤害被害人的手段夺取其财物的抢劫犯罪一样，不能说存在故意伤害罪与抢劫罪两种犯罪相牵连的问题。至于非法获取计算机信息系统数据罪与盗窃罪之间，更不可能存在牵连关系，而有可能是一种竞合关系，即对一个窃取网络游戏虚拟财产的行为，认定为既触犯非法获取计算机信息系统数据罪又成立盗窃罪。当然，这是以从不同的角度对同一行为进行评价成立两罪（或两个以上罪）为条件的，如果仅成立一罪也就不可能存在竞合关系。肯定两罪之间存在竞合关系之后，还要进一步弄清是想象竞合还是法条竞合。

上述第三种主张（即“想象竞合说”）认为，窃取网络游戏虚拟财产的行为，构成非法获取计算机信息系统数据罪与盗窃罪，两罪之间是一种想象竞合关系。有关这种行为能否构成盗窃罪，笔者将在下文展开论述。如果结论是否定的，即认为只可能构成非法获取计算机信息系统数据罪一罪，想象竞合也就无从谈起。但是，即使能够肯定盗窃罪成立，笔者认为，两罪之间的竞合关系也不是想象竞合，而是法条竞合。

一般认为，一行为触犯的数罪，若是由数法条所规定，且数法条之间存在重合或交叉关系的，是法条竞合；如果不存在这种关系，就是想象竞合。也就是说，想象竞合与法条竞合的根本区分，不在于是否必然触犯两个法条，而在于想象竞合是事实意义上的竞合，而法条竞合则是法律意义上的竞合。当行为触犯的两个法条之间存在从属（即重合）或交叉的逻辑关系时，是法条竞合；若不存在这种逻辑关系，则为想象竞合。③ 区分的关键在于对案件事实符合何种犯罪的构成要件进行评

① 夏尊文．论盗窃网络游戏虚拟财产行为定性的法律根据．行政与法，2014（4）：113.
② 邹政．盗窃虚拟财产行为的刑法适用探讨——兼论虚拟财产价格的确定．法律适用，2014（5）：75.
③ 陈兴良，周光权．刑法学的现代展开．北京：中国人民大学出版社，2006：383.

价或判断，总的原则是既要充分评价又要禁止重复评价。这是因为刑法对行为事实的评价，不能不足，也不能超过，必须不多不少刚刚好地完全评价。[①] 当一行为侵犯的法益与犯罪事实不能够被某一犯罪构成完全评价时，应宣告其触犯数罪，只因其是一行为不能实行数罪并罚，而被视为处罚上的一罪，这就是想象竞合的情形。当一行为侵犯的法益与犯罪事实，存在两个以上为保护同一法益而设立的犯罪构成可以适用时，由于禁止重复评价，只能选择最能反映案件全貌的犯罪构成来适用，这就是法条竞合。简而言之，在一行为触犯刑法规定之数罪的场合，如果选择适用一个刑法条文，就能对案件事实作出完整的评价，这是法条竞合，只需宣告行为人构成一罪；若不能对案件事实作出完整评价，则属想象竞合，应宣告行为人构成数罪，只是要从一重罪处断。

就窃取网络游戏虚拟财产的案件而论，如果肯定一个窃取虚拟财产行为既触犯非法获取计算机信息系统数据罪，又触犯盗窃罪，只要对两罪的构成要素作点比较，就不难发现窃取虚拟财产的行为包含了盗窃罪的所有构成要件要素，同时还要求在计算机信息系统中窃取并要侵入计算机信息系统或者采取其他技术手段这样两个特别要素。由于前罪的构成要素包含了后罪的构成要素的全部内容，宣告前罪（不宣告后罪）就能对其犯罪事实作出完整的评价，因此，二罪之间无疑不是想象竞合，而构成普通法条与特别法条相竞合的关系。其中，非法获取计算机信息系统数据罪的法条是特别法条，而盗窃罪的法条是一般法条。不过，即便肯定窃取虚拟财产的行为构成盗窃罪，也由于非法获取计算机信息系统数据罪还包含获取虚拟财产之外电子数据（即完全与盗窃罪无关）的情形，盗窃罪与非法获取计算机信息系统数据罪之间也并非完全包容与被包容的关系，后者只是有部分被包容，即二者存在相交叉的逻辑关系。

既然假设窃取网络游戏虚拟财产触犯的非法获取计算机信息系统数据罪与盗窃罪之间存在竞合关系，那只可能是法条竞合即特别法条与普通法条相竞合的关系，对此，无疑应该采取特别法优于普通法的原则，适用特别法条，即适用非法获取计算机信息系统数据罪（第 285 条第 2 款）定罪处罚。但是，当适用普通法条即盗窃罪（第 264 条）定罪处罚更重时，能否适用该法条定罪处罚呢？有学者持肯定态度[②]；笔者持否定主张，认为当普通法条与特别法条相竞合时，只有在法律有适用重法的例外规定的情况下，才能适用处罚更重的普通法条。例如，刑法第 149 条第 2 款规定："生产、销售本节第一百四十一条至第一百四十八条所列产品，构成各该条规定的犯罪（即特别法条规定的特殊类型的生产、销售伪劣商品罪——笔者注），同时又构成本节第一百四十条规定之罪（即普通法条规定的生产、销售伪劣产品罪——笔者注）的，依照处罚较重的规定定罪处罚。"由于刑法在涉及非法获

① 柯耀程．刑法竞合论．北京：中国人民大学出版社，2008：49.

② 冯亚东．论法条竞合的从重选择．法学，1984（4）：

取计算机信息系统数据罪与盗窃罪的规定中没有这样的类似规定，所以对此只能适用特别法条（第285条第2款）定罪处罚。这是由法条竞合的特点与罪刑法定的原则所决定的。刑法之所以设置特别法条，就是为了更好地揭示某种犯罪的本质，更充分地体现罪刑相应的原则。在司法实践中，只有适用特别法条的规定，才符合立法精神，才可能实现立法的目的。如果在法律没有例外规定的情况下，不适用特别法条的规定，那就是有法不依，并且在刑法某个条文对某种行为有明确的处罚规定的情况下，以该条文规定的处罚过轻为由，而适用处罚更重的其他法条，这明显违反罪刑法定原则。另外，当特别法条是关于减轻犯的规定时，如果采取重法优于轻法的原则，刑法关于减轻犯的规定就根本无法适用，势必成为一纸空文。正因为如此，在刑法没有特别规定的情况下，处理法条竞合问题，只能采取特别法优于普通法的原则。

上述第二种主张（即“盗窃罪说”）认为，由于《刑法修正案（七）》增设的非法获取计算机信息系统数据罪，主要针对的是网络安全秩序，而窃取网络虚拟财产虽然也是非法获取计算机信息系统数据的行为，但侵犯的主要是虚拟财产所有者的财产权益，与非法获取计算机信息系统数据罪的犯罪客体（或侵害法益）不符，因而应将这种行为排除在此罪的范围之外，另定为盗窃罪。笔者考虑到窃取网络虚拟财产行为主要侵害何种法益，确实与这种行为的科学定性有密切关系；且窃取网络虚拟财产能否被认定为“盗窃公私财物”，即是否符合盗窃罪的构成要件，也是能否定盗窃罪的关键所在，因而对这两个问题将在下文作专题论述。这里仅就把非法获取计算机信息系统数据罪中的“数据”，只限于网络虚拟财产之外的电子数据，这是否具有合理性、合法性的问题，发表一点不同意见。在笔者看来，这样的解释显然是一种限制解释。毋庸置疑，刑法并不绝对禁止限制解释，但从罪刑法定主义的立场而言，对刑法应严格解释，法国刑法第111～4条有这样的明文规定。① 所谓严格解释，自然是指按法条文字的字义来解释。而限制解释是对法条文字作比其字面含义更窄的解释。虽然理论界的通说允许作有利于被告人的扩张解释和限制解释，但原则上不允许作不利于被告人的扩张解释和限制解释已成为学界的共识，除非有充足的理由并且确实符合立法精神，才破例允许作扩张解释或限制解释。特别是当某人的行为符合法律规定的轻罪的成立条件时，司法者却对轻罪的成立条件作限制解释，将其行为排除在外而适用重罪的法条来处罚，这显然是违反罪刑法定原则的，也是我国刑法所禁止的。而按上述第二种主张，将窃取网络虚拟财产的行为按盗窃罪定罪处罚，最高可能处无期徒刑；以非法获取计算机信息系统数据罪定罪处罚，即便是情节特别严重的，最高也只能处7年有期徒刑。两相比较，可谓有天壤之别。由此可见，按上述第二种主张作如此不利于被告人的限制解释，显然不具有合理性，无疑也是违反罪刑法定原则的。

① 法国刑法第111～4条规定：“刑法应严格解释之。”

二、侵害法益之争

窃取网络虚拟财产行为侵害的法益是什么？要回答这一问题，当然有必要先弄清网络游戏中的装备等虚拟财产的法律性质。对于虚拟财产是否属于法律上的财产以及属于何种财产，目前学术界有财产否认说、物权说、债权说、知识产权说、特殊财产说（或新型财产说）、分阶段权利说、分类型权利说等几种不同学说，并且“整体上呈现出学说上的多歧样态”，难以形成较为一致的认识。① 笔者倾向于债权说。债权不同于物权，它是一种请求权，必须以相对人的意志作为中介，并需要他人的积极协助才能实现。而网络虚拟财产得依附于网络空间而存在，人们行使任何网络虚拟财产的权利，都必须依靠特定的网络运营商的配合。如果运营商不再维持服务器的运行，不再积极地处理玩家发布的每一条指令，那么玩家对网络虚拟财产的任何权利都将无法实现——甚至连删除都不可能。由此可见，网络虚拟财产权的本质是一种需要网络运营商积极配合才能实现的权利，是请求权，而不是支配权，是债权，而不是物权。②

即使能肯定网络虚拟财产是法律上的财产，也不能由此得出这样的结论：窃取网络虚拟财产的行为由于侵害的法益主要是财产法益，因而应按盗窃罪定罪处罚。因为我国刑法将许多盗窃特定财产（或物品）的行为，规定为侵犯财产的盗窃罪之外的其他犯罪。如盗窃枪支、弹药、爆炸物、危险物质，盗窃的这些物品或物质固然也是有经济价值的财物，但考虑到盗窃这类财物具有危害公共安全的特殊危险性，因而将其规定为独立的犯罪；又如盗伐他人承包经营管理的森林，也是盗窃他人财物的行为，并会给他人造成财产损失，但由于这种行为破坏了国家的森林资源，因而要按盗伐林木罪而不是盗窃罪处罚；再如盗窃商业秘密，是盗窃无形的知识财产的行为，无疑也会给权利人带来财产损失，但其侵犯的法益主要是知识产权，因而刑法将其纳入侵犯知识产权罪范围内的侵犯商业秘密罪中；如此等等。这些充分说明行为侵害法益的核心所在才是刑法所要保护的侧重点，并非只要有窃取某种物品的行为，同时给他人造成了财产损失，就要定盗窃罪这种侵犯财产的犯罪。由此可见，窃取网络虚拟财产的行为虽然会给游戏玩家带来财产损失，但这并不意味着对其应该按盗窃罪来定罪处罚，关键要看其侵害法益的核心所在，同时还得考虑其是否符合刑法规定的盗窃罪的构成要件。

那么，窃取网络游戏中的装备等虚拟财产行为的本质或侵害法益的核心何在？要回答这一问题，还必须弄清网络游戏及其装备（或虚拟物品）的特点。据有的熟悉网络游戏的专业人士介绍，所有的网络游戏都是一个计算机应用程序（即软件），游戏里的各种工具、装备，是软件开发人员编写的一段段功能不同的程序，即功能

① 董笃笃．虚拟财产法律学说的回顾与反思．重庆邮电大学学报（社会科学版），2013（5）：27.

② 肖鹏．网络虚拟财产的民法属性及刑法保护//中国人民大学刑事法律科学研究中心编．网络犯罪的刑事法应对学术研讨会会议论文集．2014：217－218.

软件模块。同一种网络游戏中，有大炮装备与没有大炮装备的游戏相比，只是同一种游戏软件功能配置的区别，前者用起来功能更强大，玩家玩得更开心。这些功能软件通过有形的载体表现出来就不是虚拟财产，而是无形资产（或智力成果），在法律上表现为权利人拥有的一种权利。作为权利人的游戏运营商可以许可玩家使用游戏软件，通常是由玩家付费而获得游戏软件使用权，双方之间形成许可使用与被许可使用的法律关系。所谓装备被盗，形式上表现为运营商服务器里玩家账号项下的相关数据丢失，法律上表现为不同的权利人的权利受到侵害。① 玩家失去的是使用具有该种功能软件的权利，从而使其享受不到应有的游戏娱乐服务，同时，导致运营商提供给玩家的服务不能到位，自然会使客员减少、经营收益降低。可见，窃取网络游戏中的装备等虚拟财产行为的本质或侵害法益的核心所在，并非侵犯财产所有权，而是妨碍网络游戏娱乐与经营活动，因而不具备盗窃罪的本质。

还应当看到，对窃取网络游戏装备的行为按盗窃罪定罪处罚，将网络游戏中的虚拟财产当作财产来保护，这就意味着国家事实上承认虚拟财产与真实财产在法律上具有同等地位，虚拟财产与真实财产的兑换就成了顺理成章的事，虚拟财产的价值也就会不断飙升，网络游戏行业就可能偏离其发展轨道，并且会为洗钱、赌博等犯罪提供方便。② 事实上，国家有关行政机关已经意识到了这一点，并已采取相应的防范措施。如文化部、商务部在2009年下发的《关于加强网络游戏虚拟货币管理工作的通知》中明确指出："本通知所称的网络游戏虚拟货币，是指由网络游戏运营企业发行，游戏用户使用法定货币按一定比例直接或间接购买，存在于游戏程序之外，以电磁记录方式存储于网络游戏运营企业提供的服务器内，并以特定数字单位表现的一种虚拟兑换工具。网络游戏虚拟货币用于兑换发行企业所提供的指定范围、指定时间内的网络游戏服务，表现为网络游戏的预付充值卡、预付金额或点数等形式，但不包括游戏活动中获得的游戏道具。"该《通知》将网络游戏虚拟货币界定为"电磁记录"（即电子数据），仅"用于兑换发行企业所提供的指定范围、指定时间内的网络游戏服务"，不得用于支付、购买实物产品或兑换其他企业的任何产品和服务。原文化部、公安部、原信息产业部等14个部委在2007年联合印发的《关于进一步加强网吧及网络游戏管理工作的通知》也明确指出，网络游戏服务商不得提供以虚拟货币等方式变相兑换现金、财物的服务。这表明我国的有关行政规范性文件已规定，包括虚拟货币在内的网络游戏虚拟财产只能在网络游戏中使用，不能用来交易，也不能变相兑换现金、财物。不仅我国的有关行政主管机关对网络游戏虚拟财产持这种态度，而且国外也有一些国家的法律有这方面的明文规定。如在网络游戏发达的韩国，法律早已禁止虚拟物品的交易。③ 既然国家的法规

① 青锋．网络虚拟财产：刑法保护中的价值冲突和选择．理论视野，2007（5）：55-56.

② 侯国云．论网络虚拟财产刑事保护的不当性——让虚拟财产永远待在虚拟世界．中国人民公安大学学报（社会科学版），2008（3）：38.

③ 施凤芹．对"网络虚拟财产"问题的法律思考．河北法学，2006（3）.

禁止用网络游戏中的虚拟物品来交易，那就表明它不是财物，而只是网络游戏运营商家已经或即将提供的游戏服务，窃取网络游戏装备等虚拟物品（包括虚拟货币）的，侵犯的就并非财产所有权，因而不可能构成盗窃罪。

有论者提出，“我国现行法律并未禁止对虚拟财产的拥有和流转，国家不会因为公民在网络游戏中获取虚拟财产而对公民进行惩罚，现行法律也不禁止虚拟财产的交易，相反，虚拟财产和真实财产之间在网络上已经形成一整套固有的、自发的换算与交易机制。虚拟财产可以进行交易，这也就说明它具有流转性。基于社会上存在的对网络虚拟财产的需求，通过立法来禁止网络虚拟财产交易是不可行的”①。毋庸置疑，法律并不禁止公民拥有和流转虚拟财产，网民之间在游戏网络上用此种虚拟物品（如大刀）交换彼种虚拟物品（如大炮）自然是允许的，但这不是财物的交易，如同在同一游戏场地上，用自己玩的此种小车换他人玩的彼种小车，只是互换娱乐工具使用。至于民间大量存在的虚拟财产与真实财产相交易的现象，甚至存在有人以此为业来牟取暴利的现象，这固然是客观事实，但不能由此得出这种交易具有合法性的结论，更不能以此作为要把虚拟财产当财产来保护的根据所在。如同利用打牌娱乐的形式赌博，是社会上普遍存在的现象，但法律当然要禁止，对赌博欠下的赌债自然不能动用法律手段来保护。如果将网络游戏中的虚拟物品作为财物来保护，如行为人窃取了被害人花5 000元从另一玩家那里买来的虚拟物品（屠龙刀），法院认定其盗窃了5 000元财物，对其按盗窃罪定罪处罚，那么就意味着我们的司法机关事实上将虚拟物品认定为财物，对被害人非法购买虚拟物品的行为予以保护，这当然不具有合理性。应当肯定被害人花钱购买虚拟物品的行为具有非法性，但其在网络上享受游戏服务的权利则应受到保护，行为人窃取其虚拟物品的行为就是对此种权利的侵犯，如果具备情节严重的条件，对其应按非法获取计算机信息系统数据罪定罪处罚。

另外，从国外的立法和司法情况来看，据笔者所知，德国、瑞士等许多国家都不将盗窃网络游戏中的虚拟财产按盗窃罪来定罪处罚。例如，德国刑法第 303 条 a 规定了专门的“变更数据罪”，对非法消除、扣压、使其不能使用或变更计算机信息系统数据（或电磁记录）的行为，规定了单独的法定刑。由于窃取网络游戏装备等虚拟财产的实质是非法获取计算机信息系统数据的行为，因而也在此种犯罪之列。之所以不把窃取网络虚拟财产的行为按盗窃罪定罪处罚，“这是因为《联邦德国民法典》规定的财产权只能存在于物上而不能在数据上，同样，在民法上限于物上的占有权和使用权也不能存在于数据上，这些权利只可能存在于数据的内存上。侵犯数据的可用性必然侵犯数据的使用权，因此，该条也保护对数据的使用权”②。又如，瑞士刑法第 143 条单独设立了“非法获取数据罪”，明确规定“为使自己或

① 王志祥，袁宏山．论虚拟财产刑事保护的正当性——与侯国云教授商榷．北方法学，2010（4）：151.

② 皮勇．论欧洲刑事法一体化背景下的德国网络犯罪立法．中外法学，2011（5）：1055.

他人非法获利，为自己或他人获取以电子或以类似方式储存或转送的非本人的已经采取特殊保安措施的数据的，处5年以下重惩役或监禁刑”。窃取网络游戏装备等虚拟财产，无疑也是非法获取电子数据的行为，当然得按该条的规定定罪处罚，而不是按盗窃罪定罪处罚。

如前所述，认为对窃取网络虚拟财产的行为不能定非法获取计算机信息系统数据罪的一条根本理由是，“盗窃虚拟财产显然没有扰乱公共秩序，它应属于侵犯财产类犯罪，而我国刑法将非法获取计算机信息系统数据罪归于扰乱公共秩序罪”①。但是，笔者认为，网络游戏装备等虚拟财产实际上是计算机信息系统的电子数据（或电磁记录），窃取虚拟财产也就是窃取电子数据，就会使计算机信息系统的运行受到妨害甚至无法运行。就网络游戏而言，只有预先设计的计算机信息系统能够正常运行，游戏玩家才能进入并按计划娱乐，游戏营运商才能正常经营获取利润。因此，保护网络游戏中的虚拟财产，归根到底是要保护游戏软件或计算机信息系统的正常运行。而窃取网络游戏软件系统的电子数据妨害了游戏软件正常运行（即妨害计算机信息系统运行），这是扰乱公共秩序的一种表现，也是其侵害法益的核心所在，所以要按此来论罪，而不是按盗窃财物来论罪。这正是许多国家或地区将窃取网络游戏中的虚拟财产的行为，以非法获取电子数据（或电磁记录）罪（不按盗窃罪）定罪处罚的根本原因所在。

三、不符合盗窃罪的构成要件

根据我国刑法第264条的规定，“盗窃公私财物”是盗窃罪成立必须具备的客观要件。“财物”与“财产”是具有不同含义的法律概念，二者不能等同。即使能够肯定网络虚拟财产具有财产的属性，也不意味着它就是“财物”，能够成为盗窃罪的侵害对象。如文学作品、计算机软件之类的智力成果，是一种无形资产，是法律上的财产，可以成为侵犯著作权罪侵犯的对象，但却不能成为盗窃罪的侵害对象。网络虚拟财产的自然属性是电子数据（或电磁记录），是一种无形的东西，明显不同于刀、枪、车、马之类有形的物。因此，虚拟财产肯定不属于“财物”中的有体物。

有论者提出，窃取网络游戏中的装备后又转卖给了他人的，行为人不仅自己得到了金钱，而且由于游戏装备大多是游戏玩家花钱获取的，实际上使被害人损失了金钱，这同盗窃实物后通过销赃获取金钱并无本质差别，为何不能构成盗窃罪呢?② 在笔者看来，窃取网络游戏中的装备与窃取现实世界中的实物有重大差异。如前所述，网络游戏是计算机的功能软件（或电子数据、电磁记录），拥有这种功能软件的游戏运营商可以大量复制，游戏玩家花钱取得游戏装备并非取得（或独占控制）了该功能软件，而只是具有了使用该功能软件的权利或条件，窃取网络游戏

① 李遐桢．论盗窃虚拟财产的定性．河北法学，2012（11）：32.

② 许富仁．关于盗窃虚拟财产的价值及其行为本质的分析．学术交流，2006（5）：40.

玩家花钱买来的游戏装备，也同样只是非法获取了游戏装备的使用权，并非是取得（或独占控制）了游戏装备本身。因为网络游戏装备只能存在于特定的网络游戏系统之中，离开了该网络游戏系统，其中的游戏装备也就不复存在。这就决定了窃取网络游戏装备者，不可能转移占有游戏装备，通俗地说就是拿不走，而只可能排除他人使用，自己非法使用或通过让他人使用来收取费用。如同行为人将某游戏娱乐场所中特定轨道游戏车的锁换掉，使花钱取得钥匙来开游戏车的人因打不开车锁而无法使用，行为人自己开车玩乐或通过让别人开车玩乐以收取费用，但他不可能将游戏车开出游戏场地，置于自己的独立占有或掌控之下。对这种妨碍权利人使用游戏装备并通过让他人使用来非法收取费用的行为，按盗窃定罪处罚，显然不具有合理性。因为盗窃罪是一种夺取财物占有的犯罪，即财物在他人的占有之下，行为人采用窃取的方式使之脱离他人的占有而置于自己的占有之下。不转移财物的占有，只是未经授权而非法使用（包括盗用）他人财物的，有可能构成盗用性的其他犯罪，但在法律没有特别规定的条件下，不能被定为盗窃罪。

毋庸讳言，我国刑法理论的通说认为，窃电之类的行为由于普遍存在，并且同盗窃有形体的实物没有本质差异，有必要按盗窃罪定罪处罚，司法实践中也一直是在这么做。因此，作为盗窃罪侵害对象的"财物"并非仅限于有体物。既然如此，能否将网络虚拟财产纳入"财物"中之"无体物"的范围呢？对此，不少论者持肯定态度①；但笔者的回答是否定的。有关财物是否仅限于有体物的问题，国外刑法理论界早就有争议，各国司法实践中的做法也不一样。例如，对窃电行为，德国过去的最高裁判所从有体性说的立场出发，认为电不是财物，对窃用电的行为不能按盗窃罪处罚，而应该另设处罚规定。后来德国在修改刑法时，增设了盗用电力罪。可见，德国的立法和司法将盗窃罪对象的财物仅限于有体物。② 在日本，由于民法规定"物是指有体物"，但刑法中有"电气也视为财物"的规定，因此，对于刑法中的财物是否仅限于有体物的问题，有较大争议。不过，日本刑法理论界的通说是"有体物说"，认为"电气也视为财物"的规定表明，"电气"本来不是财物，只是例外地视为财物。因此，尽管从保护的必要性与处罚的妥当性来看，对电气以外的有物理的管理可能性的能源也应纳入财物的范围，但从罪刑法定主义的立场而言，还是应该严格解释，即使是与电气有同样的物理的管理可能性的热气、冷气之类的能源，仍不应包含于财物之中。③ 另外，我国台湾地区的刑法将盗窃罪的对象限定为"动产"，但为了扩张盗窃罪的保护财产的范围，设有准动产的规定，即"电能、热能及其他能量，……以动产论"。台湾大学林山田教授认为，台湾地区刑法中盗窃罪的窃取客体，"似仍以有体物为限，无体物则有待条文的规定，方能成为本罪的窃取客体"。因为作为盗窃罪构成要件的窃取行为，首先破坏了他人对物的持有、

① 赵秉志，阴建峰．侵犯虚拟财产的刑法规制研究．法律科学，2008（4）：154.

② 大塚仁等编．刑法解释大全：第9卷．东京：青林书院，1988：165.

③ 大谷实．刑法讲义各论：新版2版．东京：成文堂，2007：175－176.

支配关系，其次再建立一个新的持有、支配关系，而无体物不具备这种被窃取的条件。① 所谓窃取网络游戏中的装备等虚拟财产，正如前文所述，无非是行为人采用技术手段盗用他人网络上的游戏装备，根本不存在破坏他人对物的持有、支配关系的问题，也不可能再建立一个新的持有、支配关系。并且，网络游戏中的武器装备等虚拟物品是精神范畴的东西，并不能对客观世界直接发挥作用，而电能、热能等能量是物质范畴的东西，能对客观世界直接产生有形的影响（如电可用来照明、驱动机车）；况且，盗用网络游戏中的武器装备等虚拟物品同盗用电力等能量也有重要差异，电能、热能等能量经使用后即消耗殆尽，但网络游戏中的虚拟装备被行为人盗用之后，仍然还在网络游戏运营商控制的网络游戏场中，甚至还可能原样返还给特定的游戏玩家。

有学者认为，在我国，盗窃财产性利益也可能构成盗窃罪。② 如果采取这种主张，窃取网络游戏装备后，即便没有转卖获利，仅仅只是自己使用，由于其免费享受了他人提供的游戏服务，自然获取了财产性利益，当然有可能构成盗窃罪。但是，笔者不赞成这种主张。从我国刑法的规定来看，固然不能将财产性利益排除出所有侵犯财产罪的对象范围之外，将部分侵犯财产罪（如诈骗罪、敲诈勒索罪）对象的“财物”扩大解释为包含财产性利益是合理的，但将所有侵犯财产罪特别是盗窃罪对象的“财物”，扩大解释为包含财产性利益则不具有合理性、合法性。如将我国刑法第 267 条和第 275 条规定的“抢夺公私财物”“故意毁坏公私财物”之中的“财物”，解释为包含财产性利益，显然是不可思议的。由此可见，对我国刑法规定的侵犯财产罪对象的“财物”，是否有必要扩张解释为包含财产性利益，还得根据各种具体财产犯罪的特点而定，不可一概而论。

从德国、日本等大陆法系国家的刑法规定和理论解释来看，“认为债权等财产性利益不能成为盗窃罪的对象，可谓 19 世纪的观念”③。德国、日本等大陆法系国家至今仍不改变这种观念，在笔者看来，仍然是因为只有“基于被害人有瑕疵的意思，才可能转移债权等财产性利益，所以，这些国家的刑法往往规定抢劫罪、诈骗罪、敲诈勒索罪的对象可以是财产性利益”④。而不把财产性利益规定为盗窃罪的对象，还是由于前文所述的盗窃的特点是行为人直接夺取他人占有的财物，债权等财产性利益是一种无形的法律上的权利或利益，不可能直接被人夺取。况且，刑法理论关于盗窃既遂与未遂的区分，也是以财物是否脱离被害人的占有或行为人是否占有财物为标志的。债权等财产权利不能被人在事实上占有，只是在民事法律的观念上才可以被占有，因而不能成为刑法中盗窃罪的侵害对象。如果将债权等财产性利益规定或解释为也可以成为盗窃罪的侵害对象，那显然与侵犯财产罪的刑法理论不符。

① 林山田．刑法各罪论：上册．北京：北京大学出版社，2012：211－212.

② 黎宏．刑法学各论．2 版．北京：法律出版社，2016：313.

③④ 张明楷．也论用拾得的信用卡在 ATM 机上取款的行为性质——与刘明祥教授商榷．清华法学，2008（1）：107.

应当指出，我国刑法第265条规定，“以牟利为目的，盗接他人通信线路、复制他人电信码号或者明知是盗接、复制的电信设备、设施而使用的”，依照盗窃罪的规定定罪处罚。因此，有学者认为，“我国刑法的规定与审判实践也肯定了财产性利益可以成为盗窃罪的对象”①。笔者也不否认，盗用这些设备设施，免费享受某种服务，的确是获取了财产性利益，但毕竟同刑法第264条规定的“盗窃公私财物”有差异，正因为如此，刑法才有必要用专条作规定。如果说“盗窃公私财物”当然包含了这种情形，刑法单独用一条作此规定就是画蛇添足了。应当认为，我国刑法第265条将盗用他人电信设备、设施的行为规定以盗窃罪定罪处罚，这实质上是一种法律的拟制。不过，应当看到，许多国家的刑法在“盗窃”罪之外，单独规定有相关的“盗用”罪，如德国刑法在盗窃罪之外，另规定有“盗用电力”罪（第248条c)、“无权使用交通工具”罪（第248条b)；特别值得一提的是，挪威刑法第403条规定：“没有支付固定费用而试图骗取封闭场所的演出、展览或者聚会，或者乘坐船舶、火车等旅行的，处罚金或者3年以下监禁。”该条之罪不仅与盗窃罪不在一章中，而且被纳入轻罪的范围，处罚比盗窃罪的轻得多。由此可见，盗用某些设施、骗取某种服务固然可以获取财产性利益，但同盗窃财物毕竟不同，这正是一些国家刑法在盗窃罪之外单独规定相关盗用罪的原因所在。因此，不能认为作为盗窃罪对象的“财物”当然包含财产性利益。我国刑法第265条作出拟制性的规定，将盗用电信设备、设施的行为以盗窃论处，这只是解决对这类行为处罚问题的一种权宜之计，最佳途径还是借鉴一些国家的立法经验，单独设立罪名与处罚规定。但在刑法还没有作这样的修改的条件下，上述法律拟制性的规定只能适用于所拟制的情形，我们不能对其作类比推理将其适用于相似的案件，也就是不能因为刑法第265条将盗用电信设备、设施的行为规定以盗窃论处，就将盗用他人网络游戏装备等行为也按盗窃罪来论。否则，就与罪刑法定主义相悖。

并且，还应当看到，“在刑法理论与司法实务界，不仅对能否将诸如Q币、游戏币、游戏装备等典型的虚拟财产扩张解释为‘财产’存在相当争议，而且对诸如QQ号码等身份认证信息及系统数据能否认定为虚拟财产也缺乏共识。即使刑法解释论上可以将虚拟财产解释为财物，司法实务操作中也存在着难以克服的价值评估困难”②。正如有的论者所述：“游戏用户花了500元人民币买游戏币，玩到一定级别，可以拥有游戏商赠送的虚拟财产——价值5 000元的屠龙刀，如果屠龙刀被窃，被窃虚拟财产的价值如何计算？是价值500元，还是5 000元？对整天沉湎于游戏的玩家来说，头盔、战甲、屠龙刀等虚拟财产价值千金，但对局外人来说可能一文不值。对于虚拟财产能否有一个能够被普遍接受的价值计算方式？”③“我们认为，

① 张明楷．也论用拾得的信用卡在ATM机上取款的行为性质——与刘明祥教授商榷．清华法学，2008(1)：108.

② 梁根林．虚拟财产的刑法保护——以首例盗卖QQ号案的刑法适用为视角．人民检察，2014(1)：12.

③ 黄太云．知识产权与网络犯罪立法完善需认真研究的几个问题．中国刑事法杂志，2007(3)：13.

虚拟财产没有、也不可能有一个能够被普遍接受的价值计算方式。一个五位数的QQ号到底值多少钱？游戏装备值多少钱？这些问题恐难有统一答案。”① 况且，同一种网络游戏装备，会随着游戏玩家们兴趣爱好的转变，价值发生重大变化。今天价值千金，明天有可能只值分文。而盗窃等侵犯财产的犯罪，原则上是根据侵犯财产价值数额的多少，来确定是否构成犯罪，乃至给予轻重不同处罚的，价值无法确定，往往就无法定罪处罚。

特别值得一提的是，我国台湾地区为了有效打击盗窃网络游戏中虚拟财产的行为，曾在1997年的《刑法修正案》中，增列电磁记录以动产论之规定，将这种行为纳入盗窃罪的处罚范围。但是，2003年的《刑法修正案》又删除了这一规定。我国台湾地区“立法院”在说明其中的原因时指出：在1997年修正《刑法》时，为规范部分电脑犯罪，增列电磁记录以动产论之规定，使其成为窃盗罪之行为客体。但由于我国台湾地区刑法学界及司法实务界普遍的观点认为，刑法意义的窃盗必须符合破坏他人持有，建立自己持有之要件，而电磁记录具有可复制性，与电能、热能或其他能量经使用后即消耗殆尽之特性不同；且行为人于建立自己持有时，未必会同时破坏他人对该电磁记录之持有，例如，以复制之方式取得他人电磁记录。因此，将电磁记录窃盗纳入窃盗罪章规范，与刑法传统之窃盗罪构成要件不符合。为了电脑及网络犯罪规范体系更为完整，我国台湾地区于2003年从立法上将此条有关电磁记录部分修正删除，将窃取电磁记录的行为改纳入新增之妨害电脑使用罪章中规范②，即新增设了一条这样的规定：“无故取得、删除或变更他人电脑或其相关设备之电磁记录，致生损害于公众或他人者，处五年以下有期徒刑、拘役或科或并科二十万元以下罚金。”我国台湾地区学者普遍认为，这一条中的“电磁记录”，包括所有虚拟世界的账号、点数等虚拟财产。根据此条的规定，对盗窃虚拟财产的行为，应按非法取得或破坏电磁记录罪（而不是盗窃罪）定罪处罚。③我国台湾地区《刑法》对电磁记录定位的戏剧性变化表明，将电磁记录视为动产不具有科学性，把窃取网络游戏中的虚拟财产这类窃取电磁记录的行为按盗窃罪定罪处罚，也明显不具有合理性，否则，《刑法》有关电磁记录以动产论的规定，不会那么快就被删除。

四、构成非法获取计算机信息系统数据罪

从以上分析论证不难看出，对窃取网络虚拟财产情节严重的行为，按前述四种主张中的后三种主张，即按“牵连犯说”、“想象竞合说”或“盗窃罪说”来定性，均不妥当。而按第一种主张来定性，即定为非法获取计算机信息系统数据罪，可能是最佳选择。因为这种行为完全符合此种犯罪的构成要件。

① 王作富主编．刑法分则实务研究：中．北京：中国方正出版社，2012：1078.

② 刘守芬，申柳华．网络犯罪新问题刑事法规制与适用研究．中国刑事杂志，2007（3）：21.

③ 于志刚．论网络游戏中虚拟财产的法律性质及其刑法保护．政法论坛（中国政法大学学报），2003（6）：128.

众所周知，我国刑法第 285 条第 2 款规定，“违反国家规定，侵入前款规定以外的计算机信息系统①或者采取其他技术手段，获取该计算机信息系统中存储、处理或者传输的数据”，情节严重的，构成非法获取计算机信息系统数据罪。从这一规定不难看出，作为此罪构成要件的行为由两部分组成：一是手段行为，即必须采用侵入计算机信息系统的手段或者其他技术手段；二是目的行为，即非法获取计算机信息系统中的数据。这正是笔者认为此罪属于复行为犯的根据所在。就窃取网络虚拟财产的行为而言，网络游戏中的装备（包括虚拟货币）等虚拟财产，其自然属性本来就是计算机信息系统的数据（即电子数据或电磁记录），行为人未经游戏玩家或网络营运商的同意或授取，窃取了他人拥有的网络游戏系统中的装备等虚拟财产（即电子数据）的，无疑具备了非法获取计算机信息系统中的数据之要件；同时，游戏装备等虚拟财产存在于计算机信息系统中，并且游戏运营商和特定的玩家都采取了相应的保护或保密措施，不允许权利人之外的他人进入网络游戏空间接触其中的装备、宝物等虚拟财产，这就决定了行为人若不非法侵入计算机信息系统或不采取其他技术手段，往往就不可能接触到虚拟财产，达不到获取虚拟财产（电子数据）的目的。由此可见，窃取网络虚拟财产的行为完全具备非法获取计算机信息系统数据罪之手段行为与目的行为的要件。另外，根据上述法条的规定，构成此罪还必须具备“情节严重”的条件。从“两高”2011 年发布的《关于办理危害计算机信息系统安全刑事案件应用法律若干问题的解释》来看，判断情节是否严重，主要应考虑两方面的因素：一是非法获取计算机信息系统数据的数量，二是违法所得或造成经济损失的数额。对窃取网络虚拟财产的案件，则主要考虑后一因素，即“违法所得五千元以上或者造成经济损失一万元以上的”，就属于情节严重的情形，应按非法获取计算机信息系统数据罪定罪处罚。

司法实践中，在认定本罪时，要注意正确理解作为本罪构成要件的“侵入”与“获取”行为的含义。这里的“侵入”是指没有取得计算机信息系统权利人的授权或者超越授权范围而擅自进入他人计算机信息系统的行为。行为人大多采取破解身份认证信息、盗窃身份认证信息、强行突破安全工具等方式，在未得到许可的情况下，违反计算机信息系统的控制人或所有人的意愿而进入其计算机信息系统中。还有的通过欺诈、钓鱼网站等方式取得其他用户的身份认证信息，并运用这些身份认证信息登录特定计算机信息系统，这表面上似乎是经允许后进入计算机信息系统的，但实质上与通过使用盗窃等非法手段取得的身份认证信息进入特定计算机信息系统并无不同，因而仍属于侵入他人计算机信息系统。这里的“获取”与盗窃罪中“窃取”的含义有所不同。如前所述，作为盗窃罪构成要件的“窃取”他人财物，通常是指行为人将他人占有之下的财物转归自己占有，从而使他人失去对财物的控

① 这里的“前款规定”指刑法第 285 条第 1 款关于侵入国家事务、国防建设、尖端科学技术领域的计算机信息系统的规定。

制而使行为人自己掌握控制财物。但非法获取计算机信息系统数据罪中的“获取”，大多是指得到或者拥有特定的数据，如将数据拷贝一份，存储于自己的计算机信息系统或者其他移动的存储器、自己实际控制的他人计算机信息系统、网络存储器（如电子邮箱、网络移动硬盘、游戏账户、博客等）。从本质上看，“获取”通常表现为行为人对特定电子数据的实际控制和使用①，但并不以行为人获取电子数据后权利人失去该电子数据作为成立条件，即便行为人只是复制权利人的电子数据，也可认定为“获取”了电子数据。在窃取网络游戏装备等虚拟财产的案件中，行为人大多是侵入网络游戏系统，将玩家拥有的游戏装备、宝物等电子数据从其游戏账户中注销，尔后添加到自己控制的游戏账户中或转给第三者；也有的是侵入网络游戏系统并采用技术手段复制某种虚拟财产（即电子数据）后转卖给他人。这后一种情形也应该与前一种情形被同等看待，即认定行为人“获取”了电子数据。

值得进一步研究的是，如果行为人经过允许进入网络游戏系统作相关的检测等工作，却趁机获取了大量游戏装备等虚拟财产，尔后转卖给他人，违法所得数额较大的，对这类案件能否按非法获取计算机信息系统数据罪定罪处罚？有论者认为，由于刑法第285条第2款中的“违反国家规定”，并非用来修饰限制侵入他人计算机信息系统手段的违法性，而是强调获取数据手段的违法性，也就是说，“‘非法获取计算机信息系统数据罪’中的‘非法’是修饰‘获取’而非修饰限制‘获取手段’的，在行为人即使有权进入他人计算机信息系统，但其获取或超越授权获取无权获取数据的，仍可构成本罪”②。但是，笔者不赞成这种主张。如前所述，本罪是复行为犯，既要有非法获取计算机信息系统数据的目的行为，也要有非法侵入计算机信息系统或者采用其他技术手段的手段行为，二者缺一不可。本来，合法进入计算机信息系统之后也可以非法获取计算机信息系统数据，之所以还要附加特殊的非法手段作为犯罪成立的要件，无非是要对本罪的成立范围加以限制，也就是说，在立法者看来，若不采取法定的非法手段，非法获取计算机信息系统数据的行为就达不到此种犯罪所要求的危害程度。但如果按上述论者的解释，非法侵入计算机信息系统或者采用其他技术手段的手段行为要件，实际上就被排除在了本罪的成立要件之外，这无疑会扩大本罪的成立范围，明显违反罪刑法定原则。

毋庸讳言，不采取非法侵入或其他技术手段非法获取计算机信息系统数据，甚至采取欺骗、威胁、讹诈等手段使他人将计算机信息系统数据传输给行为人的，这类非法获取计算机信息系统数据的行为，同样可能达到严重危害社会的程度，对其中情节严重者，确实也有必要当犯罪来处罚，并且许多国家（如瑞士等）刑法规定的非法获取电子数据罪，也并未对非法获取的手段作特殊要求。由此可见，我国刑法规定的非法获取计算机信息系统数据罪，将非法侵入计算机信息系统或采用其他

① 李遐桢，侯春平．论非法获取计算机信息系统数据罪的认定——以法解释学为视角．河北法学，2014（5）：68.

② 同①66.

技术手段作为犯罪成立的要件，存在不适当地缩小本罪处罚范围的缺陷，今后修改刑法时，有必要将其删除。① 但在刑法尚未作这样修改的情况下，还得严格依法行事，即不能将未采取法定手段而非法获取计算机信息系统数据的行为按此罪定罪处罚。

那么，对这类行为目前是否就一概不能定罪处罚呢？笔者的回答是否定的。在这类行为具备其他犯罪的构成要件时，应当按其他犯罪定罪处罚。例如，网络游戏运营企业的工作人员，利用职务上的便利，获取自己管理的公司存储在网络系统中的虚拟货币等虚拟物品，并转卖给他人，换取大量现金的，对这种行为确实有必要定罪处罚。有的主张按职务侵占罪定罪处罚②；也有的主张以非法获取计算机信息系统数据罪定罪处罚。③ 但是，正如前文所述，由于行为人进入计算机信息系统是合法的，不存在有非法获取计算机信息系统数据罪的手段行为，因而不构成此罪；又由于行为人利用职务获取的是自己管理的本单位网络游戏系统中的虚拟物品，其自然属性是计算机信息系统数据（即电子数据），并非财物，因而也不能构成职务侵占罪。不过，可以考虑定侵犯著作权罪。因为网络游戏中的虚拟物品是计算机软件，是一种智力成果，未经权利人许可，以营利为目的，复制发行，违法所得数额较大的，就构成侵犯著作权罪。行为人未经单位许可，非法获取单位在网络游戏系统中存储的大量虚拟物品销售给他人的，可以将这种销售行为视为发行计算机软件的行为。根据 2007 年 4 月 5 日最高人民法院、最高人民检察院《关于办理侵犯知识产权刑事案件具体应用法律若干问题的解释（二）》所作的补充解释："刑法第二百一十七条侵犯著作权罪中的'复制发行'，包括复制、发行或者既复制又发行的行为。"也就是说仅有发行行为也可能构成此罪。据此，可以将上述销售虚拟物品的行为，认定为非法发行本单位计算机软件作品的行为，因而构成侵犯著作权罪。

① 皮勇．我国网络犯罪刑法立法研究——兼论我国刑法修正案（七）中的网络犯罪立法．河北法学，2009（6）：57.

② 金泽刚，李金华．论盗窃网络虚拟财产案件的定性问题．河南公安高等专科学校学报，2009（4）：17.

③ 梁根林．虚拟财产的刑法保护——以首例倒卖 QQ 号案的刑法适用为视角．人民检察，2014（1）：6.

第四章

抢夺罪

第一节　抢夺行为

一、抢夺的含义

我国刑法第 267 条规定，“抢夺公私财物，数额较大的，或者多次抢夺的”，构成抢夺罪，但对抢夺的含义并未予以界定。从历史沿革来看，我国较早明确规定并单独处罚抢夺罪的法律是《大明律》，专设有“白昼抢夺”条，民国时期的 1928 年刑法和 1935 年刑法以及后来在中国台湾地区继续施行的“刑法”，也都单独规定了抢夺罪，但均未对“抢夺”的含义作界定。尽管《大明律》中的“白昼抢夺”有“在光天化日之下抢夺的意思”[①]，隐含有公开夺取财物的内容，但毕竟没有像俄罗斯刑法第 161 条那样，明确规定“抢夺，即公开夺取他人财产的”行为。正因为如此，对刑法规定的抢夺罪中“抢夺”一词的含义，就必须要由司法者和学者们来作进一步的解释。

民国时期的判例对“抢夺”含义的解释，虽然表述不一，但均将“公然夺取”或“公然掠取”作为其核心。如民国时期的最高法院 1933 年上字第 1334 号判例指出：“抢夺罪，系指公然夺取而言。若乘人不备窃取他人所有物，并非出于公然夺取，自应构成窃盗罪。”[②] 该院 1943 年上字第 2181 号判例指出：“抢夺罪以乘人不及抗拒，公然掠取其财物为成立要件，虽掠夺之际或不免于暴行，然与强盗罪之暴行，必须至使人不能抗拒之情形，迥然有别。”[③] 1949 年之后，我国台湾地区继续

① 陈兴良主编．刑法各论精释：上，下册．北京：人民法院出版社，2015：369.

② 张明楷．盗窃与抢夺的界限．法学家，2006（2）：125.

③ 林山田．刑法各罪论：上册．北京：北京大学出版社，2012：257.

施行民国刑法近几十年的判例，对“抢夺”含义的理解，与上述判例的解释大体相同。[①] 我国最高人民法院公布的有关指导性判例，对“抢夺”的理解，也与民国时期上述判例的解释没有多大差异。[②]

我国1979年刑法施行初期，刑法学界的通说将“抢夺”界定为，“乘人不备，公然夺取”[③]。后来，学者们发现，尽管绝大多数抢夺犯罪，都是行为人“乘人不备”而实施的，但司法实践中也有一些这样的案件：财物的所有者或管理者事实上早已觉察或有所防备，只不过力不能及，只能看着行为人拿走财物，并且行为人对此也明知，如果将“乘人不备”作为抢夺的必要条件，无疑是不适当地限制了抢夺的成立范围，对这类行为就无法按抢夺来处理，显然不利于惩罚犯罪、保护法益。为此，学者们达成共识，不再将“乘人不备”作为抢夺实施的前提条件，也就是朝扩大抢夺范围的方向作了调整。因而，现在的通说把“抢夺”界定为“公然夺取”[④]。但是，近些年来，也有学者朝相反的方向（即限制抢夺范围的方向）来作解释，认为抢夺是“以对物暴力的方式强夺他人紧密占有的财物，具有致人伤亡可能性的行为”（以下简称为“新说”[⑤]）。按其主张，通常的“公然（或公开）夺取”他人财物的行为都不在“抢夺”范围之内，而只能被视为“公开窃取”（仅有可能构成盗窃罪），而成立“抢夺”还必须具备如下几个限制性条件：以对物暴力的方式强夺；夺取的对象仅限于他人紧密占有的财物；具有致人伤亡的可能性。这样一来，按传统的通说和历史判例的解释所认定的抢夺罪，绝大部分均要被排除在抢夺罪的范围之外，无疑是大大缩小了此罪的范围。

毋庸置疑，传统的通说和历史判例，对“抢夺”的含义基本上是按其文义（即词义）所作的解释。近来的“新说”之所以不这样而要作大幅度限制的解释，背后的原因可能是受德、日刑法解释论的影响。众所周知，德、日刑法之中没有抢夺罪的规定，在直接夺取占有的财产犯罪中，仅有抢劫罪和盗窃罪的规定，即采取“二分制”的立法体系，对我国刑法中的抢夺罪所包容的公开直接夺取他人财物的行为，他们不得不将其中一部分纳入抢劫罪中，将另一部分归并入盗窃罪中。又由于德、日刑法规定，只有采取暴力、胁迫方法强行夺取他人财物的，才可能构成抢劫罪，并且抢劫罪的处罚比盗窃罪的重得多，因而只好将绝大部分公开直接夺取他人财物的行为，囊括进盗窃罪中，从而不得不对“窃取”行为作超出文义的扩张解释。正如日本著名刑法学家西田典之所述，“窃取，本来是指秘密取得之意，但即

① 陈子平．刑法各论：上　2版．台北：元照出版公司，2015：462.

② 何帆编著．中华人民共和国刑法注释书．北京：中国法制出版社，2011：381.

③ 该说认为“抢夺罪，是指以非法占有为目的，乘人不备，公然夺取数额较大公私财物的行为”。见高铭暄主编．刑法学．北京：法律出版社，1982：485.

④ 该说认为“抢夺罪，是指以非法占有为目的，公然夺取公私财物，数额较大的，或者多次抢夺的行为”。高铭暄，马克昌主编．刑法学：7版．北京：北京大学出版社，2016：506.

⑤ 张明楷．盗窃与抢夺的界限．法学家，2006（2）：119.

便公然实施也可构成本罪”①。其结果是使盗窃罪成了一个兜底性的“口袋罪”。笔者也不否认，德、日的这种立法对司法实践有一个明显的益处，那就是少了抢夺罪，也就免掉了该罪与盗窃罪及抢劫罪的区分。但是，现代社会刑事立法发展的趋势是，对社会生活中复杂的犯罪现象应尽可能作细致一些的规定，以便司法实践中能根据其特点，准确认定犯罪并给予恰当的处罚。就财产罪中直接夺取占有的犯罪而论，可分为公开夺取与秘密夺取两大类，总体而论，公开夺取的危害性比秘密夺取的要大，处罚也应更重；且公开夺取他人财物的犯罪中，采用侵害人身的暴力、胁迫等手段强行夺取，比不采取这样的手段公开夺取的危害性更大，处罚同样应更重，自然也有必要区别对待。如前所述，我国明代的立法者似乎意识到了这一点，因而采取盗窃、抢夺与抢劫三罪分立且处罚轻重有别的“三分制”的立法体系②，民国时期的刑法和我国现行刑法均承续了这种立法体制。③

主张“新说”的论者或许认为，德、日的“二分制”明显优于我国采取的“三分制”，“三分制”存在严重缺陷。如果确实如此，那么采取上述大幅度限制解释的方式，使刑法规定的抢夺罪在司法实践中很难遇到、实际上接近于形同虚设，从而使我国对直接夺取占有的财产罪的立法，事实上变成或走向“二分制”，以实现与德、日刑法财产罪解释论的“接轨”，从而弥补我国现行立法的缺陷，这无疑是一种充满智慧的做法，笔者也能理解或接受。但是，正如上文所述，“二分制”与“三分制”的立法体系，各有特色且各有利弊，很难说“二分制”优于“三分制”。从某种意义而言，“三分制”可能更为合理且更符合刑事立法的潮流。况且，并非仅有我国刑法规定有抢夺罪（即采取“三分制”），还有俄罗斯、越南、泰国、蒙古、朝鲜等一些国家刑法也规定有抢夺罪④；且各国的刑事立法难免受本国的传统文化特别是法律文化的影响，要与本国的国情和民情相适应。我国现行刑法规定抢夺罪采取“三分制”，是对我国古代法律传统的继承，并且施行以来并未出现多大的问题。在这种情况下，没有任何理由对抢夺罪作上述大幅度的限制解释。因为按现代法制原则，对刑法应严格解释，也就是应严格按其文义来理解。当然，对刑法也可以作限制解释和扩张解释，但这是以按其本来的文义解释不符合立法精神或现实司法的要求为条件的。并且，限制解释或扩张解释所得出的结论，必须符合立法精神且具有合理性，否则，就会破坏法制。

二、抢夺行为的特征

众所周知，从抢夺的含义就不难看出抢夺行为的基本特征或基本结构。上述传

① 西田典之．刑法各论：3版．刘明祥，王昭武，译．北京：中国人民大学出版社，2007：116.

② 陈兴良主编．刑法各论精释：上，下册．北京：人民法院出版社，2015：369.

③ 我国现行刑法规定的聚众哄抢罪，是抢夺罪的一种特殊类型，因而仍然是采取盗窃、抢夺与抢劫三罪分立的立法体制。

④ 也有一些国家的刑法原来规定有抢夺罪，后来取消了。如1970年的《瑞士刑法》取消了以前规定的抢夺罪。

统的通说和近来的“新说”，对抢夺含义的不同理解，表明两者对抢夺行为的基本特征或基本结构存在重大的认识分歧。

首先，关于抢夺行为的基本特征是否为“公然夺取”（或“公开夺取”）他人财物，通说和“新说”分别持肯定与否定两种不同立场。笔者赞成通说，认为公然或公开夺取他人财物是抢夺与抢劫行为共有的基本特征，也是抢夺行为区别于盗窃行为的关键所在。一般来说，刑法对财产罪主要是根据侵害行为的形态，来予以区分并分别作规定的。以是否取得他人财物为依据，分为取得罪与非取得罪，前者包括抢劫罪、抢夺罪、盗窃罪、诈骗罪、敲诈勒索罪、侵占罪等，后者包括故意毁坏财物罪、挪用资金罪等；在取得罪之中，以是否夺取财物的占有为依据，分为夺取罪与非夺取罪，其中除侵占罪之外，其他取得罪均为夺取罪；在夺取罪之中，以行为人是直接夺取他人占有的财物还是他人基于瑕疵意思交付（处分）财物为依据，分为直接夺取罪（或盗罪）与间接夺取罪（或非盗罪），前者包括盗窃罪、抢夺罪、抢劫罪等，后者包括诈骗罪、敲诈勒索罪等。[①] 在直接夺取罪中，以是秘密夺取还是公开夺取为依据，分为秘密夺取罪与公开夺取罪，前者包含盗窃罪，后者包括抢夺罪（含聚众哄抢罪）、抢劫罪等。抢夺罪与抢劫罪均为公开夺取罪，都以公然（或公开）当场夺取他人财物为特色，区别在于抢劫罪以采用暴力、胁迫等侵害人身的手段为要件，而抢夺罪则以不采取这种侵害人身的手段为前提。这样理解刑法区分盗窃罪、抢夺罪和抢劫罪的依据，有现行俄罗斯刑法的明文规定。[②]

“新说”否定公然或公开夺取他人财物是抢夺行为的基本特征或必备要件的理由主要有以下几点，笔者认为均不可靠。

第一，提出“新说”的论者认为，“如果说公开取得他人财物的不符合‘盗窃’的字面含义，那么，公开取得他人财物的也并不当然符合‘抢夺’的字面含义。换言之，主张盗窃与抢夺的区别在于秘密与公开的区别的观点，充其量可以在文理上寻找出盗窃必须秘密窃取的理由，但这一理由并不表明公开取得他人财物就当然属于‘抢夺’”[③]。笔者也不否认，公开取得他人财物并非当然符合“抢夺”的字面含义，也不当然属于“抢夺”，正如上文所述，公开直接夺取他人财物的财产罪包含抢劫与抢夺两种，公开直接夺取可谓是它们的共同特征。尽管“抢夺”不能与“公开取得（或夺取）”画等号，公开夺取财物的并非都是抢夺（还有抢劫），但毋庸置疑的是，“明抢暗偷”是民众的共同观念[④]，“抢”本身就含有明目张胆公开去拿的意思，“偷（或窃）”则是避开他人的视线即秘密拿走。因此，把是秘密还是公开取

① 陈子平．刑法各论：上　2版．台北：元照出版公司，2015：367.

② 《俄罗斯联邦刑法典》第158条规定，“偷窃，即秘密窃取他人财产的”；第161条规定，“抢夺，即公开夺取他人财产的”；第162条规定，“抢劫，即以侵占他人财产为目的，使用危及生命或健康的暴力，或以使用这种暴力相威胁而进行侵袭行为的”。

③ 张明楷．盗窃与抢夺的界限．法学家，2006（2）：125.

④ 吴林生．平和窃取说之批判——兼与张明楷教授商榷．法学，2010（1）：32.

得财物，作为区分盗窃与抢夺的标准，符合民众的观念，也与两者的字面含义吻合。反过来，如果不把“公然（或公开）夺取”作为“抢”的特性，而视“公然（或公开）”为“抢”与盗窃共有的特征，认为存在“公然盗窃”（或“公开窃取”）①，则明显与“盗窃”或“窃取”的文义和民众的观念不符。

第二，提出“新说”的论者指出，“将公开取得他人财物的行为一概评价为抢夺罪的观点，没有考虑以下问题：在刑法规定了抢夺罪的情况下，是将以平和手段公开取得他人财物的行为评价为抢夺罪合适，还是评价为盗窃罪合适？”并且还举例说，“如果将公开取得他人财物的行为都评价为抢夺，那么，携带凶器却又以平和方式公开取得他人财物的，都必须认定为抢劫罪。这是人们难以接受的”。例如，A在三楼阳台不慎将钱包掉到楼下马路上，携带管制刀具的甲路过欲捡起时，A在楼上喊：“是我的钱包，请不要拿走。”甲听见后，仍不慌不忙地拿走钱包，如果因为甲的行为具有公开性而认定甲的行为属于抢夺钱包，那么对甲便应认定为携带凶器抢夺，进而认定为抢劫罪，这不具有合理性。② 笔者也不否认，对某种侵害法益的行为定罪时，必须考虑定何罪合适。但定罪应以刑法的规定为依据，具备此罪的构成要件的定此罪，符合彼罪的构成要件的定彼罪，不能将具备此罪构成要件的行为以定彼罪更合适为由，而不定此罪却定彼罪。如前所述，不采用侵害人身手段的公开夺取（或取得）他人财物的行为，是抢夺的本质特征或必备要件，无论是以平和的手段还是以不侵害人身的非平和手段公开取得他人财物的行为，都应定性为抢夺，在同时具备抢夺罪成立应具备的“数额较大”等情节的条件下，应认定为抢夺罪。如果将通说认为具备抢夺罪构成要件的“以平和手段公开取得他人财物的行为”，不认定为抢夺罪，却把这种不具备盗窃罪的“窃取”要件的行为，认定为盗窃罪，其合理性何在？③ 况且，在刑事司法实践中，对某种严重侵害法益行为的处理，无非是要解决其定罪和处罚的问题，尽可能做到定罪（即定性）准确、处罚恰当。在刑法规定的抢夺罪的法定刑与盗窃罪的法定刑相同、司法实践中掌握的定罪处罚标准大体相当的情况下，按通说对以平和手段公开夺取他人财物的行为定抢夺罪，与按“新说”对该行为定盗窃罪，在通常情况下，定罪处罚并无多大差异，并不会出现这样的现象，即按通说定性，对有必要定罪处罚的无法定罪处罚或者对不应定罪处罚的却要定罪处罚，而按“新说”定性则能弥补或避免这样的缺陷；并且，两说对同一案件的处罚轻重也大体相当。那么，不采用通说定抢夺罪，而按“新说”定盗窃罪，究竟“合适”在哪里、优越性何在？持“新说”的论者用一个极端的例子来作论证，即对“携带凶器却又以平和方式公开取得他人财物的”，按刑法的规定和通说，应当定抢劫罪，这明显不具有合理性。如果按“新说”就只能

① 张明楷．刑法学：下　5版．北京：法律出版社，2016：949.

② 张明楷．盗窃与抢夺的界限．法学家，2006（2）：125.

③ 提出“新说”者认为，以平和手段公开取得他人财物的行为不具备抢夺罪的构成要件，而符合盗窃罪的构成要件。对此，笔者将在下文予以反驳。

定盗窃罪，不会出现这样不合理的结果。笔者也不否认，如果仅从“携带凶器抢夺的”字面含义来理解，对上述情形确实会出现要按抢劫罪来定罪处罚的不合理的结果。但是，这是由立法缺陷带来的问题。“携带凶器抢夺的”，以抢劫罪定罪处罚，这缺乏科学合理性，并且与“携带凶器盗窃”的仍按盗窃罪定罪处罚的规定不协调。如果像我国民国时期的刑法或台湾地区现行“刑法”那样规定，对携带凶器盗窃的，作为盗窃罪的加重犯处罚；对携带凶器抢夺的，则作为抢夺罪的加重犯处罚，那就不会出现上述不协调的问题。况且，“新说”论者也主张，对“携带凶器抢夺的”规定应作适当的限制解释，不仅客观上要具有随时使用的可能性，而且主观上还要有准备使用的意思。“如果行为人并不是为了违法犯罪而携带某种物品，实施抢夺时也没有准备使用的意思”，则不能认定为“携带凶器抢夺”。据此，上述甲拿走A掉在马路上钱包的案件，也就不可能被认定为“携带凶器抢夺”，人们难以接受的按抢劫定罪处罚的结果也就不会发生。[①] 事实上，对该款不合理的规定，还存在作更进一步限制的解释，甚至将其解释为注意规定的余地[②]，对此，笔者认为确实有这样的必要性。如果将该款规定理解为纯粹的注意规定，提出“新说”的论者所指的人们难以接受的那种“携带凶器抢夺”按抢劫定罪处罚的结果，也就根本不可能出现。

第三，提出“新说”的论者指出，“将公开取得他人财物的行为一概评价为抢夺的观点，没有充分考虑盗窃与抢夺在对象上的差异。在我国，盗窃行为并不限于窃取有体物，而是包括窃取无体物乃至财产性利益的情形；而抢夺罪只能夺取有体的动产，不可能夺取无体物与财产性利益。如果说凡是公开取得他人财物的行为都是抢夺，那么，对于行为人公开使用复制的电信设备、设施的，将电信卡公开非法充值后并公开使用的，公开利用他人公共信息网络上网账号、密码上网，造成他人电信资费损失的，都认定为抢夺罪。这是不可思议的”[③]。笔者也赞同，“抢夺罪只能夺取有体的动产，不可能夺取无体物与财产性利益”。因为抢夺的特点是公开拿走他人之物，而无体物与财产性利益不可能被当即拿走，所以不能成为抢夺的对象。公开使用复制的电信设备、设施等，虽然也会造成他人电信资费的损失，但毕竟使用是一个连续的过程，也只有使用较长时间的才可能给他人造成较大的财产损失，不大可能一使用就出现这样的结果，明显不同于当即拿走了被害人的金钱或实物的，因而按通说对这种行为不可能认定为抢夺罪。“新说”论者所担忧的那种“不可思议的”事根本不会发生。

持“新说”的论者可能会说，对这种公开使用复制的电信设备、设施，并给他人造成数额较大电信资费损失的行为，既然不能按抢夺罪定罪处罚，但不定罪处罚又明显不合适，而按我国刑法的规定和“新说”应以盗窃罪定罪处罚，这正好说明

①② 张明楷．刑法学：下　5版．北京：法律出版社，2016：996.

③ 张明楷．盗窃与抢夺的界限．法学家，2006（2）：126.

公开取得他人财产性利益的也可定盗窃罪，表明“新说”比通说更合理。但在笔者看来，财产性利益同样不能成为盗窃罪的侵害对象。因为盗窃罪同抢夺罪一样，也是直接夺取他人占有之财物的夺取罪，财产性利益不能像有体物那样转移占有，也就是不能被夺取，因而不能成为夺取罪的侵害对象。通常所说的盗窃无体物和财产性利益，大多属于盗用某种可以产生利益的物品或设施的情形，如窃电（即盗用电能）、使用复制的电信设备或设施等。正如前文所述，由于这种盗用型的犯罪具有不同于盗窃、抢夺等夺取型财产罪的特殊性，因而有必要借鉴德国等国的立法经验，在刑法中对其单独设立处罚规定。另外，还应当看到，非法使用电信设备、设施，需经过一个较长的时间过程才可能给他人造成较大财产损失，不仅公开使用不能评价为抢夺，秘密使用也不能评价为盗窃，只能说是“盗用”。况且，“新说”论者所说的公开使用复制的电信设备、设施，大多也只有避开这种设备或设施的所有者、管理者才能使用，所有者、管理者发现了，就会加以阻止或采取措施使其不能继续使用。因此，所谓公开使用也只是相对所有者、管理者之外的第三者而言的①，实质上还是“盗用”（或“窃用”）。

其次，倡导“新说”的论者，在否定公然或公开夺取他人财物为抢夺行为的基本特征的基础上，提出以具有致人伤亡可能性的对物暴力的方式强夺他人紧密占有的财物的，才符合抢夺行为的基本特征或基本结构，才有可能构成抢夺罪。如前所述，按照这种主张，成立抢夺行为必须同时具备三个条件：（1）以对物暴力的方式强夺；（2）夺取的对象仅限于他人紧密占有的财物；（3）具有致人伤亡的可能性。笔者认为，其合理性值得怀疑。

第一，持“新说”的论者指出，抢夺行为之所以要求具有致人伤亡的可能性，是因为规定抢夺罪的国家的刑法，大多将抢夺致人伤亡作为结果加重犯对待，如泰国刑法（第336条）、我国民国时期的1928年刑法（第343条）和1935年刑法（第325条）以及我国台湾地区现行《刑法》（第325条），都是如此。我国现行刑法虽然没有这样的规定，但“现行刑法关于抢夺罪的情节加重的规定，事实上也包括了抢夺行为致人伤亡的情形”。“如果抢夺行为不可能致人伤亡，刑法就没有必要、也不可能规定致人伤亡的结果加重犯。”② 笔者也不否认，正是因为抢夺行为有致人伤亡的可能性，刑法才将致人伤亡作为抢夺罪的加重犯予以规定。但是，不能反过来推论，得出所有抢夺行为都可能致人伤亡、不可能致人伤亡的就不属于抢夺的结论。正如持“新说”的论者所述，由于抢夺只是对物而不对人施行暴力，也就是没有侵害人身的手段行为，直接拿走他人财物，因而通常不会造成被害人伤亡的后果，只在特殊的个别情况下，才意外地出现伤亡后果。也正因为如此，我国现行刑法对抢夺罪并未像对抢劫罪那样，将致人伤亡作为加重法定刑的情形予以明文规

① 董玉庭．盗窃与抢夺的新界分说质疑——兼与张明楷教授商榷．人民检察，2010（15）：24.

② 张明楷．盗窃与抢夺的界限．法学家，2006（2）：129.

定。并且，即便是作了这样明文规定的上述刑法，也没有将致人伤亡或有致人伤亡的可能性规定为抢夺罪成立要件。众所周知，抢劫是与抢夺相似而性质更为严重的犯罪，各国刑法都将抢劫致人伤亡作为加重犯，规定了比普通犯更重的刑罚，但并不认为只有存在致人伤亡可能性的取得他人财物的行为，才可能构成抢劫罪。持“新说”的论者也认为，即便是用暴力方法抢劫，也“不要求具有危害人身安全的性质”①，而采用胁迫手段抢劫，大多并无致人伤亡的可能性。② 况且，我国的刑法和司法解释把致人伤亡作为加重犯规定的犯罪不在少数，肯定不能说只有存在致人伤亡可能性的行为，才能构成这些罪。以拐卖妇女、儿童罪为例，致被拐卖的妇女、儿童或者其亲属重伤、死亡的是该罪的加重犯，但拐卖行为大多并无致被害人伤亡的可能性。由此可见，以刑法将致人伤亡规定为抢夺罪的加重犯为根据，认为所有抢夺罪的行为都必须要有致人伤亡的可能性，是缺乏科学合理性的。③

第二，持“新说”的论者指出，认定抢夺行为具有致人伤亡的可能性，必须同时具备的两个条件之一是，“行为人所夺取的财物必须是被害人紧密占有的财物。直截了当地说，必须是被害人提在手上、背在肩上、装在口袋等与人的身体紧密联结在一起的财物”④。毋庸讳言，夺取“与人的身体紧密联结在一起的财物”的，通常比夺取与人的身体相分离的财物的，致人伤亡的可能性要大，持“新说”的论者将抢夺的对象仅限于此，从其所持立场而言，自然有一定道理。但正如前文所述，将具有致人伤亡的可能性作为抢夺成立的立足点本身并不可靠，以此来限定抢夺侵害的对象，从而缩小抢夺罪范围之主张的合理性就令人怀疑。况且，夺取被害人跟前与其身体相分离的财物，也并非就完全无致人伤亡的可能性。以上述“新说”论者所举例子为例，“某日，王某走近一手机店，对店老板刘某说想买一部手机，刘某遂从柜台里取出一部手机，交给王某，王某观摩许久后，趁刘某没注意，拿着手机冲出手机店，刘某追出，但未能追上”。持“新说”的论者认为，因王某拿走的手机与刘某的身体未联结在一起，而只能认定为盗窃（不属于抢夺）。⑤ 隐含的根据在于王某拿走刘某手机的行为不具有致其伤亡的可能性，但假设刘某追出想夺回自己的手机时，跌倒致重伤或死亡，这样的情形在司法实践中也有发生，当然应认定被告人夺取财物的行为与被害人的伤亡结果之间有因果关系，那么按“新说”将这种公开当面夺取他人财物并致被害人伤亡的案件，排除在抢夺罪的范围之外，合理性何在？反过来，夺取“装在口袋等与人的身体紧密联结在一起的财物”的，也并非都具有致人伤亡的可能性。持“新说”的论者也认为，“在扒窃等场合，虽然行为人针对的是被害人紧密占有的财物，但由于其行为十分平和，而不是迅速瞬间性的对物暴力，所以，也不可能致人伤亡。因而只能认定为盗窃，而不能评价

① 张明楷．刑法学：下　5版．北京：法律出版社，2016：972.

② 徐光华．“公开盗窃说”质疑．法商研究，2015（3）：100.

③ 何荣功．也论盗窃与抢夺的界限——兼与张明楷教授商榷．当代法学，2012（4）：69.

④⑤ 张明楷．盗窃与抢夺的界限．法学家，2006（2）：130.

为抢夺”①。但是，扒手扒窃也并非完全不可能弄伤他人。众所周知，扒手用随身携带的小刀将被害人衣服口袋划破掏取其钱包，这是最常见的扒窃现象，并有将被害人身体划伤的情形。② 那么，这种夺取他人紧密占有的财物并致伤对方的行为，按“新说”似乎应认定为抢夺。因为这符合“新说”提出的抢夺行为的要件。这样一来，扒手实施的同样的扒窃行为，有的被评价为盗窃，有的却要被认定为抢夺，这很难被民众所理解和接受。并且，不可能找到一个合理且合适的区分标准。因为如果说扒手用小刀划破被害人口袋掏包的，就有致伤对方的可能性，所以要认定为抢夺，那么也有扒手用特制的不可能伤人的小刀或小剪，弄破被害人口袋掏钱包的，对这种情形认定为抢夺的理由何在？况且，即便是同样的小刀，用来划厚实的棉衣口袋可能根本不会划伤人，而用来划很薄的单衣口袋则有划伤人的可能性。可见，无论是要求抢夺行为必须具有致人伤亡的可能性，还是将抢夺的对象限定为被害人紧密占有的财物，均不具有科学合理性。

第三，持“新说”的论者指出，认定抢夺行为具有致人伤亡的可能性，必须同时具备的另一个条件是，“行为人必须对财物使用了非平和的手段，即可以评价为对物暴力的强夺行为”③。之所以要将抢夺界定为“对物暴力的强夺行为”，同样是因为只有这样的行为才具有致人伤亡的可能性，而不具有这种可能性的以平和手段公开夺取他人财物的行为，应纳入盗窃的范畴。这是“新说”的基本立场，也是符合其逻辑的结论。但是，正如前文所述，由于其认为抢夺行为必须具有致人伤亡的可能性之前提条件不成立，由此推导出的逻辑结论也就不具有合理性。仅就抢夺是“对物暴力的强夺行为”之说来论，难免使人产生如下疑问：其一，“对物暴力”是何种含义？其二，“对物暴力”与“强夺行为”是什么关系？其三，抢夺能否等同于“强夺”？

其一，关于“对物暴力”的含义，先得弄清什么是暴力。一般来说，“暴力”是一种强制的力量。暴力既可以针对人实施，也可以针对物实施。刑法上所说的对人暴力（即针对人实施的暴力），大多是可能对人造成损伤的强制力；对物的暴力，也同样应当是可能对物造成损毁的强制力，最典型的是砸毁财物。故意毁坏财物罪，通常就是采取这种对物暴力的形式实施的。但是，夺取财物的犯罪（即夺取罪），行为人由于主观上有夺取之后加以利用的目的意思，一般不可能采取这种“对物暴力”的形式实施犯罪。因为若物被损毁了，就不能更好地加以利用。“新说”将抢夺说成是“对物暴力”的犯罪，并且认为这是与盗窃的重要区别④，显然是从广义来理解“暴力”之含义的，与严格含义上所指的“暴力”，还有司法实践中通常所说的暴力犯罪中的“暴力”，不是一回事。并且，传统的通说认为，只有

①③　张明楷．盗窃与抢夺的界限．法学家，2006（2）：130.

②　董玉庭．盗窃与抢夺的新界分说质疑——兼与张明楷教授商榷．人民检察，2010（15）：25.

④　同①119.

抢劫罪才是采用暴力手段夺取财物的犯罪，其他犯罪（包含抢夺）均不采用暴力手段夺取。但由于“新说”把“对物暴力”视为抢夺罪的重要特征，给人的印象是抢夺也是采取暴力手段夺取财物的犯罪，这无疑混淆了两罪的重要区别。持“新说”的论者可能会说，抢劫是对人的暴力，抢夺是对物的暴力，由此即可将两者区别开来。但在抢劫的场合，既可以是对人也可以是对物施行暴力，有时同一种暴力含有既对人也对物的两种成分①，根本无法用“对人暴力”与“对物暴力”将抢劫与抢夺区分开来。

其二，关于“对物暴力”与“强夺行为”的关系，由于“新说”将抢夺界定为“对物暴力的强夺行为”，人们自然会将抢夺与抢劫类比，有部分抢劫是“对人暴力的劫取行为”，“对人暴力”是抢劫的手段行为，“劫取行为”是抢劫的目的行为。依此类推，“对物暴力的强夺行为”，也有手段行为与目的行为之分，即“对物暴力”是抢夺的手段行为，“强夺行为”即夺取财物的行为是目的行为。如果这样来理解，“对物暴力”不仅不具有区分抢夺与盗窃的功能，而且严格意义上理解的“对物暴力”，大多只能成为盗窃的手段行为。例如，将他人汽车轮胎卸下来拿走，将他人房前屋后的大树砍倒搬走等。这些行为中既有“对物暴力”的手段行为，也有取得财物的目的行为，但这些行为明显是盗窃，而不能认定为抢夺。如前所述，抢夺的特点是公开夺取他人财物，要求行为人在财物的所有者、管理者在场并知情的条件下，当即拿走其财物。一般只能是拿了就跑，不太可能是先对某物实施暴力（即毁损），接着再拿走该物的一部分或另一财物。持“新说”的论者可能会说，“对物暴力”并非“强夺行为”之外的手段行为，而只是起限定“强夺行为”之作用的。从其所举实例来看，如“在他人手提或身背提包时，行为人突然使用强力夺取提包的”，“在被害人将财物安放在自行车后架或者前面篮筐中骑车行走时，行为人突然使用强力夺取财物的”②，也确实如此，即仅有“突然使用强力夺取财物”一种行为（或“强夺行为”）。但是，将这种行为评价为（或限定为）具有“对物暴力”的性质，同时又认为“对物暴力”有与盗窃相区分的功能，这似乎不合适。如前所述，“对物暴力”即对物施暴具有毁损物的特性，但即便是这种“强力夺取财物”的情形，也明显不具有如此特性。况且，如果行为人趁被害人不注意拿走其骑行的自行车后架上的财物，被害人回家之后才发现的，这应当视为盗窃，行为的形式与上述抢夺的实例的相同，是否也具有“对物暴力”的性质？如果回答是肯定的，那就意味着所有直接夺取（即直接拿走）他人财物的行为，都具有“对物暴力”的性质，那么“对物暴力”也就不具有区分盗窃与抢夺的作用，给抢夺行为戴上“对物暴力”的帽子或作这样的限定，不仅不恰当，而且毫无意义。

其三，关于抢夺能否等同于“强夺”，从“新说”将抢夺界定为“对物暴力的

① 吴林生．平和窃取说之批判——兼与张明楷教授商榷．法学，2010（1）：38.

② 张明楷．盗窃与抢夺的界限．法学家，2006（2）：130.

强夺行为”，不难看出其持肯定态度。但是，通说认为，只有采用暴力、胁迫等侵害人身的手段当场夺取他人财物的，才是“强取”或“强夺”，我国古代刑法称之为“强盗”，现在也有不少民众仍以“强盗”相称。至于抢夺，由于以公开夺取他人财物为特征，并无抢劫那样的暴力、威胁等强制性的手段，从取得财物的行为表现来看，抢夺同盗窃并无多大差异，大多都是直接拿走他人财物，并不是“强行取得”或“强行拿走”，即不具有强制性取得或夺取的特点，因而不属于“强取”“强夺”，自然也不在民众所理解的“强盗”之列。因此，“新说”将抢夺纳入“强夺行为”的范畴，不仅与其夺取财物的特点不符（即不属强行夺取），而且会混淆抢夺与抢劫的界限。

顺便指出，“新说”出现之后，有论者“认为‘新说’可取但不周全”，因而予以“补正”，“将‘抢夺’定义为：‘强力夺取他人紧密持有财物的行为’”（以下简称“补正说”）；同时指出，这里的“‘强力’与‘暴力’并无实质差别”，“‘强力’夺取指虽然有一定的暴力但尚未达到足以压制他人使不能抗拒、不敢抗拒的（抢劫）暴力程度”。并且，“力主缩小抢夺的认定，即在‘偷抢行为’范围内，‘强力夺取他人紧密持有的财物’尚未构成抢劫的，是抢夺；其余的都是盗窃。没有必要限定该行为是秘密还是公开、暴力对人还是对物，是否足以致人伤亡。因为这些特征对盗窃、抢夺、抢劫都是非本质的因素。……盗窃、抢夺、抢劫界分的本质因素是暴力程度”①。此种“补正说”同“新说”相比，立足点完全相同，也认为抢夺的对象物仅限于他人“紧密占有的财物”，也要有“强夺”（即“强力夺取”）行为，只是持该说的论者“不想如新说那样添加诸如，‘对物的（暴力）’、‘具有致人伤亡可能性的（暴力）’之类的限定”②。这实际上是将“新说”把抢夺限定为“以对物暴力的方式强夺”，拓展为包含对物与对人的所有暴力方式的“强夺”（即“强力夺取”）。这样一来，采用侵害人身的暴力手段夺取财物，不仅不具有区分抢劫与抢夺的功能，而且也没有区分抢劫与盗窃的作用，盗窃、抢夺、抢劫三罪的界分，不看是公开还是秘密夺取财物，也不论是否采用暴力等侵害人身的手段夺取财物，仅根据暴力的程度来作判断，即暴力程度最重的是抢劫、其次为抢夺，暴力程度最轻的则是盗窃。在笔者看来，这明显与区分直接夺取型财产罪的刑法理论相悖，也与民众区分财产罪的法律观念不符。况且，采用何种标准来认定暴力程度的轻重，这本身是一大难题，只能由司法人员来作主观的判断，难免出现认识不一的现象，对同一案件作出暴力轻重程度不同的判断，从而定不同罪的现象就会经常出现，执法的统一性也就无法维持。

“补正说”认为，“新说”对区分盗窃与抢夺有如下几点“实益”，但笔者认为，并不合适。

① 阮齐林．论盗窃与抢夺界分的实益、倾向和标准．当代法学，2013（1）：80－81.

② 同①81.

(1) 按我国刑法的规定，“携带凶器作案”时，抢夺的以抢劫论，盗窃的仍定盗窃。“补正说”的论者认为，按通说“会不当扩大抢劫适用。新说主张（对物的）暴力标准较为适宜，可以有效避免旧说（即通说——笔者注）此种不当扩张危险”①。笔者也不否认，由于“新说”将传统通说所界定之抢夺的绝大部分都纳入了盗窃之中，“扩大抢劫适用”的危险性肯定小得多，但并不能完全避免或“有效避免”这种危险。以“新说”论者前述所举“在他人手提或身背提包时，行为人突然使用强力夺取提包的”抢夺案件为例，如果只是有可能导致他人摔倒而造成伤亡，事实上对方并未摔倒也未受伤，行为人虽携带有凶器，但并不是为了违法犯罪而携带，携带的凶器既未显露在外，行为人也没准备使用，抢夺他人财物也只是出于临时起意，对此，若以抢劫论，确实不合适。但仅从文字含义来理解“携带凶器”，对此种案件就应以抢劫论。可见，“新说”也不能避免扩大抢劫适用的危险。正如前文所述，这种危险是“携带凶器抢夺”以抢劫论这一规定本身的缺陷所带来的，并非通说所造成的。若要消除这种危险，最佳途径是修改刑法时删除该规定，在未删除的情况下，即便采取通说，只要将“携带凶器抢夺”解释为注意规定，即可避免上述扩大抢劫适用的危险。

(2)“‘在公共场所、公共交通工具针对他人携带财物’作案时，定性抢夺的，以数额较大为要件，定性盗窃（扒窃）的不以数额较大为要件。……抢夺危害大却容易出罪（以数额较大为要件），盗窃危害小却容易入罪（不以数额较大为要件），应当尽可能减少‘倒挂’范围。”由于采取“新说”就能“缩小‘抢夺’、扩大‘盗窃’的认定，这会产生以下效果：这类情形的作案，不论秘密公开，不论数额是否较大皆可以盗窃罪定罪处罚。从而最大限度避免‘公然作案’危害大反倒因数额不够较大不能定罪的‘倒挂’的情形”②。笔者也承认，在司法实践中，盗窃、抢夺等财产罪的认定，有可能出现这种不协调的“倒挂”现象。这是由于我国刑法规定盗窃、抢夺等财产罪的成立，通常以数额较大为要件，但经过多次修改补充后的盗窃罪，具备“扒窃”等严重情节的，不以数额较大为成立的条件，这样一来，就出现了“扒窃”与抢夺乃至其他类型的盗窃，在认定犯罪时如何协调的新问题。这同样不是传统通说所带来的，也不是按“新说”就能很好解决的问题，而是需要对“扒窃”的含义（或成立要件）乃至入罪的条件作科学合理界定并统筹解决的问题。显然，不能将发生在公共场所、公共交通工具上的盗窃，都认定为“扒窃”，即不能不论窃取财物数额多少，都一律定罪处罚。一般认为，“扒窃”的对象物是他人紧密占有的财物，如装在衣服口袋里的钱包、背在身上或提在手上的包中的财物可以成为扒窃的对象，放在旅客列车或客运汽车行李架上与身体分离的提包中的财物，则不能成为扒窃的对象。③ 如果趁旅客熟睡时作案，将其衣服口袋中的钱包拿

①② 阮齐林．论盗窃与抢夺界分的实益、倾向和标准．当代法学，2013（1）：80.

③ 黎宏．刑法学各论．2版．北京：法律出版社，2016：319.

走，与将其放在行李架上提包中的钱包拿走，很难说有多大差异。若认定前者为扒窃，即便钱包中钱很少甚至没有钱，也要定罪处罚；认定后者为普通盗窃，即便钱包中的钱数接近了“数额较大”的标准，也不能定罪处罚。这当然不具有合理性。况且，即便按“新说”，在公共交通工具上也还有发生抢夺的可能性。例如，行为人趁地铁列车到站即将关门行驶时，对站在列车门口的他人身背的提包，突然使用强力夺取，立即下车逃离。这当然也在“新说”界定的抢夺之列①，如果夺取的财物未达数额较大的标准，又不具有多次作案的情节，确实无法定罪处罚。加上“新说”也不能将这种行为认定为盗窃，况且，将其认定为普通盗窃与将其认定为抢夺一样，仍无法定罪处罚。只有认定为“扒窃”，才能定罪处罚，但这明显不是“扒窃”。

（3）在“入户”作案的场合，如果认定为抢夺，以数额较大为定罪要件，数额不够较大，则仅为治安违法行为；如果认定为盗窃，即使数额不够较大，也成立盗窃罪。按过去的通说，对“入户”作案的处理，性质更严重的公开夺取比性质较轻的秘密窃取，结果反而更轻，这明显不具有合理性。而按“新说”，以平和的手段公开夺取他人财物的也属于盗窃，“入户”作案的情形，应认定为“入户盗窃”，以盗窃罪定罪处罚，上述不合理的现象就可以避免。② 笔者也不否认，对“入户”作案的情形，按通说上述不合理的处理结果确实有可能出现。但这同样不是通说所造成的。“新说”也只是通过缩小抢夺的范围，在一定程度上减少了上述不合理结果的出现，但并不能完全避免。例如，行为人“入户”作案被户主发现后，采取有致对方伤亡可能性的对物暴力的方式，强夺其紧密占有的财物后逃离，但夺取的财物未达数额较大的标准的，这种行为无疑也是“新说”认可的抢夺，与通说的结论一样，对这种比通常的“入户盗窃”性质更严重的行为，“新说”同样也不能定罪处罚。之所以如此，是因为我国现行刑法将“入户盗窃”作为盗窃的严重情节作了规定，而对抢夺未作类似规定，导致出现上述不协调不合理的现象。③ 如果采取现行我国台湾地区刑法的前述规定方式④，将“入户抢夺”也作类似盗窃那样的规定，不以“数额较大”作为犯罪成立的条件，那么上述问题就可以从根本上得到解决。在刑法尚未作这样规定的情况下，可以考虑作这样的解释：行为人“入户”作案，大多是为了窃取财物，只是入户之后情况发生了变化，才改变为公开夺取财物后逃离。先前的行为是“入户盗窃”，后面的行为是抢夺，目的都是夺取户内的财物，两者之间存在事实竞合，可以概括评价为一罪⑤，由于“入户盗窃”不以数额较大

① 张明楷．盗窃与抢夺的界限．法学家，2006（2）：130.

② 阮齐林．论盗窃与抢夺界分的实益、倾向和标准．当代法学，2013（1）：80.

③ 徐光华．“公开盗窃说”质疑．法商研究，2015（3）：98.

④ 我国台湾地区刑法第321条、第326条将“夜间侵入住宅”分别作为“窃盗”与“抢夺”的加重犯予以明文规定。

⑤ 大谷实．刑法讲义总论．新版2版．黎宏，译．北京：中国人民大学出版社，2008：440.

为成罪条件，处罚更重，所以，对行为人应按盗窃罪定罪处罚。

第二节 抢夺与盗窃的区分

一、区分的标准

我国传统的通说认为，盗窃是秘密窃取公私财物的行为；抢夺是公然夺取公私财物的行为。[①] 区分两者的标准就在于是秘密窃取还是公然（或公开）夺取财物。

虽然我国刑法对盗窃罪和抢夺罪都是采用“盗窃公私财物”“抢夺公私财物”这样简单描述罪状的立法形式，并未对“盗窃”和“抢夺”的含义作进一步的界定，但是俄罗斯刑法第158条和第161条分别明文规定，盗窃是“秘密侵占他人财产的”行为，抢夺为“公开夺取他人财产的”行为。由此不难看出，按俄罗斯刑法的规定，盗窃与抢夺的不同就在于，是秘密还是公开取得他人财物，这正是区分两者的标准。

并且，“中国刑法自古以来就有将盗窃罪手段界定为‘秘密窃取’的历史性传统”[②]。《唐律·贼盗》规定：“诸盗，公取、窃取皆为盗。”《唐律疏议》解释说：“公取，谓行盗之人公然而取。窃取，谓方便私窃其财。皆名为盗。”“盗窃”的概念在《唐律疏议》中已形成，被称为“窃盗”，“谓潜形隐面而取”[③]。唐律的规定及《唐律疏议》对盗罪的界分乃至“窃盗”概念的界定，为后世立法所承继。近代《大清律例》也有“公取、窃取皆为盗”的规定。《大清律例统考》盗贼窝主第18条例文：凡盗，公取、窃取皆为盗。公取，为行盗之人公然而取其财，如强盗抢夺；窃取，谓潜行隐面而私窃取其财，如窃盗掏摸，皆名为盗。[④]“由此可见，‘公取’是抢劫、抢夺，只有‘窃取、掏摸’才是盗窃。……《明律》和《大清律例》在窃盗条中规定‘掏摸者罪同’。掏摸，即扒窃，《明律》囿于《唐律》‘潜行隐面’的解释，认为不合盗窃本意，故在盗窃条下又多出掏摸一项，作为对其扩充，从而使盗窃罪在立法上由绝对秘密说发展为相对秘密说。”[⑤] 抢夺独立成罪晚一点，元时始有抢夺专条，但“以强盗论”。明时抢夺与强盗分离。《大明律》专设了“白昼抢夺”条。[⑥]我国民国时期的刑法和现行我国台湾地区的刑法，同样承继了古代刑

① 高铭暄，马克昌主编．刑法学．7版．北京：北京大学出版社，2016：499，506.

② 吴林生．平和窃取说之批判——兼与张明楷教授商榷．法学，2010（1）：33.

③⑥ 刘柱彬．中国古代盗窃罪概念的演进及形态．法学评论，1993（6）.

④ 马建石，杨育棠．大清律例统考校注．北京：中国政法大学出版社，1992：766.

⑤ 同②34.

法关于盗罪的分类，分为窃盗、强盗和抢夺，三者的含义也与古代基本相同，即窃盗是秘密夺取他人财物①，强盗和抢夺（即公取）则为公然或公开夺取他人财物。我国现行刑法也同样承继了古代刑法关于盗罪的立法，将直接夺取他人财物的犯罪（即盗罪）分为盗窃、抢夺和抢劫三罪，称谓虽与古代和民国时期的刑法不同，但抢劫与强盗、盗窃与窃盗的含义相同，则早已成为共识。

近些年来，有学者对通说区分盗窃与抢夺的上述传统观念提出挑战，认为“盗窃行为并不限于秘密窃取”，“事实上完全存在公开盗窃的情况”②，“从‘秘密与公开’的角度区分盗窃与抢夺的观点与做法存在诸多缺陷”。“盗窃是以非法占有为目的，违反被害人的意志，采取平和的手段，将他人占有的财物转移为自己或者第三者占有的行为”，抢夺则是“以对物暴力的方式强夺他人紧密占有的财物，具有致人伤亡可能性的行为”，“盗窃与抢夺的区别在于：对象是否属于他人紧密占有的财物，行为是否构成对物暴力。”③

二、区分标准的合理性之争

持“新说”的论者对通说区分盗窃与抢夺之标准的合理性，从如下几方面提出质疑，对此，笔者逐一予以反驳，也算是从另一个侧面对通说的合理性予以论证。

第一，持“新说”的论者批驳说，“将盗窃与抢夺的区别归纳为‘秘密与公开’的区别的教科书，都只要求‘秘密与公开’的区别仅存在于行为人主观认识之中。……只要行为人主观上认识到自己在秘密窃取他人财物，就属于盗窃；如果行为人认识到自己在公开取得他人财物，就成立抢夺；至于客观行为本身是秘密还是公开，则不影响盗窃罪与抢夺罪的成立”。但这种“通说混淆了主观要素与客观要素的区别”④。因为“既然是‘自认为’，就意味着‘秘密’是主观认识内容，而不是客观构成要件内容”⑤。在笔者看来，如果认为盗窃与抢夺的区分，只要求“秘密与公开”存在于行为人的主观认识之中，“至于客观行为本身是秘密还是公开，则不影响盗窃与抢夺罪的成立”，这确实存在混淆主观要素与客观要素的嫌疑。但是，这种将“秘密窃取”仅视为“主观认识内容，而不是客观构成要件内容”的观点，并非通说的主张。因为从前述《唐律疏议》解释就可以看出，包含抢劫和抢夺在内的“公取”，是行为人“公然而取”；“窃取”或“窃盗”，则是“潜行隐面而取”，区分两者的标志就是行为人取得财物的方式，即是公然或公开夺取还是秘密窃取。既然自古以来这几种直接夺取他人财物的犯罪，都是从行为人取得财物的手

① 台湾大学林山田教授指出，“从窃盗窃取的窃字，说文解字的结果，迄今台湾学者通说均认为，窃盗以趁人不知不觉，且以秘密或隐秘的方式行之为必要。……此外，解释例与判决也认为，趁他人不知，而非公然为之者，始为窃盗”。林山田．刑法各罪论：上．北京：北京大学出版社，2012：215.

②⑤ 张明楷．刑法学：下　5版．北京：法律出版社，2016：949.

③ 张明楷．盗窃与抢夺的界限．法学家，2006（2）：119.

④ 同③121.

段或方式来作区分的，我们当然就不可能仅从行为人的主观认识来作判断，而完全不考虑客观的行为（即取得财物的手段或方式）。相反，按照传统的通说，任何犯罪的认定和区分都应当贯彻主客观相统一的原则，盗窃罪也不例外，因此秘密窃取他人财物，既是盗窃罪的客观要件，也是其主观要件。秘密窃取行为简称为窃取，其中“窃”强调的是秘密性，“取”是在这种秘密的前提下，将他人对财物的控制转变为行为人的非法控制，这样一种财产控制状态转变的过程就是“窃取”①。盗窃罪的成立除了客观上要有秘密窃取（简称窃取）他人财物的行为之外，主观上还必须要有秘密窃取他人财物的故意，要求行为人主观上认识到财物在他人的占有掌控之下，而意欲采取秘密窃取的方式转归自己非法占有掌控，只有具有这样的心理状态，才能认定行为人有盗窃的故意；同时，也只有在这种心理状态支配下，行为人才会采取尽可能不使他人发觉的方式，甚至要“潜行隐面”去取财，也就是说只有基于盗窃的故意取得他人财物的行为，才能被评价或认定为盗窃行为。这正是通说将秘密窃取界定为“指行为人采用自认为不使他人发觉的方法取得他人财物”的原因所在。仅就这一表述本身而言，似乎不能说把“秘密”仅作为主观认识内容，而不作为客观构成要件内容。因为“采用自认为不使他人发觉的”特定方法取得他人财物，这正是秘密窃取行为的客观表现或构成要件内容。

第二，持“新说”的论者批驳说，通说“实际上是仅以行为人的主观认识内容区分盗窃罪与抢夺罪：不管客观上是秘密取得还是公开取得，只要行为人自认为秘密取得他人财物就成立盗窃罪，只要行为人自认为公开取得他人财物就构成抢夺罪”。笔者也看到，有不少赞成通说的论者持此种主张。持“新说”的论者认为，这是一种“主观主义的观点”，“颠倒了认定犯罪的顺序”，“导致盗窃罪与抢夺罪的客观构成要件没有任何区别”，“形成了‘客观行为类型完全相同，主观故意认识内容不同’的不合理局面”②。应当肯定，这种批判是有道理的。但是，上述赞成通说的“主观主义的观点”，并非通说的主张，而是对通说的误解。如前所述，按照通说，秘密窃取他人财物既是盗窃罪的客观要件，也是其主观故意的内容。正如俄罗斯学者所述，盗窃罪“作为一种独立的侵占财产的犯罪，它的客观必要要件是秘密侵占他人财物，这种侵占以犯罪行为不被人觉察、既背着财物的所有人，又背着其他人的方式加以保证。……要评判侵占他人财物是秘密还是公开实施的，其客观标准在于所有权人或接受所有权人财产的占有人以及其他人对正在实施的侵占的态度，在于他是否意识到犯罪人正在非法取得他人的，即不属于犯罪人的财物”。盗窃罪的“主观标准是犯罪人自己意欲背着所有与犯罪无关的人采取秘密行动，以及他内心确信使财物脱离其所有权人占有的行为是背着财物的所有权人或其他人进行并且不为他们觉察的。犯罪人主观上确信所实施的偷窃行为不被他人觉察是以一定

① 陈兴良．口授刑法学．北京：中国人民大学出版社，2007：611.

② 张明楷．盗窃与抢夺的界限．法学家，2006（2）：121.

的符合犯罪事件实际情况的情节事实为基础的"[1]。同样道理，公开夺取他人财物，也是抢夺罪主观和客观两方面的要件，并非仅仅只是行为人主观故意认识的内容。表面上看盗窃与抢夺的行为人取得财物之行为的表现形式可能并无多大差异，都是直接拿走他人财物，如同故意杀人行为与故意伤害行为一样，都可能是拿刀去砍被害人，但由于其主观故意内容不同，不能认为"客观行为类型完全相同"，应当认为出于秘密窃取的盗窃故意拿走他人财物的行为是盗窃行为，出于公开夺取的抢夺故意而拿走财物的行为则为抢夺行为。况且，行为人若想要秘密窃取他人财物，往往要采用避开他人耳目即不被他人发现的方式拿走财物；如果是公开夺取他人财物，则由于财物的所有者或管理者就在眼前，行为人若拿走其财物，当即就会被发现、就可能被抓住或被制止，因而行为人大多要采取乘其不备、拿了就跑的方式取得财物。可见，盗窃与抢夺的客观行为表现本身就有差异，当然不能仅从行为人的主观认识来作判断。

第三，行为人的主观认识与客观事实可能出现不一致的情况，即客观上行为人取得财物的行为早已被财物的所有者或管理者发现，实际上是公开取得其财物，但行为人误以为未被发现、是秘密窃取；或者客观上取得财物的行为未被发现，实际上是秘密窃取，而行为人误以为已被发现、属公开夺取。持"新说"的论者认为，"这种跨越了不同构成要件的认识错误，应当属于抽象的事实认识错误。……即使按照抽象的事实认识错误来处理这种现象，只会导致案件的处理过于复杂。这不仅因为理论上对抽象的事实错误的处理原则存在争议，而且还因为盗窃罪与抢夺罪的法定刑基本相同，很难区分重罪与轻罪。结局必然导致处理上的混乱"[2]。应当肯定，这种主客观不一致的情况，确实属于抽象的事实认识错误问题。但正如持"新说"的论者所述，包括笔者在内的持通说的论者过去大多没有想到，"运用抽象的事实认识错误的处理原则来处理这种现象"。笔者现在意识到，如果运用这种处理原则来处理这类案件，是完全可能得出恰当结论、产生良好社会效果的，并不会出现"处理上的混乱"。

众所周知，所谓抽象的事实认识错误，简称为抽象的事实错误，是指行为人认识的事实与客观的实现事实之间的不一致涉及不同构成要件的情形。盗窃罪与抢夺罪的构成要件不同，上述客观行为与主观认识不一致的现象就属于这种抽象的事实错误。关于这种错误是否阻却或影响故意既遂的成立，中外刑法学界有比较大的争议。日本的"判例、通说主张，在主观与客观构成要件性（法定性）地相符合之时，在轻罪的限度之内，认定构成故意犯罪的既遂"[3]。尽管构成要件不同，但只要可以认定存在构成要件的相互重合，即可按较轻之罪定罪处刑。不仅如此，对于

① 俄罗斯联邦总检察院编．俄罗斯联邦刑法典释义：下册．黄道秀，译．北京：中国政法大学出版社，2000：407－408.

② 张明楷．盗窃与抢夺的界限．法学家，2006（2）：126.

③ 西田典之．日本刑法总论．2版．王昭武，刘明祥，译．北京：法律出版社，2013：204.

超越这种构成要件上的形式重合，而属于构成要件上的实质性重合的情形，判例也肯定存在构成要件性的符合。下面两个判例便是如此：(1) 行为人原本打算走私进口兴奋剂而实施了犯罪，但客观上实现了走私进口麻药罪①（两罪的法定刑相同），对此，日本最高裁判所的判例认为，鉴于“麻药与兴奋剂之间具有实质上可视为服从于同一法律的规制这种类似性”，因此，“二罪的构成要件实质上完全重合”，从而根据客观的实现事实，判定成立走私进口麻药罪；(2) 行为人主观上出于持有麻药罪（7年以下惩役）的打算，但客观上实现了持有兴奋剂罪（10年以下惩役）的，对此，日本最高裁判所的判例认为，“鉴于麻药与兴奋剂之间的类似性，因而可以将此场合理解为，二罪的构成要件在相对较轻的前者之罪的限度内，实质性地相互重合”。即该行为构成相对较轻的持有麻药罪。②

应当肯定，前述盗窃罪与抢夺罪之间的事实认识错误的情形，即行为在客观上是公开取得、行为人却认为是秘密窃取的，或者行为在客观上是秘密窃取而行为人认为是公开取得的，这与日本最高裁判所的上述两个判例涉及的事实认识错误具有相似性，也就是实际触犯的罪名与误认触犯的罪名构成要件虽然不同，并且也不属于构成要件形式性重合的现象，但两罪之间存在构成要件实质性重合或符合。从某种意义而言，盗窃罪与抢夺罪在构成要件上实质性重合或符合的程度，比日本的上述两个判例所涉及的罪之间实质性重合或符合的程度还更高一些。如前所述，盗窃罪与抢夺罪都是直接夺取他人占有之财物的犯罪，行为人的主观目的也都是想要取得（或占有）他人财物，在非法夺取或取得他人财物这一点上两者是完全相同的；并且都以事实上取得财物作为既遂的标志，侵害的法益也完全一致，秘密窃取与公开夺取的行为表现非常相似，有时甚至完全相同，都是把他人财物拿走。正因为如此，当行为人自认为是秘密窃取，事实上是公开取得（即所有者早已发觉）的场合，如果认为这种事实认识错误阻却故意，那就应认定行为人构成盗窃未遂与过失抢夺，二者属于想象竞合。由于刑法无处罚过失抢夺的规定，结果对该行为只能按盗窃未遂来处理。我国刑法学界虽然也有人持这种主张③，但明显不具有合理性。因为行为人想要秘密窃取他人财物，实际上也取得了他人的财物，其主观目的已经实现，显然不属于犯罪“未得逞”的情形，对此认定为盗窃未遂给人的印象是与客观事实不符。因此，这种观点在我国很难找到支持者。如同日本刑法学界那样，对于最高裁判所的上述两个判例，尽管也有学者提反对意见，认为并不能将构成要件性的符合的范围扩大到如此程度。就上述判例（1）而言，行为人应构成走私进口兴奋剂罪的未遂犯与（不具有可罚性的）过失走私进口麻药罪，二者属于想象竞

① 另有学者将日文中的“麻药”翻译为“毒品”。山口厚．刑法总论：2版．付立庆，译．北京：中国人民大学出版社，2011：221.

② 西田典之．日本刑法总论：2版．王昭武，刘明祥，译．北京：法律出版社，2013：205.

③ 吴林生．平和窃取说之批判——兼与张明楷教授商榷．法学，2010（1）：41.

合。然而，“这种观点仅属于少数说，几乎没有学者否定判例的结论本身”①。

肯定盗窃罪与抢夺罪之间由于存在构成要件上的实质性重合或符合，因而在出现上述事实认识错误的场合，不阻却故意的成立。至于是认定成立盗窃罪还是成立抢夺罪的既遂，则是需要进一步弄清的问题。从日本最高裁判所的上述判例和刑法学界的通说可以看出，他们采取的定罪原则是：如果两罪的法定刑相同，就以客观实现的事实所触犯的罪名定罪处刑；如果两罪的法定刑有轻重差别，则以相对较轻的罪定罪处刑。笔者认为，这一定罪原则具有科学合理性，值得我们仿效或借鉴。从我国刑法规定的盗窃罪和抢夺罪的法定刑来看，两者基本相同。但实际上应当认为抢夺罪的法定刑比盗窃罪的重。因为自古以来，我国民众的观念是“明抢暗偷”，“抢”比“偷”更重；并且我国古代和民国时期的刑法以及现行台湾地区的刑法对抢夺的处罚重于对盗窃的处罚；国外刑法对抢夺罪的处罚也大多重于盗窃罪；我国刑法虽然规定两罪的法定刑相同，但从刑法规定携带凶器抢夺的以抢劫论、携带凶器盗窃的仍属盗窃可以看出，立法者还是认为抢夺重于盗窃；我国的最高司法机关在2013年先后出台的有关司法解释，对于盗窃罪与抢夺罪规定的定罪起点数额（即数额较大）的标准相同，但关于加重犯的起点数额（即“数额巨大”“数额特别巨大”）的标准，抢夺罪的低于盗窃罪的②，一些地方的司法机关具体确定或实际掌握执行的抢夺罪和盗窃罪的起点数额（即数额较大）的标准，也是前者低于后者③，这表明在我国的司法实践中，对抢夺罪的处罚实际上重于对盗窃罪的。既然如此，按上述处理抽象的事实认识错误的原则，在行为人认识之罪与实现之罪有轻重差别的场合，应以轻罪之既遂犯定罪处罚，那么无论行为在客观上是公开取得、行为人却误以为是秘密窃取的，还是行为在客观上是秘密窃取而行为人误以为是公开取得的，就都应以盗窃罪的既遂犯论处。

第四，持“新说”的论者批驳说，当行为人根本不考虑自己取得财物的行为是否被他人发觉时，“根据通说，便无法确定该行为的性质。因为通说认为客观上是否秘密，并不决定盗窃罪与抢夺罪的区别，只要行为人自认为采取不被他人发觉的方式取得财物的就是盗窃罪。可是，当行为人认识到自己的行为既可能被人发觉也可能不被人发觉时，便既成立盗窃罪也成立抢夺罪，或者说无法区分盗窃罪与抢夺罪”④。笔者以为，按通说并非只能得出这样的逻辑结论；相反，通说主张，在这

① 西田典之．日本刑法总论：2版．王昭武，刘明祥，译．北京：法律出版社，2013：206.

② 2013年4月2日最高人民法院、最高人民检察院《关于办理盗窃刑事案件适用法律若干问题的解释》第1条规定：盗窃公私财物价值1 000元至3 000元以上、3万元至10万元以上、30万元至50万元以上的，应当分别认定为刑法第264条规定的‘数额较大’‘数额巨大’‘数额特别巨大’。2013年11月11日最高人民法院、最高人民检察院《关于办理抢夺刑事案件适用法律若干问题的解释》第1条规定：抢夺公私财物价值1 000元至3 000元以上、3万元至8万元以上、20万元至40万元以上的，应当分别认定为刑法第267条规定的‘数额较大’‘数额巨大’‘数额特别巨大’。

③ 吴林生．平和窃取说之批判——兼与张明楷教授商榷．法学，2010（1）：46.

④ 张明楷．盗窃与抢夺的界限．法学家，2006（2）：122.

种场合，应以客观事实或行为是否公开为标准来区分盗窃罪与抢夺罪。持“新说”的论者认为，“这种观点有自相矛盾之嫌”，“人们不禁要问：为什么当行为人自认为其取得行为具有秘密性时，就认定为盗窃，而不考虑客观行为是否秘密？为什么当行为人不考虑自己的行为是否被他人发觉时，却又要以客观行为是否秘密为标准区分盗窃与抢夺？”① 事实上，通说在判断行为是否为秘密窃取时，并非完全不看客观上是否秘密、仅以行为人主观上“自认为”是否秘密来确定。如前所述，通说认为所谓秘密窃取，是指采取自认为不使他人发觉的方式取得他人财物，这包含主客观两方面的内容，主观上行为人要有秘密窃取的意思（即盗窃的故意），要求其认识到自己采取了不使他人发觉的行为方式，客观上还要有采取这种方式取得他人财物的行为（即盗窃的行为）。只有具备这主客观两方面的要件的，才可能成立盗窃罪。在出现前述主观认识与客观实际不一致的情况（即抽象的事实认识错误）时，如行为人自认为对方未发觉是秘密窃取，实际上对方已发觉属公开取得的，则要根据处理事实认识错误的原则，来选择确定罪名依法予以处罚。至于取得他人财物存在被发觉和不被发觉两种可能性时，行为人对此已有认识并持漠不关心的态度的，在这种情况下，由于行为人主观上是有盗窃的故意还是有抢夺的故意，处于一种不确定状态，因而应根据客观上是否具有秘密性（即是否已被发觉），来确定行为人是具有盗窃的故意属于盗窃还是存在抢夺的故意构成抢夺。如同行为人对被害人是死还是伤持漠不关心的态度、用尖刀对其胸部猛刺一刀后离去一样，因行为人用刀刺被害人时是有杀人的故意还是伤害的故意，处于一种不确定状态，只能依据事后的客观事实来定，即被害人死亡结果发生时，认定行为人有杀人的故意构成故意杀人罪，被害人未死仅出现伤害结果时，则认定其只有伤害的故意成立故意伤害罪。由此可见，在行为人行为时的主观心理状态不确定的场合，根据客观事实（或实际发生的结果）来确定其故意内容及所成立的罪名，是具有科学合理性的。因为行为人既然认识到自己的行为既可能是秘密窃取（他人未发觉）也可能是公开取得（他人已发觉）的，当客观事实为公开取得（他人已发觉）时，那就表明行为人对自己的行为（公开取得）及其结果已有认识，即有抢夺的故意，具备抢夺罪的主客观要件，按此罪定罪处罚也就成为当然的结论。

第五，通说认为，秘密窃取行为必须贯穿于盗窃财物的全过程，行为人先是秘密窃取，在没有既遂之前被害人发觉，行为人知道后公然夺取财物的，应认定为抢夺罪。持“新说”的论者批驳说，这给人的印象的是，被害人发觉之后，行为人的行为就不再是秘密窃取了，由于“盗窃与抢夺的关系，似乎属于A与非A的关系：只要不成立盗窃，就必然成立抢夺”。可是，在这种场合，行为人的行为可能自始至终都表现为一种平和的方式，被害人发觉并未引起行为人客观行为的任何变化，

① 张明楷．盗窃与抢夺的界限．法学家，2006（2）：122.

"为什么被害人发觉了行为人的行为后，行为人的盗窃行为就自动转化为抢夺?"①在笔者看来，犯罪行为实施的过程中，由于客观环境等条件的变化，行为人改变犯意，从而使行为的性质发生变化的情形，在司法实践中十分常见。例如，行为人夜间潜入被害人家中，本想去盗窃，人室后找寻财物时惊醒了被害人，行为人便改用暴力手段，将被害人捆绑起来，搜寻到贵重财物后逃离。对于此类案件，相信持"新说"的论者也不会否认，行为的性质由盗窃转化成了抢劫（或先行盗窃后变为抢劫）。并且，在我国的司法实践中，对于直接取得他人财物的犯罪，都是以最终实际采取的取得财物的手段作为定罪根据的，即对于事先想到用强制手段夺取、但实际上是秘密窃取的定盗窃，反过来，对于事先想到秘密窃取、因作案时被人发觉而采用强制手段夺取的定抢劫。既然如此，事先想到秘密窃取、作案时被人发觉而公然夺取的，按抢夺定性就是合理的结论。只不过先行盗窃后变为抢夺、同先行盗窃后变为抢劫的情形相比，从客观行为来看，后者有明显的变化，而前者可能无任何变化（如行为人寻找财物时被卧床不起的被害人发觉而当面拿走其财物的），但评价行为的性质不能仅看其客观的外在表现，例如杀人行为与伤害行为，有时在外观上可能完全相同，如行为人仅想伤害对方用尖刀扎其手臂，但由于对方体位变动而扎到其心脏，这同想杀死对方而用尖刀扎中其心脏的行为，在外观上完全相同，只不过由于行为人的主观心理状态及实施行为的客观条件不同，行为的性质也有重大差异，前者为伤害行为，后者为杀人行为。基于同样的理由，"在秘密窃取财物的过程中，如果行为人已发现被害人发觉其取财行为，从行为人意识到自己行为被发现时行为已不再是秘密窃取行为了。因为窃取行为的主观要素已不存在了。如果行为人不在乎被害人的存在继续拿走财物，其行为已完全符合抢夺罪的行为类型，因为抢夺行为的主客观要素均已具备。……此种情况仅在客观上考量的确没有变化，但是行为人的主观要素却发生了翻天覆地的变化"②。另外，至于盗窃与抢夺的关系，是否属于A与非A的关系，按通说的主张，由于盗窃是秘密窃取他人财物的行为，抢夺是公开夺取他人财物的行为，而秘密与公开是A与非A的互斥关系，即秘密之中不可能包容公开，公开之中也不可能容纳秘密。③ 正因为如此，考虑到我国刑法是根据取得财物的方式来区分直接取得罪的，如果采取秘密窃取的方式取得他人财物，那就不可能是抢夺；如果采取公开夺取的方式取得他人财物，则同样不可能是盗窃。④ 又由于我国刑法将公开直接夺取他人财物的犯罪分为抢夺罪（含聚众哄抢罪）和抢劫罪，因此，如果不是秘密窃取而是公开夺取的，虽然不能直接肯定就是抢夺，但在不成立抢劫（即不是采取侵害人身的强制手段公开夺取）

① 张明楷．盗窃与抢夺的界限．法学家，2006（2）：124.

② 董玉庭．盗窃与抢夺的新界分说质疑——兼与张明楷教授商榷．人民检察，2010（15）：24.

③ 何荣功．也论盗窃与抢夺的界限——兼与张明楷教授商榷．当代法学，2012（4）：70.

④ 在出现事实认识错误，如误以为对方已发觉是公开夺取，但实际上对方未发觉属秘密窃取的场合，根据处理事实错误的原则按盗窃罪定罪处罚的，这是另一回事。

的条件下，就可以肯定行为的抢夺性质。

第六，持“新说”的论者批驳说，“公开盗窃的情形大量存在。例如，行为人进入他人住宅后，明知卧床不起或者胆小的占有者盯着自己，但依然搬走他人的电视机。再如，行为人明知停车场管理者看守着他人的自行车，仍然偷走自行车。既然如此，刑法理论就必须面对现实，承认公开窃取行为构成盗窃罪”①。笔者也不否认，在所有者、管理者或第三者在场的情况下，行为人也可能窃取他人财物，从而构成盗窃罪，扒窃即为适例。上述在停车场偷走他人的自行车的，也同样如此。尽管行为人是在停车场的管理者在场看守着自行车的情况下取得了他人的自行车，但他采取的方式是在管理者不注意或误以为他是车主的情况下“偷走自行车”，行为人主观上有“偷走”（即秘密窃取）的意思，客观上“偷走”了他人的自行车，完全具备盗窃的主客观要件，实际上车场的管理者当时也并未发觉，如同扒手在公交车上扒窃到财物下车离开后物主才发现一样，自然应认定为盗窃。如果说这是“公开盗窃”，也无可非议。但持“新说”的论者所指的“公开盗窃”，主要还不是这种情形，而是指采用平和手段，在财物的所有者或管理者在场时取得其财物的各种情形，包含乘人不备、公然夺取（即通说公认的典型抢夺）的案件，也被纳入“公开盗窃”的范围，认定为盗窃（不属于抢夺）。② 这是笔者不能接受的。就上述“行为人进入他人住宅后，明知卧床不起或者胆小的占有者盯着自己，但依然搬走他人的电视机”的案件而论，行为人主观上明知所有者、占有者眼盯着自己，客观上在对方知晓的情况下公然搬走其电视机，完全具备公开取得他人财物的抢夺罪的主客观要件，无疑应当按抢夺罪定罪处罚。中国台湾地区“法务部”对一相似案件，也持同样的意见。③ 并且，与持“新说”的论者所列举的“公开盗窃”相同或相似的案件，在我国过去乃至近年来的司法实践中，几乎一直都被认定为抢夺。④ 不知持“新说”的论者为何硬要将这种完全具备抢夺罪构成要件的行为解释为“公开盗窃”，也不知认定为盗窃罪（即不认定为抢夺罪）的优越性何在？

① 张明楷．刑法学：下　5版．北京：法律出版社，2016：949-950.

② 持“新说”的论者所举的“公开盗窃”案例：被害人在楼上阳台将钱包掉在楼下马路上，路过的被告人要捡起时，被害人向其说明是自己掉下去的，恳求其不要拿走，但被告人仍拿走钱包；李某假意购买钻戒，试戴时乘营业员不备，拿了戒指转身就跑；张某假意购买二手车，试车时骗卖主下车，随即将车开走；王某以借打手机为名，拿到他人手机后，乘人不备，当面跑掉；如此等等。对这类“公开盗窃”的案例，不仅我国的司法实践以及通说均认为，构成抢夺罪（黎宏．刑法学各论．2版．北京：法律出版社，2016：306.），而且我国台湾地区的判例和通说，对类似案例，也同样认为构成抢夺罪（陈子平．刑法各论：上　2版．台北：元照出版公司，2015：462-466.）。

③ 案情为：乙因中枢神经麻痹，病重独卧医院病床，其神志清醒，口及四肢均不能动弹，甲见情起意，将乙上衣口袋内新台币3万元取走。“法务部”意见：甲如系明知乙不能言语及其四肢不能动弹，乃不顾其神志清醒，而公然取走现款，应认系乘乙不及以呼救等他法抗拒而夺取财物，应构成抢夺罪。陈子平．刑法各论：上　2版．台北：元照出版公司，2015：465.

④ 徐光华．“公开盗窃说”质疑．法商研究，2015（3）：97.

三、采用不同标准区分的利弊

（一）采用通说的标准区分之利弊

如前所述，通说采取的区分盗窃与抢夺的标准在于，是秘密窃取还是公然（或公开）夺取他人财物。采取这一区分标准，利在如下几方面：一是与我国刑法的规定相一致。我国刑法将直接夺取罪分为盗窃罪、抢夺罪和抢劫罪，即采取“三分制”的立法体制，自古以来，在我国，无论是法律的规定还是民众的观念，均将盗窃视为秘密窃取、抢夺界定为公然夺取。我国现行刑法也继承了这一法律文化传统，通说的区分标准很好地体现了刑法的内在精神。二是突显了盗窃与抢夺的本质特征，明确了区别对待两者的意义所在。一般来说，当着被害人的面在其知晓的情况下公然夺取其财物，与在被害人不知时秘密窃取其财物相比，无论是行为人的主观恶性，还是行为本身的危险性和危害性，显然前者的都要更大一些。正如俄罗斯学者所述，“抢夺犯公开地、以令人发指的卑鄙和粗暴态度侵害社会中业已形成的所有权关系，往往还对人使用身体或精神暴力、示威式地在众目睽睽之下无视刑法的要求，可以理解，这使他所实施的违法行为的危险性大为增加，同时加重了对其违法行为否定性的道德评价”①。三是便于司法实践中操作执行。② 由于“秘密”与“公开”是互斥关系，只要可以肯定行为人是采取秘密窃取的方式取得财物的，就可以肯定其行为不具有“抢”的特性，不可能是抢夺；反过来，若能肯定其是采取公然夺取的方式取得财物的，即可否定其行为是盗窃。这样，就能有效避免盗窃与抢夺定性相混淆的结果发生。

不过，由于通说强调盗窃罪的成立不仅客观上要有秘密窃取的行为，主观上还要有秘密窃取的故意，即行为人必须自认为是采取不使财物的所有者、管理者发觉的方式取得其财物的，才可能认定其有盗窃的故意。而有无这种故意有时很难认定，这正是通说面临的一个难题。正如持“新说”的论者所述，如果“仅凭行为人‘自认为’秘密或公开决定行为性质，也容易造成定罪的困难，因为在许多情况下难以判断‘自认为’的内容”③。但是，按通说肯定不能“仅凭行为人‘自认为’秘密或公开决定行为性质”，还得看其采取的取得财物的方式是秘密窃取还是公开夺取。正如前文所述，如果行为人有秘密窃取的故意，通常会采取谨慎小心不使他人发觉的方式；如果是有公开夺取的故意，大多会采取乘人不备、拿了就跑的方式，从其客观的行为表现，往往就能判断是秘密窃取还是公开取得财物的。同时，还要从财物的所有者、管理者是否已发觉，来确定其行为实际上是秘密窃取还是公开夺取。当行为人的主观认识与客观实际不符时，则要按前述处理抽象的事实认识错误的原则，选择适用相对较轻的盗窃罪来定罪处罚。只有在行为人的客观行为表

① 俄罗斯联邦总检察院编．俄罗斯联邦刑法典释义：下册．黄道秀，译．北京：中国政法大学出版社，2000：425.

② 陈兴良主编．刑法各论精释：上，下册．北京：人民法院出版社，2015：372.

③ 张明楷．刑法学：下 5版．北京：法律出版社，2016：949.

现不能判断是秘密窃取还是公开夺取的特殊场合，考察其“自认为”的内容对其行为的定性才具有重要意义，但这种情形毕竟只占很少一部分（绝大部分案件从行为表现本身就能判断是秘密窃取还是公开取得）。并且，由于财物的所有者、管理者当时是否已发觉被侵害，是比较容易查清的客观事实，如果其未发觉，那么无论行为人主观上是秘密窃取还是公然夺取的意思，最终都只能以盗窃定性[①]，因此，在这种场合，根本没有必要查清行为人是基于秘密还是公开的意识取得他人财物的。只有在财物的所有者或管理者当时已发觉被侵害，但未予以制止或未采取夺回财物的行动时，才有必要查清行为人意识的内容。因为如果行为人意识到他人已发觉仍公然夺取，那就应认定为抢夺，性质和处罚比盗窃的重。正因为如此，狡猾的犯罪人大多不会承认自己意识到他人已发觉还公然夺取，只不过在有客观证据证明其已明知被发觉时，不能因其不承认就不以抢夺论处。只有在无足够的证据证明其明知已被发觉时，才会出现是以抢夺还是以盗窃定性的问题，但根据疑罪从轻的原则，对其按相对较轻的盗窃定性处理是当然的结论，因此，这一难题最终还是可以得到圆满解决的。

（二）采用“新说”的标准区分之利弊

如前所述，持“新说”的论者认为，盗窃是违反被害人的意志，采取平和的手段取得他人财物的行为；盗窃行为并不限于秘密窃取，还可能是公开盗窃；抢夺则是以对物暴力的方式强夺他人紧密占有的财物并具有致人伤亡可能性的行为。“盗窃与抢夺的区别在于：对象是否属于他人紧密占有的财物，行为是否构成对物暴力。”[②] 由于采用这种“新说”能缩小抢夺、扩大盗窃的范围，对通说有可能认定为“携带凶器抢夺的”情形，按“新说”可视为“携带凶器盗窃”，从而可避免不当扩大抢劫的适用范围；对在公共场所内、公共交通工具上作案或入户作案，公开取得他人财物未达到“数额较大”标准的，按“新说”可认定为“扒窃”“入户盗窃”，以盗窃罪定罪处罚，而按通说认定为抢夺，则无法定罪处罚，显然不利于惩罚犯罪、保护法益。[③] 笔者也不否认，这是采用“新说”的实益。但是，正如笔者前一节所述，“新说”只是在一定程度上缩小了“携带凶器抢夺的”范围，并不能从根本上解决这一规定有可能不当扩大抢劫适用范围的问题；至于按“新说”可将部分公开取得他人财物的情形纳入“扒窃”“入户盗窃”的范围予以定罪处罚，按通说以抢夺定性无法定罪处罚、不利于打击犯罪，这是我国现行刑法对抢夺与盗窃的规定不够协调所带来的问题，“新说”同样不能从根本上予以解决，对此，我们认为只能通过修改补充刑法的相关规定来解决。

① 如果财物的所有者、管理者当时没有发觉行为人拿走其财物，行为人也认为对方未发觉，那当然应认定为盗窃；如果行为人误以为对方已发觉，实际上对方未发觉，这就属于前述抽象的事实认识错误的情形，应以相对较轻的罪即盗窃罪定罪处罚。

② 张明楷．盗窃与抢夺的界限．法学家，2006（2）：119.

③ 阮齐林．论盗窃与抢夺界分的实益、倾向和标准．当代法学，2013（1）：80.

采用“新说”的标准区分盗窃与抢夺的缺陷也十分明显，概括起来主要有以下几点。

第一，将抢夺界定为以对物暴力的方式强夺他人紧密占有的财物并具有致人伤亡可能性的行为，这本身不具有科学合理性。对此，本章第一节已作了详细论述，此处不再赘述。

第二，以“对象是否属于他人紧密占有的财物”作为盗窃与抢夺相区别的重要考虑因素，也不具有科学合理性。因为被害人紧密占有即提在手上、背在肩上、装在口袋等与人的身体紧密联结在一起的财物，并非只能成为抢夺的对象，而不能成为盗窃的对象。例如，扒手从被害人衣服口袋里扒窃的钱包，就是盗窃被害人紧密占有的财物。持“新说”的论者解释说，扒窃虽然针对的是被害人紧密占有的财物，但由于不可能致人伤亡，因而只能认定为盗窃，而不能评价为抢夺。可是，扒手扒窃也并非完全不可能弄伤他人。扒手用随身携带的小刀将被害人衣服口袋划破掏取其钱包的，这是很常见的扒窃现象，并有将被害人身体划伤的情形。那么，这种夺取他人紧密占有的财物并致伤对方的行为，按“新说”似乎应认定为抢夺。这样一来，扒手实施的同样的扒窃行为，有的被评价为盗窃，有的却要被认定为抢夺，这似乎很难找到理论根据与合适的区分标准。反过来，与被害人身体相分离的财物（非紧密占有物），也并非就不能被抢夺。如手机店老板将手机交给行为人查看挑选，行为人趁老板不注意，拿着手机冲出店外，店老板追出但未追上。持“新说”的论者认为，这是公开盗窃不是抢夺。因为行为人取得的不是被害人紧密占有的财物，隐含的根据在于行为人拿走店老板手机的行为，不具有致其伤亡的可能性。但正如上一节所述，假设店老板追出想夺回自己的手机时，跌倒致重伤或死亡，这样的情形在司法实践中也有发生，当然应认定被告人夺取财物的行为与被害人的伤亡结果之间有因果关系，那么按“新说”将这种公开当面夺取他人财物并致被害人伤亡的案件，排除在抢夺罪的范围之外，合理性何在？既然取得他人非紧密占有（即与身体相分离）的财物的，也有致人伤亡的可能性，反过来，取得他人紧密占有的财物（如扒窃）的，并不一定具有致人伤亡的可能性，那就表明“对象是否属于他人紧密占有的财物”，即便是按“新说”，也不具有区分盗窃与抢夺的作用。

第三，把“对物暴力”作为抢夺的核心要件和与盗窃相区分的关键，同样不具有科学合理性。正如本章上一节所述，“对物暴力”可能有多种含义，既可能从狭义理解为对物造成损毁的强制力，也可能从广义解释为用力拿走财物，还可能认为是作为夺取财物的手段而实施的暴力。但从狭义理解为对物造成损毁的强制力，似乎与行为人夺取财物是想要加以利用的主观目的不符；如果将“对物暴力”理解为作为夺取财物的手段而实施的暴力，则大多只能成为盗窃的手段，如将他人汽车轮胎卸下来拿走，将他人房前屋后的大树砍倒搬走等，而不太可能成为抢夺的手段。因为抢夺的特点一般只能是拿了就跑，不太可能是先对某物实施暴力（即毁损或拆卸)，接着再拿走该物的一部分或另一财物。如果将“对物暴力”理解为用力拿走财物或“突然使用强力夺取财物”，那就意味着几乎所有直接夺取（即直接拿走）他人财物的行为，都具有“对物暴力”的性质，只是程度轻重有差异，那么“对物暴力”也就失去了区分盗窃与抢夺的作用。正因为如此，提出“新说”的论者后来不得不对上述观点予以修正，进而提出“成立盗窃罪并不以采取平和非暴力手段为前提”，“行为人以暴力方法取得财物，但又没有达到使他人不能抗拒的程度，却破坏了他人对财物的持有、支配关系，取走其持有物的，……只能认定为盗窃”①。既然如此，那就表明“对物暴力”并不具有区分盗窃与抢夺的功能。

不仅如此，正如前一节所述，还有赞成“新说”并提出应予以“补正”的论者认为，抢夺是强力夺取他人紧密持有财物的行为。这里的“强力”与“暴力”并无实质差别，并且暴力不限于对物还可以对人。盗窃、抢夺和抢劫都可以采用暴力（含对人和对物的暴力）实施，只是暴力程度上有差异，即暴力程度最重的是抢劫、其次的为抢夺，暴力程度最轻的就是盗窃。② 这种观点明显与区分直接夺取型财产罪的刑法理论相悖，也与民众区分财产罪的法律观念不符。况且，采用何种标准来认定暴力程度的轻重，这本身就是一大难题。但这在一定程度上表明，即便是赞成“新说”的论者也意识到，将“对物暴力”作为抢夺的核心要件和区分抢夺与盗窃的关键，不具有合理性与可行性。

第三节　抢夺与抢劫的区分

一、区分的标准

传统的通说认为，抢夺与抢劫都具有“抢”即明目张胆地公然（或公开）夺取他人财物的特性，不同之处在于抢劫采用暴力、胁迫等侵害人身的强制手段公然夺取他人财物，而抢夺则不采用这种强制手段公然夺取他人财物。正因为如此，区分两者的标准就在于，是否采用侵害人身的强制性手段公然夺取他人财物。③

持“新说”的论者认为，“抢夺行为是直接对物使用暴力（对物暴力）”，但“由于不排除行为人使用轻微的对人暴力抢夺财物，故在对人暴力的情况下，应根据暴力是否达到了足以压制他人反抗的程度，区分抢劫罪与抢夺罪。”④

在笔者看来，通说以是否采用侵害人身的强制性手段公然夺取他人财物作为区分标准，既抓住了抢夺与抢劫相区别的关键所在，又简单明了便于司法人员掌握执

① 张明楷．论表面的构成要件要素．中国法学，2009（2）：98.
② 阮齐林．论盗窃与抢夺界分的实益、倾向和标准．当代法学，2013（1）：80－81.
③ 高铭暄，马克昌主编．刑法学．7版．北京：北京大学出版社，2016：507.
④ 张明楷．刑法学：下．5版．北京：法律出版社，2016：995.

行。如前所述，虽然抢夺与抢劫都是公然夺取他人财物，但根据我国刑法的规定，抢劫必须采用暴力、胁迫等侵害人身的强制性手段，以排除或压制被害人的反抗，从而强行夺取其财物；而抢夺只能是直接公然夺取（即公开拿走）他人财物的行为，不能采用暴力等强制性的手段排除或压制被害人的反抗。虽然抢夺行为有时也可能造成被害人的伤害，如行为人乘人不备，夺取其项链导致其颈部被项链卡扣划伤或者夺取他人手中的财物而致被害人跌倒摔伤的，但这是夺取（即拿走）财物连带造成的损伤，不是直接对被害人施行暴力造成的伤害。而抢劫财物造成被害人的伤害，则是直接对被害人采用暴力手段以排除其反抗所导致的，如用木棒猛击被害人头部，将其打昏后拿走其手提箱所造成的伤害。并且，这种手段行为与夺取财物的目的行为是分开的，因而抢劫罪被视为复行为犯。但抢夺罪是单行为犯，即仅有一个夺取（或拿走）财物的行为，并无抢劫那样的在此之外的暴力等侵害人身的手段行为。

持“新说”的论者认为，抢夺罪也可能采取对人暴力的手段，只不过是一种较轻微的对人暴力。笔者不赞成这种主张。因为这与区分直接夺取型财产罪的刑法理论乃至我国刑法的规定不符。如前所述，将直接夺取型财产罪分为盗窃、抢夺与抢劫，是以夺取财物的方式为根据的，即盗窃是秘密窃取，抢夺与抢劫是公然夺取。抢夺与抢劫的区别则在于是否采取强制手段，如果采取对人暴力的强制性手段，即便是轻微的暴力手段，也不能否定其抢劫性质。我国刑法也明文规定，暴力是抢劫的最基本手段之一，将采取暴力手段公然夺取他人财物的情形排除在抢劫罪的范围之外、纳入抢夺罪之中，既不具有合理性，也无法律依据。况且，将采用轻微暴力手段公然夺取他人财物的情形纳入抢夺罪之后，无疑会导致这部分抢夺与抢劫难以区分。持“新说”的论者提出“应根据暴力是否达到了足以压制他人反抗的程度”来区分，但在司法实践中似乎不可能找到一个判断是否达到了这种程度的客观标准，只能由司法人员根据自己的主观认识或经验来作判断，从而导致对同一案件得出不同的定性结论，无法维持执法的统一性。相反，通说区分抢夺与抢劫的标准，司法人员很容易掌握执行，并能有效避免这种难以区分的现象发生。

至于说行为人采用轻微的暴力手段夺取他人价值数额很小的财物的，若认定为抢劫，因构成抢劫犯罪没有数额较大的要求，就有可能要按抢劫罪定罪，并受较重的处罚，这自然不具有合理性。如果将其纳入抢夺的范畴，由于抢夺财物数额较小不构成犯罪，从而就可以将这种情形排除在犯罪之外。这或许是持“新说”之论者的良苦用心所在。笔者也不否定，“新说”确实有这样的功效。但按通说，将这种行为认定为抢劫，并不等于就一定要按抢劫罪定罪处罚，而是还可以适用刑法总则第 13 条“但书”的规定，将这种情形排除在犯罪之外。这样处理，既能避免将这类没有必要当犯罪处罚的行为纳入处罚范围，又能克服“新说”可能带来的新矛盾或问题。

二、区分标准的适用

对于公然（或公开）夺取他人财物又引起他人伤害后果发生的案件，是认定为抢劫罪还是抢夺罪，应当注意从以下几方面来作判断：其一，要看行为指向和作用的对象。抢夺财物的行为虽然也要使用一定的强力[①]，但这种强力是直接作用于被抢之财物的；而抢劫罪除了这种直接作用于被抢财物的目的行为之外，还要采用暴力等强制性的手段行为，其手段行为是直接指向并作用于被害人人身的。其二，要看伤害后果是怎样形成的。由于抢夺罪是单行为犯，即只有一个直接夺取（或拿走）财物的行为，这种行为本身并不直接作用于被害人的人身，因而通常不会造成伤害后果，但有时因财物与被害人人身相连，行为人夺取财物时会连带使被害人身体受损害（如划伤、摔伤等）；而抢劫的伤害后果，往往是由其侵害人身的强制手段行为直接造成的，如用木棒猛击被害人头部使其昏倒在地之后，拿走其随身携带的提包的，其中，打击被害人头部是抢劫的手段（即暴力）行为，是引起被害人伤害结果发生的原因行为。其三，要看行为人对伤害后果的主观心态。在抢夺的场合，正是由于被害人伤害的后果是由行为人夺取财物的行为连带造成的，其行为本身并不直接作用于被害人的人身，因而行为人对被害人的伤害后果并无故意，只可能是有过失；而抢劫的伤害后果，大多是由行为人故意采用的暴力手段行为直接造成的，行为人对其行为引起的伤害后果通常有认识并持希望或放任的态度，即有伤害的故意。

近些年来的司法实践中，经常发生一些人趁火车、电车、公共汽车开动时夺取他人的手表、提包等财物的案件。对这类案件是定抢夺罪还是定抢劫罪，理论界有不同意见。有的主张定抢劫罪，认为这是行为人利用了被害人不能反抗或不能有效反抗的状态，可视为抢劫罪的“其他方法”；也有的主张定抢夺罪，因为被害人不能有效反抗的状态，并非行为人造成，行为人只是对客观存在的状态加以利用，所以不能认为是采用“其他方法”抢劫，而只能视为抢夺。笔者赞成后一种观点。因为趁火车等高速交通工具开动时，处于交通工具之外的人员夺取乘客的财物的，交通工具上的乘客确实不能反抗，但这如同醉汉横卧街头行人拿走其财物一样，被害人虽然处于无法反抗的状态，但由于不是行为人将其灌醉的，自然不能认为是采用“其他方法”抢劫。

另外，近些年来还经常发生行为人驾驶车辆夺取行人财物后立即加速逃走的案件（俗称“飞车抢夺”），最常见的是两人同骑一辆摩托车，突然从身后贴近路边的行人，将其金项链、手提包、手机等财物抓到手上后，驾车高速逃离。对这类案件的定性也有较大分歧。有的主张应以抢劫罪定罪处罚，也有的主张应以抢夺罪从重处罚，还有的主张根据案发时的具体行为方式、性质的不同，分别定为抢劫罪或抢夺罪。[②] 笔者赞成最后这种意见，认为应该区别情况作不同处理：如果行为人一下子就抢走了财物，或者未抢走财物就开车逃离，则应认定为抢夺；如果行为人抢夺

① 我国台湾地区学者一般称之为使用“腕力”，即要用手腕之力去拿财物，这样表述可能更形象更准确。陈子平．刑法各论：上 2版．台北：元照出版公司，2015：463.

② 陈兴良主编．刑法各论精释：上，下册．北京：人民法院出版社，2015：386.

财物时被害人不撒手，行为人利用机动车辆的行进力量强行拖拽，而致被害人倒地死伤的，应认为是抢夺过程中遇反抗而直接施行暴力夺取财物，自然构成抢劫罪。2005年6月最高人民法院《两抢意见》第11条指出："对于驾驶机动车、非机动车（以下简称'驾驶车辆'）夺取他人财物的，一般以抢夺罪从重处罚。但具有下列情形之一，应当以抢劫罪定罪处罚：（1）驾驶车辆，逼挤、撞击或强行逼倒他人以排除他人反抗，乘机夺取财物的；（2）驾驶车辆强抢财物时，因被害人不放手而采取强拉硬拽方法劫取财物的；（3）行为人明知其驾驶车辆强行夺取他人财物的手段会造成他人伤亡的后果，仍然强行夺取并放任造成财物持有人轻伤以上后果的。"2013年11月最高人民法院、最高人民检察院《关于办理抢夺刑事案件适用法律若干问题的解释》第6条也将此内容纳入其中①，对各地司法机关处理这类案件具有更为重要的指导作用。

三、携带凶器抢夺

根据我国刑法第267条第2款的规定，携带凶器抢夺的，应当依照抢劫罪的规定定罪处罚。对"携带凶器抢夺"，目前我国刑法理论界有多种不同的解释，其中的争论主要涉及对"凶器"的范围如何界定？"携带"是指明携还是暗带或两者兼而有之？"抢夺"财物是否要求数额较大？解决这些问题的关键在于对"携带凶器抢夺"是仅从字面含义上理解还是应作严格限制解释。一种观点主张应从字面含义上理解，只要行为人实施抢夺行为时携带有可以用于行凶的物品，就属于"携带凶器抢夺"的准抢劫罪（或转化型抢劫罪）②；另一种观点主张应作严格限制性的解释，"携带凶器抢夺构成抢劫罪，至少要求行为人显示出凶器，如果行为人携带凶器抢夺但没有显示凶器，则不能构成抢劫罪"③。2000年11月最高人民法院《抢劫解释》第6条指出："'携带凶器抢夺'，是指行为人随身携带枪支、爆炸物、管制刀具等国家禁止个人携带的器械进行抢夺或者为了实施犯罪而携带其他器械进行抢夺的行为。"这与前一种观点相似。在笔者看来，无论是按哪一种解释，都有难以避免的缺陷。如果仅从字面含义理解，抢夺时背包里藏有匕首但并未打算利用且实际上也未利用的，同样构成抢劫罪，这无疑是把不具备抢劫性质的抢夺行为当抢劫罪来处理，肯定会扩大抢劫罪的范围。反过来，如果作严格限制解释，要求携带者夺取他人财物时，向他人显示自己所携带的凶器，这就意味着行为人用显示凶器的举动来向对方表示威胁，自然属于刑法第263条规定的以"胁迫"方法抢劫财物的行为，完全没有适用第267条第2款之规定的必要性。最高人民法院的《两抢意

① 2013年11月最高人民法院、最高人民检察院《关于办理抢夺刑事案件适用法律若干问题的解释》第6条规定："驾驶机动车、非机动车夺取他人财物，具有下列情形之一的，应当以抢劫罪定罪处罚：（一）夺取他人财物时因被害人不放手而强行夺取的；（二）驾驶车辆逼挤、撞击或者强行逼倒他人夺取财物的；（三）明知会致人伤亡仍然强行夺取并放任造成财物持有人轻伤以上后果的。"

② 姜翠玉．浅谈'携带凶器抢夺'认定中应注意的问题．山东法学，1999（4）．

③ 高铭暄，马克昌主编．刑法学：下编．北京：中国法制出版社，1999：896.

见》也明确指出："行为人将随身携带凶器有意加以显示、能为被害人觉察到的，直接适用刑法第二百六十三条的规定定罪处罚"。可见，行为人携带凶器抢夺，只要没有利用凶器来实施暴力或胁迫，就与一般的抢夺没有性质上的差别，不可能转化为抢劫；如果已加以利用（包括向他人显示凶器）的，则是典型的抢劫罪，应直接适用刑法第 263 条的规定定罪处罚。因此，我国的通说认为，刑法第 267 条第 2 款的规定是一种法律拟制，即把本来属于抢夺（只不过是携带凶器去抢夺）的行为拟制为抢劫。[①] 对这种法律拟制性的规定应当严格解释，否则就有可能不适当地扩大适用范围，从而将本来应当按轻罪处理的案件以重罪定罪处罚，这自然是违反罪刑法定原则的。一般认为，携带凶器抢夺的行为人，必须对自己携带凶器并有可能予以使用有认识，否则，即便是携带管制刀具之类的凶器并实施了抢夺行为的，也不能以抢劫罪定罪处罚。最高人民法院的《两抢意见》对是否要求行为人认识到携带有凶器并有使用的可能性采取折中的立场，明确指出"行为人随身携带国家禁止个人携带的器械以外的其他器械抢夺，但有证据证明该器械确实不是为了实施犯罪准备的，不以抢劫罪定罪"；言下之意是，如果携带的属国家禁止个人携带的器械，即便是"有证据证明该器械确实不是为了实施犯罪准备的"，也要以抢劫罪定罪。在笔者看来，既然抢夺时携带的都是凶器，行为人均不是为实施犯罪准备的，其主客观状态完全相同，为何定性上有如此重要的差别？这是作上述解释者不应当忽视的问题，也可以说是该项解释的一大弊病。

上述对我国刑法第 267 条第 2 款的解释暴露出来的问题，从一个侧面表明该款规定本身存在缺陷。正如本章第一节所述，我国刑法第 264 条规定，携带凶器盗窃的，仍以盗窃论，但第 267 条第 2 款却规定，携带凶器抢夺的，要以抢劫论，两者之间存在明显不协调的现象，从而带来定罪处罚不合理的问题。有鉴于此，笔者主张，对第 267 条第 2 款应实行严格的限制解释，甚至可以考虑将其解释为注意规定，即只有在行为人抢夺时故意显示其所携带凶器的，才能视为该款规定的"携带凶器抢夺"，以抢劫罪定罪处罚。此种解释路径可弥补该款规定的缺陷。

① 张明楷．刑法学：下　5 版．北京：法律出版社，2016：996.

第五章

诈骗罪

第一节　诈骗罪的行为

诈骗罪与其他财产罪相比，其结构形式更为复杂，一般认为有五个要素：行为人的欺诈行为——被害人产生错误认识——被害人基于错误认识而交付（或处分）财产——行为人获得或使第三者获得财产——被害人遭受财产损害。大陆法系国家刑法理论上的通说认为，这五个要素也就是诈骗罪的构成要件要素。但是，各国刑法的规定并非完全如此。例如，德国刑法与瑞士刑法只规定了其中的三个要素，即欺诈行为、使被害人陷入错误、被害人遭受财产损害，其余两个要素，则被认为是不成文的构成要件要素。①

一、欺诈行为

所谓欺诈行为，简单地说是致使他人陷于错误的行为。② 对欺诈行为，有的国家刑法有概括性的描述，如德国刑法第 263 条规定，欺诈行为是“以欺骗、歪曲或隐瞒事实的方法，使他人陷于错误中”的行为；意大利刑法第 640 条规定，欺诈行为是“利用计谋或圈套致使他人产生错误”；瑞士刑法第 148 条规定，欺诈行为是“恶意虚构事实或隐瞒事实，而使人陷于错误，或者恶意利用人之错误”。但是，也有一些国家的刑法对欺诈行为未作进一步的解释，如日本刑法第 246 条只有“欺骗他人”的概括规定，我国刑法第 266 条也只有“诈骗公私财物”的抽象规定。

诈骗罪的欺诈行为必须具有使他人产生错误而导致其实施处分财产行为的作

① 张明楷．外国刑法纲要．北京：清华大学出版社，1999：627.

② 平川宗信．刑法各论．东京：有斐阁，1995：367.

用。如果不具有这样的作用，行为即便使他人产生了错误，并遭受了财产损失，也不属于诈骗罪的欺诈行为。如甲欺骗在家看守房子的乙说，“你看那边失火了”，乙急忙跑出家门去看，甲趁机窃取其家中的财物。这种行为虽然也含有欺骗的因素，但不能使行为人处分（或交付）财物，因而不是诈骗罪的欺诈行为，而是一种盗窃行为。

作为诈骗罪欺诈内容的事实，必须是具体的事实（如谎称给对方提供某种价廉物美的商品以骗取其货款），如果仅仅只是抽象的夸张，则不能视为诈骗罪的欺诈行为。至于这种事实是过去的事实还是现在的事实或者将来的事实，一般认为均不影响欺诈行为的成立。

欺诈行为必须有使一般人陷于错误的可能性。也就是说，欺诈行为只有达到一定程度，才能成为诈骗罪客观方面所要求的行为。因为在日常的商业活动中，商人为了出卖自己的商品，多少会对商品作些夸张性的介绍，对事实有一定的歪曲，但只要没有超出商业惯例上许可的范围，就不能认为违反了诚实信用原则，自然也就不能视为诈骗罪的欺诈行为。但是，也并不是说，商品交易活动中发生的欺诈都不可能构成诈骗罪。相反，如果超过了一定的程度，属于对有关交易上重要事实的欺诈，使他人陷于错误并影响其作出购买决定，则有可能成为诈骗罪的欺诈行为。例如，把某种普通野果吹嘘为有抗癌作用，使顾客相信并花高价购买；将一般物品说成是古董，使他人信以为真而购买，这就有可能构成诈骗罪。至于欺诈行为达到何种程度才有可能构成诈骗罪，这是刑法理论和司法实践中的一大难题。一般认为，应以是否达到足以使一般人陷于错误并处分财产的程度作为认定的标准。只不过欺诈的程度与欺诈的对象有密切关系。如果被欺诈者是缺乏知识与经验的人，他就比一般人更容易受骗。又如，药剂师与一般人相比，在药品方面的知识、经验会有很大的差别，卖药者所编造的相同虚假言词，对两者可能产生不同的效果。一般来说，当被害者是知识、经验丰富的人时，那就会减轻行为人的告知义务，不能因为行为人没有向其特别明示，就认为是采用隐瞒事实真相的方式实行欺诈。

欺诈行为的手段或方法多种多样，既可以是语言欺诈，也可以是动作欺诈；既可以是积极地虚构事实，也可以是消极地隐瞒事实真相。至于欺诈行为能否以不作为的形式表现出来，刑法学者大多持肯定态度，认为不作为的欺诈通常表现为行为人负有告知事实的法律义务而不告知，例如，被保险人隐瞒自己的重大病情而与保险公司签订生命保险合同，这就是一种不作为的欺诈行为。

过去，德、日等大陆法系国家对欺诈行为的作为与不作为的区分，一般以行为人是积极地吹嘘某种虚假的事实还是消极地不告知某种应当告知的真实的事实为标准，认为前者是作为形式的欺诈，后者是不作为形式的欺诈。[①] 我国也有学者持类

① 林千人．刑法各论．东京：东京大学出版社，1999：233.

似的主张，认为“诈骗行为既可以是积极的作为，也可以是消极的不作为。在消极的不作为场合，表现为行为人负有告知真相义务但故意不告知而使人上当受骗”①。德、日学者还认为，不作为的欺诈与其他不真正的不作为犯一样，以行为人负有作为义务即根据诚实信义原则有告知的义务为前提，这种告知的义务是由法令、契约、习惯、条理所确定的。一般来说，如果根据日常生活经验判断，不告知某种事实就会取得财物或财产上的利益，那么行为人对这种事实就有刑法上的告知义务。② 我国也有学者认为，对事实“告知的义务主要来源于法律的规定。例如《消费者权益保护法》第23条规定，经营者有据实告知消费者商品瑕疵的义务。若经营者在处理带有瑕疵的产品时故意不告知消费者，且达到诈骗罪之数额要求的，就可以构成不作为的诈骗罪”③。

但是，现在有些德、日学者提出，所谓欺诈无非是就某种事实作虚假的意思表示，而意思表示既可以是明示的也可以是默示的，因而不能认为在诈骗案件中只要行为人没有告知某种实情，就都是不作为的欺诈。例如，作为交易对象的某物有明显的瑕疵或存在某种原因不能用来交易，被害人很难知道这种实情，因行为人没有告知而使其陷于错误并处分了财产，这应该认定为作为犯而不为不作为犯。因为在这种场合，行为人是以默示的方式告诉被害人，他想要购买的某物没有瑕疵或可以用来买卖，这是一种积极陷他人于错误境地的行为，不能说是不作为的欺诈。日本最高裁判所也有判例认为，本来没有支付能力但不告诉对方，而向其定购商品的，这不是不作为的欺诈，应该认为是作为犯。因为在定购商品的场合，本身包含会支付货款的意思表示在内，行为人本来没有支付货款的意思而向对方表示有这种意思，这自然是一种作为形式的欺诈。④

在笔者看来，诈骗罪中的欺诈行为可以表现为不作为，这是无可争议的事实。一些国家刑法关于诈骗罪的规定中所指的“隐瞒事实”，就是不作为欺诈的典型形式。但这并不意味着诈骗罪可以由不作为构成，那种认为由不作为欺诈行为所构成的诈骗罪是一种不作为犯的主张，显然是不恰当的，这也可以说是上述争论产生的一个重要原因。事实上，诈骗罪是一种取得罪，欺诈行为只是其取得财物的手段，并非其行为的整体。行为人采用欺诈手段，使他人陷于错误并交付财物，他自己或第三者在此基础上取得了财物，这是一个有机结合的行为整体，简单地说就是骗取财物。即便是采用隐瞒事实真相的不作为欺诈手段骗取财物，作为整体的骗取行为显然是违反刑法禁止规范的积极的活动，只能视为作为而不是不作为。从这种意义上说，诈骗罪只能是一种作为犯，而不可能是不作为犯。

另外，利用对方的错误能否视为不作为的欺诈，这也是德、日刑法理论上有争

① 赵秉志主编．侵犯财产罪研究．北京：中国法制出版社，1998：227.
② 大谷实．刑法各论的重要问题．东京：立花书房，1990：237.
③ 同①.
④ 林干人．刑法各论．东京：东京大学出版社，1999：233-234.

论的问题。例如，顾客向商家付购货款，商家因错误多找了钱给顾客，顾客拿走了本应退给商家的钱。在这种场合，多数德、日学者认为，按照诚实信义原则，顾客有告知商家的法律义务，但他保持沉默领受了财物，这可以说是采用不作为的欺诈取得财物。还有学者认为，对这类案件不可一概而论。如果顾客当时就发现对方多找了钱，而保持沉默乐于领受，这是不作为欺诈，可以构成诈骗罪；如果是拿回家之后，才发现对方多找了钱，而不予退还，因为在领受之时并未发现，不能视为采用不作为欺诈取得财物，又因为发现之时财物已拿回了家，脱离了所有者的占有，也就是说这种财物变成了脱离占有物，行为人有归还的义务而不归还，反而恶意侵吞，所以构成侵占脱离占有物罪。另有学者认为，如果商家把钱交给顾客之后，发现多找了钱又去找顾客询问，而顾客否认不予退还，这应该构成诈欺得利罪。但也有学者不同意这种主张，认为不能对同一财物作二重的刑法评价，顾客否认多拿了钱，这是一种不可罚的事后行为，是一种维持侵占脱离占有物罪的违法状态的行为，不能因而改变行为的性质。①

笔者认为，严格说来，纯粹利用对方的错误占有其财物的，不能视为不作为的欺诈。因为不作为的欺诈是行为人有告知某种事实真相的法律义务而不告知，从而引起对方产生错误认识并处分财产，也就是说对方的错误是由行为人的不作为所引起的。但上述纯粹利用对方的错误占有其财物的事例表明，商家多找钱给顾客并非由顾客的行为所引起的，而是由其自身的原因所导致的。顾客此后保持沉默领受其财物的，这是一种不当得利，不能评价为骗取财物，自然也不能构成诈骗罪。对此，必要时可以通过民事诉讼程序追回，一般不宜当犯罪来处理。

二、对方的错误

行为人实施欺诈行为是要让对方陷于错误然后交付财产。对方的错误与行为人的欺诈行为之间必须有因果关系，同时，在欺诈行为与对方交付财产之间，对方的错误又是必不可少的中介环节，即必须是因欺诈行为使对方产生错误而交付财产，才成立诈骗罪，也就是说对方的错误与交付财产之间同样要有因果关系，否则，即便对方交付了财产，也不能构成诈骗罪。例如，行为人虽然实施了欺诈行为，但对方知道事情的真相，并没有陷于错误，只是基于怜悯之心交付了财物的，这就只能视为诈骗未遂。又如，骗子欺骗被害人，被害人把钱交给了骗子，但他根本不信骗子的谎言，交钱给骗子是为了抓住把柄便于控告的，这也只成立诈骗未遂。②

所谓错误，是指人的主观认识与客观事实不一致。但这里所说的对方的错误不是泛指任何错误，而是仅指使对方产生交付财产之动机的错误。比如，使对方认为应当将自己占有的某种财物转移给行为人或第三者；使对方认为自己占有的财物属于他人所有，应当归还给他人；使对方认为将自己的财物转移给行为人后会得到更

① 新保义隆．刑法各论．东京：早稻田经营出版，1997：186.

② 储槐植．美国刑法．北京：北京大学出版社，1996：236.

大的回报；使对方相信将自己的财物交给行为人后其会按承诺短时间内返还；等等。

一般来说，只有人才会陷于错误，机械不会陷于错误，也不可能成为诈骗的对象。因此，把与硬币相似的东西投入自动售货机、取得其中的物品的行为，不构成诈骗罪。因为诈骗罪必须要有足以使他人陷于错误的欺诈行为，而机械没有人的意识不可能陷于错误，把与硬币相似之物投入自动售货机取出财物的行为，自然不属于骗取，应该视为窃取，成立盗窃罪。这是日本刑法理论上的通说，也是日本的判例所持的基本立场。① 但是，也有学者不赞成这种主张，认为自动售货机是按一定程序来运作的，程序的设置是人的意志的体现，人设置程序时想到的是顾客支付了相当数额的金钱才会提供相应价值的物品，所以预先设置的自动售货机的程序是“人的意思、心理的代行物”，行为人投假货币到自动售货机中的，这应该认为是欺诈行为，由此而导致其程序误认，实质上等于是使程序设置者陷于错误，自动售货机提供物品的行为实际上也是代替设置者完成的交付行为。因此，对这种案件应当认定为诈骗罪。②

上述盗窃罪说与诈骗罪说的争论，对于从自动售货机中取出物品的案件，在处理上不会有太大的差别。因为盗窃罪与诈骗罪的法定刑相当，无论按哪种学说处理的结果都大体相同。但是，用类似货币的金属片代替货币，使用投币电话、投币行李存放柜、投币游戏机等，取得了财产上的不法利益的，按上述两说处理所得出的结论可能会有很大差别。这是因为各国刑法大多未规定盗窃利益可能构成盗窃罪，按盗窃罪说，对这类行为就不可能定罪处罚；而按诈骗罪说，则因为骗取利益可能构成诈骗罪（日本等国刑法有明文规定），所以不存在定罪处罚上的问题。

应当指出，为了避免上述争论发生，最好的办法是在刑法中对不正当利用自动设备的行为，单独设处罚规定。目前已有一些国家的刑法设置了这样的规定。例如，德国刑法第 265 条规定：“意图无偿地骗取自动售货机或公用通讯网的给付，骗取无偿使用交通工具、或骗取无偿进入某一活动场所或某一机构的入场券的，若在其他规定中未规定更为严厉的刑罚，处一年以下自由刑或罚金刑。”与德、日等发达国家不同，我国目前社会公用的自动设备较少，不正当利用自动设备的现象不太多，立法机关和刑法理论界对这类问题也尚未予以足够的重视。但是，可以预料随着社会的发展，自动设备的普遍利用，上述犯罪现象必定会大量发生。因此，有必要借鉴德国等国的立法经验，对上述犯罪现象尽早在刑法中作明文规定。

三、交付（处分）行为

（一）立法概况

被欺诈者陷于错误之后，接着便会交付（或处分）财产。大陆法系国家的学者

① 西田典之．刑法各论．东京：弘文堂，1999：180.

② 法曹同人法学研究室编．详说刑法（各论）．东京：法曹同人，1990：266.

一般认为，这种交付（处分）行为是诈骗罪的构成要件要素。但是，各国刑法对此不一定有明文规定。例如，德国刑法规定，“以欺骗、歪曲或隐瞒事实的方法，使他人陷于错误中，因而损害其财产的”，构成诈骗罪。日本刑法第 246 条过去对诈骗罪中的交付（处分）行为也没有明文规定①，1995 年刑法修改之后，才有“欺骗他人使之交付财物的”明文规定。值得一提的是，过去，日本刑法学者的论著中一般把这里所说的“交付行为”称为“处分行为”，现在由于刑法第 246 条中使用了“交付”一词，因而学者们也在其论著中普遍使用“交付行为”的概念。②

我国刑法对诈骗罪没有采用叙明罪状的立法形式，因而对诈骗罪中的交付（处分）行为未作明文规定。但理论上的通说认为，被骗者交付（处分）财物是诈骗罪完成的必备条件。③

（二）交付（处分）行为是否必要

关于交付（处分）行为是不是诈骗罪的构成要件要素，或者说交付（处分）行为对诈骗罪的成立是否必要，这在大陆法系国家的刑法理论界仍然有争议。不要说认为，交付（处分）行为并非诈骗罪的独立要件，特别是在骗取利益的场合，它只不过为确认“利益转移”起因果联系的作用。④ 但必要说认为，交付（处分）行为是诈骗罪成立必不可少的要件。这是理论上的通说，也是法院判例所持的基本立场。必要说的理由主要有两点：第一，诈骗罪的本质是骗取他人财产，骗取是在对方陷于错误的基础上，得到其财物或财产性利益的，也就是说对方的错误与行为人取得财产之间必须要有因果关系，否则，就不能称之为骗取。而表明两者之间有因果关系的重要环节就是被欺诈者的交付（处分）行为。如果缺少被欺诈者的交付（处分）行为，即使被欺诈者陷于错误，并且行为人也取得财产，那也表明两者之间没有因果关系，不可能构成诈骗罪。第二，诈骗罪与盗窃罪的本质区别在于，盗窃罪属于夺取罪，而诈骗罪是一种交付罪。夺取罪是以违反财物占有者的意思转移财物的占有为特征的，而诈骗罪作为一种交付罪，是以被骗者基于瑕疵意思交付（处分）财物或财产性利益为成立条件的。在盗窃案件中，也可能掺杂有行为人的欺诈行为，此时确定行为性质的关键是看有无被害人交付（处分）财物的行为。例如，行为人欺骗一位在家看守房子的母亲说，“你儿子在马路上被车撞了”。母亲慌忙跑出门去找儿子，行为人趁机拿走了其家中的财物。这里由于没有受害母亲交付（处分）财物的行为，不成立诈骗罪，只可能构成盗窃罪。由此可见，交付（处分）行为具有区分诈骗罪与盗窃罪的重要作用。⑤

我国刑法理论界也存在相类似的两种不同观点。其中，不要说认为，所谓诈骗

① 1995 年修改之前，日本刑法第 246 条规定：“欺诈他人，骗取财物者，处十年以下之惩役。”

② 山口厚．刑法各论问题探究．东京：有斐阁，1999：146.

③ 高铭暄，马克昌主编．刑法学：下编．北京：中国法制出版社，1999：906.

④ 内田文昭．刑法各论．东京：青林书院，1984：309.

⑤ 法曹同人法学研究室编．详说刑法（各论）．东京：法曹同人，1990：258.

罪，是指“以非法占有他人财物所有权为目的，采用欺骗手段，使人陷于错误，或利用他人的错误，无偿取得数额较大的公私财物之行为”。也就是说，诈骗罪包括非法占有目的、欺骗手段、他人的错误、无偿取得财物四个方面的成立条件，但被骗者交付（处分）财物并非诈骗罪的必备要件。① 必要说则认为，“诈骗犯罪行为的最突出特点，就是行为人设法使被害人在认识上产生错觉，以致‘自愿地’将自己所有或持有的财物交付给行为人”。因此，被骗者的交付行为是诈骗罪成立必不可少的条件。另外，在偷窃与欺骗手段并用的犯罪案件中，“区分盗窃罪与诈骗罪的关键，就是看被害人是否因受骗而自愿将财物交付行为人。只要不是被害人因受蒙蔽而自愿交付财物给行为人，就不构成诈骗罪，而只能构成盗窃罪”②。目前，这种必要说是我国刑法理论界绝大多数学者所持的主张。

比较中外刑法理论界以上两种不同学说，不难看出必要说比较妥当。因为存在被骗者交付（处分）财产的行为，既是诈骗罪不同于其他侵犯财产罪的本质特征，也是司法践中区分盗窃罪与诈骗罪的关键所在。另外值得一提的是，我国的通说强调诈骗罪的完成不仅必须要有被骗者的交付（处分）行为，而且还要求这种交付（处分）是在其错误认识的基础上“自愿地”进行的。强调这一点很有必要，有利于把诈骗罪中的交付（处分）行为与抢劫罪、敲诈勒索罪中的交付（处分）行为区别开来。因为抢劫罪、敲诈勒索罪中，行为人受到威胁后也会有交付（处分）财物的行为，但这种交付（处分）是违反被害人意志的、不自愿地交付（处分），这与诈骗罪中被害人基于瑕疵意思而“自愿地”交付（处分）财物有比较大的差别。

（三）交付（处分）意思是否必要

如果认为交付（处分）行为不是诈骗罪的构成要件要素，有无交付（处分）意思自然也不会影响诈骗罪的成立，那么交付（处分）意思是否必要，不是持交付（处分）行为不要说的学者所要讨论的问题。只有在肯定交付（处分）行为是诈骗罪必不可少的要件的前提下，才要进一步弄清有无交付（处分）意思对交付（处分）行为的存在与否产不产生影响。

关于交付（处分）意思是否必要的问题，我国刑法理论界尚缺乏深入研究。国外刑法理论界的争论，对我们或许有些启示作用。笔者在此作简要介绍和评析。

第一，必要说认为，交付（处分）行为的成立，不仅要在客观方面有交付（处分）财产的事实，在主观方面还必须要有交付（处分）财产的意思。作为交付（处分）行为主观方面要素的交付（处分）意思，是指对于转移财物的占有或财产性利益及其所引起的结果的认识。如果只有表面上的交付（处分）形式而没有真正的基于意思的交付（处分），那不可能构成诈骗罪。例如，用欺诈手段取得不具有交付意思的幼儿或精神障碍者提供的财物的行为是盗窃行为；又如，欺诈处于烂醉状态

① 赵秉志等编．全国刑法硕士论文荟萃．北京：中国人民公安大学出版社，1989：717.

② 高铭暄主编．新编中国刑法学．北京：中国人民大学出版社，1998：783－784.

者说“请在纪念册上签名”，但实际上是让其在免除债务的文书上签字，由于被害人对其行为的意义缺乏理解，没有交付（处分）的意思，其行为不是一种交付（处分）行为，因而行为人不构成诈骗罪。必要说是日本刑法理论上的通说，也是日本最高裁判所的判例所持的基本立场。①

第二，不要说认为，交付（处分）行为的内容是转移财物的占有，只要有事实上使占有转移的行为就够了，不必要对此有认识，无意识的交付（处分）也可以。因为只要是基于被害者的行为使财物或财产性利益转移给了欺诈者，那就足以与盗取罪相区别，不能否定其具有交付罪的性质。例如，甲趁乙不备，将第一箱鱼放到第二箱箱子中，随后向乙提出买第二箱鱼，乙按原来第二箱鱼的数量及价格收了甲的钱，并将第二箱鱼交给了甲。在这种场合，乙对超出第二箱分量的多余的鱼，没有转移给甲占有的意识，但是，因为他有转让第二个箱子的意识，可以认为他交付（处分）了其中的鱼，因而构成诈骗罪。②

第三，折中说（或缓和说）认为，交付（处分）行为通常要有交付（处分）的意思，但在特殊场合可能发生无意思的交付（处分）现象，可以通过缓和交付（处分）意思内容的途径，将其解释为有交付（处分）行为存在，认定诈骗罪成立。

以上三种学说中，不要说存在明显的缺陷。因为既然认为诈骗罪是一种交付罪，即以被骗者陷于错误而交付（处分）财产为特征的犯罪，那么这种交付（处分）行为就应该是被骗者有意识的行为，如果认为无意识的“交付”（“处分”）也不影响诈骗罪的成立，这就同前述交付（处分）行为不要说没有实质的差别了；再说，把交付（处分）行为作为诈骗罪的构成要件要素的一条重要理由，就是它具有区分盗窃罪与诈骗罪的作用，但按交付（处分）意思不要说，它就会失去这种作用，并且有可能出现把盗窃罪定为诈骗罪的问题。例如，行为人到商店购物，趁店员不备将商店贵重物品混在所购商品中拿走。对此，表面上看是店员为行为人把商品（包括夹在其中的贵重物品）包装好后交给他拿走的，这在客观上无疑是一种交付（处分）财物的行为，但由于店员对贵重之物夹在其中没有认识，不能认为其有交付（处分）贵重之物的意思，因而只能定盗窃罪不能定诈骗罪。但按交付（处分）意思不要说，则会得出相反的结论。另外，各国刑法规定盗窃的对象只限于财物（不包括财产性利益），盗窃利益不具有可罚性，但按交付（处分）意思不要说，就会使一些本来属于盗窃利益不能当犯罪处罚的行为，要按诈骗罪处理，这无疑扩大了刑事处罚的范围。折中说看到了不要说的上述缺陷，采用宽泛理解交付（处分）意思内容的办法，把一些无交付（处分）意思的行为也视为交付（处分）行为，试图以此来避免必要说有可能缩小刑事处罚面的弊病。应当肯定，有其一定的合理性。但是，折中说不能合理说明为什么有的交付（处分）行为要有交付（处

① 前田雅英．刑法各论讲义．东京：东京大学出版社，1989：284.

② 平野龙一．犯罪论的诸问题（各论）．东京：有斐阁，1982：336.

分）意思，而另有的却不要求有这种意思。相比而言，交付（处分）意思必要说更为合理一些。

应当注意，在德国，一种很有力的见解认为，交付（处分）行为必须是“直接”引起损害发生的行为。例如，行为人佯装成顾客到服装店试穿衣服，穿上之后以就近上厕所为名而逃走的，这就不构成诈骗罪。理由是衣服的损失并非由店员的行为所直接造成，而是介入了行为人的行为。这也就是说，交付（处分）行为是否成立只从客观上作判断，不必考虑被骗者主观上有无交付（处分）的意思。① 但是，这种观点并不妥当。即便不是由交付（处分）行为直接引起损害的发生，也并非完全不可能构成诈骗罪。譬如，在诉讼诈骗的场合，交付（处分）行为是由裁判官作出的，但损害是由执行员的强制执行行为所造成的，交付（处分）行为与损害之间介入了执行员的行为，显然不具有直接性。又如，在不作为的交付（处分）的场合，被害者的不作为与损害之间也介入了行为人的行为，也不具有直接性。可见，以交付（处分）行为与损害之间不具有直接性来否定诈骗罪的成立，是毫无道理的。反过来，具备了直接性的条件，却不一定能构成诈骗罪。例如，上门推销者拿出合同书要求对方签字，谎称只是要对方证明自己上门询问过，对方信以为真签了字，合同因此而生效并直接给对方造成了损害。如果以对方的行为直接造成了自己财产上的损害为由，认定为交付（处分）行为成立，显然是不妥当的。

（四）交付（处分）意思的内容

交付（处分）行为必须是使占有转移的行为，仅有使占有变得弛缓的行为是不够的。例如，行为人佯装成顾客到服装店试穿衣服，穿上之后以就近上厕所为名而逃走。日本的判例认为这不构成诈骗罪但成立盗窃罪。之所以如此，日本学者认为，是因为在这种场合，从客观上看店员同意行为人上厕所只是使占有“驰缓”，并非“转移”了对财物的占有。而认定存在交付（处分）行为，必须有某种程度的客观的财产转移。②

占有的“驰缓”与占有的“转移”的区分，在多数情况下必须看交付（处分）行为人的意思内容。就上述案例而言，要看店员让行为人穿衣服时，是基于让其试穿的意思，还是基于卖的意思，以此来确定店员是否有转移占有的行为。不过，转移占有的意思并不以有使所有权发生转移的意思为必要内容。比如，被告人假装向被害人借自行车，并表示短时间内将返还，被害人信以为真将车交给被告人，而他实际上并不想返还，以此方式骗取了被害人的自行车。虽然被害人并未想转移自行车的所有权，但还是应该认为他实施了交付（处分）自行车的行为。由此可见，只要交付（处分）时意识到财产从自己的支配下转移到对方的支配下，就应当认为有交付（处分）的意思。

① 林美月子．不正当使用信用卡与诈欺罪．平野龙一先生古稀祝贺论文集：上卷．东京：有斐阁，1990：465.

② 林干人．刑法各论．东京：东京大学出版社，1999：237.

交付（处分）的意思要求被骗者必须认识到对财产的转移是自己“自由”意思的决定。如果行为人伪装成警察扣押某种物品，被害人被迫交出；或者行为人伪装成警察要求盗窃犯人交出所盗赃物，犯人因而交出的，这些都不是对方基于自由意思转移财产占有的情形，即没有交付（处分）的意思，交付（处分）行为不成立，自然也就不构成诈骗罪。

关于交付（处分）意思的内容，在德、日等大陆法系国家，有的学者主张严格限定，即交付（处分）者除了有把财产的占有转移给对方的认识之外，还必须对交付（处分）的内容（包括交付的对象、数量、价值等）有全面的认识。否则，就不能认为有交付（处分）的意思，交付（处分）的行为也不存在。但也有学者主张，对交付（处分）意思的内容应放宽认定，至少被欺骗者只是对交付（处分）财物的价值有误认时，应该认定为有交付（处分）意思，肯定交付（处分）行为成立。以前述买鱼案件为例，卖鱼者不知道“买鱼者”把第一箱鱼混入第二个箱子之中，只收了一箱鱼的价款却交给对方两箱鱼，卖鱼者有将鱼的占有转移给“买鱼者”的意思，只是对转交的鱼的数量及价值有误认，应该肯定交付（处分）行为成立。按照这种观点，只要被骗者对财物或利益的外形有转移的意思与认识，就认为具备了交付（处分）意思的内容，其结果就与交付（处分）意思不要说非常接近了。①

笔者认为，只要被骗者认识到自己的行为是把某种财产转移给对方占有，而根据自己的“自由”意思作出此种决定，就应该认为具备了交付（处分）的意思内容。至于所交付（处分）的财产的性质、数量、质量、价值等，则不一定要求其有全面的、正确的认识。在出现盗窃与诈骗相竞合的现象时，要特别注意考察行为人对特定的财物有无认识、有无转移占有的意思。例如，行为人在买鱼时，看到店员装有大量现金的钱包放在柜台上，便趁其不备将钱包丢进装鱼的袋中，店员称了重量收了钱后，将装有鱼和钱包的袋子交给了行为人。在此例之中，问题的实质是对于行为人非法占有店员钱包的行为如何评价，表面上看是店员将装鱼和钱包的袋子交给行为人的，但店员并不知道袋子里面有自己的钱包，没有把钱包这种特定的财物转移给行为人占有的意思，因而不能认为有交付钱包的行为，以钱包为对象的诈骗罪当然不可能成立。实际上，行为人把店员的钱包放入装鱼的袋中时，就已经构成了盗窃罪，后来店员交付鱼的行为，只是为其实现对钱包的占有起了帮助作用，不能另外构成诈骗罪。

另外，还有必要附带指出的是，诈骗罪以被骗者对损害内容无认识为成立条件，如果对于自己交付（处分）的利益与对方交付（处分）的利益的内容有全面正确的认识，即便是自己受了损害，对方也不可能构成诈骗罪。在这种场合，由于财产的交换是经受害者同意的，作为财产罪处罚根据的对财产权的侵害并未发生，因此，不能当犯罪来处理。如果认为诈骗罪的成立，要求被骗者对自己交付（处分）

① 山口厚．刑法各论问题探究．东京：有斐阁，1999：152－153.

的利益必须有全面、正确的认识，那么他对诈骗者给自己交付（处分）的利益就必定没有正确认识。反过来，如果认为被骗者对自己交付（处分）的利益即使没有全面、正确的认识，也不影响诈骗罪的成立，则有可能是被骗者对诈骗者交付（处分）的利益有全面、正确的认识，但对自己交付（处分）的利益缺乏正确认识。

四、财产的损害

（一）财产的损害是否必要

诈骗罪的成立是否必须要求有财产上的损害？从各国刑法的规定来看，有的明文要求必须有财产的损害。如德国刑法第 263 条规定，欺诈行为“使他人陷于错误中，因而损害其财产的”，才构成诈骗罪；意大利刑法第 640 条规定，欺诈“使他人产生错误，为自己或其他人获取不正当利益并且使他人遭受损害的”，成立诈骗罪。但也有的国家刑法没有这方面的明文规定。如俄罗斯刑法第 159 条规定，诈骗是“以欺骗或滥用信任的方法夺取他人财产或夺取他人财产权利的”行为；日本刑法第 246 条规定，“欺骗他人使之交付财物的”，或者采用欺骗方法“取得财产上的不法利益，或者使他人取得的”，成立诈骗罪。

在日本，尽管刑法第 246 条没有对财产的损害作明文要求，但判例和通说认为，诈骗罪的成立必须以财产的损害为要件。这也许是受要求有财产损害发生的德国刑法学说的影响，学者们认识到，诈骗罪作为一种财产犯，其本质是侵害财产的价值，因而要求有财产的损害发生。不过，也有少数学者认为，诈骗罪是侵害诚实信义、扰乱社会经济秩序的犯罪，欺诈本身就可能构成诈骗罪，因此，并非必须要有财产的损害发生。这是持行为无价值论者的观点，现在已失去市场。①

我国刑法第 266 条虽然没有明文把财产的损害作为诈骗罪的成立要件，但由于条文中把“数额较大”作为它的成立条件，一般认为，“数额较大”也就是对被害人造成了数额较大的财产损失，因此，财产的损害自然是诈骗罪必不可少的要件。②

（二）财产损害的内容

对财产损害是从整体上考察，还是仅从对方交付的财产来作判断？在日本，由于对于诈骗是属于相对整体财产的犯罪还是相对个别财产的犯罪认识不一，观点也存在明显的分歧。第一种是整体财产减少说，认为诈骗罪是相对于整体财产的犯罪，因此，应以被害人的整体财产减少作为损害发生与诈骗罪成立的条件。由于被害人一方遭受的损害与行为人一方获取的利益是表里关系，如果行为人以自己的财产相交换，给对方支付了相当的款物，则诈骗罪不能成立。③ 第二种是个别财产减少说，认为诈骗罪是相对于个别财产的犯罪，被害人转移或丧失了作为诈骗罪对象

① 前田雅英．刑法各论讲义．东京：东京大学出版社，1989：295.
② 张明楷．刑法学：下　5 版．北京：法律出版社，2016：1005.
③ 大塚仁等编．刑法解释大全：第 10 卷．东京：青林书院，1989：98.

的财物或财产性利益，这本身就是损害。因此，即便行为人向对方支付了相当的款物，也不影响诈骗罪的成立。① 第三种是二分说，认为诈骗罪分为相对于个别财产的犯罪与相对于整体财产的犯罪两种类型，当诈骗的对象是财物时，是相对于个别财产的犯罪，以被害人特定财物的转移或丧失作为财产损害的标志。但是，当诈骗的对象是财产性利益时，则应分为两种情形：一是以财物以外的各种财产权（如债权、无形财产权等）为侵害对象的诈骗，是相对于个别财产的犯罪，个别财产的丧失本身就是财产的损害；二是犯人得利并不一定就给对方带来损失，这种类型的诈骗是相对于整体财产的犯罪，仅在被害人的整体财产发生减少时，才认为有财产的损害，也才有可能构成诈骗罪。②

应当指出，在德、日两国审判实践上，对诈骗罪中财产损害的认定，所采取的作法也各不一样。德国采取的是整体财产减少说。例如，某纺织业者把人造纤维的裤子说成是纯羊毛裤子，以每件 26 马克的价格出售给其他纺织业者，而当时人造纤维的裤子每件价格也是 26 马克。德国法院认为，行为人隐瞒事实，使他人陷于错误，但并没有造成财产上的损害，所以不成立诈骗罪。③ 但日本采取的是个别财产减少说。有一个这样的判例：被告人既不是医师，也不是被指定贩卖电动医疗器具的人，他当时持有的某种电动按摩器在市场上均有出售，很容易买到，市场价格约 2 100 日元。行为人伪装为医师及被指定贩卖医疗器具的人，声称这种器具难以买到，它对中风、小儿麻痹症等具有特效（实际上并无特效），以每件 2 200 日元的价格出售了两件。日本最高裁判所在判决中指出："即使提供价格相当的商品，但在告知了事实真相后对方将不付金钱的场合，故意就商品的交易等作违反真实的夸大说明，使对方误信商品的效能，而接受对方交付的金钱时，就构成诈骗罪。"④ 这实际上肯定了诈骗罪的成立不要求使被害人的整体财产减少。

我国刑法理论界对诈骗罪中的财产损害内容的理解也不一致。一种观点认为，我国刑法明文规定，"诈骗公私财物，数额较大的"，才构成诈骗罪。"数额较大"，是指"受骗人因为行骗人的行骗行为造成的直接损失数额"较大。⑤ 因此，不仅采用欺骗手段骗取对方财物同时向其支付了相当款物的行为，不可能构成诈骗罪，而且利用签订虚假合同，骗取对方预付款，供自己经营使用，赢利后偿还了的，也不能当诈骗罪处理。⑥ 这是我国过去多数学者的主张，与上述整体财产减少说比较接近。但是，近年来，我国也有学者开始支持个别财产减少说，认为"诈骗罪是对个别财产的犯罪，而不是对整体财产的犯罪。被害人因被欺诈花 3 万元人民币购买 3

① 前田雅英．刑法各论讲义．东京：东京大学出版社，1989：296.
② 团藤重光．刑法纲要各论．东京：创文社，1990：620.
③ 平野龙一编．判例教材：刑法各论．东京：东京大学出版社，1980：171－172.
④ 张明楷．市场经济下的经济犯罪与对策．北京：中国检察出版社，1995：218.
⑤ 王晨．诈骗犯罪的定罪与量刑．北京：人民法院出版社，1999：49.
⑥ 马克昌等主编．刑法学全书．上海：上海科学技术文献出版社，1993：352.

万元的物品，虽然财产的整体没有受到损害，但从个别财产来看，如果没有行为人的欺诈，被害人不会花 3 万元购买该物品，花去 3 万元便是个别财产的损害。因此，使用欺诈手段使他人陷于错误认识骗取财物的，即使支付了相当价值的物品，也应认定为诈骗罪”①。

笔者认为，对作为诈骗罪成立要件的财产损害，应该理解为是整体的或实质的财产损害，不能视为个别财产的损害，不应该把骗取财物的同时支付了相当价值的物品者，当诈骗罪来处理。主要理由有以下几点。

其一，按个别财产减少说，被骗者交付财物或财产上的利益（特定财物等的转移），本身就是财产的损害，这就意味着财产的损害与财产的交付是同一回事，在财产交付之外，另外考察有无财产的损害就失去了意义，自然也就没有必要把它作为诈骗罪的成立要件来看待，这同不需要实质的财产损害的财产损害不要说也就没有什么差别了。② 但个别财产减少说是以把财产损害作为诈骗罪的成立要件为前提的。由此可见，个别财产减少说存在内在的逻辑上的矛盾。

其二，包括诈骗罪在内的财产罪的本质是侵犯他人的财产权，侵犯财产权的突出表现就是在实质上造成（或可能造成）他人的财产损害，如果某种行为没有造成（也不可能造成）他人的财产损害，即使存在严重侵权的问题，那也不可能构成财产罪（有可能成立其他犯罪）。又由于在现代市场经济的社会里，财产的损害是以经济价值的减少为尺度的，在存在实质上的商品交换的场合，必须把权利人失去的财产与其所得到的回报两方面结合起来考察，才能最终确定其是否有实质的经济上的损害以及损害数量的多寡。如果只考虑被骗者交付财产这一面，以此作为判断财产损害的根据，完全不看行为人同时向其交付了价值相当的财物这一面，这是不公平合理，也不能为社会公众所接受的。对此，上述持个别财产减少说的论者提出，在骗卖商品的场合，被害人虽然得到了价格相当的商品，但他是在不明真相的情况下交付金钱而得到该商品的，如果没有行为人的欺诈行为，他就不会交付金钱去购买该商品。被害人交付了本来不应交付的金钱，这就意味着他遭受了财产损害，行为人侵犯了其财产权。但是，在这种场合，毕竟存在实质上的商品交换关系，只要行为人提供的是国家允许自由买卖、符合质量标准的商品③，并且其价值与被骗者所交付的金钱数额相当，就不存在财产损害的问题，行为的实质也不是侵犯财产所有权，而是违反了商业道德，扰乱了商品交换的正常秩序。另外，对财产的价值应该以社会公众一般的认识标准来作判断，不能因为被骗者基于特定目的用途购买某种物品，买回去之后派不上用场、达不到预定的目的，认为是废物，我们就认为是无价值；反过来，如果某种物品对被骗者来说，有某种特殊的价值（如恋人赠送的

① 高格．定罪与量刑：下卷．北京：中国方正出版社，1999：670.

② 西田典之．刑法各论．东京：弘文堂，1999：191.

③ 如果行为人提供的是国家不允许自由买卖的物品或者是伪劣商品，则在情节严重的情况下，要按非法经营罪或生产、销售伪劣产品罪等罪处罚。

工艺品），被骗者认为价值连城，我们就视为有极高价值。应该从一般人的立场，按商品或服务的市场价格，对于被害人交付的财物、提供的服务与欺诈行为人向对方提供的商品或服务进行综合评价，以确定被骗者有无经济上的实际损害以及实际损害的大小。

其三，把财产犯罪分为相对个别财产的犯罪与相对整体财产的犯罪两类，并认为盗窃等相对个别财产的犯罪，只要行为人取得了特定财物，占有者丧失了对财物的占有，即便行为人同时给付了相当价值的财物，也不影响这类财产罪的成立。这种观点本身就是值得商榷的。如前所述，财产罪的本质是侵犯财产权，给权利人造成财产损害，即导致经济上利益的丧失或减少。如果某种行为不会给权利人带来经济上的损害，即使有侵权的问题那也不是侵犯财产权，不可能构成财产罪。例如，行为人骗取记载有国家重要机密的文件提供给境外人员，被骗物品固然有重要价值，行为给国家利益造成的损害也很大，存在严重的侵权问题，但由于骗取的对象不具有经济价值（或经济价值甚微），行为的本质不是侵犯财产权，自然也就不能当诈骗罪来处理。另外，无论何种财产罪，对于权利人所造成的财产上或经济上的损害，都必须从实质上来考察，不能只看权利人失去特定财产这一面，还要看侵权行为人是否给付了相当价值的财产。例如，卖香烟的小店的店主不在，行为人拿走了货架上摆放的一条香烟，同时放了价值相当的现金的，当然不能认为这种行为构成盗窃罪。同样道理，骗取店主一箱烟，同时向其支付了相当数额的金钱的，无疑也不成立诈骗罪。对同一类的财产罪，采用不同的认定财产损害的标准，自然也是不合理的。①

其四，包括诈骗罪在内的所有财产罪都必须要有实质的经济利益的损害，这在我国刑法之中可以找到根据。我国刑法第 226 条规定，以暴力、威胁手段强买强卖商品、强迫他人提供服务或者强迫他人接受服务，情节严重的，构成强迫交易罪，这是一种扰乱市场秩序的犯罪。采用暴力手段强买商品，大多是强行夺取财物同时又给付了相当数额金钱的情形。如果认为抢劫罪是相对于个别财产的犯罪，行为人采用暴力手段夺取财物，即便给对方支付了相当数额的货款，也同样应该视为造成了财产的损害，成立抢劫罪。由此可见，我国刑法并不认为抢劫罪是一种相对于个别财产的犯罪，而抢劫罪是大陆法系国家的通说所公认的最典型的相对于个别财产的犯罪。既然如此，在我国，就更没有理由把诈骗罪视为所谓相对于个别财产的犯罪，也就是说，既然对于以暴力、威胁手段强买强卖的不以抢劫罪论处，那么对骗取财物同时支付了相当款物的骗买骗卖，自然也就没有理由要以诈骗罪论处。

其五，在我国过去长期的司法实践中，对利用经济合同或者其他手段骗买骗卖的，一般是以投机倒把论处（不是以诈骗论处）。如 1987 年 9 月国务院发布的《投

① 林干人．刑法各论．东京：东京大学出版社，1999：152.

机倒把行政处罚暂行条例》对此有明文规定。另外，根据最高人民法院 1996 年 12 月制定的《关于审理诈骗案件具体应用法律的若干问题的解释》[①] 第 9 条的规定，“对于多次进行诈骗，并以后次诈骗财物归还前次诈骗财物，在计算诈骗数额时，应当将案发前已经归还的数额扣除……”。这就意味着采用欺骗手段骗取他人财物，即便不是同时支付相当数额的款物，而是以后用骗来的财物归还的，也不计算在诈骗数额中，可见，以诈骗行为人最终给被害人造成的实际经济损失数额来定罪量刑，是我国司法实践中的基本做法。

第二节 诈骗罪的对象

诈骗罪的对象是公私财物，一般认为，既可以是有形物，也可以是无形物；既包括动产，也包括不动产。至于财产性利益、抛弃物、不法原因给付物能否成为本罪的对象，则在刑法理论界存在争议。

一、财产性利益能否成为诈骗罪的对象

我国刑法理论界的通说认为，对于作为诈骗罪对象的“公私财物”应作广义的理解，即凡是有价值或有效用的财物，包括财产性利益都可成为诈骗罪的侵害对象。[②] 但也有人认为，财物和财产性利益是有区别的，现实中的诈骗行为，其对象并非限于财物，往往还包括财产性利益，如采用欺骗手段免除 1 万元债务，与诈骗 1 万元财物实质上并无差别，所以骗取财产性利益应与骗取财物被同样看待。[③] 笔者认为，后一种观点比较符合司法实际，但与刑法第 266 条的规定不符。因为该条明文规定，“诈骗公私财物”才能构成诈骗罪，既然财产性利益不是财物，那也就不能成为诈骗罪的侵害对象，否则，就违反了罪刑法定原则。通说正是为了避免这种矛盾，才将财产性利益纳入“财物”的范围之中。这固然避免了上述矛盾，并能很好地适应司法实践的需要，但也带来了新的问题。因为刑法在盗窃罪、抢夺罪、故意毁坏财物罪等罪的规定中使用的“公私财物”一词，显然不包括财产性利益，如果将诈骗罪侵害对象的“公私财物”解释为包含财产性利益，就会出现对刑法中的同一概念作不同解释的不合理现象。为了从根本上解决这一问题，今后修改刑法时，有必要像日本等国刑法那样，把财物与财产性利益区别开来，明确规定财产性利益可以成为诈骗等罪的侵害对象。

骗取财产性利益的方法，主要有三种类型：一是使对方负担债务；二是使自己

① 该司法解释已失效。

② 高铭暄，马克昌主编．刑法学：下编．北京：中国法制出版社，1999：906.

③ 王晨．诈骗犯罪的定罪与量刑．北京：人民法院出版社，1999：25.

免除债务（或延期履行债务）；三是接受别人提供的劳务。① 不过，对于这后一种类型即劳务是否属于财产性利益，日本刑法理论界尚有争议：一种观点认为，所有劳务都属于财产性利益；另一种观点认为，只有附带等价报酬的劳务，才属于财产性利益；还有一种观点认为，劳务本身并不是财产性利益，只有免除支付相应的劳务报酬的，才属于骗取财产性利益。② 在这三种观点中，第一种观点有扩大财产性利益范围的弊病。因为得到财物、利益并不是犯罪，只有剥夺他人的财物、利益，才谈得上侵犯了他人的财产所有权，才可能构成财产罪。而不附带报酬的劳务，比如，甲编造谎言使乙产生恻隐之心，乙自愿开车将其送到某地，由于乙本来就没有想到通过提供这种劳务而得到利益的回报，所以不存在甲剥夺乙财产性利益的问题，这种劳务也就不可能成为诈骗罪侵害对象的财产性利益。反过来，如果行为人租用出租车到达目的地后，不付租金而逃走的，则由于这种劳务是以付相应报酬为条件的，乘车后不付租金，实际上是剥夺了司机应得的报酬，所以，构成对其财产权的侵害。也正因为如此，这种劳务才可以成为诈骗罪对象包含的财产性利益。由此可见，第二种观点是有道理的。第二种观点与第三种观点相比，前者说接受附带报酬的劳务是接受了财产性利益，后者则说免除应付的劳务报酬从而使自己在财产上受益，两者只是论说问题的角度不同，并无实质上的差别。

二、抛弃物能否成为诈骗罪的对象

被所有者抛弃的财物，如果不在任何人的占有之下，自然不能成为诈骗罪的对象；但如果已在他人的占有之下，行为人谎称是自己遗失之物而骗取的，则有可能构成诈骗罪。这在中外刑法理论上均无争议。

成为问题的是，行为人实施欺诈行为，使他人抛弃财物的，如行为人欺骗不识货的所有者，使其将有很高经济价值的古董当作废物扔掉，尔后行为人拾得该古董的，这能否构成诈骗罪？对此，日本刑法理论界有三种不同观点③：第一种观点是盗窃罪说。该说认为行为人欺骗他人，使之抛弃财物尔后拾得的，这种行为具有侵害占有的性质，不通过对方交付而对财物取得事实上的支配，应视为盗窃。又由于诈骗必须要有被骗者交付财产的行为，“交付”是直接把财物的占有转移给欺诈者，但抛弃财物并不具有使财物转移给欺诈者的直接性，所以，不能定为诈骗罪。第二种观点是侵占脱离占有物说。该说认为被抛弃的财物已经变成失去占有之物，拾得这种东西的不存在夺取占有的问题，自然不可能构成盗窃罪、诈骗罪这类侵害占有的犯罪，只能构成侵占脱离占有物罪。第三种观点是诈骗罪说。该说认为被欺诈者基于认识错误抛弃财物的行为，仍然是一种处分行为，行为人虽然是事后取得的，但从整体而言应该说是骗取。处分行为并不以具有向对方转移所有权的意思为必要，也

① 前田雅英．刑法各论讲义．东京：东京大学出版社，1995：166．

② 阿部纯二等编．刑法基本讲座：第5卷．法学书院，1993：154－155．

③ 新保义隆．刑法各论．东京：早稻田经营出版，1997：129－130．

不以直接交给对方为必要。"交付"虽然含有直接经手交给对方的意思，但也包括通过第三者转交的情形。此说是日本刑法理论上的通说。我国也有学者持此种主张，认为"行为人实施欺诈行为，使他人放弃财物，行为人拾取该财物的，也应以诈骗罪论处"①。

以上前两种观点对交付（处分）行为理解得比较窄，认为交付（处分）行为必须是基于错误而将财物交给对方，但上述情形是抛弃财物，因而不构成诈骗罪。后一种观点对交付（处分）行为理解得比较宽，认为被害者抛弃财物是行为人的欺诈行为所致的，抛弃财物本身也是一种处分行为，行为人又因而取得了这种财物的，实质上是骗取，当然构成诈骗罪。前两种观点没有从行为人行为的整体来考虑问题，要么只看到了行为人取得财物时财物已成为无人占有之物，而忽视了被害人放弃占有的原因是受了行为人的欺诈；要么是片面强调交付（处分）行为在诈骗罪中的意义，而又对交付（处分）行为的含义作了过于狭窄的理解。后一种观点把行为人利用欺诈手段取得财物作为一个统一的整体来考察，抓住行为的实质是骗取，同时对被骗者交付（处分）行为作适当宽泛的理解，其方法论和结论都是可取的。

三、不法原因给付物能否成为诈骗罪的对象

行为人实施欺诈行为，使对方陷于错误并交付了财物，但行为人取得的这种财物是不法原因给付物。例如，甲女骗乙男，谎称只要乙先给她一笔钱，就可以向乙卖淫若干次，乙预付现金给甲后，甲携款溜走；又如，A得知B想雇人杀C后，对B谎称自己愿意干，待B向其支付巨款后，携款潜逃。在民法上，这种基于不法原因给付对方财物者，对所给付之物失去返还请求权。那么，骗取这种民法上不受保护的财产，能否构成诈骗罪？这在德、日等国刑法理论界有肯定与否定两种完全不同的主张。② 否定说认为，法律禁止公民基于不法原因给付财产予他人，为了实现法律取缔这类行为的目的，应该将这种财产排除在法律保护的范围之外；又由于受法律保护的财产不存在，财产上的损害也就不会发生，因而在不法原因给付的场合，不能构成诈骗罪。但是，肯定说认为，不能因为对不法原因给付物，民法不承认有返还请求权，刑法也不予保护。民法以调整私人利益为目的，而刑法以保护法益为目的，从刑法自身的观点来作实质的判断，应该要看有无值得处罚的侵害法益的行为存在。此其一；其二，刑法对诈骗罪的成立，并没有把对方实施财产处分行为的动机如何作为构成要件的要素，只要认为无行为人的欺诈行为，就不会有交付财物的事情发生即可；其三，诈骗罪中的财产损害，是指无欺诈行为就不会有交付财物的结果，作为交付结果这种意义上的财物的丧失。即便在不法原因给付的场合，给付财物的结果也同样应该被视为财产的损害。因此，应该肯定诈骗罪成立。目前在日本，肯定说既是理论上通说，也是最高裁判所的有关判例所持的基本

① 张明楷．刑法学：下．北京：法律出版社，1997：780.

② 大塚仁等编．刑法解释大全：第10卷．东京：青林书院，1989：18.

立场。

更加疑难的问题是，行为人采用欺诈手段使卖淫妇女免收嫖宿费的，是否构成诈骗罪？这包括两种情况：一是行为人谎称会支付嫖宿费而使妇女卖淫，但性交之后不付费而溜走的；二是行为人使卖淫妇女与自己性交后，欺骗妇女使之免除嫖宿费的。对于前者，日本学者一致认为，由于性交本身既不是财物也不是财产性利益，其中虽然有行为人的欺诈行为，但它不会导致财产处分的事实发生，因而不构成诈骗罪。对于后者，日本地方裁判所的判例有肯定与否定两种决然不同的结论，学者们的认识也很不一致。① 否定说认为，违反公序良俗的卖淫契约本身是无效的，民法上不存在债权债务关系，法律上不应该给予保护，如果刑法上制裁这种欺骗行为，强制嫖客支付卖淫费用，那就与法秩序的整体相矛盾，违反刑法的谦抑性；再说，性交既不是创造财产的行为，也不具有财产的价值，嫖客采用欺骗手段使卖淫妇女与自己性交，也并没有得到民法上的财产性利益，其行为当然不成立诈骗罪。肯定说认为，刑法规定处罚诈骗罪并非只是为了保护被害者的财产权，还因为采用这种违法手段实施的行为具有扰乱社会秩序的危险性，即便是与妇女达成卖淫协议时采用的欺骗手段，同样具有扰乱社会秩序的性质。另外，在某些情况下，一定的行为是具有财产价值的，比如劳动力就有财产价值，提供劳务就是一种财产处分行为，采用欺骗手段使他人提供性服务，这也可以说是使他人“提供劳务”，取得的是财产性利益，因而构成诈骗罪。

我国刑法理论界对采用欺骗手段骗取不法原因给付物的行为，尚缺乏深入的研究。在涉及对于设置骗局骗取赌资、骗取从事非法经营等非法活动款物的行为应如何定性的问题时，虽然也有学者认为，这类用来从事非法活动的财产不受国家法律保护，不能成为诈骗罪的侵害对象，因而这类行为不可能构成诈骗罪②；但多数学者认为，完全可能成立诈骗罪。因为用来从事违法犯罪活动的财物，应该收归国有，行为人骗取这类财物，实质是侵犯了国家对这类财产的所有权；再说，处罚这类诈骗行为，也并非对从事违法犯罪活动者的非法利益的保护，而是为了维护国家的利益，避免出现“黑吃黑”或违法犯罪的“恶性循环”现象。③

笔者认为，行为人采用欺骗手段骗取不法原因给付，并且对方给付的是财物的，完全可能构成诈骗罪。因为虽然受欺诈的对方基于不法原因而给付（如雇人杀人、花钱嫖娼等），但所交付的对象本身是能够体现财产所有权关系的财物，即便民法不承认交付者有返还请求权，但起码国家有权没收这种财物，能够成为这种财物的占有支配者。因此，采用欺骗手段骗取这种财物的，同样存在侵害财产权的问题。至于财物是合法所有物还是犯罪所得的赃物或用于从事违法犯罪活动之物，都

① 内田文昭．刑法各论．东京：青林书院，1984：306.

② 欧阳涛等编．经济犯罪的定罪与量刑．桂林：广西人民出版社，1988：348.

③ 伍柳村主编．诈骗罪个案研究．成都：四川大学出版社，1993：71；王晨．诈骗犯罪的定罪与量刑．北京：人民法院出版社，1999：25.

能成为财产罪的侵害对象；再说，诈骗罪的本质是骗取他人占有的财产，骗取不法原因给付物的行为，也同样具备这种本质特征。

但是，如果实施欺诈行为所骗取的不是财物，而是对方提供的某种非法劳务或服务，例如，甲骗乙说，如果乙去杀了丙，他就会给乙 10 万元钱，乙杀了丙，但甲却不给钱；又如，A 骗卖淫女 B，称嫖宿后给钱，事后却不给钱。这里面被骗者虽然向欺诈者提供了杀人、性交这样的劳务或服务，但正如前文所述，这种劳务或服务本身既未为社会创造财富，也不具有财产性价值，相反是危害社会并为国家法律所禁止的，所以欺骗对方提供非法劳务、非法服务，既不是骗取财物也不是骗取财产性利益的行为，当然不可能构成诈骗罪。不过，对欺诈行为人也并非完全不能处罚。对于上述甲骗乙杀丙的行为，就应该视为一种教唆行为，对甲应该按杀人罪的教唆犯来处罚；对于上述 A 骗卖淫女 B 与其性交的行为，自然应视为嫖娼行为，由于各国刑法大多未规定嫖娼罪，不能当犯罪来处罚。对此，在我国，可以依照有关行政法律、法规的规定给予行政处罚。

第三节 诈骗罪的故意

一、故意的内容

诈骗罪只能由故意构成，其故意内容是：行为人明知自己采用欺骗手段骗取他人财物的行为，会导致他人永久失去该财物（或自己永久占有该财物），并希望这种结果发生的心理态度。如果行为人不是为了永久取得（或占有）他人财物，只是为了利用他人财物为自己生利（即“借鸡生蛋”），采用欺骗手段骗取他人财物，使用一段时间后予以归还的，那就意味着不会使他人永久失去该财物。例如，行为人谎称自己能为对方买到某种紧俏商品，将其巨额款项骗到手后用来作为自己做生意的周转资金，一年以后连本带息归还。这实质上是一种骗借骗用行为，由于不具有诈骗罪主观方面所必须具备的永久取得（或非法占有）他人财物的意思，因而不构成诈骗罪。

二、故意的形式

众所周知，故意分为直接故意与间接故意两种基本形式。对于诈骗罪可能基于直接故意而实施，自古以来均无异议；至于诈骗罪能否出于间接故意而实施，则是我国刑法学界有较大争议的问题。肯定论者认为，间接故意也可以构成诈骗罪。其主要理由是：（1）某些特殊的诈骗（如合同诈骗）主观方面可能表现为间接故意。例如，行为人根本没有履行合同的能力，却通过欺骗手段与对方签订合同的，如果出现偶然巧合，也能履行，如果不顺利，就不能履行；又如行为人本无履行合同的能力，也未想到要履行合同，但通过欺骗手段与对方签订合同，骗取对方的货款，然后用作自己经营的资本，打算营利后归还对方，结果经营失误或其他原因，造成亏损，不能归还对方。这些行为人明知自己没有履行合同的能力，却采用欺骗手段与对方签订合同，并取得其财物，对于可能给对方造成严重的损害后果持放任态度，所以应该认定为构成间接故意诈骗。(2) 间接故意可以构成诈骗罪，是由当前社会历史条件以及合同诈骗的特点所决定的。一方面，由于社会经济生活的复杂性，有些人虽然签订合同时无履行能力，但后来碰运气也可能履行了合同，这就会鼓励那些唯利是图者去冒险；另一方面，商品经济的发达，资金周转速度的加快，吊起了一些无本经营人员"借鸡生蛋"的胃口，导致利用骗签合同等"借鸡生蛋"的案件越来越多。因此，承认间接故意也能构成诈骗犯罪，无疑对这些人有巨大的威慑作用，因而是十分必要的。(3) 诈骗罪的故意内容应当表述为非法占有意图，因为意图可以认为是犯意而不是犯罪目的。而有诈骗的间接故意的行为人的诈骗犯意是很明显的。①

但是，否定论者认为，诈骗罪只能由直接故意构成。这是我国目前的通说。②其理由是：(1) 行为人预见到其诈骗行为会发生非法占有他人数额较大以上财物的结果，并希望这种危害结果的发生的，这就显然是直接故意。因为诈骗罪是目的型犯罪，行为人为了达到其犯罪目的，必然要积极采用一系列欺骗手段，使他人陷于错误，从而达到骗取他人财物的结果。如果不是积极追求骗取财物的结果，也就不会施用骗术。也就是说，行为人采用欺骗手段，就表明他是在积极追求骗取他人财物的结果发生的，即对危害结果持希望态度。前述肯定论者认为行为人在根本没有履行合同能力的情况下，采用欺骗手段与对方签订合同，只是间接故意的表现，这显然不妥当。因为行为人明知自己的欺骗行为可能会产生他人财物被骗的结果，仍要积极去骗取，自然是一种直接故意犯罪。(2) 诈骗罪是一种智力性犯罪，行为人必须采用有效的欺骗手段，在欺骗手段上采取漠不关心的放任态度，是不可能使人受骗的。对方受骗的结果是向行为人自己或第三者交付财物。既然他预见到了非法占有的必然性，那么其追求结果发生的主观意志就很清楚了，因而根本不存在放任结果发生的问题。(3) 非法取得他人财物所有权的目的，决定了诈骗罪的罪过形式只能是直接故意。不论诈骗分子最初的心理状态如何，其最终必定想要非法取得他人财物的所有权。前述肯定论者之所以认为间接故意也可以构成诈骗罪，很大程度上是因为没有看到诈骗分子非法占有他人财物的目的可能产生在不同阶段。事实上，非法占有的目的并非只能产生于欺骗行为，而是有可能在以下三个阶段产生：一是在行为前产生，即行为人开始实施欺骗行为前，就已有非法占有他人财物的目的；二是在行为过程中产生，即行为人在采用欺骗手段取得他人财物的当时，并无非法占有目的，后来客观情况发生了变化，产生了这种目的；三是在行为后产生，即行为人在合法占有他人财物

① 熊选国．论合同诈骗罪//载赵秉志等编．全国刑法硕士论文荟萃．北京：中国人民公安大学出版社，1989：713－714.

② 高铭暄，马克昌主编．刑法学．7版．北京：北京大学出版社，2016：504.

时，并无非法占有他人财物的目的，但后来主观方面发生了变化，产生了非法占有目的，并采用了欺骗手段。①

笔者赞成否定论，认为间接故意不能构成诈骗罪。因为诈骗罪同盗窃、抢劫、敲诈勒索等罪都是属于取得罪，均以非法取得对他人财物的占有为基本特征，其主观方面要求行为人必须有永久取得他人财物的目的，如果不是想要永久取得，而只是想一时占用，用后归还的，那就不可能构成盗窃、诈骗等取得罪，而有可能构成挪用资金罪等挪用罪。既然诈骗罪的成立客观方面必须要有采用欺骗手段骗取他人财物的行为，主观方面必须有欺骗他人的故意，并且还要有取得他人财物的目的，那就表明诈骗罪不可能是出于间接故意的。至于肯定论者所指的所谓间接故意诈骗的案件，无非是说行为人采用欺骗手段骗取他人财物时，想要日后履行合同或归还财物，但后来情况发生变化，导致其既没有履行合同也没有归还财物，由于其骗取财物时对于能否履行合同或归还财物持放任态度，结果造成了他人财产损失，所以，是一种间接故意诈骗。但是，在笔者看来，这主要涉及对这类案件应该如何定性的问题，即是定为“诈骗”还是定为“骗借骗用”（或“借鸡生蛋”）的问题。②由于这类案件中，部分是行为人的主观心理状态后来发生了变化，或由原先的不确定心理状态转变为确定心理状态，产生了不想履行合同或不想归还财物的意思，即具有了永久取得他人财物的目的，对这部分案件自然应该按诈骗罪定罪处罚。这类案件的特殊性在于，其主观方面的直接故意形成的时间或得到证实的时间，不是在采用欺骗手段掌握对方财物时，而是在此之后，但这并不意味着这种故意是间接故意。我国大部分的司法解释也认为诈骗罪只能由直接故意构成，要求行为人主观上必须“以骗取财物为目的”或“以非法占有为目的”。例如，“两高”于 1985 年 7 月发布的《关于当前办理经济犯罪案件中具体应用法律的若干问题的解答（试行）》规定，只有以骗取财物为目的，采用欺骗手段签订合同并骗取其他单位财物的，才能构成诈骗罪。最高人民法院于 1996 年 12 月发布的《关于审理诈骗案件具体应用法律的若干问题的解释》规定，只有以非法占有为目的，利用经济合同进行诈骗的，才构成诈骗罪。并非行人为只要采用欺骗手段与他人签订合同，后来既未履行合同又未归还财物的，就一概以诈骗罪论处。该解释还对于应当认定为具有非法占有目的的情形作了列举规定，如明知没有履行合同的能力或者有效的担保，虚构主体、冒用他人名义等与对方签订合同，骗取财物数额较大并造成较大损失的；合同签订后携带对方当事人交付的货物、货款、预付款或者定金、保证金等担保合同履行的财产逃跑的；挥霍对方当事人交付的货物、货款、预付款或者定金、保证金等担保合同履行的财产，致使上述款物无法返还的；隐匿合同货物、货款、预付款或

① 赵秉志．侵犯财产罪．北京：中国人民公安大学出版社，1999：205－207.

② 我国 2006 年 6 月全国人大常委会通过的《刑法修正案（六）》增设的骗取贷款罪，只要求行为人“以欺骗手段取得银行或者其他金融机构贷款”，给银行或者其他金融机构造成重大损失或者有其他严重情节，即可构成此罪，而不要求行为人主观上有非法占有贷款的目的。这属于“骗借骗用”构成犯罪的特殊规定，但构成的不是诈骗罪（既不构成普通诈骗罪，也不构成特殊类型的诈骗罪）。

者定金、保证金等担保合同履行的财产，拒不返还的；等等。这些情形显然都是表明行为人有诈骗的直接故意的因素。

第四节 诈骗罪的既遂与未遂

一、诈骗罪既未遂区分标准及其适用

关于诈骗罪的既遂与未遂的区分标准，刑法理论界有不同意见。一种观点认为，应以被骗者是否已交付财物并造成财产损失为标准。至于行为人是否已达到诈取财物之目的，则在所不问。[①] 另一种观点认为，应以犯罪分子是否取得被骗财物为标准。[②] 最高人民法院 1996 年 12 月发布的《关于审理诈骗案件具体应用法律的若干问题的解释》[③] 也持此种主张，认为“已经着手实行诈骗行为，只是由于行为人意志以外的原因而未获取财物的，是诈骗未遂”。在笔者看来，按这两种不同观点处理具体案件，一般不会得出不同的结论。只是在处理通过银行转账结算等少数案件时，才有可能出现分歧。按前一种观点，被骗者通过银行办理了转账手续的，即便钱款还未到诈骗分子指定的账户，也应该认为被骗者交付了财物，并且被骗者此时发现受骗而委托银行收回款项是要付费的，遭受财产损失也是难免的，所以应该认为是诈骗既遂。但是，按后一种观点，只有行为人实际取得了财物的，才算诈骗既遂，既然钱还未到诈骗分子指定的账户上，那么诈骗分子也就不可能支配这笔款项，我们不能说其取得了财物，应视为诈骗未遂。究竟哪一种观点可取呢？笔者认为，后者更为可取。如前所述，诈骗罪是一种取得罪，取得罪既遂的标准应该以取得财物的占有为准，即实际掌握或控制了财物的，才是既遂。就上述通过银行转账结算的情形而言，款项未到行为人指定或控制的账户，其也就无法动用或支配，自然不应该视为诈骗既遂。

另外值得一提的是，诈骗罪同盗窃、抢夺等取得罪相比，其结构更为复杂，诈骗罪的完成需要经过几个环节，行为人先要实施欺诈行为，对方要产生错误认识，并在此基础上交付财物，行为人最后取得财物，被害人遭受财产损害，此时犯罪才为既遂。行为人实施欺诈行为之后，到取得财物之前，若有某个环节不具备，都只能是未遂，不可能是既遂。例如，行为人实施欺骗行为后，对方并未陷于错误，一般也就不会交付财物给行为人，诈骗的结果不会发生，从而不可能构成既遂；如果被骗者并未受骗，只是基于怜悯之心才交付了财物，或者向警察报告后，警察让其

① 林山田．刑法特论．台北：台湾三民书局，1978：334．

② 熊选国．论合同诈骗罪//赵秉志等编．全国刑法硕士论文荟萃．北京：中国人民公安大学出版社，1989：718．

③ 该司法解释已失效。

佯装受骗并交付财物，以便抓捕罪犯的，在这样的情况下，表面上似乎有对方交付财物的行为，诈骗分子也得到了财物，但实质上并非骗取财物，不具备“骗取”的构成要件，因而仍然属于诈骗未遂。受骗者交付财物后，行为人尚未取得财物前案发的，如受骗者通过银行转账付款后，发现自己受骗上当，并采取了有效的避免损害的措施，致使行为人未能提取到款项的；又如，受骗者按约通过铁路办理货物托运手续后，发现了受骗上当的事实，迅速向公安机关报案，致使行为人未能提取到货物的；如此等等，都应该认定为诈骗未遂。

还应当指出，刑法第266条规定，诈骗公私财物，只有达到“数额较大”标准者，才构成犯罪。但这并不是指行为人只有骗取到了“数额较大”财物，即只有诈骗既遂的才处罚，诈骗未遂的不处罚。对此，2011年3月最高人民法院、最高人民检察院发布的《关于办理诈骗刑事案件具体应用法律若干问题的解释》第5条明确指出，“诈骗未遂，以数额巨大的财物为诈骗目标的，或者具有其他严重情节的，应当定罪处罚”。

二、使用计算机诈骗的既遂与未遂的认定

使用计算机诈骗具有一定的特殊性，其既遂与未遂如何区分认定？这仍然是国内外刑法学界有较大争议的问题。在日本，学者们一般认为，银行的计算机读入了虚伪的电磁记录后，分别给行为人及其他公司职工的账户存入资金时为既遂。因为存款手续一旦完成，行为人就可以转账支付或提取现金，该财产处于可以利用的状态。但是，也有学者提出，如果严格地以取得财产上的利益为既遂的要件，那就应该以财产处于行为人能够自由地处分的状态为必要。因此，行为人账户上的余额资料必须发生变更，也就是要以行为人账户上的余额资料的电磁记录发生变更作为既遂的标志。①

对此，我国刑法学界也有较大争论。一种观点认为，只要行为人非法将他人的电子资金划入自己的账户，就成立犯罪既遂。因为行为人将他人的电子资金调拨进自己的账户中，就意味电子资金已经转移、脱离了被害人的控制而置于行为人的控制之下。另一种观点认为，行为人非法将他人的电子资金划入自己的账户，在没有提取现金或作其他使用之前，仍然不能成立犯罪既遂。主要理由是电子资金即便是被划到了行为人的账户，若被金融安全防护系统或被害人发现，经有关方面及时采取措施将行为人的账户冻结，则仍然可以避免损失，应该视为犯罪未遂。因此，只有在行为人已经提取现金或作其他使用时，才是犯罪既遂。② 笔者认为，这后一种观点较为可取。按前一种观点，则有可能扩大侵犯财产的计算机犯罪的既遂范围，把一些本来是犯罪未遂的情形当犯罪既遂处理。事实上，盗窃、诈骗等取得财产的犯罪之既遂，应该毫不例外地以是否取得财物或财产上的利益为既遂的标志，这是

① 西田典之．刑法各论．东京：弘文堂，1999：203-204.

② 单长宗等编．新刑法研究与适用．北京：人民法院出版社，2000：592.

由这类犯罪的本质所决定的。对使用计算机诈骗来说，利用计算机将他人的电子资金划拨到自己的账户上来，并非实际掌握控制了财物或得到了财产上的利益。这是因为行为人在银行的账户是由银行管理的，行为人要动用自己账户上的电子资金，还得通过银行这道关口，一旦其罪行败露，银行可以冻结其账户，账户上的电子资金也就可以完璧归赵。

第六章

信用卡诈骗罪

第一节 信用卡诈骗罪概述

一、立法概况

我国第一部刑法典颁布于1979年，而我国大陆第一张信用卡诞生于1985年①，利用信用卡进行诈骗的犯罪案件在我国大陆也是在此之后才出现的，我国1979年刑法典中自然也就没有关于信用卡诈骗罪的规定。随着信用卡在社会经济生活中的使用越来越广泛，利用信用卡进行诈骗的活动也陆续出现，最高人民法院和最高人民检察院作出了有关利用信用卡诈骗犯罪案件具体适用法律的解释，明确指出对这种新型的诈骗犯罪案件以普通诈骗罪定罪处罚。但是，信用卡诈骗毕竟有不同于传统诈骗犯罪的特殊性，并且发生在金融领域内的其他新型诈骗犯罪以及其他破坏金融秩序的新型犯罪也开始出现，有必要增设新的罪名和设置相应的处罚标准，以便能满足同这类犯罪作斗争的需要，为此，全国人大常委会于1995年6月制定了《关于惩治破坏金融秩序犯罪的决定》，增设了信用卡诈骗罪等新的罪名，同时规定了相对应的法定刑。1997年修改的刑法吸收了该单行刑法的规定，将信用卡诈骗罪和其他金融诈骗罪一并从传统诈骗罪中分离出来，规定为独立的特殊类型的诈骗罪，并纳入刑法分则第三章“破坏社会主义市场经济秩序罪”专设的“金融诈骗罪”一节中。

我国1997年刑法典颁布之初，将信用卡诈骗罪的客观行为规定为如下四种表现形式：(1) 使用伪造的信用卡的；(2) 使用作废的信用卡的；(3) 冒用他人信用卡的；(4) 恶意透支的。后来，司法实践中出现了不少“使用以虚假的身份证明骗

① 邓宇琼，许成磊．危害金融安全、利益和管理秩序犯罪司法适用．北京：法律出版社，2005：331.

领的信用卡”骗取大量财物的案件，由于其不在法条所列的信用卡诈骗的四种表现形式之中，按此罪定罪处罚存在问题，但其性质仍属于信用卡诈骗，不定罪处罚或不按此罪定罪处罚均不具有合理性。为此，全国人大常委会在2005年2月颁布的《刑法修正案（五）》中，将“使用以虚假的身份证明骗领的信用卡”补充规定为信用卡诈骗罪的行为方式之一。

顺便指出，我国刑法对伪造信用卡、使用虚假的身份证明骗领信用卡、非法持有他人信用卡等行为，还另外设有处罚规定。具体点说，1997年修订的刑法第177条将“伪造信用卡的”行为，作为伪造、变造金融票证罪的四种表现形式之一予以规定。随着我国信用卡产业的高速发展，信用卡犯罪也日趋严重。除了伪造信用卡之外，还有其他妨害信用卡管理的行为，危害性也很大，有必要作为犯罪来处罚。有鉴于此，2005年2月全国人大常委会通过的《刑法修正案（五）》又补充第177条之一，增设了“妨害信用卡管理罪”和“窃取、收买、非法提供信用卡信息罪”，将明知是伪造的信用卡而持有、运输的，或者明知是伪造的空白信用卡而持有、运输，数量较大的；非法持有他人信用卡，数量较大的；使用虚假的身份证明骗领信用卡的；出售、购买、为他人提供伪造的信用卡或者以虚假的身份证明骗领的信用卡的，规定为构成“妨害信用卡管理罪”。另对窃取、收买或者非法提供他人信用卡信息资料的行为，规定按妨害信用卡管理罪的法定刑处罚（根据有关司法解释，罪名定为“窃取、收买、非法提供信用卡信息罪”）。同时还规定，银行或者其他金融机构的工作人员利用职务上的便利，犯此罪（即窃取、收买、非法提供信用卡信息罪）的，从重处罚。

二、信用卡的范围

全国人大常委会2004年12月29日作出的《关于〈中华人民共和国刑法〉有关信用卡规定的解释》指出：“刑法规定的‘信用卡’，是指由商业银行或者其他金融机构发行的具有消费支付、信用贷款、转账结算、存取现金等全部功能或者部分功能的电子支付卡。”据此，我国刑法第196条规定的信用卡诈骗罪中的信用卡，就不仅是限于具有透支功能的信用卡，而且还包含不具有透支功能的借记卡，因为借记卡也具有消费支付、存取现金等功能。并且，由于借记卡比信用卡在社会生活中的使用更为广泛和普遍，在司法实践中，使用借记卡诈骗在信用卡诈骗案件中也占绝大多数。

顺便指出，全国人大常委会之所以作上述立法解释，是因为在此之前，我国刑法理论和实务界对于使用伪造的借记卡、冒用他人借记卡骗取财物的，是以金融凭证诈骗罪、信用卡诈骗罪论处，还是以普通诈骗罪论处，存在严重分歧。而分歧的原因之一在于：金融机构开始并未区分信用卡与借记卡，习惯上认为信用卡包括借记卡。但是，中国人民银行1999年1月27日颁布的《银行卡业务管理办法》规定，银行卡包括信用卡和借记卡，借记卡不再属于信用卡。① 然而，从立法沿革来

① 曲新久．对借记卡诈骗应以信用卡诈骗罪论处．检察日报，2004-07-19.

看，1997 年刑法制定之时，金融机构对“信用卡”是从广义上理解的，如中国人民银行 1996 年 4 月 1 日发布的《信用卡业务管理办法》第 3 条规定，本办法所称信用卡，是指中华人民共和国境内各商业银行（含外资银行、中外合资银行，以下简称商业银行）向个人和单位发行的信用支付工具。信用卡具有转账结算、存取现金、消费支付等功能。据此，将刑法中的“信用卡”解释为包含现在的各种“银行卡”是合理的。因为既然制定刑法时，有关行政法规是从广义上解释“信用卡”的即把它理解为与现在的“银行卡”具有相同含义，那么制定刑法的立法者自然也就是在此种含义上使用“信用卡”这一概念的，这也就是其立法原意之所在。

成为问题的是，现在的有关行政法规改变了过去的观念，对“信用卡”从狭义上解释，将借记卡明确排除在信用卡的范围之外，因而有学者主张现在对刑法上的“信用卡”，也应作与有关银行法相同的解释。否则，如果允许对刑法上的概念作出不同于其他法律的解释，那就会破坏法秩序的统一性。但是，正如张明楷教授所述，“法秩序的统一性所要求的是各法律之间的协调一致，并不是用语含义的完全一致。不仅如此，要求刑法用语与其他法律用语保持一致，不仅会导致刑法本身的不协调，而且导致刑法与其他法律之间的不协调”①。不过，在刑法上的概念有可能与其他法律作同样解释的情况下，还是应当作同样的解释。在其他法律对原有概念的含义已作修改，而刑法还未作修改的条件下，还是应该按立法时的原意来理解。只不过，今后应该对刑法作相应的修改，使之与其他法律相协调。就信用卡诈骗罪中的“信用卡”而言，既然有关银行法已不再将“信用卡”等同于“银行卡”，明确将借记卡与信用卡区分开来，刑法长期不修改，而以上述立法解释为根据，继续长期在原意上使用“信用卡”的概念，也不是明智的选择。事实上，从上述立法解释可以看出，我国刑法中的信用卡已不仅只是限于“银行卡”，而且还包含“银行卡”之外的其他“电子支付卡”。可见，“电子支付卡”的外延，不仅比现在的银行法所规定的“信用卡”要广得多，而且比过去的银行法所规定的包含借记卡在内的“信用卡”（即银行卡）还要宽广，这足以说明我们在刑法之中还继续使用“信用卡”的概念和“信用卡诈骗罪”的罪名，显然存在名不副实的问题。有鉴于此，笔者建议今后修改刑法时，有必要将刑法中的信用卡改为“电子支付卡”，将“信用卡诈骗”罪改为“电子支付卡诈骗”罪。

三、“使用”“冒用”信用卡

构成我国刑法第 196 条规定的信用卡诈骗罪，行为人主观上必须有非法占有他人财物的目的，客观上必须有“使用”伪造的、作废的、骗领的信用卡，或者“使用”他人的信用卡以及自己的信用卡，取得他人数额较大财物的行为。通说认为，这里的“使用”是指按照信用卡的通常使用方法来予以利用，如用来消费支付、信

① 张明楷．诈骗罪与金融诈骗罪研究．北京：清华大学出版社，2006：642.

用贷款、转账结算、存取现金等。① 如果不是按信用卡特有的电子支付的功能加以利用，如用信用卡卡片拨开门锁进入他人房间拿走他人大量财物，则不构成信用卡诈骗罪，而有可能构成盗窃罪。

应当注意，行为人所使用的伪造的、作废的、骗领的信用卡是自己名义下的还是他人名义下的信用卡，是通过非法手段（如盗窃等）获取的还是拾得的，均不影响信用卡诈骗罪的成立。但如果是自己伪造或者骗领信用卡之后又加以使用的，则另构成妨害信用卡管理罪。一般认为，这属于手段行为与目的行为相牵连的情形，按照处理牵连犯的原则，应从一重罪处断。

但是，冒用他人信用卡所使用的只能是他人名义下的真实有效信用卡，并且不能是采用盗窃手段取得后又使用。因为刑法第 196 条第 3 款明文规定，盗窃信用卡并使用的，以盗窃罪定罪处罚。至于行为人采用盗窃之外的非法手段（如诈骗、抢夺、抢劫等）取得他人信用卡后使用信用卡骗取财物的，或者拾得他人信用卡、基于合法事由（如代为保管等）取得他人信用卡后使用的，均可能构成信用卡诈骗罪。

一般认为，冒用他人信用卡，以违反合法持卡人的意志为前提。经持卡人授权或同意而使用其信用卡的，不属于冒用，也不能构成信用卡诈骗罪。另外，冒用他人信用卡，并不需要行为人现实地持有他人信用卡。最高人民法院、最高人民检察院 2018 年 11 月发布的《关于办理妨害信用卡管理刑事案件具体应用法律若干问题的解释》指出，“窃取、收买、骗取或者以其他非法方式获取他人信用卡信息资料，并通过互联网、通讯终端等使用的”，也属于“冒用他人信用卡”的情形，同样可能构成信用卡诈骗罪。

成为问题的是，按照信用卡特有的电子支付的功能，既可以对自然人使用，也可以在自动取款机上使用。如在特约商户使用伪造的信用卡购物的，这是对自然人使用的适例，当然可能构成信用卡诈骗罪。这在我国刑法学界毫无争议。但如果行为人在自动取款机上使用伪造的信用卡或他人真实有效的信用卡大量取款的，能否构成信用卡诈骗罪，这成为刑法学界有较大争议的问题。在过去的司法实践中，对这类案件也出现过定性上的分歧。如前所述，为了保证执法的统一性，2008 年 2 月最高人民检察院在有关批复中作了肯定的答复。

然而，学术界的争论并未因这一具有司法解释性质的批复的发布而平息。争论的焦点在于，机器不能被骗是否影响对于在自动取款机上使用信用卡恶意取款行为定信用卡诈骗罪。否定信用卡诈骗罪成立的学者认为，信用卡诈骗罪是普通诈骗罪的特殊类型，普通诈骗罪的成立，要求有自然人受骗、自然人交付（处分）财物的行为，而自动取款机没有自然人的意识，不可能受骗，因而使用伪造的、作废的或他人真实有效的信用卡在自动取款机上取款的，不可能构成信用卡诈骗罪，而有可

① 张明楷．刑法学．4 版．北京：法律出版社，2011：712.

能构成盗窃罪。[①] 但是，肯定信用卡诈骗罪成立的学者认为，在自动取款机上取款，这也是信用卡的一种最常见的“使用”方式，行为人以非法占有为目的，“使用”伪造的、作废的或他人真实有效的信用卡在自动取款机上恶意取款的，这完全符合我国刑法第 196 条的规定，构成信用卡诈骗罪。[②] 笔者赞成这后一种观点，至于具体理由，笔者将在下面有关章节中阐述。

四、恶意透支

我国刑法第 196 条明文将“恶意透支”规定为信用卡诈骗罪的一种表现形式。根据该条第 2 款的解释，“恶意透支，是指持卡人以非法占有为目的，超过规定限额或者规定期限透支，并且经发卡银行催收后仍不归还的行为”。最高人民法院、最高人民检察院 2018 年 11 月发布的《关于办理妨害信用卡管理刑事案件具体应用法律若干问题的解释》规定：“持卡人以非法占有为目的，超过规定限额或者规定期限透支，经发卡银行两次有效催收后超过三个月仍不归还的，应当认定为刑法第一百九十六条规定的‘恶意透支’。”该司法解释还进一步规定，“具有以下情形之一的，应当认定为刑法第一百九十六条第二款规定的‘以非法占有为目的’，但有证据证明持卡人确实不具有非法占有目的的除外：（一）明知没有还款能力而大量透支，无法归还的；（二）使用虚假资信证明申领信用卡后透支，无法归还的；（三）透支后通过逃匿、改变联系方式等手段，逃避银行催收的；（四）抽逃、转移资金，隐匿财产，逃避还款的；（五）使用透支的资金进行犯罪活动的；（六）其他非法占有资金，拒不归还的情形。”

恶意透支与其他三种信用卡诈骗行为一样，只有达到数额较大的标准，才构成犯罪。只不过根据上述司法解释的规定，恶意透支数额较大的起点高于其他三种信用卡诈骗行为，即恶意透支数额较大的起点为 5 万元，其他三种信用卡诈骗数额较大的起点为5 000元。这充分说明恶意透支的危害程度轻于其他三种信用卡诈骗。笔者认为，这可能与恶意透支行为的性质有一定关系。

众所周知，在我国刑事法律规定信用卡诈骗罪之前，我国司法机关一直把“恶意透支”行为以诈骗论处。早在 1985 年 1 月最高人民检察院就在《关于转发上海市人民检察院〈处理利用“信用卡”进行诈骗活动的几点意见〉的通知》中指出，要注意“打击利用‘信用卡’进行诈骗的犯罪活动”。1995 年 4 月最高人民法院、最高人民检察院又在《关于办理利用信用卡诈骗案件具体适用法律的若干问题的解释》中进一步明确指出，行为人利用信用卡恶意透支，骗取财物金额 5 000 元以上，逃避追查，或者经银行进行还款催告超过 3 个月仍未归还的，应追究刑事责任。1997 年修订的刑法又将恶意透支规定在信用卡诈骗罪中，纳入金融诈骗罪的范畴。

① 张明楷．也论用拾得的信用卡在 ATM 机上取款的行为性质——与刘明祥教授商榷．清华法学，2008（1）.

② 刘宪权：信用卡诈骗罪的司法认定．政法论坛（中国政法大学学报），2003（3）.

总而言之，我国的立法和司法机关一直认为，恶意透支是具有诈骗性质的行为。我国刑法理论界的通说也是持这种主张。①

但是，据笔者所知，关于恶意透支是否具有诈骗性质，各国学者的认识并不一致。以德国和日本为例，两国虽然都认为用信用卡在自动取款机上取款不归还的恶意透支不具有诈骗的性质，但对于在特约商户用信用卡消费后不还款的恶意透支，日本的判例和通说都认为构成诈骗罪，而德国学者普遍认为不存在诈骗的问题。②特别值得一提的是，1985 年联邦德国最高法院曾有一个判决明确指出，行为人无支付能力或支付意愿，但仍使用信用卡在特约商户购物，由于特约商户并未陷入错误，因而不成立诈骗罪；又由于行为人对发卡的信用卡公司不承担保护其财产的义务，也不构成背信罪。因此，建议通过立法来解决。这一判决问世后，在一定程度上推动了相关立法的进程。德国在第二次经济犯罪对策法案中，增加了关于滥用信用卡犯罪的规定，后来又将这一规定的内容吸收进刑法，形成了现行刑法第 266 条 b 的规定，即“滥用接受……信用卡的机会，诱使签发者（指发卡者——笔者注）支付并造成其遭受损失的，处 3 年以下自由刑或罚金”③。现在的德国刑法不仅在普通诈骗罪和利用计算机诈骗罪之外，单独规定了滥用信用卡罪，而且其法定刑也明显低于这两种罪，究其缘由，无非是其性质和社会危害性程度与这两种罪有较大差异。日本也有一些有识之士看到了这一点，认为恶意透支的实质并非诈骗，而是滥用了信用卡公司（发卡者）给予会员（持卡人）的信用，今后日本刑法中也有必要像德国刑法那样增设独立的滥用信用卡罪。④

有鉴于此，笔者认为，恶意透支行为的本质并非诈骗而是滥用信用，即滥用信用卡发行者给予会员（持卡人）的信用，侵害了信用卡发行者与会员（持卡人）之间的信赖关系，从根本上破坏了信用卡制度，妨碍了民众利用信用卡从事正常的交易活动。德国等国刑法之所以在诈骗罪之外，单独设立滥用信用卡罪，正是因为它与诈骗罪之间存在这样的重要差别。我国 1997 年刑法将恶意透支作为信用卡诈骗的一种行为方式，从普通诈骗罪中独立出来，归为金融诈骗罪一类，这是立法的一个进步。但是，将恶意透支这种不具有诈骗性质的行为，冠之以信用卡诈骗的罪名，给人以名不副实的感觉，并且使我国的信用卡诈骗罪变成了一个包含多种滥用信用卡行为的“口袋罪”⑤。正因为如此，笔者建议今后修改刑法时，将恶意透支从信用卡诈骗罪中分离出来，单独规定恶意透支罪或滥用信用卡罪，同时规定比信用卡诈骗罪的法定刑轻的法定刑。

① 张明楷．也论用拾得的信用卡在 ATM 机上取款的行为性质——与刘明祥教授商榷．清华法学，2008（1）：100.

② 大谷实，前田雅英．对谈刑法（各论）．东京：有斐阁，2000：154.

③ 神山敏雄．日本的经济犯罪．东京：日本评论社，1996：143－144.

④ 平川宗信．刑法各论．东京：有斐阁，1995：422.

⑤ 刘明祥．财产罪比较研究．北京：中国政法大学出版社，2001：265.

第二节 使用以虚假的身份证明骗领的信用卡

2005年2月28日，全国人大常委会通过的《刑法修正案（五）》对刑法第196条作了一点重要修改，也就是将“使用以虚假的身份证明骗领的信用卡的”行为，补充规定为信用卡诈骗罪的表现形式之一。正确理解这一补充规定，对于准确认定信用卡诈骗罪具有重要意义。

一、含义解析与性质界定

使用以虚假的身份证明骗领的信用卡，是指行为人使用以伪造的身份证等虚假的身份证明材料所骗领的发卡银行发放的信用卡的行为。随着社会生活中信用卡使用的范围愈来愈广泛，使用以虚假的身份证明骗领的信用卡进行诈骗的现象也越来越严重。由于名义上所谓的持卡人本来就不存在或者银行根本找不到所谓的持卡人，即使利用该信用卡巨额透支，银行也无从查证，更无法挽回经济损失。在过去较长时期内，我国刑事法律虽然规定了信用卡诈骗罪，但仅仅只是列举了四种表现形式，对于使用骗领的信用卡诈骗的情形并未作明文规定，从而导致处理这类案件时容易产生定性上的分歧。对此，有的认为应以信用卡诈骗罪论处；有的认为不构成信用卡诈骗罪，只能定普通诈骗罪；另有的认为要区分不同情况作不同处理，在某些场合定信用卡诈骗罪，在另一些场合定普通诈骗罪；还有的认为应定合同诈骗罪。[①] 应当肯定，“使用以虚假的身份证明骗领的信用卡”，既不是刑法第196条（信用卡诈骗罪）所指的“使用伪造的信用卡”“使用作废的信用卡”，也不属于“冒用他人信用卡”“恶意透支”的情形，但却是利用信用卡诈骗的一种常见形式，对于信用卡管理秩序和发卡银行的财产所有权同样会造成严重的侵害，因而不将这种诈骗行为纳入信用卡诈骗罪之中，显然是立法的一个疏漏。正因为如此，全国人大常委会才在上述《刑法修正案（五）》中，将“使用以虚假的身份证明骗领的信用卡”补充规定为信用卡诈骗罪的表现形式之一。这无疑是完善有关信用卡诈骗罪的刑事立法的一个重要举措，对于有效惩治这类信用卡诈骗犯罪自然也有十分重要的作用。

至于如何理解“使用以虚假的身份证明骗领的信用卡”，则是需要进一步研究的问题。笔者认为，应特别注意把握以下几点。

第一，必须有使用信用卡的行为。这里的“使用”是指按信用卡通常的使用方式使用，包括用信用卡在特约商户购买商品、在银行或者自动取款机上取现以及接

① 王晨．信用卡诈骗罪客观方面要件的认定探讨．现代法学，2003（6）．

受信用卡进行支付结算的各种服务。①如果只是向他人展示骗领的信用卡，甚至用骗领的信用卡私下作质押担保骗取钱财的，则不属于这里所指的"使用以虚假的身份证明骗领的信用卡"，不能构成信用卡诈骗罪，只是有可能成立普通诈骗罪。这是因为刑法规定信用卡诈骗罪并将其作为金融诈骗罪的一种、放在破坏社会主义市场经济秩序罪一章中，主要是考虑到这类诈骗行为除了侵犯财产所有权之外，同时还会破坏信用卡管理秩序，从而对国家的市场经济秩序造成侵害或构成威胁；而用骗领的信用卡私下作质押担保之类的不是按信用卡通常的使用方式"使用"的情形，不会破坏信用卡管理秩序，不具备信用卡诈骗罪的本质特征，因而不能构成此罪。

第二，使用的信用卡必须是利用虚假的身份证明骗领的。在现实生活中，骗领信用卡的手段多种多样，有的是利用伪造的身份证等虚假的身份证明材料，到银行去骗领信用卡的；有的是用真实的身份证，但用虚假的资信证明材料或虚假的担保，骗取发卡银行的信任，取得银行发放的信用卡的。那么，是否只要在办理信用卡的过程中采用了欺骗手段，骗领了信用卡而又加以使用的，就属于上述刑法修正案所补充规定的信用卡诈骗罪的情形呢？有论者持肯定态度，认为这里所说的骗领信用卡，是指"行为人在办理申领手续时，弄虚作假，使用伪造的或虚构的身份或资信等证明材料，骗取发卡银行发放的信用卡的行为"②。但在笔者看来，这里所说的"骗领"仅限于"以虚假的身份证明骗领"这一种情形，如果是以真实的身份证明，但采取虚构资信材料、提供虚假担保等欺骗手段骗领了信用证，并用来恶意透支的，这虽然也可能构成信用卡诈骗罪，但却是另一种形式的信用卡诈骗（即"恶意透支"），而不在"使用以虚假的身份证明骗领的信用卡"诈骗的范围之内。

如前所述，这里所谓的骗领，是指在办理申领信用卡的手续时，使用虚假的身份证明，骗取银行的信任，从而取得了银行发放的信用卡。但在司法实践中，经常存在办理信用卡的银行工作人员明知对方提供的是虚假的身份证明，还违规向其发放信用卡，甚至内外勾结编造虚假的身份证明，取得银行发放的信用卡后恶意透支的情形。表面上看，办理信用卡的银行工作人员明知事实真相，不存在受骗的问题，似乎不属于骗领信用卡。但是，发放信用卡者是银行，按照有关信用卡的管理规定，申领信用卡者必须如实申报有关情况，特别是身份证明材料必须真实，否则，银行就不能对其发放信用卡。因此，只要行为人在办理申领手续时，提供的是虚假的身份证明，银行对其发放了信用卡，就应当认为银行受骗了，行为人骗领了信用卡，不能以特定的工作人员明知事实真相来否定其信用卡是骗领的。只不过银行或者其他金融机构的工作人员，如果与非本单位的人员内外勾结，又进一步利用职务上的便利，使用以虚假的身份证明骗领的信用卡，骗取了银行或其他金融机构

① 田宏杰，许成磊．信用卡诈骗罪若干问题探讨//赵秉志主编．新千年刑法热点问题研究与适用（下）．北京：中国检察出版社，2001：1377.

② 刘宪权，张宏虹．涉信用卡犯罪刑法修正案及立法解释解析．犯罪研究，2005（3）：5.

的大量钱款的，则双方有可能构成职务侵占罪或贪污罪的共犯。

司法实践中，还经常发生这样一类案件：行为人盗用他人的真实身份证，以他人名义在银行办理信用卡后，恶意透支。这在表面上似乎是“冒用他人信用卡”的情形，不属于“使用以虚假的身份证明骗领的信用卡”，但从实质而论，行为人并非经合法授权为他人代办信用卡，而是盗用他人名义骗领信用卡供自己使用。既然是为自己办信用卡，供自己用，就应当向发卡银行提供自己的真实身份证明，提供他人的身份证来为自己办信用卡的，这应当评价为“使用虚假的身份证明骗领信用卡”。即便行为人不想用来骗取财物，也还可能构成《刑法修正案（五）》所增补的妨害信用卡管理罪。如果将这种行为解释为“冒用他人信用卡”，那就意味着这是对其办理信用卡行为的一种认可，并且，应当由信用卡的名义人来承担诈骗行为所造成的财产损失。但这明显不具有合理性。

第三，必须使用以虚假的身份证明骗领的信用卡诈骗。有论者认为，“对于骗领信用卡的行为应该以信用卡诈骗罪定罪处罚。实际上修正案在原刑法有关信用卡诈骗的第一种形式后面加上了‘使用以虚假的身份证明骗领的信用卡的’行为，就表明了立法机关已经将骗领信用卡的行为纳入信用卡诈骗罪的范围之内。由此可见，今后对使用以虚假的身份证明骗领的信用卡的行为，只要达到刑法第一百九十六条规定的‘数额较大’标准，就应以信用卡诈骗罪追究刑事责任”①。但是，笔者认为，骗领信用卡的行为并不等同于信用卡诈骗。尽管在社会生活中，绝大多数骗领信用卡的人都是为了利用信用卡来骗取财物，但也有骗领信用卡是为了出售或转送给他人，《刑法修正案（五）》已将这类行为纳入新增补的妨害信用卡管理罪中，这就足以说明骗领信用卡的行为虽然在许多情况下可能是为信用卡诈骗作准备的行为，但也有例外的可能要作为独立的犯罪来处罚的情形，而不能“以信用卡诈骗罪定罪处罚”。另外，基于某种原因，利用假名、假身份证在银行办理一个借记卡自用，这在现实生活中也十分常见。根据全国人大常委会《关于〈中华人民共和国刑法〉有关信用卡规定的解释》，借记卡也属于信用卡。而借记卡的特点是持卡人必须在发卡机构开有账户，并保持一定量的存款，借记卡的支付款额不能超过存款的数额。这就决定了自己使用自己用假身份证明办理的借记卡，不可能给他人带来财产损失，因而也不可能构成诈骗罪等侵犯财产权的犯罪，包括不可能构成信用卡诈骗罪。即便使用以虚假身份证明骗领的贷记卡这种不必在发卡银行存款就可以先用款的典型的信用卡，也并非一概构成信用卡诈骗罪，而是只有在行为人具有使用后不还款即具有非法占有目的的条件下，才能构成信用卡诈骗罪。如果行为人使用以虚假的身份证明骗领的信用卡时就想到要还款，并且事实上在限期内也向发卡银行付清了所欠账款的，那就根本不具备信用卡诈骗罪的主客观要件，自然也就不构成此罪。不过，对于行为人使用虚假的身份证明骗领信用卡，情节严重的，可以

① 刘宪权，张宏虹．涉信用卡犯罪刑法修正案及立法解释解析．犯罪研究，2005（3）：6.

按妨害信用卡管理罪定罪处罚。

二、盗窃此种信用卡并使用的定性

我国刑法第196条第3款规定，“盗窃信用卡并使用的，依照本法第二百六十四条的规定定罪处罚”。盗窃他人信用卡后又加以使用，这种使用就是“冒用他人信用卡的”行为，是该条所列的信用卡诈骗的表现形式之一，对此不以信用卡诈骗罪论处，而按盗窃罪（第264条）定罪处罚，自然是一种例外。正如前文所述，有关这一规定是否具有科学性，应不应该保留，我国刑法理论界存在肯定与否定两种对立的主张。笔者持否定态度。①尽管如此，在这一规定未被删除的情况下，还得严格依法行事。这里所要讨论的是，行为人盗窃以虚假的身份证明骗领的信用卡后又予以使用，并取得了大量财物的，能否适用刑法第196条第3款的规定，以盗窃罪定罪处罚。对此，笔者也持否定态度。一般说来，刑法第196条第3款所说的盗窃并使用的“信用卡”应该是指真实有效的信用卡，而不包括伪造的或已作废的信用卡。②通常情况下，银行发行的真实有效的信用卡，因为有身份真实而明确的持卡人，盗窃并使用这种信用卡的，往往给持卡人（即名义人）带来财产损失，银行并不会遭受财产损失，窃取持卡人的信用卡并加以使用的，同窃取其金钱的实际结果是一样的，这也是刑法第196条第3款规定对这种行为以盗窃罪定罪处罚的一个重要原因。如前所述，最高人民法院在1986年11月3日对上海市高级人民法院就一个案件的请示答复中也曾明确指出：被告人盗窃信用卡后又仿冒卡主签名进行购物、消费的行为，是将信用卡本身所含的不确定价值转化为具体财物的过程，是盗窃犯罪的继续，应定盗窃罪。③而使用虚假的身份证明骗领的信用卡，虽然同样是银行发行的真实有效的信用卡，由于持卡人（或名义人）往往是虚构的，银行不可能从持卡人（或名义人）那里收回被使用的款项，实际遭受财产损失的是发卡银行而不是持卡人。因此，不能将盗窃并使用以虚假身份骗领的信用卡的行为，以盗窃罪定罪处罚。对此应当认为，行为人实施了“使用以虚假的身份证明骗领的信用卡”的行为，构成信用卡诈骗罪。当然，如果行为人盗窃以虚假的身份证明骗领的信用卡后并未加以使用，而是将信用卡抛弃或毁坏的，就不构成犯罪；但如果出售或转送给他人的，就有可能构成妨害信用卡管理罪；在他人使用这种信用卡取得了大量财物时，如果双方有共同犯罪故意，则还有可能构成信用卡诈骗罪的共犯。

附带指出，行为人使用的以虚假身份证明骗领的信用卡，既有可能是行为人自己骗领的，也有可能是他人骗领的。如果是他人骗领的信用卡，无论行为人是采用盗窃、诈骗、抢夺、抢劫等非法手段取得的，还是偶然拾得的，均不发生触犯其他罪名的问题，只有可能构成信用卡诈骗罪。但如果信用卡是行为人花钱购买的，或

① 刘明祥．财产罪比较研究．北京：中国政法大学出版社，2001：260.

② 刘宪权．信用卡诈骗罪的司法认定．政法论坛（中国政法大学学报），2003（3）：89.

③ 赵秉志．新刑法全书．北京：中国人民公安大学出版社，1997：742.

者是他自己使用虚假的身份证明从银行骗领的，尔后行为人又予以使用并骗取了大量财物的，则既可能构成妨害信用卡管理罪，又成立信用卡诈骗罪，二者之间存在手段行为与目的行为的牵连关系，一般应按处刑较重的信用卡诈骗罪定罪处刑，而不实行数罪并罚。如果行为人使用虚假的身份证明骗领大量信用卡后，一部分出售或转送给他人，一部分自己直接使用并骗取了大量财物的，则由于出售、转送给他人的行为与自己使用的行为之间不存在牵连关系，而是两种完全独立的行为，在均构成犯罪的条件下，应实行数罪并罚。

第三节 用拾得的信用卡在ATM机上取款行为的性质

在司法实践中，经常遇到这样一类案件：行为人拾得他人信用卡及密码或者猜出密码后，在自动取款机上取走了大量现金。对这种行为应如何定性，目前存在较大争议，有必要作进一步的探究。

一、定性概论

（一）用拾得的信用卡在ATM机上取款的不应定盗窃罪

有一种观点认为，用拾得的他人信用卡在自动取款机上取款的，应认定为盗窃罪，不能认定为信用卡诈骗罪（以下简称为盗窃罪说）。主要理由在于，信用卡诈骗罪是诈骗罪的一种特殊类型，同样应该具备诈骗罪的“因受欺骗而处分财产”的本质要素，而只有人才可能受骗，“机器不可能被骗”；用拾得的信用卡在自动取款机上取款的，如同拾得他人的钥匙后用钥匙开门取走财物的，这属于盗窃而不是诈骗。① 但是，笔者认为，这种观点值得商榷。

关于机器是否可能被骗的问题，这是随着现代科学技术的发展，电子计算机的普及，使用计算机侵犯他人财产权的犯罪现象出现之后，对传统诈骗罪提出的一个挑战性的特殊问题。其特殊性主要表现在，传统的诈骗罪是以自然人因被欺诈陷于错误而交付（处分）财产为成立条件的，而机械不可能陷于错误，相对机械的普通诈骗罪肯定不可能成立。例如，行为人通过连接到银行事务中心的计算机，私下更改自己存放在银行账户上的存款记录，增加存款数额，然后，通过计算机将存款转到善意的第三者的账户上，用来归还自己的欠款。在这种场合，由于行为人是通过计算机自动转账，没有将他人财物转移到自己占有之下，不能构成盗窃罪；又因为没有现实的人陷于错误，诈骗罪不能成立，而其他传统类型的财产罪也定不上。为了合理解决这一问题，20世纪80年代以来，许多国家（如德国、日本等国）在刑

① 李文燕主编．金融诈骗犯罪研究．北京：中国人民公安大学出版社，2002：321.

法中增设了使用计算机诈骗罪。① 不过，在有无必要增设此罪的问题上，各国立法者及学者们的意见并非完全一致。在德国，就有学者提出，所谓计算机诈骗，无非是人与计算机分工，通过自动的数据处理完成的，最终的效果可以归属于计算机背后的人的欺诈与错误，至于这个人是谁用不着去调查，也没有必要去确认，这类行为完全可以包容于传统的诈骗罪中。另有人主张，只要把现行法上的财物概念解释为包括转账金，就可以将那些采用非法手段把账上资金移动到“金钱债权”账户的行为，纳入传统的财产罪之中。在日本，也有学者认为，对通过不正当使用计算机而侵害他人财产的案件（包括我国刑法规定的信用卡诈骗罪），按传统的财产罪处理不会出现解释上的困难。因为在银行的存款仍然属于存款者占有，非法转移存款者的存款到自己的账户，这就是一种夺取占有的财产罪。还有学者认为，通过滥用计算机而侵害他人财产权的案件中，只有那种把金钱债权移动到自己或第三者账户的情形，传统的财产罪不能包容，而要解决这一问题并不一定要增设罪名，更不必要制定像现在日本刑法第 246 条之 2（使用电子计算机诈骗）这样的复杂规定，只要刑法中有“存款视为财物”的简单规定就足矣。②

应当注意，德、日等国对于是否有必要增设利用计算机诈骗罪尽管有争议，但多数学者包括立法者都是持肯定态度；对于利用计算机诈骗（包含信用卡诈骗）有不同于传统诈骗罪的特殊性这一点并无异议，同时对机器（主要指电子计算机）本身不可能被骗也无不同意见。只是主张没有必要增设利用计算机诈骗罪的学者们在解释时，认为利用计算机诈骗并非使计算机陷于错误，并基于错误交付财物，而是使计算机背后的人产生了错误。因为被智能化了的计算机是代替人来处理事务的，是按人的意志来作判断并代替人行事的。在没有规定利用计算机诈骗罪（包含信用卡诈骗罪）的条件下，作这样的解释无疑是必要的，也是有道理的。但正是为了避免争议，许多国家都先后规定了独立的利用计算机诈骗罪、信用卡诈骗罪等罪。规定这类罪名本身就表明，这类犯罪有不同于传统诈骗罪、盗窃罪等侵犯财产罪的特殊性，否则，也就没有必要单独作规定了。不过，从许多设立独立罪名的国家（如德国、日本等）刑法所用的罪名和分类来看，大多是用“使用计算机诈骗罪”的称谓，并将之纳入诈骗罪的范畴，视为诈骗罪的一种特殊类型，而并未称之为“使用计算机盗窃罪”，将其纳入盗窃罪的范畴。有些没有单独设罪的国家刑法，对使用计算机诈骗也是明文规定以诈骗罪论处（并非以盗窃罪论处）。如瑞典刑法第九章第 1 条第 2 款规定：“输入不正确或不完整的信息，或者修改程序或记录，或者使用其他手段非法影响自动数据处理或其他类似自动处理的结果，致使行为人获利而他人受损的，也以诈欺罪论处。”由此可见，使用计算机诈骗（包含信用卡诈骗）虽然与传统的诈骗罪、盗窃罪等有差别，但在性质上仍然属于诈骗（并非盗窃）。

① 林干人．刑法各论．东京：东京大学出版社，1999：255-256.

② 阿部纯二等编．刑法基本讲座（第 5 卷）．东京：法学书院，1993：56-57.

以机器本身不能受骗来否定在自动取款机上使用他人信用卡取款行为的诈骗性质，从而作为定盗窃罪的根据是值得商榷的。

值得一提的是，在日本，刑法规定有独立的使用计算机诈骗罪，但并无独立的信用卡诈骗罪，一般认为使用计算机诈骗包含绝大部分利用信用卡诈骗的情形。不过，日本刑法规定的使用计算机诈骗罪有一个突出的特点，就是仅限于利用计算机骗取财产性利益这一种情形，而日本刑法将普通诈骗罪分为骗取财物与骗取财产性利益两种情形，盗窃罪只能是窃取财物一种情形（不能窃取财产性利益）。这样一来，利用他人信用卡在自动取款机上直接取款的，由于使用计算机取得了财物（不是财产性利益），从而不能构成使用计算机诈骗罪；又因为传统的诈骗罪是以人受骗并交付财物为成立条件的，因而构不成诈骗罪。为此，理论上的通说和判例将这种情形解释为构成盗窃罪。① 笔者认为，根据日本现行刑法的规定，这样解释无疑是有道理的。正是由于受这种解释论的影响，我国一些学者也以“机器不能受骗”为由，主张把在自动取款机上使用他人信用卡取款的行为认定为盗窃（不是信用卡诈骗）。但是，许多国家（包括我国）刑法对使用计算机诈骗罪、信用卡诈骗罪的规定与日本刑法的规定并不相同，并未把使用计算机诈骗罪、信用卡诈骗罪所骗取的对象限定为只能是财产性利益，而是还包含财物（如自动取款机里的现金）。例如，德国的计算机诈骗（德国刑法第263条a），就“包括滥用他人遗失的和已使用过的自动取款机卡以及通过合法的持卡人透支等不同情况”②。又如《美国模范刑法典》第224.6条（滥用信用卡罪）规定：“明知有下列所揭事实，而以取得财物或服务为目的，使用信用卡者，即为犯罪。(1) 该信用卡系盗品或伪造物。(2) 该信用卡已被取消或解约。(3) 依其他理由，该信用卡被发行人禁止使用。”并且，从立法的科学性和解释的合理性而言，也应该把使用计算机诈骗罪、信用卡诈骗罪的对象规定为（或解释为）既包括财产性利益也包含财物（不是仅限于财产性利益）。因为根据日本现行刑法的规定或通说的解释，对于利用他人的信用卡或借记卡诈取财物案件的处理，会出现明显的不合理现象。如前所述，行为人冒用他人的信用卡在ATM机上直接取款的，根据日本刑法的规定，不能定使用计算机诈骗罪（包含信用卡诈骗），而按日本的判例和通说的解释定为盗窃罪。但如果是在ATM机上将他人卡上的存款过户到自己的账户，用来支付了欠款，甚至是转到自己的账户后又提取了现金的，均应认定为使用计算机诈骗罪。③然而，从行为的性质来看，前者同后者并无实质的差异，定不同的罪明显不妥当。

此外，所谓用拾得的信用卡在自动取款机上取款，如同拾得他人的钥匙后用钥匙开门取走财物的说法，也不符合客观事实。因为用拾得的信用卡在自动取款机上

① 西田典之．刑法各论．3版．东京：弘文堂，2005：187.

② 汉斯·海因里希·耶赛克．为德意志联邦共和国刑法典序//徐久生，庄敬华，译．德国刑法典．北京：中国方正出版社，2004：25.

③ 同①188-194.

取款的，是将有关信用卡的信息资料输入自动取款机的信息系统，自动取款机按人事先设定的程序作出判断后，才将钱送到取款机外部窗口的，实际上是机器把钱送到取款人手中的，或者说是机器代替银行工作人员将款交付给取款者的，并非取款者将他人占有之下的财物直接拿走。而拾得他人钥匙后用钥匙开门取走财物的，则是行为人直接将他人占有之下的财物拿走。直接拿走他人占有的财物与经他人交付拿走其财物，正是盗窃与诈骗的重要区别之所在。况且，如果上述说法能够成立，那么用假币或铁片投入自动售货机取得商品的，自然就是盗窃，完全没有必要特殊对待了，更不用考虑设立独立罪名了。但一些国家对这类不正当利用自动设备取得财物的行为，却规定了独立的罪名或准备规定为独立罪名。例如，《日本改正刑法草案》第339条规定，“使用不正当手段，不支付对价而利用自动贩卖机、公用电话或者其他收费的自动设备，取得财物或者不法利益的”，构成“不正当利用自动设备罪”。该罪被置于诈骗罪一章，而并非置于盗窃罪一章。这表明拟定该刑法草案者认为，这种犯罪具备诈骗罪的本质，属于诈骗罪（而并非盗窃罪）的一种特殊类型。

（二）用拾得的信用卡在ATM机上取款的不应定侵占罪

另有一种观点认为，用拾得的他人信用卡在自动取款机上取款的，应认定为侵占罪（以下简称为侵占罪说）。主要理由在于，“捡到了信用卡及其密码，也就等于在事实上获取了信用卡所含资金的支配力。从行为人的主客观危害性角度考量，这与捡到他人的钱包以后而产生非法占有他人财物的歹念的情况并无质的差别”①；侵占信用卡是主行为，使用信用卡是侵占信用卡的后续行为，应按主行为认定行为性质；既然盗窃信用卡并使用的成立盗窃罪，由此推论，侵占信用卡并使用的当然成立侵占罪。但是，这些理由难以成立。

其一，拾得信用卡并不等于拾得了信用卡上记载的现金。因为行为人拾得信用卡后，即便知道了信用卡的密码，并且随时可以在自动取款机上取款，只要他不去取款或使用，就不可能导致信用卡主人财产上的损失。这同拾得他人的金钱或不记名、不挂失的有价证券等不归还有本质的差异，拾得现金或不记名、不挂失的有价证券不归还的，就会造成所有者的财产损失。

其二，信用卡本身不等于刑法上的财物。虽然通常以卡片形式存在的信用卡也是物，生产信用卡也需要花钱，从民事法律的角度而言，信用卡本身也是有价值的财物，但是在我国，作为刑法上犯罪行为侵害对象的财物，不包含价值微薄之物。并且，我国刑法明文规定，只有侵占“数额较大”的财物，才可能构成侵占罪。因此，侵占信用卡本身不可能构成侵占罪。

其三，认为侵占信用卡是主行为，使用信用卡是从行为或者侵占信用卡的后续行为，前者吸收后者，这也与刑法理论不符。主行为吸收从行为是以两种行为都是

① 黄祥青．刑法适用疑难破解．北京：法律出版社，2007：209.

犯罪行为为前提条件的，但将两者分开而论，捡拾他人信用卡不归还的，这并非犯罪行为，只有使用他人信用卡的行为才是犯罪行为，即刑法第196条明文列举的“冒用他人信用卡的”行为。如果将两者联系起来，即行为人捡拾之时就具有使用的犯罪意图，那么拾得他人信用卡虽然是后续使用行为发生的前提条件，但只有使用才会造成他人财产的损失。既然如此，就不能认为捡拾行为是主行为，使用行为是从行为（或处于次要地位的行为）。应当认为，使用行为是实行行为，捡拾行为充其量只是预备行为。不能认为预备行为可以吸收实行行为，相反，应根据实行行为的性质来认定犯罪。

其四，以刑法第196条第3款规定，盗窃信用卡并使用的应按盗窃罪定罪处罚，来推论侵占信用卡并使用的也应定侵占罪，这是违反罪刑法定原则的。因为该款的规定具有法律拟制的性质，对这种拟制规定不能“推而广之”，只能在法定的范围内适用。因为法律拟制的内容往往与法条规定的内容有较大的差异，只是立法者基于特别的理由才将并不符合某种规定的情形（行为）赋予该规定的法律效果。① 就盗窃信用卡并使用的行为而言，并不符合盗窃罪的构成要件，但立法者基于特别的缘由，规定对该行为以盗窃罪论处。在笔者看来，这一规定本身就存在缺陷。② 如果将其作为推论的根据，把侵占信用卡并使用的行为解释为构成侵占罪，将抢劫、抢夺、骗取信用卡并使用的行为解释为构成抢劫、抢夺、诈骗等罪，这显然是一种类推解释，实质上是把不具备抢劫、抢夺、诈骗等罪的构成要件的行为解释为构成这几种罪，这无疑是违反罪刑法定原则的。

其五，将拾得他人信用卡在自动取款机上取款的行为认定为侵占罪，还会带来一些无法解决的问题。例如，当行为人拾得的信用卡本身并非他人的遗忘物而是遗失物时，根据我国刑法的规定，侵占遗忘物的才可能构成侵占罪，而侵占遗失物的并不构成犯罪。正因为如此，有人提出，如果是“拾得他人遗失于非特定场所的信用卡及其密码而提取钱款或消费的，一般不能认定为犯罪，以作民事违法行为处理为妥”③。但是，如果提取钱款的数额巨大，给所有者造成了严重损失的，也仍然不能认定为犯罪，这显然不妥当。又如，当行为人拾得的信用卡是第三者伪造的他人信用卡时，行为人不知是伪卡而在自动取款机上取得了大量现金的，由于侵占罪说认为，使用行为是侵占的后续行为，又因为侵占这种伪卡不可能构成侵占罪，自然也是要作无罪处理。这同样难以令人信服。

（三）用拾得的信用卡在ATM机上取款应定信用卡诈骗罪

还有一种观点认为，用拾得的他人信用卡在自动取款机上取款的行为，属于刑法第196条规定的信用卡诈骗罪中的“冒用他人信用卡”的情形，应当认定为信用

① 张明楷．诈骗罪与金融诈骗罪研究．北京：清华大学出版社，2006：711.

② 不过，在刑法未作修改并予以删除之前，还得严格按这一规定行事。刘明祥．浅析盗窃信用卡并使用的行为．中南大学学报，2003（5）.

③ 黄祥青．刑法适用疑难破解．北京：法律出版社，2007：210.

卡诈骗罪。[①] 笔者赞成这种观点。

首先，应当注意，我国刑法第 196 条规定的信用卡诈骗罪与日本现行刑法规定的使用计算机诈骗罪不同，并未将骗取的对象仅限于财产性利益。而该条所规定的作为信用卡诈骗罪常见表现形式的“冒用”他人信用卡、“使用”伪造的、骗领的或作废的信用卡，无疑也是包含在自动取款机上取款这种情形的。因为在自动取款机上取款，是信用卡的一种最基本的使用方式，刑法并未明文规定将这种使用方式排除在“冒用”“使用”的范围之外，将其排除在外显然是缺乏法律根据的。

其次，拾得他人信用卡并知悉密码后，行为人自己用卡在自动取款机上取款的，与在银行柜台刷卡后由银行工作人员将款交给他的，很难说在性质上有何差异，而将同样的冒用他人信用卡取得他人财物的行为，按前述盗窃罪说，分别定为盗窃罪与信用卡诈骗罪两种不同的罪，这显然是违反定罪的基本原理的。再说，如果行为人既冒用他人的信用卡在自动取款机上取款，又冒用他人信用卡找银行工作人员提取现金，那么对前者按盗窃罪定罪，对后者按信用卡诈骗罪定罪，并且要实行数罪并罚，这无疑是不必要地增添了司法工作的负担。如果在自动取款机上取款的数额和在银行柜台提款的数额均未达到盗窃罪与信用卡诈骗罪“数额较大”的标准，而合在一起则超过了信用卡诈骗罪的“数额较大”的标准，那就会出现无法定罪的不合理现象。但将两者均视为信用卡诈骗，则不存在定罪上的困难。由此可见，将冒用他人信用卡在自动取款机上取款的行为认定为信用卡诈骗，不仅与我国刑法第 196 条的规定相符，而且也会给司法机关处理这类犯罪案件带来便利。

再次，以信用卡诈骗罪是诈骗罪的一种特别类型为根据，完全用传统诈骗罪的观念来解释信用卡诈骗罪是行不通的。如前所述，“因受欺骗而处分财产”无疑是诈骗罪的核心要素，但使用计算机诈骗（包含信用卡诈骗）犯罪现象的产生对此提出了挑战，要解决这一问题，要么是在解释上做文章，要么是单设新的罪名。在刑法中单设使用计算机诈骗罪、信用卡诈骗罪，这本身就表明立法承认它具有不同于传统诈骗罪的特殊性。其特殊性就表现在机器本身并不能受骗，但由于机器是按人的意志来行事的，机器背后的人可能受骗，使用计算机诈骗、信用卡诈骗同传统诈骗罪相比，人受欺骗具有间接性，即以智能化了的计算机作为中介，实质上是使计算机背后的人受了骗；同时，人处分财物也具有间接性，即由计算机代替人处分财物，并非人直接处分财物。既然如此，我们就不能完全用传统诈骗罪的观念来解释信用卡诈骗罪。并且，还应当看到，我国刑法第 196 条所规定的信用卡诈骗罪，还包含了部分不具有诈骗性质的行为，这就是“恶意透支”的情形。根据该条第 2 款的解释，“恶意透支，是指持卡人以非法占有为目的，超过规定限额或者规定期限透支，并且经发卡银行催收后仍不归还的行为”。如果持卡人有非法占有的目的而恶意透支，但没有超过规定的限额，或者虽然超过了规定的限额，但并未超过规定

① 刘宪权．信用卡诈骗罪的司法认定．政法论坛（中国政法大学学报），2003（3）．

的期限，或者既超过了规定的限额又超过了规定的期限，但经发卡银行催收后还是归还了，这些都不可能认定为信用卡诈骗。可见，超过规定限额或者规定期限透支而又不归还，这才是构成犯罪的本质所在。但这并非采用欺骗手段骗取财物，显然不具备诈骗的本质特征。如前所述，这种行为的实质或者说危害性之所在是滥用信用，从根本上破坏了信用卡制度，妨碍了利用信用卡从事正常的交易活动。我国刑法第196条规定的信用卡诈骗罪，实际上是将多种滥用信用卡的行为包容在一起的，不仅与传统诈骗罪有较大差异，而且严格说来，用信用卡诈骗的称谓并不合适，而冠之以滥用信用卡罪的罪名，或许更贴切一些。既然如此，我们也就不能用传统诈骗罪的观念来解释我国刑法规定的信用卡诈骗罪。只不过在刑法未作修改之前，不能因为恶意透支不具备诈骗罪的本质，就不定信用卡诈骗罪而定其他罪，否则，就违反了有法必依和罪刑法定的原则。

二、定性展开

如前所述，以非法占有为目的，用他人的或自己的信用卡在ATM机恶意取款的，已成为常见而多发的案件。对于这类案件的定性，存在较大争议。笔者曾在《清华法学》2007年第4期上发表了题为《用拾得的信用卡在ATM机上取款行为之定性》（以下简称拙文）一文，因与张明楷教授在此问题上的基本观点不同，其在《清华法学》2008年第1期发表了题为《也论用拾得的信用卡在ATM机上取款的行为性质——与刘明祥教授商榷》（以下简称张文，下面引用时仅标明页码）的论文，对拙文中的基本观点予以反驳。我读后深受启发，发觉拙文确实有论述不周全之处，但仍不愿改变基本主张，因而以对张文的观点提出商榷的形式作进一步的补充，也算是对此类案件定性作进一步的展开论述。

（一）机器不能被骗不妨碍信用卡诈骗罪的成立

关于用拾得的信用卡在ATM机上取款行为的性质，拙文在介绍德、日等国刑法有关使用计算机诈骗罪（包含信用卡诈骗）的立法情况以及对主张构成盗窃罪（盗窃罪说）的观点进行剖析的基础上，指出应当定信用卡诈骗罪（信用卡诈骗罪说），认为“以机器本身不能受骗来否定在ATM机上使用他人信用卡取款行为的诈骗性质，从而作为定盗窃罪的根据是值得商榷的”（见拙文）。张文反驳道，“刘文似乎认为，机器原本是不能被骗的，所以，欺骗机器的行为不成立诈骗罪；于是，德国、日本等国刑法规定了使用计算机诈骗罪，承认了机器可以被骗”（第94～95页），“为了表明机器可以被骗，刘文引用了国外刑法的相关条文”（第105页）。在笔者看来，张文显然是误解了拙文的意思。其实，拙文与张文在机器不能受骗这一点上认识并无不同。拙文曾明确指出，被智能化了的计算机这类“机器本身并不能受骗，但由于机器是按人的意志来行事的，机器背后的人可能受骗”（见拙文）。问题在于，机器不能被骗是否意味着用信用卡在ATM机上恶意取款就不能构成信用卡诈骗罪。张文对此持肯定态度，用了大量的篇幅介绍国外学者的观点，认为这种行为具有盗窃性质（不具有诈骗性质），应定盗窃罪。从张文的介绍和论述可以看出，认为这种行为具有盗窃性质，是从广义上理解盗窃罪的。而广义的盗窃罪包含了部分诈骗、抢劫等侵犯财产的犯罪，如法国刑法就是采用这种广义的盗窃罪概念的，该法第311～1条明文规定："盗窃系指欺诈窃取他人财物的行为。"不能由此得出广义的盗窃罪所包含的行为均不具有诈骗的性质、不能构成信用卡诈骗罪的结论。相反，诈骗罪的概念也有广义和狭义之分，广义的诈骗罪是包含张文所指的部分具有盗窃性质的行为的，如使用计算机诈骗罪、信用卡诈骗罪等。正如张文所述，"在德国，使用计算机诈骗罪包含利用他人储蓄卡从ATM机上取款的行为。换言之，德国的使用计算机诈骗罪的行为对象，包括财产性利益与现金。但是，这可以说明符合使用计算机诈骗罪的构成要件行为具有盗窃性质，并不一定意味着机器可以被骗"（第95页）。既然利用他人储蓄卡从ATM机上取款这种所谓具有盗窃性质的行为，在德国可能构成使用计算机诈骗罪，这就意味着机器不能被骗并不妨碍使用计算机诈骗罪的成立，那么同样的行为为何不能构成我国刑法中的包含了部分使用计算机诈骗行为的信用卡诈骗罪呢?

张文认为，这是"因为我国刑法第196条明文规定的是'进行信用卡诈骗活动'的犯罪。既然是'诈骗'，就要求有受骗的自然人，要求受骗人基于认识错误处分财产，而在ATM机上使用他人信用卡的行为并没有欺骗自然人，也没有受骗人基于认识错误处分财产"（第97页）。在笔者看来，我国刑法第196条对信用卡诈骗罪的规定中确实有"诈骗"二字，但不能由此得出信用卡诈骗罪的成立必须要有"受骗的自然人"的结论。因为张文忽视了这里的"诈骗"之前还有"信用卡"这一限定语，即该条所说的是"进行信用卡诈骗活动"，而不是进行一般的诈骗活动。信用卡可以在ATM机（计算机）上使用，信用卡诈骗活动就完全可能是利用计算机来进行诈骗，利用计算机诈骗就具有不同于普通诈骗的特殊性，即不要求有自然人直接受骗和自然人直接交付（处分）财物这样的环节。在德国、日本等许多国家刑法中，都有利用计算机诈骗（或使用计算机诈骗）罪的规定，立法者和学者们也并不因为其中有"诈骗"二字，就要求其与普通诈骗罪一样，必须有自然人直接受骗和自然人直接交付（处分）财物。相反，大家公认，正是由于计算机诈骗有不同于普通诈骗的这一特殊性，刑法才有必要单独设罪。同样道理，我国刑法之所以特别规定信用卡诈骗罪，也是因为信用卡诈骗具有不同于普通诈骗的特殊性［如信用卡可以在ATM机（计算机上）使用等］。因此，对"信用卡诈骗"不能与普通"诈骗"作完全相同的理解。

并且，正如拙文所述，"我国刑法第196条所规定的信用卡诈骗罪，还包含了部分不具有诈骗性质的行为，这就是'恶意透支'的情形"。因此，它"实际上是将多种滥用信用卡的行为包容在一起，不仅与传统诈骗罪有较大差异，而且严格说来，用'信用卡诈骗'的称谓也并不合适。冠之以'滥用信用卡罪'的罪名，或许更为贴切一些。既然如此，我们也就不能用传统诈骗罪的观念来解释我国刑法规定的信用卡诈骗罪"（见拙文）。对此，张文先在介绍日本刑法理论界关于"恶意透支”行为能否构成诈骗罪的争论的基础上，指出日本的判例和通说都认为恶意透支的行为构成诈骗罪，据此认为拙文所说的恶意透支的情形不具有诈骗性质不合适（第 100 页）。笔者认为，我国有不同于日本的国情。在我国，用信用卡可以在 ATM 机上透支，如果是从 ATM 机取款恶意透支，自然是不具有诈骗的性质（张文也持此看法，见第 100 页）。但在日本，一般不能用信用卡（有透支功能的信用卡）从 ATM 机取款透支，只能在特约商户用信用卡购物或消费。至于恶意用自己的信用卡在特约商户购物或消费，大量透支后不归还透支款项的，日本的判例和通说之所以将这种情形解释为构成诈骗罪，是因为日本刑法没有像德国等国刑法那样规定滥用信用卡罪，而对恶意透支这种典型的滥用信卡的行为不当犯罪处理不合适，要当犯罪处理就只能在解释上做文章，因而才将恶意透支解释为诈骗，为处罚这种行为找出路。然而，德国学者普遍认为恶意透支不存在诈骗的问题。[①] 特别值得再提的是，前文所述的 1985 年联邦德国最高法院曾有一个判决明确指出，行为人无支付能力或支付意愿，但仍使用信用卡在特约商户（能凭信用卡购买商品的商店）购物的，由于特约商户并未陷入错误，因而不成立诈骗罪；又由于行为人对发卡的信用卡公司不承担保护其财产的义务，因而也不构成背信罪。因此，法院建议通过立法来解决。这一判决问世后，在一定程度上推动了相关立法的进程。德国在第二次经济犯罪对策法案中，增加了关于滥用信用卡的犯罪的规定，后来又将这一规定的内容吸收到刑法中，形成了现行刑法第 266 条 b 的规定，即“滥用接受……信用卡的机会，诱使签发者（指发卡者——笔者注）支付并造成其遭受损失的，处 3 年以下自由刑或罚金”[②]。现在的德国刑法不仅在普通诈骗罪和使用计算机诈骗罪之外，单独规定了滥用信用卡罪，而且其法定刑也明显低于这两种罪的，究其缘由，无非是其性质和社会危害性程度与这两种罪的有较大差异。日本也有一些有识之士看到了这一点，认为恶意透支的实质并非诈骗，而是滥用了信用卡公司（发卡者）给予会员（持卡人）的信用，今后日本刑法中也有必要像德国刑法那样增设独立的滥用信用卡罪。[③]

张文不仅否定刑法第 196 条实质上是将多种滥用信用卡的行为规定为信用卡诈骗罪，而且还批驳道，“解释者应当将刑法第 196 条规定的四种行为类型限定为信用卡诈骗，而不能将并非信用卡诈骗的任何滥用信用卡的行为都解释为信用卡诈骗行为。刘文超出刑法第 196 条的规定，将滥用信用卡的行为均解释到刑法第 196 条中来，然后又说刑法的规定不当或者罪名归纳不妥”（第 100 页）。笔者认为，这显然是误解了拙文的意思。拙文只是说我国刑法第 196 条规定的信用卡诈骗罪中包含有部分不具有诈骗性质的滥用信用卡行为，并未主张将该条没有规定的滥用信用卡行为也包容到该条之中去。张文将刑法第 196 条规定的四种行为类型限定为信用卡

① 大谷实，前田雅英．对谈刑法（各论）．东京：有斐阁，2000：154.
② 神山敏雄．日本的经济犯罪．东京：日本评论社，1996：143－144.
③ 平川宗信．刑法各论．东京：有斐阁，1995：422.

诈骗，又将信用卡诈骗解释为普通诈骗的特殊类型，因而信用卡诈骗必须要具备普通“诈骗”的基本特征，即必须具备自然人直接受骗和自然人直接交付（处分）财物的条件，将不具备这一条件的行为排除在该条规定的信用卡诈骗罪之外。例如，论者提出，“以非法占有为目的，利用自己的信用卡从自动取款机上透支，与利用自己的钥匙打开他人的仓库窃取他人财物，没有区别”，因而对前者应当按盗窃罪来定罪处罚①，从而将在ATM机上恶意透支的行为排除在信用卡诈骗罪的范围之外。但是，在我国，用自己真实有效的信用卡在ATM机上透支，已成为信用卡的一种很普遍的使用方式，这种形式的恶意透支也很常见，如果仅以机器不能受骗为由，将这种情形排除在信用卡诈骗罪所包容的恶意透支的范围之外，似乎没有法律根据。并且，以非法占有为目的，用自己的信用卡在银行柜台让业务员刷卡提取现金交给自己的，与自己用信用卡在ATM机上取款的，这两种不同形式的恶意透支也很难说在性质上有何差异，但按张文的观点却要分别定信用卡诈骗和盗窃两种不同的罪名，这也很难说具有合理性。另外，认为“利用自己的信用卡从自动取款机上透支，与利用自己的钥匙打开他人的仓库窃取他人财物，没有区别”的说法，明显是忽视了ATM机（自动款机）的特殊属性，没有看到“其在法律地位上相当于一个电子营业员，它和一个作为自然人的银行营业员在经营业务上并没有本质的区别”②。也就是说，在ATM机上恶意透支，存在作为电子营业员的ATM机向行为人交付财物的问题，而利用自己的钥匙打开他人的仓库窃取他人财物，是直接将他人占有之下的财物拿走，前者具备“交付罪”的特征，后者是直接夺取他人占有的财物，这正是诈骗与盗窃的根本区别之所在。

张文为了把在ATM机上恶意取款的行为排除在信用卡诈骗罪的范围之外，提出将刑法第196条中的“冒用”“使用”解释为只能对自然人使用，认为“‘冒用’一词本身就包括了欺骗的含义，故应限定为对‘自然人’冒用；‘使用’伪造的、骗领的、作废的信用卡是信用卡‘诈骗’罪的一种方式，当然要欺骗自然人，使自然人产生认识错误”。“将刑法第196条中的‘冒用’、‘使用’解释为对人的冒用、使用，是一种限制解释。只要这种解释具有合理性，就应采用这种解释，没有必要也不可能对任何限制解释都找出刑法条文上的明文根据”（第97页）。笔者对此发表如下意见。

其一，如果说“冒用”还有欺骗含义的话，那么“使用”就是一个纯中性词了，不论是真实的信用卡还是伪造的、作废的信用卡，无疑都有可能在ATM机上被恶意“使用”。况且，“冒用”的本意是指“冒名顶替使用”，即无权使用者拿他人的使用。还有通常所说的“冒领”，也是指“冒名顶替领取”，或者说是无权领取者领取了他人的物品。至于对方是否知晓、是否受骗，不影响“冒用”“冒领”的

① 张明楷．诈骗罪与金融诈骗罪研究．北京：清华大学出版社，2006：691.

② 赵秉志．许霆案尘埃落定后的法理思考．法制日报，2008-06-01.

成立。例如，甲将提包寄存在存包处，服务员给其一张领取牌，或者是甲将提包存放在一自动存物柜，得到一张领取牌，后来无论是甲自己领取，还是甲将领取牌交给乙去代领，或者是丙窃取甲的领取牌去冒领，再或者是丁拾得甲的领取牌后去冒领，都不存在要根据有无自然人受骗来确定是否冒领的问题。即便行为人找服务员领取，也只要将领取牌交给服务员，服务员就会将提包交给领取者，服务员不必弄清是物主自领还是他人代领或者有人冒领。如果行为人在自动存物柜领取，则只要将领取牌插入专门的信息识别口，自动存物柜就会将提包从窗口吐出，根本不存在有人受骗的问题，但同样存在自领、代领和冒领的问题。由此可见，无论是找人领取还是在自动设施上领取，自领、代领与冒领是从领取者与物的关系来作判断的，不是看行为人是否欺骗了自然人、有无自然人受骗。同样道理，是自用、代用还是冒用信用卡，关键是看使用者与信用卡的关系，未经授权使用他人的信用卡，就是刑法第196条“冒用他人信用卡”的含义，至于是在特约商户购物消费使用，还是在ATM机上提取现金，都在“冒用”之列，没有理由将在ATM机上使用排除在外。

其二，张文一方面说刑法第196条中的“冒用”“使用”本身就包含了欺骗的含义，行为人当然要欺骗自然人，机器不能受骗，因而该条不包括在ATM机上使用的情形；另一方面又说将该条中的“冒用”“使用”解释为对人的冒用、使用是一种限制解释。笔者认为，这两种说法之间有一些冲突。如果前一种说法成立，将“冒用”“使用”解释为对人的冒用、使用，那就是从法律词语的本义所作的解释，根本不存在限制解释的问题。因为限制解释是对法律词语作比其本来含义或字面含义范围要窄的解释。如上所述，刑法第196条中的“冒用”“使用”的本义并不限于对人使用，还包含在ATM机上使用。因此，张文将其限定为对人的冒用、使用，自然是一种限制解释。这并非具有合理性。以冒用他人信用卡取款为例，拙文曾指出，“拾得他人信用卡并知悉密码后，行为人自己用卡在ATM机上取款，与在银行柜台刷卡后由银行工作人员将款交给他，很难说在性质上有何差异，而将同样的冒用他人信用卡取得他人财物的行为，按前述盗窃罪说，分别定为盗窃罪与信用卡诈骗罪两种不同的罪，显然违反定罪的基本原理”（见拙文）。张文批驳道，“刘文所称的‘性质’指什么，并不明确。……如若从构成要件上讲‘性质’，在ATM机上使用与对自然人使用，当然存在性质差异。”“刘文没有明确指出盗窃罪说违反了定罪的何种基本原理”（第98页）。笔者认为，拙文在这里所说的“性质”，从“同样的冒用他人信用卡取得他人财物的行为”一语就可以看出，自然是指“冒用他人信用卡”这种行为的性质，正如上文所述，用他人信用卡在ATM机上取款的，与在柜台刷卡后由银行工作人员将款交给行为人的，都属于刑法第196条中所指的“冒用他人信用卡”的行为，并且都取得了银行的现金，使银行遭受了财产损失，唯一的差别就在于交付现金者一个是银行的自然人营业员而另一个是电子营业员，两者在构成要件上有何差异？如果拙文没有明确指出盗窃罪说违反了定罪的何种基本原理，那么就有必要在这里作点补充说明，即同样性质的行为，或者说具备同种构成要件的行为，应当定同样的罪，定不同的罪就违反了定罪的这一基本原理。另外，还有必要进一步说明的是，如果对“冒用”“使用”作张文所主张的限制解释（即采取盗窃罪说），不仅在定罪上存在问题，而且还可能造成处罚上的明显失衡。例如，某人拾得他人信用卡并知悉密码后，到 ATM 机上取款 40 万元，按张文的主张定盗窃罪，那就属于盗窃数额特别巨大的情形，依照刑法第 264 条的规定，应处 10 年以上有期徒刑或者无期徒刑；但如果他是到银行柜台刷卡后由银行工作人员交给他 40 万元，那就应当定信用卡诈骗罪，属于诈骗数额巨大的情形，依照刑法第 196 条的规定，应处 5 年以上 10 年以下有期徒刑。两相比较，可谓有天壤之别。既然作上述限制解释无论在定罪和处罚上都有这些明显的缺陷，其合理性何在？

其三，将刑法第 196 条中的“冒用”“使用”解释为仅仅是指对自然人的冒用、使用，这是一种违反罪刑法定原则的限制解释。根据罪刑法定主义，对刑法条文应该实行严格解释。虽然理论界的通说允许作有利于被告人的扩张解释和限制解释，但原则上不允许作不利于被告人的扩张解释和限制解释已成为大家的共识，因而只有有充足的理由并且确实符合立法精神，才破例允许作扩张解释或限制解释。特别是当某人的行为符合法律规定的轻罪的成立条件时，司法者却对轻罪的成立条件作限制解释，将其行为排除在外而适用重罪的法条来处罚，这显然是违反罪刑法定原则的，也是我国刑法所禁止的。以刑法第 196 条所规定的恶意透支为例，本来用信用卡既可以在 ATM 机上透支，也可以在银行柜台提取款项透支或到特约商户购物消费透支，某人用自己的信用卡在 ATM 机上恶意透支 40 万元，这就完全具备了该条中的“恶意透支”的条件。但按照张文所作的限制解释，将这种情形排除在“恶意透支”的范围之外，不按信用卡诈骗罪而要按盗窃罪对其定罪量刑，且按前者定罪仅处 5 年以上 10 年以下有期徒刑，按后者定罪则要处 10 年以上有期徒刑或者无期徒刑。这显然与罪刑法定原则相悖。

张文以机器不能被骗为由，把用信用卡（含拾得的信用卡）从 ATM 机上恶意取款的行为排除在信用卡诈骗罪的范围之外，还有一条重要理由是，“规定信用卡诈骗罪的第 196 条与规定普通诈骗罪的第 266 条是特别法条与普通法条的关系，信用卡诈骗罪是普通诈骗罪的特别类型（以下简称为‘特别法条论’）”（第 101 页），因而也必须具备普通诈骗罪的要件。为了论证这一观点，张文进一步指出，德国、日本将有关使用计算机诈骗罪的规定解释为补充条款，因而不要求有人受骗、有人交付（处分）财产，如果把我国的信用卡诈骗罪也解释为无这样的要求，即“按照刘文的观点，……规定信用卡诈骗罪的第 196 条应是规定诈骗罪的第 266 条的补充条款（以下简称为“补充条款论”）”。张文接着进一步分析“补充条款论”的缺陷，在此基础上论证“特别法条论”的“合理性”（第 101、102 页）。笔者对此发表如下意见。

第一，张文认为，拙文将规定信用卡诈骗罪的第 196 条视为规定诈骗罪的第 266 条的补充条款，这可能是一种不符合实际的主观推论。张文推论拙文持“补充条款论”的思维逻辑是：日本刑法规定使用计算机诈骗罪的条款是普通诈骗罪的补充条款，只有使用计算机诈骗罪才不要求有自然人受骗和交付（处分）财产，既然你认为信用卡诈骗罪也不要求有自然人受骗和交付（处分）财产，那么你就是认为我国刑法规定信用卡诈骗罪的第196条是与日本刑法规定使用计算机诈骗罪的条款相似的补充条款。但正如前文所述，拙文指出我国刑法第196条的信用卡诈骗罪包容了多种滥用信用卡的行为，就用拾得的信用卡在ATM机上取款而言，成立该条规定的信用卡诈骗罪不要求有自然人受骗、自然人交付（处分）财产。德国等许多国家规定的计算机诈骗罪也是包含这种行为的。至于其他类型的信用卡诈骗，如用伪造的信用卡到商店骗取了大量商品的，这当然既符合普通诈骗罪的构成要件，也符合信用卡诈骗罪的构成要件，由于规定信用卡诈骗罪的法条是特别法条，当然应该定信用卡诈骗罪。也就是说，我国刑法第196条规定的信用卡诈骗罪，既可以利用计算机（如ATM机）实施，也可以是对自然人实施，利用计算机实施时当然不需要有自然人受骗和自然人交付（处分）财产；但对自然人实施时，无疑要具备自然人受骗和自然人交付（处分）财产的要件。而日本刑法规定使用计算机诈骗罪的条款，只有在不具备普通诈骗罪的构成要件［即没有自然人受骗和交付（处分）财产］的条件下，才有适用的余地，这自然是一种补充条款。可见，我国刑法规定的信用卡诈骗罪与日本刑法规定的使用计算机诈骗罪有很大差异，肯定不能将我国刑法第196条理解为与日本刑法规定使用计算机诈骗罪的条款相似的所谓补充条款，也不能由此得出只要将信用卡诈骗罪中的部分行为解释为不要求有自然人受骗和交付（处分）财产，那就是将刑法第196条视为补充条款的结论。

第二，按照张文进一步的推论，“既然不能承认刑法第196条与刑法第266条是补充关系，就只能认为二者是特别关系”（第101页）。但是，笔者认为，这种非此即彼的推论值得商榷。因为刑法分则条文之间的关系，并非只存在普通法条与特别法条的关系和基本法条与补充法条的关系这样两种情形。如果只有这两种情形，那才可以进行非此即彼的推论，从而得出张文的上述结论。但事实上，刑法分则条文之间的关系错综复杂，仅就法条竞合关系而言，就有包容竞合与交叉竞合的不同情形。我国刑法规定普通诈骗罪的第266条与规定信用卡诈骗罪的第196条之间虽然存在法条竞合关系，但并非前者完全包容后者的包容竞合关系①，而是前者与后者有部分相交叉的交叉竞合关系。这同规定诈骗罪的第266条与规定招摇撞骗罪的第279条之间的关系一样。冒充国家机关工作人员骗取财物数额较大的，就同时符合了第266条与第279条的规定，出现了选择适用哪一法条的法条竞合问题。但如果冒充国家机关工作人员骗取财物之外的其他非法利益，则不会出现法条竞合的问题。这是因为虽然招摇撞骗罪与诈骗罪的行为属性都是“骗”，前者（招摇撞骗罪）

① 张文认为信用卡诈骗罪是普通诈骗罪的特别类型，这实际上是认定二者之间是一种包容竞合关系，即普通诈骗罪完全包容信用卡诈骗罪。

骗的手段方式（即必须冒充国家工作人员）没有后者（诈骗罪）的广，但前者骗取的利益范围比后者的广，后者也不能完全包容前者。同样道理，信用卡诈骗罪虽然要利用信用卡行骗，骗的手段方式没有普通诈骗罪的广，但正如前文所述，信用卡诈骗罪所包容的部分滥用信用卡行为（如恶意透支等）并不具有诈骗的性质，不能被普通诈骗罪所包容，因而只有用信用卡对自然人行骗，才可能出现同时符合第266条与第196条的规定的法条竞合现象。由于规定用信用卡这种特定的手段骗取财物的法条，相对规定普通诈骗罪的法条是特别法条，因而要适用该法条来定罪量刑。至于采取不完全具备普通诈骗罪构成要件的方式进行的信用卡诈骗活动，如恶意透支、用信用卡从ATM机恶意取款，则不存在同时构成普通诈骗罪的问题，也就不会出现选择适用哪一法条的法条竞合现象，无疑要按信用卡诈骗罪来定罪处罚。

第三，张文认为，信用卡诈骗罪是普通诈骗罪的特别类型，因而也必须具备普通诈骗罪的构成要件，即构成信用卡诈骗罪必须有自然人受骗和交付（处分）财产，机器不能被骗，用信用卡（含拾得的信用卡）从ATM机恶意取款的不能构成信用卡诈骗罪。这一解释不仅与我国刑法第196条的规定不符，而且也与刑法第287条的规定相冲突。该条明文规定："利用计算机实施金融诈骗、盗窃、贪污、挪用公款、窃取国家秘密或者其他犯罪的，依照本法有关规定定罪处罚。"正如张文所述，在刑法规定的八种金融诈骗罪中，"除信用卡诈骗罪之外，其他七种金融诈骗罪一般不会出现所谓通过'欺骗'机器骗取财物的现象"（第102页）。因此，刑法第287条中的"利用计算机实施金融诈骗"就主要是指利用计算机实施信用卡诈骗。而对于用拾得的他人的信用卡从ATM机大量取款，我相信张文也不会否认这是利用计算机实施信用卡诈骗。因为德国等规定有使用计算机诈骗罪（没有规定信用卡诈骗罪）的国家（日本例外）①，大都认为这构成使用计算机诈骗罪。或许有人会提出，我国刑法第196条和第287条均有缺陷，有必要通过解释来弥补，即通过解释将上述用信用卡从ATM机取款的行为排除在信用卡诈骗罪的范围之外。在笔者看来，刑法第196条确实有缺陷，正如前文所述，将"恶意透支"也纳入信用卡诈骗罪，与使用伪造的、作废的或他人的信用卡骗取财物的行为被同样看待、同等处罚，这确实不够科学合理，有必要将这种行为抽取出来规定独立的"滥用信用卡罪"，并规定比信用卡诈骗罪轻的刑罚。但在刑法未作修改之前，还只能依法行事，否则，就会违反罪刑法定主义和有法必依的法制原则。

① 在日本，由于刑法规定的使用计算机诈骗罪仅限于获取财产性利益（不包括取得金钱等财物）的情形，加上日本刑法又未单独规定信用卡诈骗罪或滥用信用卡罪，因而非法使用信用卡在自动取款机上恶意取款的不构成使用计算机诈骗罪；又由于传统观念认为，机器不可能受骗，因而这种行为也不构成普通诈骗罪，为此，只能将这类行为解释为构成盗窃罪。但日本的规定并不具有科学性，包含德国在内的许多国家刑法所规定的使用计算机诈骗罪并无这样的限制，骗取的对象包括金钱在内的各种财物。

（二）盗窃罪说不具有合理性再论证

张文认为，“用拾得的信用卡在 ATM 机上取款的行为，完全符合盗窃罪的构成要件，应认定为盗窃罪（以下简称盗窃罪说）”。对盗窃的解释，张文采纳了日本通说的观点，即“盗窃是指以非法占有为目的，违反被害人的意志，将他人占有的财物转移为自己或者第三者占有”①。而“用拾得的信用卡在 ATM 机上取款的行为人，具有非法占有目的，其行为违反了银行管理者的意志，且将银行占有的现金转移为其本人占有，当然属于盗窃”（第 104 页）。在笔者看来，盗窃罪说确实与日本的通说和日本刑法的规定相符。但是，日本刑法毕竟与我国刑法不同。日本刑法没有规定抢夺罪，对我国刑法规定的抢夺罪，他们一般是按盗窃罪来定罪处罚的。② 日本刑法也没有规定信用卡诈骗罪。对于我国刑法规定的信用卡诈骗罪所包容的部分行为，他们也是按盗窃罪定罪处罚的。③ 如果我们按日本的通说来解释盗窃概念，那就会扩大盗窃罪的处罚范围，并且与我国刑法的规定不符。例如，抢夺行为、用自己的信用卡在 ATM 机上恶意透支的行为，自然是以非法占有为目的，违反被害人的意志，将他人占有的财物转移给自己或者第三者占有的行为，这在日本固然可以解释为盗窃，但正如前文所述，若在我国也解释为盗窃，那就与刑法的规定明显不符。又如，诈骗中虽然被害人是因受骗而交付财物给行为人的，但如果被害人明知真相就不会交付财物，那么也可以说该行为人违反被害人的意志，将他人占有的财物转移给自己占有。很显然，若这样宽泛地来解释盗窃，就无法将我国刑法规定的盗窃罪与多种侵犯财产的犯罪区分开来。事实上，自古以来，所谓盗窃都有窃而取之的含义。我国的通说也认为，盗窃是行为人采用自认为不使财物的所有人或管理人发觉的方式窃取（即秘密取得）他人财物；诈骗则是行为人采用欺骗手段，使他人产生错误认识交付财物给行为人或第三者。简而言之，前者是窃取财物，后者是骗取财物。其中，“交付行为的有无，划定了诈骗罪与盗窃罪的界限。被害人交付财物时是诈骗罪而不是盗窃罪；被害人没有交付财物时，即行为人夺取财物时是盗窃罪”④。正因为如此，诈骗罪被认为是一种“交付罪”⑤。只不过计算机诈骗（包含部分信用卡诈骗）有不同于普通诈骗之处：普通诈骗是人受骗之后基于错误认识向行为人或第三者交付财物，而计算机诈骗通常是行为人向计算机输入不正确或不完全的数据、非法使用数据，非法影响他人的计算机程序，使代替他人处理事务的计算机交付或处分他人财物。

基于上述认识，拙文曾指出，“用拾得的信用卡在 ATM 机上取款，是将有关

① 见张文第 104 页，另参见张明楷．许霆案的定罪与量刑．人民法院报，2008-04-01.

② “抢了就跑”的行为是我们刑法所规定的典型的抢夺行为，但在日本却构成盗窃罪。西田典之．日本刑法各论：3 版．刘明祥，王昭武，译．北京：中国人民大学出版社，2007：133.

③ 如用信用卡在自动取款机上恶意取款，在日本一般按构成盗窃罪定罪处罚。山中敬一．刑法各论Ⅰ．东京：成文堂，2004：316.

④ 平野龙一．犯罪论的诸问题各论：下．东京：有斐阁，1982：330. 转引自张文第 104 页。

⑤ 山口厚．刑法各论．东京：有斐阁，2003：240.

信用卡的信息资料输入ATM机的信息系统，ATM机按人事先设定的程序作出判断后，才将钱送到ATM机外部窗口的，实际上是机器把钱送到取款人手中的，或者说是机器代替银行工作人员将款交付给取款者的，并非是取款者将他人占有之下的财物直接拿走。……直接拿走他人占有的财物与经他人交付拿走其财物，正是盗窃与诈骗的重要区别之所在"（见拙文）。对此，张文批驳说，"认为用拾得的信用卡在ATM机上取款时，'实际上是机器把钱送到取款人手中的'说法也值得怀疑。事实上，ATM机内的现金，以及从ATM机窗口吐出的现金，均由银行占有。当X使用ATM机取款，窗口吐出现金后，X只顾取回信用卡而忘记取走现金时，甲将该现金取走的，应认定为盗窃罪，而不是侵占罪"（第106页）。在笔者看来，拙文所述用拾得的信用卡在ATM机取款"实际上是机器把钱送到取款人手中的"，这种说法确实不够严谨。ATM机不同于一般的机器，而是一个智能化了的代替自然人工作的电子营业员，准确地说是电子营业员向取款者交付了现金。但是，张文认为，"ATM机内的现金，以及从ATM机窗口吐出的现金，均由银行占有"。这种观点值得商榷。如果说在用信用卡取款者向ATM机输入取款指令及密码后，ATM机窗口吐出的现金，还由银行占有，那么用自己的信用卡善意取款者，岂不也是直接将银行占有之下的现金拿走，存在夺取他人占有的财物的问题，这难道也构成盗窃吗？至于"当X使用ATM机取款，窗口吐出现金后，X只顾取回信用卡而忘记取走现金时，甲将该现金取走的，应认定为盗窃罪，而不是侵占罪"，这具有一定的合理性，但不可一概而论，还得看ATM机设置在何处，如果设在马路边，现金被吐在窗口之外，甚至散落在ATM机旁的马路边，这就很难说是在银行的占有之下，应该认为是处于无人占有的状态（脱离占有物）。① 如果ATM机设在银行营业大厅内，现金被吐在了外部窗口，由于这种现金在银行概括地支配范围内，确实在其占有之下，作为第三者的甲拿走，无疑直接夺取了银行占有之下的财物，当然可能构成盗窃罪。问题是作为取款者的X拿走了ATM机（无论设在何处）吐出的现金，是否也构成盗窃罪呢？张文没有作出回答。而这正是我们争议的焦点。如果是用自己的信用卡善意取款的人拿走了ATM机吐出的现金，相信张文也绝对不会认为构成盗窃罪。不构成盗窃的重要理由在于，取款者与银行之间有交易存在，取款者向ATM机输入取款指令及密码后，ATM机按其指令吐出现金，交易即告完成。取款者拿走现金不是直接夺取了银行占有之下的现金，而是银行的电子营业员将现金交给他的，所以，不可能构成盗窃罪。同样道理，即便是使用伪造的、作废的信用卡或冒用他人信用卡从ATM机上取款，违法犯罪分子与银行之间也有交易存在，虽然这是一种无效交易，但却同样不能否定行为人是通过银行的电子营业员向其作出交付而取得现金的，而不是直接夺取了银行占有之下的现金，因而不可能构成盗窃罪。这如同某骗子欺骗某店主使之产生错误认识将钱放在柜台

① 中山研一等编著．经济刑法入门．3版．东京：成文堂，1999：236.

上交给其之后，骗子将钱拿走了属于诈骗，骗子忘记了拿走而第三者拿走了构成盗窃。

张文为了论证“盗窃罪说”的合理性，举了大量实例来说明按“信用卡诈骗罪说”处理案件存在明显的缺陷，只有按“盗窃罪说”来处理才合适。但笔者认为，结论正好相反。在此择几例加以评析和说明。

(1) 张文认为，“信用卡诈骗罪说导致盗窃罪与各种诈骗罪的构成要件丧失应有的机能。……例如，根据机器可以受骗的观点，将普通铁片投入自动贩卖机而取出商品的行为，构成诈骗罪。这是难以令人接受的。再如，许多汽车装有智能锁，其钥匙具有识别功能。如若采纳机器可以受骗的观点，使用某种工具打开汽车的智能锁开走汽车的，也成立诈骗罪。不仅如此，当被害人的住宅大门安装智能锁时，行为人使用工具使该门打开的，属于欺骗机器；从住宅取得财物的，也成立诈骗罪。概言之，‘如果依照欺骗机器也是诈骗的见解，用铁丝将金库的门打开的，也变成诈骗了。’这显然不合适”(第 103 页)。笔者首先要在这里说明的是，正如前文所述，拙文并不认为机器可以受骗，“根据机器可以受骗的观点”，推导出的上述结论，并不是拙文所持“信用卡诈骗罪说”能接受的。因此，张文认为按“信用卡诈骗罪说”会得出上述结论，显然有误解。相反，按拙文所持“信用卡诈骗罪说”，对上述实例都可以作恰当的处理或合理的解释。例如，对将铁片投入自动贩卖机而取出商品的行为，如果我国刑法规定有类似《日本改正刑法草案》设立的“不正当利用自动设备罪”，自然是要按此罪定罪处罚，而不是按盗窃罪定罪处罚。如前所述，《日本改正刑法草案》第 339 条单设此罪，本身就表明它具有不同于盗窃的特殊性，而用“不正当利用自动设备罪”的罪名，将其放在诈骗罪一章而不是放在盗窃罪一章，至少表明该刑法草案的拟定者认为它在性质上更接近于诈骗。我国刑法也有必要增设此罪。又如，使用某种工具打开汽车的智能锁开走汽车的行为，由于行为侵害的对象是汽车，有他人或者智能化了的设施代替他人交付汽车的才可能构成诈骗罪，没有自然人或者机器代替自然人交付汽车，行为人将他人占有之下的汽车开走的，则可能构成盗窃罪。由于行为人用某种工具打开汽车的智能钥匙，只是为开走汽车创造了便利条件，并不意味着车主将车交给了他，没有人将车交给他但他却把车开走了，这就是直接夺取了别人占有下的汽车，自然是盗窃。同样道理，行为人将别人住宅大门安装的智能锁打开、用铁丝将金库门打开，尔后进入住宅、金库，拿走其中的财物的，之所以不是诈骗而是盗窃，是因为没有自然人或代替自然人处理事务的机器人向行为人交付财物，行为人直接拿走了住宅、金库中存放的财物。这如同某人欺骗房主允许其进到房内取水喝，但却趁房主不注意拿走其房内的财物一样，不能因为房主受骗打开了门让其进到房间就认为是诈骗。

张文还举例说，“甲使用工具打开 ATM 机背面的智能锁取出其中的现金，乙将拾得的信用卡插入 ATM 机中取出其中的现金，二者并无区别。……但是，即使采取信用卡诈骗罪说，甲的行为也因不符合《刑法》第 196 条规定的类型，而成立盗窃罪。于是，‘欺骗’ATM 机的行为，依然不能成立诈骗犯罪。这表明，信用卡诈骗罪说的观点存在不协调之嫌”（第 103 页）。笔者认为，甲使用工具打开 ATM 机背面的智能锁取出其中的现金，与乙用拾得的信用卡从 ATM 机取款，二者并非无区别，而是有性质上的差异。前者没有交易存在，没有 ATM 机这种银行电子营业员向甲交付现金，而是甲直接从 ATM 机存放现金的柜子中拿走了现金。这恰如前文所述欺骗房主开门进到房间拿走了房间里的财物一样，直接夺取了他人占有下的财物，因而构成盗窃罪；而后者有交易存在，有电子营业员向乙交付现金，具备“交付罪”的特征。二者的差别正好同欺骗他人开门后趁其不注意拿走其财物与欺骗他人交付财物后拿走的一样。对前者定盗窃罪，对后者定信用卡诈骗罪，没有不协调的问题。

（2）张文认为，“信用卡诈骗罪说难以确定在 ATM 机上存入假币后取出真币的行为性质”。并且举甲、乙二人存假币取真币的例子后说，“根据刘文的观点，就取出真币的行为而言，由于甲、乙的行为‘欺骗’了机器，具有诈骗性质，故不成立盗窃罪；另一方面，由于甲、乙的行为不符合《刑法》第 196 条规定的行为类型，故不成立信用卡诈骗罪。这恐怕不妥当”（第 102 页）。但笔者认为，利用自己真实有效的信用卡在 ATM 机上存假币取真币，仅就取真币的行为而言①，不难发现行为人是在卡里无存款记录或存款数额不足的情况下，取出了银行的现金的，只要对这种行为作一点实质评价，对“恶意透支”作一点不同于银行法的扩张解释，就可以将这种行为评价为“恶意透支”，依照《刑法》第 196 条定信用卡诈骗罪不成问题。相反，“盗窃罪说”对这种行为定盗窃罪并不合适。因为行为人使用信用卡向 ATM 机输入了取款指令和密码，作为电子营业员的 ATM 机向行为人交付了现金，双方有交易存在，即行为人是通过电子营业员的交付而取得财物的，并非直接夺取了银行占有下的财物。

（3）张文认为，“信用卡诈骗罪说难以处理行为人非法利用自己或者他人真实有效的信用卡从 ATM 机取款的案件。例如，甲向乙借款，乙将自己的真实有效的信用卡交给甲，并告知了密码与信用卡内的金额仅有2 000元。但甲一次性地从 ATM 机上取出5 000元。甲事后隐瞒‘透支’事实，将信用卡还给乙。根据本文的观点，甲对‘透支’的3 000元成立盗窃罪。但根据刘文的观点，甲不成立盗窃罪，……甲也难以成立信用卡诈骗罪，……但认为甲的行为不成立犯罪，恐怕是不合理的”（第 102 页）。笔者认为，如果甲有还款给乙的意思，只是未经乙同意就擅自多取了款（透支3 000元），由于这应视为经有效授权而使用他人信用卡，不存在构成犯罪的问题，责令其还款即可。但如果甲没有还款给乙的意思，骗取乙的信用卡使用，尽管乙将信用卡交给甲并告知了其密码，也由于甲未经有效授权而使用他人信用卡，应视为冒用他人信用卡，骗取财物数额较大的，当然可能构成信用卡诈

① 存假币行为的性质，不在此处探讨范围内，在此不赘述。

骗罪。相反，按张文所持的盗窃罪说，甲无还款的意思骗取乙的信用卡，一次性地从 ATM 机取出5 000元的，其中，“透支”的3 000元成立盗窃罪，那么对于非法取得其余2 000元应如何评价呢？如果评价为诈骗、信用卡诈骗或者借款，那就意味着同一取款行为，既含有盗窃又含有诈骗、信用卡诈骗或借款的性质，这样来解释，可能难以令人信服。

另外，张文还提出，“信用卡诈骗罪说难以说明行为人利用信用卡以外的磁卡从 ATM 机上取款的行为性质”，也“难以解决行为人使用他人存折获取财产性利益的案件”(第 102 页)。笔者认为，确实如此。但这不能归罪于信用卡诈骗罪说，而是立法不完善造成的，盗窃罪说也同样难以合理地说明或解决这类问题，对此，只有通过完善立法来解决。

第四节　用自己的信用卡在 ATM 机上非法取款行为的性质

由于有关人员的操作失误或自动取款机出故障，行为人在存款数额很少的情况下，可以利用自己真实有效的存储卡（借记卡）从自动取款机上取出大量现金，并非法据为己有。前些年发生在广东而受全国众多民众关注的许霆案就是一个典型的实例。有关这一案件应如何定性的问题，学术界曾发生过激烈的争论，主要存在有罪说和无罪说两种观点。在认为许霆无罪的观点中，有不当得利说、无效交易说、银行过错说、无实施合法行为的可能性说、行为难以模仿说、刑法谦抑说、刑罚目的说、罪刑法定说等多种说法。在认为许霆有罪的观点中，又有盗窃罪说、侵占罪说、诈骗罪说、信用卡诈骗罪说等几种不同主张。① 随着广东省高级人民法院于 2008 年 5 月 22 日对该案作出终审判决，许霆案虽已尘埃落定，但笔者认为，法院认定许霆构成盗窃罪不妥当，而应当认定其构成信用卡诈骗罪。

一、不构成盗窃罪

首先，将许霆的行为认定为盗窃罪与国民的法感觉（或法意识）不符。众所周知，许多民众之所以对许霆案的原判决不满意，除了对其被判无期徒刑这样重的刑罚接受不了之外，还有一个重要的原因是对其被认定为盗窃罪不能理解。因为在一般的非法律专业人士看来，所谓盗窃就是偷别人的东西。而许霆是用自己真实有效的信用卡到有监控系统的自动取款机上取款的，输入的是自己的密码，只是由于取款机出故障才拿到了许多钱，这与偷别人的东西似乎不是一回事。偷别人的东西是偷偷地将别人的东西拿走，而许霆是把取款机吐出来交给自己的钱取走，这在性质

① 赵秉志．许霆案尘埃落定后的法理思考．法制日报，2008－06－01.

上有差别。尽管法学理论上对盗窃等法律概念的解释并非要与普通民众的这种理解完全一致，但也不能完全背离民众的观念，否则，就会使国民对自己的行为在法律上的意义失去可预测性，从而使我们的解释违反罪刑法定原则。

但是，也有学者在解释盗窃概念时忽视了我们的国情和国民的法感觉，认为“盗窃，是指以非法占有为目的，违反被害人的意志，将他人占有的财物转移给自己或者第三者占有的行为”。按照这一解释，许霆的行为自然是盗窃。① 并且这样解释也是与日本通说的观点相一致的。② 但是，正如前文所述，日本刑法没有规定抢夺罪，对于我国刑法规定的抢夺罪所包容的行为，他们一般是按盗窃罪来定罪处罚的。③ 日本刑法也没有规定信用卡诈骗罪，对于我国刑法规定的信用卡诈骗罪所包容的部分行为，他们也是按盗窃罪来定罪处罚的。④ 如果我们按日本的通说来解释盗窃概念，那就会扩大盗窃罪的处罚范围，并且与我国刑法的规定不符。事实上，自古以来，所谓盗窃都有窃而取之的含义。正如陈兴良教授所述，“窃取的‘窃’本来就有秘密的意思，秘密取得也是区别于抢劫、抢夺、诈骗等其他财产犯罪的主要特征。因此，……对‘秘密’一词赋予特定的含义即可……，而无须取消盗窃罪的‘秘密’这一特征”⑤，也就是不能离开其本意来随意解释。

其次，将许霆的行为认定为盗窃罪与区分财产犯罪的刑法理论不符。从刑法理论而言，盗窃、抢劫、抢夺、诈骗、敲诈勒索等夺取他人占有的财物的“夺取罪”，是根据行为人夺取财物的手段（方式）的不同来区分的。盗窃是窃取财物，诈骗是骗取财物。就许霆案来说，行为人利用自动取款机（计算机）出现故障之机，通过向其输入不正确的数据⑥，使其作出不正确的交付（多吐出钱），从而取得财物的，这完全符合计算机诈骗的特征，在设有独立的使用计算机诈骗罪的国家（除日本等将使用计算机诈骗罪的对象仅限于财产性利益的少数国家外），自然构成使用计算机诈骗罪⑦，而不可能构成盗窃罪。因为这存在机器代替人交付财物的情况，具备“交付罪”的特征，而不是行为人直接将他人占有之下的财物拿走，不属于盗窃。如果行为人将自动取款机撬开，拿走了其中的财物，这是将他人占有之下的财物直接拿走，存在直接夺取占有的情况，而没有他人或机器代替人交付财物，当然是盗窃，不可能构成使用计算机诈骗罪。

① 张明楷．许霆案的定罪与量刑．人民法院报，2008-04-01.

② 西田典之．日本刑法各论：3版．刘明祥，王昭武，译．北京：中国人民大学出版社，2007：116.

③ “抢了就跑”的行为是我们刑法所规定的典型的抢夺行为，但在日本却构成盗窃罪。西田典之．日本刑法各论：3版．刘明祥，王昭武，译．北京：中国人民大学出版社，2007：133.

④ 如用信用卡在自动取款机上恶意取款，在日本一般按构成盗窃罪定罪处罚。山中敬一．刑法各论．东京：成文堂，2004：316.

⑤ 陈兴良．许霆案的法理分析．人民法院报，2008-04-01.

⑥ 即向取款机输入取款1000元的指令，取款机吐出1000元钱，但其账户的存款记录上却只减少了1元钱。实际取款数与账户上的记录数不符，因而输入的是不正确的数据。

⑦ 如果设有独立的信用卡诈骗罪或滥用信用卡罪，则有可能构成此类罪。

或许有人会提出，行为人将自动取款机打开之后，不直接把手伸进去取钱，而是用竹竿把钱掏出来，这难道不是盗窃吗？通过向自动取款机输入不正确数据，利用取款机的错误操作将钱取出来，这也可以视为用工具将取款机中的钱掏出来，也是一种直接夺取占有的盗窃行为。但是，在笔者看来，如果可以作这种简单的类比或解释，那么就应当把所有的使用计算机诈骗都解释为盗窃（即利用机器作为工具窃取财物），自然也就没有必要规定使用计算机诈骗罪，更没有必要把那种向自动售货机投假币等使之吐出商品的行为规定为独立犯罪了。然而，正如前文所述，在许多国家（如德国等）不仅规定了独立的使用计算机诈骗罪、骗取给付罪，而且还将其归属于诈骗罪中（视为诈骗罪的特殊类型），而不是将其放在盗窃罪中（视为盗窃罪的特殊类型），也没有对其用“计算机盗窃”的罪名。这就表明各国立法者都看到了计算机诈骗有既不同于盗窃罪也不同于传统诈骗罪的特殊性，正因为如此，才有必要在盗窃罪与诈骗罪之外另设单独规定。而用“计算机诈骗”的罪名，将其与普通诈骗归为一类（与盗窃罪分开），则表明其更接近于诈骗。但作上述类比解释者显然是忽视了计算机诈骗的特殊性，即忽视了存在智能机器代替人交付或处分财物的事实。实际上，“从 ATM 机的法律性质来看，其在法律地位上相当于一个电子营业员，它和一个作为自然人的银行营业员在经营业务上并没有本质的区别”①。既然如此，ATM 机所作的交付与银行营业员所作的交付在法律上就应该作同样的评价。假如许霆不是拿卡到取款机上取款而是到银行柜台找营业员取款，由于计算机出故障，银行营业员用许霆的卡刷过之后，按其取款要求交给其1 000元，卡上存款记录同样只减少 1 元，他拿此卡反复到银行找营业员取款，取出了同样数额的现金，我们能认定这种行为是盗窃吗？对这种行为不认定为盗窃的一个重要根据是，是银行营业员将钱交给他的，而不是其从银行柜台里面或营业员手中直接窃取过来的。现在许霆用同样的借记卡在 ATM 机上取出了同样数额的钱，仅仅只是因为不是由作为自然人的银行营业员将钱从银行柜台窗口交出来的，而是由电子营业员从取款机窗口交出来的，就认为与上述行为性质完全不同（构成盗窃），这显然是难以令人信服的。

有人提出，行为人骗丧失辨认控制能力的精神病人和幼童将自己手中或家里的财物交给自己的，这种所谓间接正犯的盗窃，不是也有人交付财物吗？既然如此，“ATM 机出故障，就等于自然人发生精神病一样，就等于已经丧失了自由意志，此时有人向这一精神病人索要钱财，而这一精神病人随手相送，不也可以认定为盗窃罪吗？”② 笔者认为，骗丧失辨认控制能力的精神病人将其财物交给自己，之所以不认为是诈骗，是因为其作出的交付是一种无权和无效的交付，这在刑法理论上不认为是因他人交付而取得财物，相反认为是利用他人作为工具而取得财物。但是，

① 赵秉志．许霆案尘埃落定后的法理思考．法制日报，2008－06－01.

② 杨兴培．许霆案的行为性质认定和法理思考//谢望原，付立庆主编．许霆案深层解读．北京：中国人民公安大学出版社，2008：133.

取款机毕竟不同于人，只要不是行为人的行为导致其出故障，其按照通常的方式代替人作了交付的，就应该评价为行为人是因取款机交付而取得财物的，而不能评价为窃取了取款机中的财物。就许霆案而言，ATM 机虽然发生故障，“但仍然处在管理机关的控制之下，同时也处在其自身的控制之下。所以他人不将银行卡插入 ATM 机，不输入客户密码，不将 ATM 机激活，拟人化的 ATM 机是不会与他人随意进行各种金融交易活动的。而这激活后的 ATM 机意味着其仍然有其‘自己的意志’”[①]，因此，不能借用间接正犯盗窃的法理来解释许霆案。否则，还有可能会得出极不合理的结论。假如某人夜间用自己的借记卡到自动取款机上取款，但取款机出故障，输入取款1 000元的指令仅吐出 500 元，账上记载的却是扣除1 000元，因其急需用钱，想到第二天还可找银行更正，因而分几次共输入取款4 000元的指令，取款机实际上只吐出了2 000元。如果认为取款机出故障所作的交付就是一种无权和无效的交付，那么取款者等于利用取款机出故障窃取了其中的钱，这显然是十分荒唐的解释。

还有人提出，由于自动取款机出故障错误地吐出现金，这是一种无效的交付，即便是吐在取款机窗口外的现金，也仍然是在银行的占有之下，行为人拿走现金自然是把银行占有之下的钱拿走了，当然可以构成盗窃罪。[②] 正如笔者前文所述，自动取款机出错吐在窗口之外的现金是否在银行的占有之下，不可一概而论。如果取款机设在马路边，由于取款机出故障，尽管没有人取款但将大量现金吐在窗口之外，甚至散落在取款机旁的马路边，这就很难说是在银行的占有之下，应该认为是处于无人占有的状态（脱离占有物）。如果取款机设在银行营业大厅内，在没有人向其输入数据的情况下，把钱吐在了外部窗口，或者取款的客户忘记了将取款机吐给自己的钱拿走，这样的现金确实在银行的占有之下，第三者拿走无疑可以构成盗窃罪。但是，作为取款者（包含利用信用卡诈骗者）的当事人拿走自动取款机（无论设在何处）吐出的现金，由于当事人与银行之间有交易存在[③]，即便是取款机出了错，也应当认为存在向行为人交付财物的事实，不能因这种交付是无效的，银行有权追回取款机吐出的现金，而得出取款者构成盗窃的结论。

最后，将许霆的行为认定为盗窃罪会造成定罪量刑上的不均衡。如前所述，许霆是利用自己真实有效的借记卡在自动取款机上取款，只是由于取款机出故障才在仅存 170 多元的情况下取出了 17 万多元，认定其构成盗窃罪就应将其归属于盗窃金融机构数额特别巨大的情形，按我国当时刑法的规定，对其应当处无期徒刑或者

① 杨兴培．许霆案的行为性质认定和法理思考//谢望原，付立庆主编．许霆案深层解读．北京：中国人民公安大学出版社，2008：133.

② 张明楷．也论用拾得的信用卡在 ATM 机上取款的行为性质——与刘明祥教商榷．清华法学，2008（1）：106.

③ 广东省高级人民法院刑事裁定书认定，“许霆取款时虽使用了正确的密码，但仅只是说明许霆取款的手续符合柜员机的操作要求，取款的交易后果及于持卡人，不能仅因此就能得出其整个取款行为合法的结论”。这表明法院的终审裁定也认为，许霆与银行之间是存在交易的。谢望原，付立庆主编．许霆案深层解读．北京：中国人民公安大学出版社，2008：367.

死刑。[①] 但如果其用伪造的借记卡在自动取款机上取出了同样数额的钱，则构成信用卡诈骗罪，根据我国刑法第196条的规定和有关司法解释，属于诈骗数额巨大的情形（还达不到数额特别巨大的标准），应处5年以上10年以下有期徒刑。盗窃罪本来是一种比信用卡诈骗罪性质更严重处罚也更重的犯罪，但许霆非法使用自己真实有效的信用卡比用伪造的信用卡在自动取款机上取同样数额的款，应该说性质更轻、危害性更小，反而要定更重的罪、处更重的刑。这也进一步说明，对其定盗窃罪不具有合理性。

二、构成信用卡诈骗罪

如上所述，许霆利用自动取款机（计算机）出故障，向取款机输入不正确的数据，对取款机程序作非法影响，使之错误地吐出大量现金，从而达到了非法占有大量财物的目的。这是典型的利用计算机诈骗的案件，在德国等规定有独立的使用计算机诈骗罪的国家（日本例外），自然应定此罪。问题是我国刑法并未规定使用计算机诈骗罪，那么，对这种行为应当如何处理呢？笔者认为，我国刑法规定的信用卡诈骗罪，其中有相当一部分行为是可以利用计算机实施的，如利用伪造的信用卡从自动取款机上取款，冒用他人信用卡在自动取款机上取款或将他人的款项转到自己账户上，等等。许霆的行为构成信用卡诈骗罪。

其一，从我国刑法第196条的规定可以看出，信用卡诈骗罪的本质特征是行为人按信用卡的通常使用方式，恶意利用信用卡（包括伪造的、作废的信用卡和他人的、自己的真实有效的信用卡）非法占有他人财物。这种犯罪除侵犯他人财产所有权之外，还会妨害信用卡管理制度。就许霆案而言，行为人以非法占有为目的，趁取款机出故障之机，利用自己仅存170余元的借记卡，在自动取款机上取走了17万余元的现金。这显然是恶意利用信用卡非法占有银行的财物的行为，因而完全符合信用卡诈骗罪的本质特征。这也就意味着只有将许霆的行为认定为信用卡诈骗罪，才算是准确把握了其行为的性质。

其二，我国刑法规定的信用卡诈骗罪有四种具体表现形式，那么许霆的行为属于何种表现形式呢？笔者认为属于“恶意透支”的情形。有人提出，许霆用来在自动取款机上取款的是银行的借记卡，并非信用卡，借记卡根本就不具有透支的功能，怎么能说是利用信用卡恶意透支呢？[②]我想要在这里特别说明的是，从立法沿革来看，我国现行刑法中的信用卡无疑是从广义而言的，包含了许霆所用借记卡在内的各种银行卡。[③]

① 2011年2月全国人大常委会通过的《刑法修正案（八）》，将刑法第264条（盗窃罪）中的“盗窃金融机构，数额特别巨大”或者“盗窃珍贵文物，情节严重”的“处无期徒刑或者死刑，并处没收财产”的规定删除，从而废除了盗窃罪的死刑，也就是将盗窃罪的最高法定刑改为无期徒刑。

② 魏亚男．许霆案：盗窃罪还是信用卡诈骗罪//谢望原，付立庆主编．许霆案深层解读．北京：中国人民公安大学出版社，2008：73.

③ 中国人民银行1996年4月1日发布的《信用卡业务管理办法》第3条规定：本办法所称信用卡，是指中华人民共和国境内各商业银行（含外资银行、中外合资银行，以下简称商业银行）向个人和单位发行的信用支付工具。信用卡具有转账结算、存取现金、消费支付等功能。该法规虽已失效，但从立法沿革来看，刑法中的“信用卡”就是指现在的银行卡。

但是，如前所述，中国人民银行1999年1月27日颁布的《银行卡业务管理办法》规定，银行卡包括信用卡和借记卡，借记卡不再属于信用卡。① 这样一来，在理论和实务界引发了关于刑法中的信用卡是否包含借记卡的争议。为了避免因认识分歧导致执法的不统一，全国人大常委会于2004年12月29日作出了《关于〈中华人民共和国刑法〉有关信用卡规定的解释》，明确指出："刑法规定的'信用卡'，是指由商业银行或者其他金融机构发行的具有消费支付、信用贷款、转账结算、存取现金等全部功能或者部分功能的电子支付卡。"由此可见，利用借记卡骗取财物的可能构成信用卡诈骗罪，这已成为有充足法律根据的定论。

问题是普通的借记卡并无透支功能，为何将许霆的行为解释为恶意透支呢？这是因为从立法解释的精神和立法的背景来看，对信用卡诈骗罪中的"恶意透支"也应从广义上解释，不能完全根据银行法的规定以及商业银行的业务习惯来作界定。正如张明楷教授所述，"犯罪行为并不是其他法律与刑法的共同规制对象；……刑法具有不同于其他法律的目的；……因此，刑法上的概念大多有自己的特定含义，不一定受其他法律概念的制约。如民法上的债权，也可能成为刑法上的'财物'，乙采取欺骗手段将他人的债权转移为自己的债权的，在刑法上被认定为骗取了'财物'。如果照搬民法上的物权与债权的概念，由于刑法没有规定骗取债权罪，对乙的行为只能宣告无罪。这便有悖于刑法保护法益的目的。"② 既然如此，在立法解释明确指出刑法上的信用卡不同于银行法上所指的信用卡的情况下，为何不能对"透支"作不同于银行法的理解呢？并且，对刑法上的许多行为不能完全从民商法的立场来作形式的判断，而有必要作实质的评价，可以说早已成为刑法学界的共识。据此来分析许霆案，其所用的借记卡本来无透支的功能，但在取款机出故障、卡上仅存170余元钱的情况下，却取出了17万余元现金，这就表明其借记卡具有了在无存款记录（或存款不足）的情况下先支取银行所有的款项的透支功能，其行为实质上与典型的在自动取款机上取款透支并无差异，因为都是利用自己真实有效的信用卡在自动取款机上取款，都向取款机输入了自己的密码，都是在卡里无存款记录（或存款不足）的条件下提取了现金。

有论者认为："在恶意透支的场合，行为人的实际透支数额和保留在银行的透支记录应当是一致的，透支人透支的金额一目了然；但在利用取款机的故障恶意取款的场合，行为人（指许霆——笔者注）每次取款1元③，在取款记录上也是1元，但实际所得是1 000元，这样，在每次取款过程中，就有999元在银行不知情的情况下，被非法转移到了行为人个人手中。这种做法显然不能说是透支行为。"④ 但是，笔者认为，银行只是暂时不知道（两天以后就发现了）许霆每次的实际取款数

① 曲新久．对借记卡诈骗应以信用卡诈骗罪论处．检察日报，2004-07-19.

② 张明楷．诈骗罪与金融诈骗罪研究．北京：清华大学出版社，2006：641-642.

③ 此处作者的表述有误，许霆输入的取款数大多是每次1 000元。

④ 黎宏．也谈在取款机上恶意取款的行为定性．检察日报，2008-01-18.

额与账户记载的数额不一致，并且通过在计算机系统查找原始数据，准确的记录是可以获得的。这也是银行和司法机关最终能认定其准确的取款次数及取款数额的根据（许霆本人并不知道准确数字）。认为许霆每次取款1 000元，有 999 元银行不知情，这是以计算机（取款机）系统暂时的错误记载为根据并且从形式上评价行为人的行为得出的结论。如果不从实质上来评价许霆的行为，按照这种方法推论，那么许霆共成功取款 171 笔，其中 167 笔取款1 000元，4 笔取款2 000元，在取款1 000元的场合，每次有 1 元是从他自己账户上正常取的，另有 999 元是盗窃来的，在取款2 000元的场合，每次有 2 元是正常取款，另有1 998元是盗窃来的。这样一来，岂不是每取一笔款的行为，既有正常取款的因素又有盗窃的成分，或者说同一个行为有 99%的成分是盗窃所得，有 1%的成分是正常取款？但这显然是违反刑法上对行为进行评价的理论的。许霆案一、二审判决的表述正好也犯了这样的错误。① 如果从实质上来看许霆的行为，其账户上仅有 170 余元存款，其第一次取出了1 000元，超出 170 余元的部分就是透支额，以后每次所取款项也都是透支额。退一步而言，如果其行为是盗窃，则由于其第 1 次取款数就大大超过了存款数，尽管其账户上仅扣除了 1 元，也应当认为已将存款取尽，之后的恶意取款既然是盗窃，那就都应该计算在盗窃数额中，而不能将取款机出错每次记载的扣款 1 元从盗窃总额中扣除。

还有论者提出，我国刑法第 196 条第 2 款明文规定，恶意透支以“超过规定限额或者规定期限透支”为成立条件，借记卡根本不能透支，也就不可能对持卡人提透支限额与透支期限的要求，这就表明许霆用借记卡取款的行为不是恶意透支。笔者认为，这种否定许霆行为具有透支性质的观点，也是从形式上看问题得出的结论。如前所述，借记卡在通常情况下确实不能透支，但在取款机出故障的情况下，许霆用自己的借记卡在自动取款机上超出存款数额取出了大量的现金，这在实质上可以评价为透支。刑法第 196 条第 2 款将以非法占有为目的超过“规定限额”透支，作为恶意透支的一种情形，实际上就是为了能将这种行为包容进去。因为银行发放有透支功能的信用卡前与持卡人有约在先，对透支的额度与透支的期限均有限定，透支达到限定数额后，在持卡人未还款的条件下，银行的计算机系统终端就会作出反映，信用卡就不可能继续透支了。到了还款的最后期限，持卡人还不还款的，银行就会催收。如果持卡人恶意逃避还款，就可以认定为恶意透支。这就意味着在正常情况下，根本不会出现“超过规定限额”透支的问题。而在取款机出故障、计算机系统出错等类似于许霆案的情况发生时，才有可能“超过规定限额”透支。因此，从刑法第 196 条第 2 款把“超过规定限额”透支规定为恶意透支的一种表现形式可以看出，这里的“透支”显然是从广义而言的，包含因取款机出故障或计算机系统出错而用借记卡在自动取款机上超出存款数额提取或转走银行所有的款

① 谢望原，付立庆主编．许霆案深层解读．北京：中国人民公安大学出版社，2008：358，366.

项的情形。只不过，银行对于有透支功能的信用卡一般事先有固定额度（如 3 万元、5 万元）的透支限制，超出这一额度支取款项的才能视为“超过规定限额”透支；而用借记卡超出存款数额支取款项的，就可视为“超过规定限额”透支。

其三，如果仅仅因为借记卡通常不具有透支功能，就认定许霆的行为不是恶意透支，不可能构成信用卡诈骗罪，那么我们不妨作一点假设和比较分析：假如许霆用来取款的是可以透支的真实有效的信用卡（狭义的信用卡），由于自动取款机出故障，取款1 000元仅有 1 元的透支记录，为其超过规定限额透支创造了便利条件，他趁机取款 17 万余元后外逃，这自然应当认定为恶意透支、构成信用卡诈骗罪。如果对此认定为盗窃罪，那就违反了罪刑法定原则；如果仅仅因为行为人用来取款的是借记卡还是信用卡的差异，而在其客观行为和主观心理状态乃至危害后果都完全一样并且立法解释明确指出借记卡属于信用卡的情况下，对同一性质的行为分别定盗窃罪和信用卡诈骗罪两种不同的罪，则违背了定罪的基本原理，也与立法精神不相符。

此外，行为人发现自动取款机出故障，自己的借记卡里本来仅存几十元钱，却将银行几十万元的款项转到另一张借记卡里或者转到第三者账户用来归还了自己的欠款的，这类案件在现实生活中已经出现。① 对此如果也定盗窃罪，显然与各国刑法理论和刑事法律大多不认为财产性利益可以成为盗窃对象的基本立场相冲突。因为在这种案件中，行为人只是利用信用卡在自动取款机（计算机）上取得了财产性利益，并非直接取得了财物（如在自动取款机上提取现金）。而通常只能是将他人占有之下的财物拿走的，才可能构成盗窃罪；转移债权等财产性利益，有可能构成诈骗罪（包含信用卡诈骗罪），但不可能构成盗窃罪。对于这类严重侵犯财产所有权的案件，不定罪显然不合适，若定罪则只能定信用卡诈骗罪。如果将这类案件定为信用卡诈骗罪，而将许霆案定为盗窃罪，那又会带来新的问题。因为这类案件与许霆案都是利用自动取款机出故障来恶意操作的，行为人的主观心理状态和行为的危害后果都完全一样，只是有直接提取款项与间接获取款项的差异，却要定不同的罪，这也有失妥当性。

其四，有论者提出，许霆的行为并不是使银行管理者产生处分财产的认识错误的欺骗行为，并且机器是不能被骗的，故不能构成诈骗罪，当然也不可能成立作为诈骗罪特殊类型的信用卡诈骗罪。② 笔者认为，这种观点有一定道理。许霆的行为确实与普通诈骗罪有较大的差异，机器也确实不能被骗。但是，智能化了的机器（如自动取款机）可以代替人来处理一些事务，机器背后的人可能被骗则是毋庸置疑的。如前所述，许多规定有使用计算机诈骗罪的国家刑法明文规定意图使自己或第三人获得不法财产利益，以对他人的计算机程序作不正确的调整，通过使用不正

① 韩蕾．各地“许霆案”．检察日报，2008－04－17.

② 张明楷．许霆案的定罪与量刑．人民法院报，2008－04－01.

确的或不完全的数据、非法使用数据，对他人的计算机程序作非法影响，致使他人的财产遭受损失的，构成使用计算机诈骗罪（德国刑法第263条a）。许霆的行为是通过使用不正确的数据而使取款机交付财物的，无疑属于计算机诈骗。计算机诈骗与普通诈骗有较大差异，不能完全用普通诈骗的观念来评价计算机诈骗。正因为如此，机器不能被骗，并不意味着用信用卡在自动取款机上恶意取款不能构成信用卡诈骗罪的观念，被我国的最高司法机关所接受。① 况且，我国刑法规定的信用卡诈骗罪还包含了部分完全不具有诈骗性质的滥用信用卡行为。② 因此，即便能肯定许霆的行为不具有诈骗性质，也不能得出其不可能构成信用卡诈骗罪的结论。因为我国刑法第196条将恶意透支也作为信用卡诈骗的一种表现形式，而恶意透支主要有两种情形：一是在特约商户使用信用卡大量购买商品，而不向发卡银行归还代为支付的款项；二是在自动取款机上直接大量提取现金不予归还。如果说前一种情形的恶意透支是否属于诈骗在刑法理论界尚有争议的话，后一种情形的恶意透支，特别是领取信用卡时不具有恶意透支的意图，尔后用自己真实有效的可以透支的信用卡在取款机处于正常状态时取款透支，后来产生了不归还透支款项意图的，则无可争议的肯定不具有诈骗性质。正如张明楷教授所述，在这种情形下，"行为人从自动取款机中提款时，没有欺骗任何自然人，也没有任何自然人实施财产处分行为，换言之，行为人取得自动取款机的现金，并不是基于受骗者的处分行为，故行为人没有骗取财物。当发卡银行催收时，只要行为人仍不归还，发卡银行就不可能因为行为人的欺骗、逃避行为而免除行为人的债务，换言之，行为人也没有骗取财产性利益。所以，难以认定上述情形符合诈骗罪的基本构造"③。不仅如此，由于取款者既没有向取款机（计算机）输入不正确的或不完全的数据也没有非法使用数据，没有对取款机程序作非法影响，因而也不存在利用计算机诈骗的问题。

至于前一种情形的恶意透支，虽然日本刑法学界的通说认为属于诈骗（也有不少学者持否定态度），但德国学者普遍认为不存在诈骗的问题。④ 如前所述，现在的德国刑法不仅在普通诈骗罪和使用计算机诈骗罪之外，单独规定了滥用信用卡罪，而且其法定刑也明显低于这两种罪，究其缘由，无非是其性质和社会危害性程度与这两种罪的有较大差异。日本也有一些有识之士看到了这一点，认为恶意透支的实质并非诈骗，而是滥用了信用卡公司（发卡者）给予会员（持卡人）的信用，今后日本刑法中也有必要像德国刑法那样增设独立的滥用信用卡罪。⑤

① 2008年2月最高人民检察院《关于拾得他人信用卡并在自动柜员机（ATM机）上使用的行为如何定性问题的批复》明确指出："拾得他人信用卡并在自动柜员机（ATM机）上使用的行为，属于刑法第一百九十六条第一款第（三）项规定的'冒用他人信用卡'的情形，构成犯罪的，以信用卡诈骗罪追究刑事责任。"

② 刘明祥．用拾得的信用卡在ATM机上取款行为之定性．清华法学，2007（4）.

③ 张明楷．诈骗罪与金融诈骗罪研究．北京：清华大学出版社，2006：690.

④ 大谷实，前田雅英．对谈刑法（各论）．东京：有斐阁，2000：154.

⑤ 平川宗信．刑法各论．东京：有斐阁，1995：422.

既然恶意透支在本质上不具有诈骗的性质，而是属于滥用信用的问题，那么对这种行为应当如何定罪处罚呢？有论者提出，应当按盗窃罪来定罪处罚。①笔者认为，如果我国刑法既没有像德国刑法那样规定滥用信用卡罪，又没有将恶意透支行为纳入信用卡诈骗罪中，若要当犯罪来处罚，按盗窃罪定罪处罚或许还情有可原。但正如前文所述，我国刑法第196条明文将恶意透支作为信用卡诈骗的表现形式之一作了规定，这就使得信用卡诈骗罪实质上变成了一个包容多种滥用信用卡行为的罪名，如果“冠之以‘滥用信卡罪’的罪名，或许更贴切一些”②。今后修改刑法时，确有必要将恶意透支的行为从信用卡诈骗罪中抽取出来，独立规定为类似德国刑法中的滥用信用卡罪。只不过在刑法未作修改的情况下，仍然应该严格依法行事，否则，就会违反罪刑法定原则。

其五，有论者提出，刑法第196条明文规定，恶意透支的成立不仅要求持卡人以非法占有为目的，并且还要“经发卡银行催收后仍不归还”。许霆的行为是否符合这样的条件并非毫无疑问。如果对类似许霆的行为均按透支来看待，对于发卡银行没有催收或者因为某种原因（如持卡人恶意逃避）没有向持卡人催收的案件，那就不能认定为恶意透支，从而不可能成立信用卡诈骗罪。这就有可能放纵犯罪。③笔者认为，许霆分170余次从取款机上透支17万余元后，迅速逃到外地躲避，一年之后才被抓捕归案，其主观上的非法占有目的十分明显。其外逃不久后，即得知银行已向公安机关报案，在与银行工作人员通电话时，银行工作人员告知其即使退回所取走的款项，也还要受法律追究。这足以说明许霆是明知银行想要追回所失款项的。银行向公安机关报案本身也表明，银行意识到通过自身的力量催收已无法见成效，只能通过国家强制力来追款，这自然应当认为已具备了“经发卡银行催收后仍不归还”的要件。如果仅仅因为银行没有向许霆发出过书面的正式催收通知，就认为银行没有催收过，因而不是恶意透支，那显然是没有从实质上正确理解刑法的规定。事实上，“只要持卡人透支后发卡银行实施过催收行为，而持卡人按照信用卡的通常使用情形认识到发卡银行实施过催收行为并仍不归还的，即使持卡人没有直接或者间接收到发卡银行的催收，也应认定为‘经发卡银行催收后仍不归还’”④。

其六，将许霆案认定为恶意透支型的信用卡诈骗罪，可以有效避免按盗窃罪定罪处罚可能产生的一些不良的社会效果。众所周知，许霆案最初之所以被判处无期徒刑，是因为根据我国当时刑法的规定，盗窃金融机构，数额特别巨大的，最低刑是无期徒刑。但处这么重的刑，被告人和社会公众均难以接受。处5年有期徒刑虽

① 张明楷．诈骗罪与金融诈骗罪研究．北京：清华大学出版社，2006：691.

② 刘明祥．财产罪比较研究．北京：中国政法大学出版社，2001：265.

③ 付立庆．一个合乎法律却失之公平的判决//谢望原，付立庆主编．许霆案深层解读．北京：中国人民公安大学出版社，2008：29.

④ 同①678.

然比较合适，可是根据我国刑法的规定，这属于无法定减轻处罚情节的减轻处罚，又必须报最高人民法院核准。这无疑为审判机关处理案件增添了负担。并且如果说是盗窃金融机构，由于这会危及金融安全，加上犯罪数额又特别巨大，当然应当认为是重罪，在无法定减轻情节的情况下，跨过“十年以上有期徒刑或者无期徒刑”这一法定刑幅度，即在法定刑两格以下，选处5年有期徒刑这么轻的刑罚，理由似乎并不充分。如果定信用卡诈骗罪，按照审判时最高人民法院的有关司法解释，由于许霆案的诈骗数额还只是在“数额巨大”的范围内，根据我国刑法第196条的规定，处5年有期徒刑是在法定刑范围内适用刑罚，不须报最高人民法院核准。况且，许霆案之类的案件今后还有可能发生，对其不定盗窃罪，而按非法透支处理，还可以避免出现不合常理的处罚现象。例如，某人发现自己的借记卡具有类似许霆的借记卡之“特异”功能后，在自动取款机上提取了十余万元现金，但因害怕负刑事责任，又立刻将全部现金返还给了银行。如果将这种行为定性为盗窃，那就是盗窃金融机构数额巨大的情形，即便是返还了财物，也还是要判处重刑。如果将其定性为非法透支，根据刑法第196条第2款的规定，只有以非法占有为目的，经发卡银行催收后仍不归还的，才是恶意透支，才可能构成信用卡诈骗罪，也就是说，只要透支者主动返还或者经银行催收后返还了的，只能算是一般的非法透支，并不构成犯罪。这样处理，既合乎法律的规定，又合情合理，能为社会公众所接受。

第七章

敲诈勒索罪

第一节　敲诈勒索行为

敲诈勒索行为是敲诈勒索罪客观方面的必备要件，它表现为行为人采用威胁（恐吓）手段，使对方产生恐惧，并因恐惧而交付（处分）财产，行为人或第三者由此取得财产（被害人遭受财产损失）。这四者之间形成一个完整的因果链，并且只有四者完全具备，才可能构成敲诈勒索罪既遂。

一、威胁（恐吓）手段

敲诈勒索罪的行为首先表现为行为人为了取得他人财产，而采用某种手段威胁（恐吓）他人。所谓威胁（恐吓），一般是指以恶害相通告，即告诉对方如果不按要求交付财产，就会遭受某种恶害。恶害的种类没有限制，包括对于对方或其亲属的生命、身体、自由、名誉或财产的各种恶害。甚至告知对方将要对其亲友、故旧等第三者予以加害的，这也可以视为威胁（恐吓）。行为人所通告对方的恶害，只要足以使其产生畏惧即可。至于恶害是否会立刻到来，攻击的强度如何，有无实现的可能，行为人是否确有实现恶害的意思，则在所不问。另外，行为人告知对方恶害将由第三者实现的，这也同样可能构成威胁（恐吓），但在这种场合，行为人必须告诉对方自己能够影响第三者，或者让对方推测到他能影响第三者。不过，行为人实际上是否有这种影响力，则不必深究。作为威胁（恐吓）手段的行为，如果通常情况下并不足以使对方产生恐惧，但由于有某种特殊因素相伴使恐惧的结果发生时，也视为威胁（恐吓）行为。这里所说的特殊因素，包括行为人的地位、职业等因素。例如，流氓地痞或者新闻记者等地位、职业，往往容易被用来威胁（恐吓）他人。另外，恶害的实现并不要求其自身行为是违法的。即便是包含正当权利的事项，如果作为使他人交付财物的手段来使用时，也可能成为威胁（恐吓）行为。例如，知道他人犯罪事实的人，向司法机关举报是合法的，但如果以对方提供财物作为不告发的条件，向对方索要财物的，则构成本罪。通告恶害的方法、手段没有限制，既可以是明示的也可以是暗示的；既可以用语言文字，也可以用动作手势；既可以直接告诉对方，也可以通过第三者转告。[①] 至于威胁（恐吓）的程度，在德、日等国，一般认为不能达到抑制他人反抗的程度，否则，就可能构成抢劫罪。至于如何判断威胁（恐吓）行为是否达到了抑制他人反抗的程度，则是一件十分微妙的事。

关于敲诈勒索行为除采用威胁（恐吓）手段外是否还包含暴力手段，各国刑法的规定不完全相同。德国刑法规定，“违法地使用暴力”是与“威胁恐吓”相并列的本罪的行为表现之一；意大利刑法规定，“以暴力或威胁手段强迫某人做或者不做某事”，是敲诈勒索行为的表现形式；但俄罗斯刑法规定，敲诈勒索的行为只能是威胁，其中包括以使用暴力相威胁。“实际使用了威胁受害人的暴力，不包含在勒索罪的构成中。”[②] 日本刑法对敲诈勒索行为的手段未作具体规定[③]，判例和通说认为，除了威胁（恐吓）之外，也包括没有达到抑制他人反抗程度的暴力。在以取得财物为目的而使用暴力的场合，区分本罪与抢劫罪的关键是看暴力的程度，如果暴力没有达到抑制他人反抗的程度，就构成本罪；反过来，则构成抢劫罪。[④]

我国刑法对敲诈勒索的手段未作明文规定，理论上的通说认为，“敲诈勒索仅限于威胁，不当场实施暴力”[⑤]。然而，笔者认为，不可一概而论。敲诈勒索罪的本质固然是采用威胁（恐吓）手段使他人产生恐惧而交付财产，但在现实生活中，行为人当场实施暴力并以今后会进一步实施暴力相威胁（恐吓）的敲诈勒索案件时有发生。例如，甲得知商人乙与自己的妻子多次发生不正当性关系的事实后，找到乙的办公室将乙痛打一顿，并威胁乙 3 天之内必须交 2 万元钱给他“私了”，否则，还会打断其一条腿，乙为了免受甲进一步的伤害，当场给其 2 万元。此案之中，甲虽然当场实施了暴力并当场取得了财物，但其行为的实质不是抢劫，而是敲诈勒索。因为抢劫罪的暴力、胁迫是用来排除被害人反抗，当场夺取其财物的手段，抢劫行为的特点是强取财物，被害人没有选择的余地。而敲诈勒索罪是行为人胁迫对方使之产生恐惧心理后交付财物，被胁迫者还可以作出不交付财物的选择。此案中甲殴打乙并非用来排除乙的反抗而当场夺取其财物的手段，而是对其实施威胁（恐吓）的手段，甲是通过乙交付而取得乙的财物的，并非直接强取，并且乙完全可以不当场交付。因此，应该认为甲是敲诈勒索。或许由于这类案件在司法实践中经常

① 大塚仁．刑法概说（各论）．东京：有斐阁，1992：265－266.

② 斯库拉托夫等主编．俄罗斯联邦刑法典释义：下册．黄道秀，译．北京：中国政法大学出版社，2000：433.

③ 日本刑法称敲诈勒索罪为恐吓罪。

④ 大塚仁等编．刑法解释大全：第 10 卷．东京：青林书院，1989：245.

⑤ 高铭暄，马克昌主编．刑法学：下编．北京：中国法制出版社，1999：927.

会遇到，一些国家的刑法明文规定暴力手段是本罪的基本表现形式之一。不过，应当注意的是，本罪的暴力是以向对方作出一种明示或暗示今后会继续反复实施，因而使对方产生恐惧为特色的①，暴力的背后必须隐含着威胁或恐吓，但这种暴力及其所产生的威胁（恐吓）效果，不能达到抑制对方反抗的程度。

二、对方恐惧

行为人实施威胁（恐吓）行为是为了使对方产生恐惧并交付财产。一般来说，敲诈勒索罪的既遂，也是以威胁（恐吓）行为导致对方处于恐惧状态并因而交付财产为成立条件的。如果行为人的威胁（恐吓）行为完全没有使对方产生恐惧，对方只是出于怜悯之心交付了财物的，则只能成为本罪的未遂。威胁（恐吓）行为使被害人产生恐惧之心后，被害人向警察局报案，警察为了逮捕行为人而让被害人前往约定地点交付了财物的，这也只成立本罪的未遂。因为以警察作为后盾交付财物，是协助警察逮捕罪犯的行为，不是基于恐惧所作的交付行为，两者之间缺乏必要的因果关系。②

我国刑法理论界对于是否要求被胁迫者产生恐惧的问题，存在不同意见。一种意见认为，“被害人是否确实产生恐惧，并被迫交付财物，不影响本罪的构成，而是只要行为人意图使被害人恐惧，并且一般能够使人恐惧，也就足够了”③。但另一种意见认为，“行为人所实施的针对被害人的威胁或要挟行为，还必须是实际上对受害人实际产生了威胁、要挟的作用。即行为人所实施的威胁或要挟方法，实际使公私财物的所有者、保管者精神上受到强制，心理上造成恐惧”④。笔者认为，被胁迫者是否实际上产生恐惧，并不妨碍敲诈勒索罪的构成，但却影响其既遂的成立。当被胁迫者实际上并不恐惧，不予理睬或予以告发时，行为人往往就不可能取得财产，或者虽然取得了财产，但被胁迫者并非基于恐惧而交付的，在这样的场合，都由于缺少本罪既遂所必要的“对方恐惧”这一要件而只能以未遂论。

至于如何判断威胁（恐吓）行为是否使被害人心理上产生了恐惧，我国刑法学界有三种不同观点：第一种观点主张应以财物的所有者、保管者是否因威胁或要挟而丧失其自由意思为标准，也就是以被害人对威胁、要挟在主观上的反映、感受为标准。第二种观点主张以财物所有者、保管者所遭受的威胁或要挟对于一般人是否会因此丧失自由意思为标准。第三种观点主张以行为人所实施的精神强制使一般人或被害人心理产生恐惧，不敢反抗，从而被迫交出财物或提供财产性利益为标准。⑤ 在这三种观点中，前两种观点主张以威胁或要挟是否使人丧失自由意思作为判断的标准，这很难令人信服。因为敲诈勒索罪与抢劫罪均可以采用以暴力相威胁

① 山口厚．刑法各论．东京：有斐阁，2003：276.

② 前田雅英．刑法各论讲义．3版．东京：东京大学出版社，1999：250.

③ 高铭暄主编．新编中国刑法学．北京：中国人民大学出版社，1998：803.

④ 赵秉志．侵犯财产罪．北京：中国人民公安大学出版社，1999：327.

⑤ 金凯主编．侵犯财产罪新论．北京：知识出版社，1988：325.

的手段实施，两者之间的重要差别是威胁的程度不同，后者的威胁达到使被害人丧失自由意思的程度，用以排除被害人反抗并夺取其财物，而前者的威胁则不能达到这样的严重程度，只可能使被害人产生一定的恐惧，被害人尚有作出不交付财产的选择余地。正因为如此，大陆法系国家的通说才认为，敲诈勒索罪是以被害人基于瑕疵意思（并非丧失自由意思）而交付财产为其特色的。① 后一种观点主张把一般人的心理感受包括在认定被害人能否产生恐惧的范围内，这也有失妥当性。正如有的论者所述，“同一性质的威胁或要挟方法对一人来讲可能使他产生恐惧，并被迫交付财物。但对另一人来讲则不一定。例如未成年人、体弱者、残疾者、妇女等，其承受能力就相对差一些。因而如果以某种威胁或要挟方法不可能对社会大多数人造成恐惧来否定被害人实际遭受的精神恐惧，则可能导致有罪不究”②。

三、交付（处分）财产

一般来说，被害人受胁迫产生恐惧之心后，紧接着就会实施交付（处分）财产的行为。日本刑法第 249 条也明文将被威胁者“交付财物”作为本罪的成立要件。因此，日本刑法理论界对本罪的成立必须要有对方交付（处分）财产的行为已无异议。③ 但是，也有一些国家的刑法并没有把被害人交付（处分）财产明文规定为本罪的成立要件，这就有可能导致认识分歧。我国刑法就属于这后一种类型。不过，我国刑法理论界的通说认为，“采用威胁或要挟的方法，目的是迫使他人交付财物。亦即行为人的上述行为与他人交付财物之间，必须存在着直接因果关系。如果交付财物不是受到威胁或要挟的结果，不可能构成敲诈勒索罪”④。笔者也赞成这种主张。

被害人交付（处分）财物的行为，并不以其本人直接交付为限，也可能表现为间接交付，即通过辅助者转移给行为人或第三者；另外，交付（处分）行为并不限于积极的举动，还有可能表现为忍受或者容忍，如被害人因恐惧而默许行为人拿走财物。但是，如果被害人对行为人取得财产完全无认识，例如，受胁迫的被害人的手表掉在地上后，行为人在被害人完全不知道的情况下而拾取的，对这样的案件，日本地方裁判所的判例认为构成本罪既遂。但也有些学者持反对意见，理由是不能认为被害人交付了财物，而刑法对此有明文的要求，因此，行为人拾取被害人手表的行为构成盗窃罪。⑤

与诈骗罪一样，本罪要求被胁迫者与交付（处分）财产者必须同一，但被胁迫者与被害者可以是不同的人，即被胁迫者没有遭受财产损失、遭受财产损失者没有受胁迫的现象可能发生。在这种情况下，根据日本判例的解释，被胁迫者必须是对

① 林干人．刑法各论．东京：东京大学出版社，1999：263.
② 赵秉志．侵犯财产罪．北京：中国人民公安大学出版社，1999：328.
③ 川崎一夫．刑法各论．增订版．东京：青林书院，2004：211.
④ 高铭暄主编．新编中国刑法学．北京：中国人民大学出版社，1998：804.
⑤ 同①.

威胁行为所指向的目的物有处分权限或地位的人，也就是要与被害的第三者之间有特殊关系。

四、取得财产

在通常情况下，被胁迫者向行为人交付财产，就意味着财产的占有从被害人（或第三者）转移给了行为人（或第三者），即行为人取得财产，从而造成被害人的财产损失。一些国家的刑法明文规定，本罪的成立必须要有被害人的财产损失。例如，德国刑法第253条要求“给被恐吓者或者他人的财产造成损失”；奥地利刑法第144条要求“有害于被强制人或他人之财产”。日本刑法虽然没有明文规定本罪的成立必须要造成财产上的损失，但理论上的通说和判例持肯定态度。如果行为没有致被害人遭受财产上的损失，则只成立本罪的未遂。①

不过，在有的国家，不仅刑法没有明文规定本罪的成立必须要给被害人造成财产上的损失，而且理论上的解释也不把有无财产损失作为区分本罪既未遂的标志。例如，俄罗斯刑法关于本罪的成立要件中，没有规定要造成被害人财产上的损失，理论上也认为“自提出关于交付财产、财产权或为犯罪人或其指定的人的利益实施财产性质的行为的非法要求之时起，勒索即为既遂犯罪，而不论这些要求是否得到执行”②。

我国刑法规定，敲诈勒索公私财物，数额较大的，才构成犯罪。“当然，‘数额较大’不是仅指实际占有的数额。勒索的数额较大，情节严重，即使未遂也应定罪判刑，勒索数额不大，情节显著轻微危害不大的，不构成犯罪。”③ 可见，在我国，并不以实际发生被害人的财产损失作为本罪的成立条件，但必须有造成“数额较大”财产损失的可能性，否则，本罪就不能成立。

问题是当胁迫者取得对方交付的财物的同时，向对方提供了相当价值的钱物以作补偿时，能不能认为有财产损失发生？日本的判例和通说认为，如果不是因被威胁（恐吓）而产生恐惧，即使行为人提供相当价值的财物，被害人也不会交付（处分）财物的，那么被害人交付（处分）的财物本身就可以视为财产的损失，因而不影响本罪的成立。在计算损失数额时，行为人提供的财物数额，也不能从损失数额中扣除。这种只从形式上判断而不从实质上考察本罪财产损失的观点，似乎在英国也存在。例如，英国有学者认为，英国“《1968年盗窃罪法》第34条第2款中的‘获利’和‘损失’仅限于指金钱和其他财产，但是它们可以是临时性的，……因此，如果姑娘甲向姑娘乙扬言，除非乙借给他一套衣服去参加一个舞会，否则她将把乙的性异常情况告诉乙的未婚夫，她就构成了勒索罪”④。但是，在笔者看来，

① 前田雅英主编．条解刑法．东京：弘文堂，2002：249.

② 斯库拉托夫等主编．俄罗斯联邦刑法典释义：下册．黄道秀，译．北京：中国政法大学出版社，2000：434.

③ 高铭暄主编．新编中国刑法学．北京：中国人民大学出版社，1998：805.

④ 鲁珀特·克罗斯等著．英国刑法导论．赵秉志，等译．北京：中国人民大学出版社，1991：256-257.

本罪的财产损失应该是指被害人实质上丧失了某种财产并因而遭受的经济上的损失。上述不从实质上考察财产损失的观点，有诸多弊病。因为包括敲诈勒索罪在内的财产罪的本质是侵犯他人的财产权，而侵犯财产权的突出表现就是在实质上造成（或可能造成）他人的财产损失，如果某种行为没有造成（也不可能造成）他人的财产损失，即使存在严重侵权的问题，那也不可能构成财产罪（有可能成立其他犯罪）。又由于在现代市场经济的社会里，财产的损失是以经济价值的减少为尺度的，在存在实质上的商品交换的场合，必须把权利人失去的财产与其所得到的回报两方面结合起来考察，才能最终确定其是否有实质的经济上的损失以及损失数量的多寡。如果只考虑被害者交付（处分）财产这一面，以此作为判断财产损失的根据，完全不看行为人同时向其交付（处分）了价值相当的财物这一面，这是不公平合理，也不能为社会公众所接受的。至于说被害人如果没有受到威胁，即便行为人提供相当价值的金钱或实物，他也不会交付自己的财物，这确实存在侵权的问题，但在这种场合，毕竟存在实质上的商品交换关系，行为的实质并不是侵犯财产所有权，而是侵犯了被害人的人身权利，并且违反了商业道德，扰乱了商品交换的正常秩序。另外，敲诈勒索罪的成立必须要有实质的经济利益的损失，这在我国刑法之中可以找到根据。我国刑法第226条规定，以暴力、威胁手段强买强卖商品、强迫他人提供服务或者强迫他人接受服务，情节严重的，构成强迫交易罪，这是一种扰乱市场秩序的犯罪。而采用威胁手段强买强卖商品，大多是行为人先威胁对方使之产生畏惧、交出金钱或实物，尔后向其提供价值相当的金钱或实物的情形，这与敲诈勒索行为十分相似，刑法之所以把这种行为包括在强迫交易罪中（排除在敲诈勒索罪的范围之外），根本理由是没有实质的财产损失，其罪质不是侵犯财产所有权，而是扰乱市场秩序。

至于造成被害人的财产损失是不是本罪既遂的标志，我国刑法理论界的认识不一。第一种观点认为，本罪是行为犯，不存在未遂形态。只要行为人实施了以威胁或要挟方法，迫使被害人交付（处分）财物的行为，即构成既遂。① 第二种观点认为，只要行为人以非法占有财物为目的，实施了足以使他人产生恐惧的威胁、要挟行为，已造成他人精神上的恐惧，即使没有占有财物，也构成本罪既遂。② 第三种观点认为，只要行为人实施敲诈勒索行为后，又到约定地点提取索要的财物，即使没有非法占有财物，也构成既遂。③ 第四种观点认为，本罪属于结果犯，即行为人使用了恐吓、威胁等手段，使被害人产生恐惧感，从而被迫交出财物的，即为既遂；如果被害人并未因被告人的行为而产生恐惧或者虽有恐惧感，但未交出财物的，是本罪未遂。④ 笔者赞成最后这种观点。敲诈勒索罪作为一种侵害财产占有的

① 成国平，等．关于敲诈勒索罪的几个问题的探讨．人民检察，1990（5）．
② 李光灿主编．中华人民共和国刑法论：下册．长春：吉林人民出版社，1984：566．
③ 王平铭，等．浅论敲诈勒索罪的几个问题．审判研究，1991（1）．
④ 赵秉志．侵犯财产罪．北京：中国人民公安大学出版社，1999：337．

犯罪，自然应该以行为人取得对他人财物的占有，作为既遂的成立条件。这是因为非法取得他人财物既是行为人主观目的之所在，又是包括敲诈勒索罪在内的所有取得罪侵害他人财产权的实质或要害。上述前三种观点都忽视了这一点，而片面强调威胁或要挟造成他人精神恐惧、侵害人身的一面，但即便是抢劫这种对人身侵害的程度远远超出敲诈勒索的犯罪，国内外刑法理论界的通说都认为，普通抢劫罪要以取得财物作为既遂的标志，抢劫致被害人轻伤而未取得财物的，通常也只能以未遂论处。因此，行为人未取得被害人的财物，不可能构成本罪既遂；即使取得了被害人的财物，但如果被害人不是基于恐惧而交付（处分）的，也同样不可能是本罪既遂，而有可能成为本罪未遂。

第二节　行使权利与敲诈勒索罪

一、问题所在

行为人在法律上有从他人那里取得财物或财产上利益的权利，为实现这种权利而采用胁迫手段取得其财物或财产上的利益，该行为是否构成敲诈勒索罪，这就是理论上所要研究的“敲诈勒索与行使权利”的问题。由于在行使财产权利的案件中，采用胁迫手段实施者居多，加上如此行使权利若不构成财产罪，则采用盗窃、诈骗手段实施者就不成立犯罪，而采用胁迫手段实施者还有可能构成日本等国的胁迫罪，因此，同采用其他手段行使财产权利相比，采用胁迫手段实施的更具有复杂性，成为行使权利论上的一个难题。

广义的“敲诈勒索与行使权利”问题包括两种类型：一是采用胁迫手段把对方非法占有的自己的财物取回；二是债权人胁迫债务人交付财物履行债务。前者如行为人采用胁迫手段从盗窃犯人手中取回自己被盗的财物；后者如甲借钱给乙，过了约定的还款日期，经甲再三请求但乙仍不归还，于是甲采用胁迫手段，使乙还了欠款。对前者大陆法系刑法理论上的本权说与占有说的结论相反，对后者由于对方占有的合法性不成问题，行为人采用胁迫手段夺取其合法占有的财产，如果说构成敲诈勒索罪，是否意味着行使财产权的问题完全不应该考虑；如果说不构成敲诈勒索罪，其理论和法律根据何在？这些成为问题的要害和争议的焦点。

二、国外的判例

如前所述，对于采用包括胁迫手段在内的各种行使财产权利的行为，英美的判例长期采取不处罚的原则，德国一个多世纪以来的判例，除了两次世界大战期间及相隔之间的一段历史时期外，基本上也是采取不处罚的原则。但日本的情况比较复杂，其有关采用胁迫手段行使权利的判例所采取的原则也很有特色，有必要在此作简要介绍。

日本关于采用胁迫手段行使权利的判例，从明治时代采取有罪说到后来改为不处罚说有过两次反复的变化。第二次世界大战之后，日本最高裁判所的判例对采用胁迫手段行使权利的案件，则又从不处罚化转向处罚化，从主张对采用超出法律认可的胁迫手段行使权利的行为定胁迫罪，转向定恐吓罪（敲诈勒索罪）。[①] 例如，1955年10月14日，日本最高裁判所对行为人仅有3万元债权但采用胁迫手段取得了债务人6万元财物的案件的判决中指出，“实行权利是以在权利范围内、且所采用的方法没有超过社会通常的观念所容忍的程度为条件，而又不产生任何违法问题，但是，超出这一范围程度时即属于违法，构成恐吓罪”。并且，法院判决成立相对6万元的全额（不是相对3万元）的恐吓罪（敲诈勒索罪）。这一判例的特色是，即使存在权利，如果行为人采用的手段不相当，则仍然具有恐吓罪（敲诈勒索罪）的违法性，其实质是认为“敲诈勒索与行使权利”问题属于违法论的问题，而判断行为人是否违法又要重视行为的表现形式。这一案例因为是超过了权利范围的情形，所以从某种意义上说，判决并没有否定在权利范围内取得财物或财产上利益不成立恐吓罪（敲诈勒索罪）。这一判例出台之后，日本下级裁判所大多以此为参照，认为“行使权利的方法是否超出社会通常观念所容忍的程度”，这属于行为是否符合恐吓罪（敲诈勒索罪）的构成要件的问题，而行使权利本身则是违法阻却事由，如果完全符合行使权利条件，那就因阻却违法性而无罪。

三、国外的学说

英美法系国家对各种行使权利的行为广泛认定为无罪，不予处罚。其理论根据与大陆法系国家在财产罪保护法益问题上的本权说相似，并且几乎没有争议。[②] 但在以德、日为代表的大陆法系国家，对于采用胁迫手段行使权利的行为如何处理，理论界认识不一。特别是在日本，学者们对这一问题的研究非常细致，提出了各种不同的理论学说。

首先，关于采用胁迫手段从对方取回自己的财物，如从盗窃犯人那里取回自己被盗的财物，以实现自己的财产权利的情形，日本刑法理论界存在本权说、占有说与折中说三种不同主张。其中，本权说认为，恐吓罪（敲诈勒索罪）是财产罪，由于财产罪的保护法益是所有权及其他本权，而行为人取回自己的财物是私法上认可的正当权利行为，不存在侵害他人的所有权及其他本权的问题，因此，不能构成作为财产罪之一的恐吓罪（敲诈勒索罪），只不过其手段违法时，可以成立侵害人身自由的胁迫罪。但占有说认为，对财产的占有本身就是财产罪的保护法益，即便是盗窃犯人对所盗赃物的占有也不例外，在不存在自救行为、正当防卫等违法阻却事由的条件下，采用胁迫手段取回自己有权取得的财物的，也同样构成恐吓罪（敲诈

① 日本刑法中的“恐吓罪”与我国刑法中的“敲诈勒索罪”的含义相同，日本刑法中的“胁迫罪”，是指以加害生命、身体、自由、名誉或者财产相通告、胁迫他人的行为。我国现行刑法对这种行为尚未设处罚规定。

② 刘明祥．财产罪比较研究．北京：中国政法大学出版社，2001：83.

勒索罪)。而折中说认为,哪怕是自己的财物,在他人平稳占有的场合,也只有通过民事手续强制收回的才是适当的,正因为如此,除了存在自救行为、正当防卫等违法阻却事由外,采用胁迫手段取回自己财物的,仍然构成恐吓罪(敲诈勒索罪)。①

其次,关于债权人胁迫债务人交付财物以实现自己的债权的情形,日本刑法理论界存在无罪说、恐吓罪(敲诈勒索罪)说与胁迫罪说三种学说之争。这也是行使权利与恐吓罪(敲诈勒索罪)问题的争议焦点。

1. 无罪说。该说认为由于被害人对行为人负有债务,即便受行为人的胁迫交付了财物,那也只不过是履行了自己应该履行的债务,并无任何财产上的损害,行为人只是实现了自己的债权,也没有取得非法的财产上的利益,因此,不能构成恐吓罪(敲诈勒索罪)。另外,行为人采用的胁迫手段也不构成胁迫罪。这是因为采用欺诈手段行使权利的场合,否定诈骗罪成立之后,由于刑法没有规定"欺骗罪",对欺骗这一点不能另作为犯罪来处理,同样道理,对于采用胁迫手段行使权利者,也不应该就胁迫单独论罪,否则,就会与采用欺诈手段行使权利的情形失去均衡性。②

2. 恐吓罪(敲诈勒索罪)说。该说认为胁迫债务人履行债务构成恐吓罪(敲诈勒索罪)。不过,传统的恐吓罪(敲诈勒索罪)说与最近的恐吓罪(敲诈勒索罪)说又有所不同。传统的恐吓罪(敲诈勒索罪)说认为,恐吓罪(敲诈勒索罪)是对个别财产的犯罪,即便是行使权利,如果用恐吓手段使对方交付(处分)了财产,这就构成对个别财产的侵害,成立恐吓罪(敲诈勒索罪)。此说是目前日本刑法理论上的通说。其主要理由是:恐吓罪(敲诈勒索罪)作为一种财产罪,它的成立以发生财产上的损害为必要,但如果不是由于行为人的胁迫使对方产生畏惧,他就不会交付财物,正是由于胁迫的结果使之交付了财物,相对于这种财物的使用、收益、处分等被称为本权的事实机能就受了损害,所以,可以说财产上的损害已经发生;况且,从被害人的立场而言,失去现金与清偿债务两者相比较,当然是前一种利益更重大,无疑有财产上的损害;再说,刑法规定的各种财产罪,都是对于采用违反社会秩序应受刑法非难的方法侵害财产权的行为的定型化,因此,即使是行使权利也只能在社会秩序允许的范围内实施。③

但是,传统的恐吓罪(敲诈勒索罪)说只从形式上来论有无财产上的损害,并以此作为行为是否符合恐吓罪(敲诈勒索罪)的构成要件的根据,而忽视了从实质上考察财产的损害是否确已发生以及行为的实质是否侵害了财产权。固然,在普通的恐吓(敲诈勒索)犯罪案件中,行为人没有取得他人财产的权利时,采用胁迫手段使被害人交付了财物的,这就意味着被害人的财产损害结果已经发生,其财产所

① 新保义隆. 刑法各论. 4版. 东京:早稻田经营出版,1997:217.
② 柏木千秋. 刑法各论. 东京:有斐阁,1961:478.
③ 大塚仁. 刑法概说:各论. 东京:有斐阁,1992:269.

有权受了侵害。但在行使权利的场合，债务人受胁迫而履行债务，交付了应该交付的钱财，实质上并无任何财产上的损失，不存在侵害其财产权的问题。况且，在现实生活中，由于债务人拖欠债务，债权人讨债时往往总会有一些不妥当的言行，只要未超出社会生活交易所允许的范围，均不认为债务人向债权人交付（处分）财产是一种财产上的损害；即便超出了这一范围，达到“胁迫”的程度，债务人向债权人交付（处分）财产的事实也是完全相同的，没有理由对其作不同的评价，将其视为财产上的损害自然是不妥当的。

传统的恐吓罪（敲诈勒索罪）说在肯定行为符合恐吓罪（敲诈勒索罪）的构成要件时，几乎不认为行使权利有可能阻却违法性。但是，近些年来，一些日本学者通过对二战后最高裁判所的相关判例的分析，把“敲诈勒索与行使权利”问题的重心移到违法论中，而出现了积极地探讨阻却违法之可能性的势头。最近的恐吓罪（敲诈勒索罪）说就以此为出发点，提出了不同于传统的恐吓罪（敲诈勒索罪）说的主张，认为即便是行使权利，由于无行为人的胁迫对方不产生畏惧就不会有交付财产的结果，所以被害人交付（处分）财产就是“财产上的损害”，由此就可以肯定行为符合了恐吓罪（敲诈勒索罪）的构成要件，但是考虑到行为是作为行使权利的一环而实施的，因而存在阻却违法性的余地。在作违法性的具体判断时，主要要考虑两方面的情况，即行为人有无权利与手段是否具有相当性，其中，后者还要进一步考察为实现权利所采取的手段是否必要以及在社会通常的观念上何种程度的行使权利才被允许。①

但问题是对财产犯而言，只要有符合构成要件的“财产的”侵害就应该处罚，不应该把手段是否具有相当性作为是否阻却违法性的判断基础；按上述恐吓罪（敲诈勒索罪）说，即使是民法上应当履行的债务或应该返还的财物，只要对其非法夺取就认为符合了相应的财产罪的构成要件，除了对于行使权利是否具备正当化的条件再作仔细的具体的判断之外，似乎难以找到设定妥当的处罚范围的方法。另外，盗窃犯人占有的赃物或偿还期到来后的债务人的财产，它与所有人或债务人的关系决定了它是否应该受保护，所以行为人与被害人之间的财产关系以及双方之间利益的比较，是判断财产罪的违法性时必须考虑的内容。由此而论，在采用恐吓手段行使财产权利的案件中，判断有无“财产上的损害”时，不能只看到被害人一方失去财产的事实，而应该把它与行为人一方的财产权利进行比较衡量，以确定是否存在实质上的财产损害。在通常情况下，胁迫他人使之交付财物这就具备了恐吓罪（敲诈勒索罪）的构成要件，如果是第三者实施的，自然应该认为是造成了“财产上损害”的违法行为，但如果是偿还期到来时债权人实施的，那就没有带来“财产上的损害”，就不存在要按恐吓罪（敲诈勒索罪）处罚的可罚的违法性。②

① 木村光江．财产犯论的研究．东京：日本评论社，1988：515.

② 曾根威彦．刑法的重要问题：各论．东京：成文堂，1995：201-202.

3. 胁迫罪说。该说认为在采用恐吓手段行使财产权利的场合，不能只抓住财物、利益发生转移这种外在的事实，还应该从实质上考察对谁的财物、利益给予何种程度的保护。恐吓罪（敲诈勒索罪）是一种财产罪，只有在对方的财产利益比行为人的财产利益更重要而又受到侵害时，才可能成立。而在行为人有受偿的权利的场合，被害人有偿还金钱的义务，这对于判断恐吓罪（敲诈勒索罪）成立与否有决定性的意义。如同目的正当并不能使行为整体都正当一样，手段具有违法性并不意味着行为整体都违法，所以在上述行使权利的场合，即便在形式上可以认为符合恐吓罪（敲诈勒索罪）的构成要件，而对于作为实质的违法性问题，则只能在胁迫罪的限度内给予评价。

胁迫罪说还认为，即使在债权人胁迫债务人偿还金钱的场合，由于有胁迫对方交付财物的行为，这就完全符合恐吓罪（敲诈勒索罪）的构成要件。但是，恐吓罪（敲诈勒索罪）的行为主体只限于无权利者，行为人有权利这种事情是判断恐吓罪（敲诈勒索罪）的构成要件符合性时不应该考虑的因素，只不过在对行为作具体的实质的违法性判断时，由权利人作为行使权利的手段而实施行为这是必须被认真考虑的。通过对行为人的权利与被害人的利益进行比较衡量，以判断行为是否具有违法性，这必须作为“敲诈勒索与行使权利”问题的中心课题来研究。如果从行为人的权利及行为人与被害人在财产上的关系来判断，可以认定被害人“财产上的损害”没有发生，则恐吓罪（敲诈勒索罪）不能成立。尽管如此，权利人由于对被害人的精神自由并无权利，而胁迫行为无疑会危害被害人的自由意思乃至法的安全感，因此构成胁迫罪。①

对胁迫罪说，一些日本学者提出了种种批判。② 其中批判之一是，对于为实现债权而实施的行为应该作统一的评价，而胁迫罪说却把目的与手段分割开来，把作为手段的胁迫行为独立出来评价为违法，这在方法论上是错误的。持胁迫罪说的学者反驳说，表面上看似乎胁迫罪说只是把手段的违法性取出来独立谈论，而无视结果的违法性，但实际上胁迫罪说并非不关心结果的违法性。作为危险犯的胁迫罪也并非因行为无价值而成为处罚对象，而是由于它对意思决定自由的威胁乃至对法的安全感的毁损这样的结果无价值才受处罚。另外，胁迫罪说认为胁迫罪成立，是考虑到为实现债权而实施的胁迫行为，对胁迫罪的保护法益会造成侵害或构成威胁，即把行为的整体统一评价为存在胁迫罪的违法性，并非把手段的违法性与结果分割开来作独立的评价。

批判之二是，法秩序的基本要求是实现权利也应该采取合法的手段，为实现债权而采取违法的手段时，如果不认为构成恐吓罪（敲诈勒索罪），那就会破坏统一的法秩序。这是以现代社会法治国家的理念作为背景，重视维护社会秩序的思想，

① 植松正等编．现代刑法论争Ⅱ．东京：劲草书房，1985：158.

② 曾根威彦．刑法的重要问题：各论．东京：成文堂，1995：204－206.

基于否定自救行为或者在极严格的条件下才允许实行自救行为的立场而提出的批判。的确，在诉讼制度完备的现代国家，不允许无限制地实行自救行为。但是，胁迫罪说也认为上述行使债权的行为违法，并且否定无罪说。问题是行为违法与是否侵害某种法益是不同的问题，不采用合法的手段行使权利，同恐吓罪（敲诈勒索罪）的成立并无必然的联系。

批判之三是，胁迫罪说一般认为，行使财产权的案件通常不会造成财产上的损害，不具备恐吓罪（敲诈勒索罪）的构成要件符合性。但是，恐吓罪（敲诈勒索罪）是对个别财产的犯罪，采用胁迫手段取得他人财物的，即便支付了相当对价，也不能否定有财产上的损害发生，所以认为行使债权的场合不会有财产损失的观点是不妥当的。况且，债务人所有的金钱并非在债务履行期满后就成为不受保护的财产，行为人通过行使权利夺取债务人的金钱用来抵债，债务人手上失去现金的，这在刑法解释上还不得不评价为“损害”。而持胁迫罪说的论者反驳说，对财产上的损害应该从实质上而论，不能说“只要是基于畏惧交付了财物”，就是损害已经发生，还得要从社会一般人的观点来看被害人是否确有经济价值上的损失。

四、国内的争论

对于采用胁迫手段行使财产权利的行为如何定性的问题，我国刑法理论界过去缺乏深入的研究。近些年来，学者们开始关注和思考这一问题。我国现在的通说认为，原则上不构成敲诈勒索罪。[①]在笔者看来，财产罪的本质是侵犯他人的财产权，损害他人财产上的利益，而采用威胁手段行使财产权时，由于对方有向行为人（权利人）交付财产的义务，对方并无实质上的财产损失，特别是在行为人采用胁迫手段从非法占有者（如盗窃犯）手中索回自己的财物时，更不可能发生侵害非法占有者之财产权的问题，因而不具备财产罪的本质，从而也就不可能成立作为财产罪之一的敲诈勒索罪。我国刑法第238条3款规定，“为索取债务非法扣押、拘禁他人的”，依照非法拘禁（而不是绑架勒索）的规定处罚，就足以证明这一点。这一条款的规定还表明，采用非法手段行使财产权的虽然不构成相关的财产罪，但其手段行为却有可能构成非法拘禁等侵害人身的犯罪。问题是我国刑法没有将单纯威胁（或胁迫）他人的行为规定为犯罪，因此，采用威胁手段行使权利的行为一般不构成犯罪。如果威胁手段特别恶劣，导致他人患精神病或者有其他严重损害身体健康之后果的，则可能构成伤害罪等罪。在日本等西方国家，由于刑法规定有胁迫罪，采用胁迫手段行使财产权的，即便不构成敲诈勒索罪，也还有可能成立胁迫罪。不过，这些国家也并非对所有采用胁迫手段行使权利的行为都以犯罪论处，如果胁迫的情节很轻微，则由于不具有可罚的违法性而否定犯罪成立。同样道理，假如我国今后修改刑法增设了胁迫罪，对于上述行使权利的行为一般也不能以胁迫罪论处，而只能对个别情节恶劣、造成的后果严重者，才可能以犯罪论处。因为在现实生活

① 张明楷．刑法学：下　5版．北京：法律出版社，2016：1018.

中，债权人从非法占有者手中取回自己的财物或者向拖欠债务者讨债时，往往总会有一些不当的举动或威胁性的言辞，社会公众大多认为这情有可原，因而持容忍态度。如果认为只要采用了威胁手段就一概定胁迫罪，显然不合情理与法理，也不能为人们所接受。

应当注意，行为人采用威胁（或恐吓）手段取得他人占有之下的财物的，不构成敲诈勒索罪的前提是其实施的行为，虽在形式上符合该罪的构成要件，但由于在实质上应视为行使自己的财产权利，因而阻却违法性、否定犯罪的成立。如果行为人实施的行为在实质上不具有行使自己的财产权利的性质，则不影响敲诈勒索罪的成立。例如，X借1万元钱给Y，但Y到期不想归还。X以向纪委举报Y多次嫖娼、受贿的违法犯罪事实，使其丢掉官位相威胁，迫使Y付了20万元现金。此案中X采用威胁手段索取的20万元现金中，仅有1万元（即二十分之一）是Y应履行的债务，其余部分均是Y遭受的财产损害，因而从整体评价X的行为，不是采用威胁手段迫使对方履行债务以实现自己的债权，而是勒索Y的财物，侵害其财产所有权的行为。

问题在于，如何界定行为人实施的是行使财产权利的行为？不言而喻，行使财产权利的前提条件是，事实上存在正当合法的财产权利。一般来说，主要有两种类型：一是自己的财物被对方非法占有（如被对方窃取）；二是自己有正当的债权（对方承担债务）。如果对方合法占有自己的财物，如自己的电视机交给对方修理，不付修理费而采用威胁手段强行索回的，这就不属于行使财产权利，存在非法索取（勒索）财产性利益（即让对方免费修理）的问题；如果对象是法律不予认可的债权，如张三与李四赌博，李四认输，欠张三5 000元赌债。张三找李四讨还赌债，李四不想还。张三以3天之内不还将伤其子相威胁，迫使李四给了5 000元钱。由于法律不认可也不保护这种赌债，所以张三的行为不具有行使财产权利的性质，有可能构成敲诈勒索罪。当然，如果行为人主观上确信自己有权实现这样的债权，并不存在非法取得（或占有）对方财物的问题，且这种认识也未明显超出社会公众所认可的程度，那就应认定其主观上无敲诈勒索的犯罪故意，不以本罪论处。

至于对于行为人行使财产权利的方式是否应当有所限制，仍是需要进一步研究的问题。对于以胁迫手段取得对方不法占有的自己所有之财物的，不认定为敲诈勒索罪是否应以取回原物为限？有论者持肯定态度，认为“如果B盗窃了A的此财物，A采取胁迫手段取得B的彼财物的，应认定为敲诈勒索罪”①。笔者认为，不仅采用胁迫手段取得对方不法占有的自己所有的原物的，不构成敲诈勒索罪，而且取得对方的财物只要其价值不是明显超出自己被不法占有的财物价值的，也不成立敲诈勒索罪。这是因为敲诈勒索罪作为一种侵害财产的犯罪，必须要有给被害人造成较大财产损失的可能性。行为人取回自己被对方不法占有的原物的，固然是因为

① 张明楷．刑法学：下 5版．北京：法律出版社，2016：1018.

不会给对方造成财产损失，而不成立财产罪（含敲诈勒索罪），但在取得对方的财物用来补偿自己价值相当的财产损失时，因同样不会给对方造成财产损失（或损失不大），并且行为人主观上大多没有非法无偿取得对方财物的意思，也没有敲诈勒索罪等财产罪的犯罪故意（或非法占有目的），因而不构成犯罪。例如，甲得知乙盗窃了自己的摩托车之后，到乙家找乙索要，乙称已将车卖给第三者，所得赃款已赌博输光。甲要求其3天之内必须筹钱赔偿（或以物抵偿），否则，就要将其幼子抱走卖给别人，乙只好同意甲将自己的手持拖拉机（与甲的摩托车价值相当）开走用来抵偿。此案中的甲采用胁迫手段取得的是乙的手持拖拉机（并非被盗的摩托车），但在实质上与取回自己的摩托车没有差异，若仅从形式上判断认定甲的行为具备敲诈勒索罪的构成要件并构成此罪，明显不具有合理性。因为从实质来论，甲的行为客观上未给对方造成财产损失，主观上并无非法无偿取得对方财物的意思（或非法占有目的），不具备敲诈勒索罪的主客观要件。况且，如果对甲按敲诈勒索定罪处罚，不仅甲本人不会接受，而且其周围的民众也不可能理解，肯定不会产生好的社会效果。另外，基于同样的理由，对于司法实践中发生较多的采取胁迫手段使债务人用价值相当的实物抵债的案件，我们不能认为债务人借的是金钱就只能采取胁迫其还钱的方式来行使财产权利。

五、侵权索赔

近年来，因消费侵权或劳动纠纷而出现的消费者、劳动者索取天价赔偿的案件时有发生，其中，在饮食物品之中吃出苍蝇，找店家索取数额较大赔偿的案件，更是屡见不鲜。由于这类案件都涉及对方侵权的问题，从广义而言，侵权方与被侵权方存在债权债务关系，被侵权方索赔，也在前述债权人采用胁迫手段以实现自己的债权这种行使财产权利行为的范围之内。有所不同的是，前述行使财产权利中的债权债务关系很明确，对欠债数额双方也无争议。而在侵权纠纷之中，侵权者对于被侵权者的侵权之债的具体数额，即应赔偿的数额并不明确，即便诉讼到法院，赔偿数额也往往还需双方协商，在不能达成协议的条件下，法院判决时也得综合考虑多方面的因素，所确定的赔偿数额要合情合理合法，能够被普通民众所接受或认可。正因为这种侵权案件的赔偿数额不明确，并且不可能找到一个绝对合适又很客观的认定标准，所以不能因行为人提出了违背一般人常识的所谓天价赔偿的要求，并采取了相应的威胁（恐吓）手段，甚至已取得巨额赔偿，就认定构成敲诈勒索罪。“因为，无论是消费侵权纠纷还是劳动争议纠纷，都应遵循意思自治原则，双方完全可以就赔偿数额进行协商，协议确定的赔偿金数额无论是显著高于还是低于实际损失额，只要是双方当时真实的意思表示，没有侵犯第三人的合法权益，均受法律保护。”①

问题的关键在于，对方是否确实存在侵权。如果行为人捏造侵权事实向对方索

① 黎宏．刑法学各论．2版．北京：法律出版社，2016：310.

赔，如将携带的苍蝇、玻璃碴等投放到餐馆提供的饭菜之中，尔后向餐馆索赔的；故意伪造交通事故（即“碰瓷”），以向开车的司机索赔的；如此等等，均不属于行使财产权利，情节严重的，应以敲诈勒索罪论处。但是，如果行为人只是误认自己受侵权损害，而事实上并未受侵权损害或损害已得到应有的赔偿（或补偿），但行为人向有关部门反映权利受侵害的事实（或上访），有关部门主动提出赔偿或者补偿，行为人欣然接受的，不构成敲诈勒索罪。严格来说，这与上述行使权利的行为虽然相似，但还有较大差异。因为给予其赔偿或补偿的政府有关部门，大多并非给其造成“侵权损害”者。并且，上访是公民的政治权利，只要其不采取非法的形式上访，无论其理由是否恰当，均应当允许。政府有关部门为了不影响自己的“政绩”，而以给想要上访者补偿的方式使其不上访，这种做法本身不合适，因而不能归咎于上访者。

另外，对于索赔的手段，即行为人威胁或扬言侵权者若不赔偿所要采取的行动，是否应该有所限制，学者们有不同认识。有论者认为，行为人所采取的手段行为必须与债权之间有内在的关联。“如果消费者基于消费侵权纠纷或者劳动者因劳动纠纷而向经营者或用人单位提出索赔，但其采用的却是向税务机关举报偷税或者威胁揭发相关人员的个人罪行或违法事实等手段，则由于举报、揭发的内容与消费者、劳动者意图维护的合法权益之间缺乏关联性，其行为违法，故仍可能构成敲诈勒索罪。”① 但是，笔者认为，只要侵权的事实客观存在，侵权者依法确实要给行为人以赔偿，无论行为人采取何种威胁手段，也不管威胁采取的行动与侵权造成的损害之间有无关联性，只要能认定其索赔是一种行使财产权利的行为，均不构成敲诈勒索罪。因为索赔本身既然是一种行使财产权利的行为，那就与前述从盗窃犯人处索取回自己的财物、从债务人那里索取用以抵债的财物等行使财产权利的情形一样，由于行为人的行为并不会给对方造成财产损失，不存在侵害其财产所有权的问题，因而不能构成敲诈勒索等财产罪。至于威胁的手段，前述行使权利的行为并没有限制性的要求，无论是威胁或扬言要杀害、伤害对方的，还是要绑架、拐卖其子女的均可，且这样的手段行为与债权之间也毫无关联性，但均不影响行使财产权利的成立，为何在侵权索赔这种行使财产权利的场合，要提出特殊的限制性要求？况且，威胁要举报侵权单位偷税、相关人员违法犯罪的事实，这种威胁要实施的行为本身是合法的，其情节比威胁要杀害、伤害有关人员的情节要轻得多，为何反而不能被视为行使财产权利的行为呢？当然，如果行为人的威胁已造成严重危害结果（如导致对方患严重的精神病），或者威胁采取的手段已付诸实施，且存在捏造事实、诬告陷害等问题的，则对这种违法犯罪的手段行为，要单独予以处罚，只是不能按敲诈勒索等财产罪定罪处罚。

① 陈兴良主编．刑法各论精释．上，下册．北京：人民法院出版社，2015：584.

第八章

侵占罪

第一节 侵占行为

一、侵占的含义

对侵占罪客观方面的行为，各国刑法的规定不完全一致。德国刑法第 246 条、日本刑法第 252 条至第 254 条，瑞士刑法第 140 条至第 142 条，都直接用“侵占”一词予以概括；法国刑法第 314～1 条规定为“侵吞”；意大利刑法第 646 条和第 647 条规定为“据为己有”；俄罗斯刑法第 160 条规定为“攫取”；新加坡刑法第 403 条和第 404 条规定为“侵占”、“私吞”、“归自己使用”或“归于己用”；英、美刑法则称之为对财产的“转变”（conversion），即“受托人按他自己的用场来处理委托他占有的财产”，其实质是把现存的占有权变成所有权。[①] 我国刑法第 270 条规定为“非法占为己有，数额较大，拒不退还的”或“拒不交出的”。

关于侵占的含义，大陆法系国家刑法理论上，存在取得行为说与越权行为说之争。取得行为说认为，所谓侵占，是指非法取得自己占有的他人之物的行为，也就是实现非法取得意思的行为。行为人对他人之物，本来只是一般的占有，应该予以归还，但其出于非法取得的意图而据为己有；或者说，行为人以财物的所有人自居，享受财物的所有权内容，实现其非法取得的意思。此说的主要理由是，侵占罪的保护法益是所有权及其他本权，单纯只是破坏委托信任关系的越权行为都不具有侵害本权的危险性，只有主观上具有非法取得的意思，客观上实施了实现这种非法取得意思的行为，才有侵害本权的危险性，才是侵占行为。这是德、日刑法理论的通说，也是两国的审判实践所采取的基本立场。

① 储槐植，江溯．美国刑法．第 4 版．北京：北京大学出版社，2012：202.

越权行为说认为，侵占是指破坏委托信任关系，对自己占有的他人之物实施超越权限的行为。侵占罪的成立，不以行为人有非法取得的意思为必要。其理由是，侵占委托物罪是侵占罪的基本类型，侵占脱离占有物罪是其补充类型。而侵占委托物罪的本质是违背委托信任关系，由此而论，侵占委托物罪中的侵占本身就包含有越权行为的含义；再说，从占有说（又称持有说）的立场而言，不能认为取得罪的概念里面必须包含有非法取得的意思；如果按照本权（又称所有权说）说，认为侵占罪的成立以有实现非法取得的意思为必要，那就会过于缩小侵占罪的成立范围。①

两说的差异在于，按取得行为说，侵占行为的成立以客观上有实现非法取得意思的行为必要，而按越权行为说，只要实施了违反委托旨意的行为就足够了，并不要求有非法取得的意思，显然越权行为说比取得行为说所界定的侵占行为的范围要广。两说争议的焦点主要在于，究竟达到何种程度的越权才成为侵占？一方面，即使按取得行为说，实际上也不得不考虑超越权限的问题。因为侵占罪往往是以财物被委托管理为前提的，如果按委托者的旨意，受托者被给予一定的对物加以利用的权限，如质权者在债权范围内被允许转质，在此范围内的行为就不能认为是侵占，只有超越这种范围才能视为侵占。判断侵占行为有无时，也不得不考虑是否存在超越委托旨意（权限）的取得行为。② 另一方面，采用越权行为说时，权限的内容如何把握是一个难题，如果对权限的范围理解得过宽，那就会过于扩大侵占罪的处罚范围。比如说，弄破封装袋看看里面装有何种物品，这也是一种越权行为，但如果把这种不可能造成财产损害的行为当侵占罪处罚，显然是不恰当的。此外，根据财产罪的基本理论，侵占罪是一种取得罪，一般认为，取得罪的成立以行为人客观上有非法取得的行为、主观上有非法取得的意思为必要。缺少其中任何一个方面的要件，侵占罪均不可能成立。由此可见，取得行为说较为可取。

二、相关的争议

由于我国刑法比西方国家刑法对侵占罪的成立条件有更严格的限制，因而我国刑法理论界几乎无人支持上述越权行为说。我国学者大多认为，侵占行为是指将自己暂时占有的他人财物不法转变为自己所有，不按协议与要求退还给他人；或者以财物的所有人自居，享受财物的所有权的内容，实现其不法所有的意图。③ 这与上述取得行为说基本相同。目前，我国刑法理论界对侵占行为存在争议的，主要有以下几个问题。

（一）“非法占为己有”能否等同于“非法占有”

根据我国刑法第270条的规定，侵占罪的侵占行为是指把自己占有下的他人财物“非法占为己有”。有人把这里的“非法占为己有”与“非法占有”等同起来，认为“侵占罪客观方面必须具有非法占有的行为。所谓非法占有的行为就是据为己有”④。

① 新保义隆．刑法各论．东京：早稻田经营出版，1997：229－230.

② 前田雅英．刑法各论讲义．东京：东京大学出版社，1989：321.

③ 张明楷．刑法学：下　5版．北京：法律出版社，2016：968.

④ 周其华．新刑法各罪适用研究．北京：中国法制出版社，1997：306.

但是，在笔者看来，作为侵占行为实质内容的“非法占为己有”是与通常所说的“非法占有”有重要差别的概念。所谓占有，是指对财物在事实上的掌握或控制。一般来说，在盗窃、抢劫等转移占有的犯罪中，由于财物在他人的占有之下，行为人采用盗窃、抢劫等手段夺取财物的占有，这种“非法占有”行为的实质就是把他人财物“非法占为己有”，自然是侵犯了他人的财物所有权。但是，侵占罪是以行为人事先占有他人财物为成立前提的，这种占有一般是因为受他人的委托，占有本身不存在侵害委托者财产权的问题。正因为如此，大陆法系国家学者认为，侵占罪是一种不转移占有的犯罪（或者说是不侵害占有的犯罪）。侵占罪的实质是把自己占有之下的他人财物非法变为己有，即“非法占为己有”，也就是我国台湾学者通常所说的“易持有为所有之‘取得行为’”①，我国大陆学者则称之为“变合法持有（或占有）为非法所有”②。由此可见，把侵占罪中的侵占行为说成是“非法占有”，有失妥当性。

（二）“非法占为己有”是主观要件还是客观要件

我国刑法第270条中的“非法占为己有”，究竟是对侵占行为的客观要件的规定，还是对其主观要件的规定？对此，理论界有不同认识。有人认为，这里的“非法占为己有”，是指行为人意图使自己具有类似于所有人的地位，或者说有“归己所有”的非法意图。③ 也有人认为，“非法占为己有”仅仅是对侵占行为的规定，即只要行为人将其保管的他人财物加以扣留，应退还而不退还，就有可能构成侵占罪。④ 还有人认为，“非法占为己有”作为一种行为，是指行为人将自己持有的他人财物非法转变为自己所有的主观意图在客观上的表现。⑤ 笔者倾向于这后一种意见。因为我国刑法对犯罪主观要件的规定，一般都含有“故意”“过失”“明知”“目的”“意图”等词语，而刑法第270条中的“非法占为己有”之前并没有冠之以“意图”一词，之后也没有加上“目的”二字，因此，不能说这是关于侵占罪主观要件的规定。事实上，该条文规定“将代为保管的他人财物非法占为己有”“将他人的遗忘物或者埋藏物非法占为己有”，这显然是对侵占行为的描述。但这并不意味着认定侵占行为可以不考虑主观因素，相反，按照主客观相统一的基本原则，侵占行为必须是在侵占故意支配下的行为，也就是说把自己占有下的他人财物“非法占为己有”，必须是在“非法占为己有”故意支配之下实施的，否则，不能视为侵占行为。所以，那种认为只要行为人具有变持有为所有的意思的即为侵占⑥，或者认为只要事实上将自己占有的他人财物“非法占为己有”的就构成侵占的观点，都

① 林山田．刑法特论：上．台北：三民书局，1978：295.
② 叶高峰．侵占罪若干问题研究．郑州大学学报（哲学社会科学版），1999（5）.
③ 王光华，刘锁民．论侵占罪的构成要件．现代法学，1999（4）.
④ 刘家琛主编．新刑法条文释义：下．北京：人民法院出版社，1997：1197.
⑤ 刘志伟．侵占罪研究//高铭暄等主编．刑法论丛：第2卷．北京：法律出版社，1999：125.
⑥ 刘辉．侵占罪若干问题的研究．法律科学，1999（1）.

是违反主客观相统一原则，并且与刑法第 270 条之规定的精神相违背的。

（三）拒不退还或交出是侵占行为的要件还是犯罪的情节

我国刑法第 270 条规定，行为人将代为保管的他人财物“拒不退还”的，或将他人的遗忘物或者埋藏物“拒不交出”的，才有可能构成侵占罪，反过来，如果退还或交出了的，则不可能构成侵占罪。那么，拒不退还或交出，究竟是侵占行为的要素，还是侵占罪的犯罪情节呢？有人认为，“拒不退还或交出不是一般的犯罪情节，而是侵占行为的一部分”①。也有人认为，“侵占行为的成立的核心要素是对代管的他人财物拒不退还，对他人的遗忘物、埋藏物拒不交出，并非只要有‘非法占为己有’的事实就成立侵占行为”②。还有人认为，作为侵占罪客观方面的行为，就是指在合法权利人提出要求时，拒不退还代为保管的他人财物或者拒不交出他人的遗忘物、埋藏物，侵占行为的实质是不按权利人的要求返还财物。③ 但是，笔者认为，拒不退还或交出并非侵占行为的组成部分或核心要素，更不能把拒不退还或交出的行为与侵占行为等同起来，事实上，它只是侵占罪成立的一个情节或要件。因为侵占行为的实质是把自己占有之下的他人财物变为己有，从前述各国刑法对侵占行为的描述来看，无论是“侵吞”“据为己有”，还是“攫取”“转变”所有，都表明侵占是一种非法取得他人财物的行为；从中外刑法理论对侵占的解释而论，通说也认为侵占是一种变持有（占有）为所有（或变“合法持有为非法所有”）的行为，而拒不退还或交出是非法取得（或非法所有）之后的行为，它并不能揭示侵占行为的本质。此其一。其二，外国刑法大多没有把“拒不退还”或“拒不交出”作为侵占罪的成立要件，但是，侵占罪的成立必须要有侵占行为这是毋庸置疑的，侵占行为作为一种基本的侵犯财物的犯罪行为，同抢劫、盗窃、诈骗等行为一样，各国刑法对其的规定也大致相同。只是对各种财产罪的成立条件，各国刑法的规定有所不同。其三，我国刑法第 270 条所规定的“将代为保管的他人财物非法占为己有”“将他人的遗忘物或者埋藏物非法占为己有”，就是对侵占行为的完整描述，之后所述“数额较大，拒不退还的”（或“拒不交出的”），则是为限制侵占罪的处罚范围，而在侵占行为之外附加的成立要件，同在“抢夺公私财物”之外另把“数额较大的，或者多次抢夺的”作为抢夺罪的成立条件一样，不能认为只有抢夺数额较大或多次抢夺才是抢夺行为，数额较小的一次抢夺不是抢夺行为。其四，拒不退还或交出是我国刑法规定的与“数额较大”相并列且必须同时具备的成立侵占罪的条件之一，也就是说实施了侵占行为、侵占财物的数额较大而又拒不退还或交出的，才构成侵占罪。如果行为人经权利人索要而退还或交出，即便侵占财物数额较大，也不能当侵占罪处理。但是，侵占之后退还或交出财物，并不能否定其行为的侵占性质。例如，甲乘乙的出租车时将装有 10 万元现金的手提包遗忘在乙的车上，乙

① 刘志伟．侵占罪研究//高铭暄等主编．刑法论丛：第 2 卷．北京：法律出版社，1999：129.

② 刘辉．侵占罪若干问题的研究．法律科学，1999（1）.

③ 陈明华主编．刑法学．北京：中国政法大学出版社，1999：617.

发现后产生了侵吞的意图，并已将这笔钱用来买了住房。后来，甲通过多种途径找到了乙，乙开始矢口否认，甲拿出确凿证据后，乙才不得不承认收下了这笔钱。甲多次上门追款，乙总以各种理由搪塞，当甲要提起诉讼时，乙才还了款。此案中的乙主观上有明确的侵占意图，客观上已实施了处分他人财物的“非法占为己有”行为，如果以已退还为由来否定其实施了侵占行为，显然是不符合客观事实与法理的。

（四）侵占行为是否仅限于不作为

关于侵占行为是否只能表现为不作为的问题，我国刑法理论界有两种不同观点。一种观点认为，“合法的权利人提出交还要求，是本罪成立的必要前提；不按权利人要求履行交还财物的作为义务，是本罪客观方面的实质，从理论角度讲，本罪只能由不作为构成”①。另一种观点认为，“侵占行为既可以是作为，也可以是不作为，具体表现为将自己代为保管的财物出卖、赠与、消费、抵偿债务等等”②。在笔者看来，这种分歧来自对上述“拒不退还”或“拒不交出”的不同认识。如果认为拒不退还或交出是侵占行为的实质内容或表现形式，那就会得出侵占行为只能表现为不作为的结论。因为行为人有退还（或交出）的义务，应该退还（或交出）而不退还（或交出），显然是“当为而不为”的不作为行为。但是，如前所述，拒不退还或交出只是与“数额较大”相并列、具有相似性质的犯罪情节，并非等同于侵占行为。侵占行为的实质是变持有为所有，通常表现为非法实施只有所有人才能实施的处分财物的行为，而这种处分财物的行为大多是作为，如出卖、赠与、消费等积极地处分财物行为，也可能出现不阻止而听任他人拿走财物的消极处分财物的现象，这就是不作为的侵占。侵占行为既可以是作为也可以是不作为，可以说这是德、日等大陆法系国家刑法理论上没有争议的问题。③ 如果仅以我国刑法对侵占罪的成立有“拒不退还”或“拒不交出”的特殊要求为由，认为我国的侵占罪只能由不作为构成，似乎难以令人信服。

第二节　侵占对象

一、普通侵占罪的对象

一般来说，普通侵占罪的对象是自己占有的他人财物。

首先，对“自己占有”作何种理解？这是理论上有争议的问题。一般来说，占

① 陈明华主编．刑法学．北京：中国政法大学出版社，1999：617－618.

② 张明楷．刑法学：下．北京：法律出版社，1997：784.

③ 新保义隆．刑法各论．东京：早稻田经营出版，1997：230.

有或支配他人财物的原因有三：一是基于委托信任关系占有（如受委托代为保管等）；二是由于偶然原因占有（如拾得遗失物、漂流物，掘出埋藏物等）；三是夺取（如盗窃、抢劫等）。其中，基于偶然原因占有支配他人财物的，在许多国家刑法中都单独有规定，属于特殊侵占罪的范畴，因而不能成为普通侵占罪的占有之原因。另外，采用抢劫、盗窃、诈骗、敲诈勒索等手段夺取的，这本身就构成相应的财产罪，又由于这些罪是状态犯，夺取财物的行为人事后处分这种财物的行为是不可罚的事后行为，不可能有构成侵占罪的余地。所以，作为普通侵占罪的占有原因，通常只能是基于委托关系而由行为人占有，这种委托关系是根据当事者之间的信任关系而产生的。委托信任关系的发生原因又是多方面的，如使用借贷、委任、寄存等。并且，委托信任关系不一定要有成文的合同，只要按日常的惯例，事实上存在这种委托信任关系即可。至于在法律上委托者对目的物是否有委托受托者保管的权限，受托者是否被允许受托，则在所不问。即使委托合同在法律上无效，对这种合同被取消时应该交出之物的占有，也仍然可以认为是基于委托信任关系的占有。[①]

我国刑法第 270 条第 1 款规定，普通侵占罪的对象必须是“代为保管的他人财物”，也就是说行为人占有他人财物的原因只能是“代为保管”。对这里的“代为保管”，有人认为，是指基于“委托、信任关系所拥有的对他人财物的持有、管理”[②]；也有人认为，“代为保管”并不以存在委托关系为限，还包括基于租赁关系、借用关系、担保关系等合同关系或无因管理等其他关系而形成的对他人财物的管理状态。[③] 笔者认为，从狭义上理解，委托“代为保管”，就是委托人出于对受托人的信任将财物交给受托人代替自己保藏和管理。而在把自己的财物租给别人以取得租金或者借给别人无偿使用时，如果认为租借者是委托使用者代为“保管”其财物，则不太合情理。但租用、借用他人财物后又拒不归还，这是现实生活中常见的侵占行为，按许多国家刑法的规定，都构成侵占罪，如果将其排除在侵占罪的范围之外，显然不合适。正如有的学者所述，对“‘代为保管’，不应过于狭隘地理解为仅指受他人委托暂时代为保管或看护财物”[④]。如果从广义上解释，把基于租赁关系、借用关系、担保关系、无因管理等事由而占有他人财物的情形，包含于委托“代为保管”之中也并非不可能。因为在租借的场合，出租、出借者实际上是基于对承租、借用者的信任而将财物交给其使用的，自然含有委托其“代为保管”并依约返还之意；在抵押、担保的场合，提供抵押物、担保物给对方，这本身就意味着委托对方代为保管自己的财物；无因管理者代为他人管理某物，虽然没有权利人的委托，也无法律上的义务，但可以从事实上推定其行为是受委托“代为保管”他人财物。因此，从广义而言，将“代为保管”理解为包含这些实质上的受委托“代为

① 大塚仁．刑法概说（各论）．东京：有斐阁，1992：276.

② 胡康生等主编．《中华人民共和国刑法》释义．北京：法律出版社，1997：383.

③ 王作富．略论侵占罪的几个问题．法学杂志，1998（1）.

④ 高铭暄，马克昌主编．刑法学．8 版．北京：北京大学出版社，2017：512.

保管”的情形也未尝不可。

还有必要指出，我国刑法第270条中的“代为保管的他人财物”，很容易使人从本意（或狭义）上理解为仅限于受他人委托代为保藏或看护的财物。虽然从各国刑法的规定和刑法解释论上讲，这样理解并不合适，只有从上述广义上理解才合乎法理。但是，把某罪的适用条件作扩大化的解释，在实际适用时就会出现不利于被告人的结果，这就是一种不利于被告人的解释，是违反罪刑法定主义的。为了解决这一矛盾，有必要在修改刑法时把第270条中的“代为保管”改为“自己占有”。

其次，作为普通侵占罪对象的财物，还必须是他人的。在司法实践中，判断某种财物是否属于“他人财物”，有时会遇到难题。这主要表现在如下几方面。

（1）“他人财物”是否包括公有财物

作为侵占罪对象的“他人财物”是否包括公有财物？对此，各国刑法大多没有明文规定。我国刑法关于普通侵占罪的规定中，将其侵害对象限定为“代为保管的他人财物”，而在有关抢劫、盗窃、诈骗、抢夺、敲诈勒索等罪的规定中，指明侵害对象为“公私财物”。那么，这是否意味着公有财物不能成为侵占的对象呢？目前我国刑法理界有两种完全不同的认识：一种观点认为，作为侵占罪对象的“他人财物”不包括国有财产也不包括公司、企业及其他单位的财物，只限于公民私人所有财物。理由是，刑法第270条第3款规定侵占罪是“告诉的才处理”的犯罪，而告诉者必须是被害人，被害人又只能是自然人，既然国家、企业、事业等单位不能作为告诉主体，那就说明公有财产不能成为侵占的对象；再说，贪污罪、职务侵占罪包含了侵占公有财物的行为，就只有剩下的侵占私有财物的行为才能作为侵占罪的内容，新刑法之所以增设普通侵占罪，也正是为了弥补过去立法上的这一漏洞。[①] 另一种观点认为，刑法第270条所指的“他人财物”包括国家集体所有的公共财物和公民个人所有的财物。因为“这里所说的‘人’，应包括自然人和法人。固然，刑法第271条规定有业务侵占罪，其犯罪对象包括国有、集体所有的财物，但是，其犯罪主体只限于公司、企业或其他单位的人员，而不包括单位以外的个人侵占单位财物。然而，事实上，根据合同关系或事实关系，个人合法持有公共财物，并非法转为己有，是完全可能的，对此只能以侵占罪论处”[②]。

笔者倾向于上述后一种观点。其一，在现实生活中，非国有、集体单位的人员侵占国有、集体所有之财物的现象完全有可能发生。例如，公民个人基于加工承揽、寄存、托运等合同关系持有国有、集体单位的财物后予以侵吞；国有、集体单位在给公民个人发货时因某一方的错误多发了货物，个人予以侵吞。特别是单位的业务人员将国有、集体所有的财物交给他人代为保管，他人予以侵吞的现象更容易发生。譬如，企业采购员朱某携带巨款到广州采购，借住在朋友乙家中，为防止公

① 王光华，刘锁民．论侵占罪的构成要件．现代法学，1999（4）．

② 王作富．略论侵占罪的几个问题．法学杂志，1998（1）．

款遗失，暂托朋友乙保管，乙将代为保管的公款非法据为己有，拒不退还的，这就是构成侵占罪的适例。① 其二，刑法在抢劫、盗窃、诈骗、抢夺等财产罪中将犯罪对象规定为“公私财物”，而将侵占罪的对象规定为“他人财物”，两者表述上的差异是不能否定的。但这并不意味着“他人财物”仅限于私人财物，否则，为何不直接用“私人财物”来取代“他人财物”以避免理解上的分歧呢？之所以把侵占罪的对象规定为“他人财物”，而没有像其他财产罪的规定那样用“公私财物”一词，这或许是立法者考虑到将代为保管的公物非法占为己有大多属于贪污的问题，为了避免侵占罪与贪污罪、职务侵占罪相混淆，因而不直接用“公私财物”的概念，但同时考虑到存在非单位人员侵占公有财物的现象，又不能把本罪对象仅限定在“私人财物”的范围内，所以，就用了有较大解释余地的“他人财物”的概念。不过，从日本刑法的规定来看，盗窃、强盗、侵占等财产罪的对象都是“他人的财物”，日本刑法理论上也不认为作为侵占罪对象的财物同其他财产罪的对象在所有权性质上有何不同。事实上，所有财产罪的本质都是侵犯他人的财产权，这就决定了其犯罪对象都只能是他人的财物。而“公私财物”的概念给人的印象是还包含自己的财物，但自己的财物又不可能成为财产罪的侵害对象，由此可见，今后有必要将我国刑法所规定的作为各种财产罪之侵害对象的“公私财物”修改为“他人财物”。其三，我国刑法规定侵占罪“告诉的才处理”，告诉的主体是被害人，这里的被害人一般是指自然人，但是也可能有特殊例外的情况。因为盗窃、诈骗、故意毁坏公私财物等犯罪，可以适用刑事自诉程序，而这些犯罪的侵害对象包括公有财物，其被害人也完全有可能是国有、集体所有制的单位。由此可见，单位也可以作为被害人提起刑事自诉。既然如此，以侵占罪是属于“告诉才处理”的犯罪来否定单位的公有财物可以成为其侵害对象，就显得不够有力了。并且，从外国的立法情况来看，德国、日本等许多国家刑法并未将侵占罪列入“告诉才处理”的范围，意大利刑法虽然规定侵占罪“经被害人告诉”才处理，但具备有些情节还可以“实行公诉”，而不是像我国刑法那样对侵占罪一律实行自诉。显然，我国刑法的规定不利于惩治侵占罪，因而有必要予以修改。

(2)“他人财物”是否包括种类物

种类物（不特定物），是指具有共同特征，可以用品种、规格、数量、长度、容积、重量等标记和抽象单位加以计算确定，并且可以用同种类、同质量的物代替的物，如金钱、小麦等。种类物是相对特定物而言的，特定物不能用其他物来替代，而种类物具有可代替性，因而又称为可代替物。对以金钱为代表的可代替物的所有权归属的认定，如果完全以民法理论作为依据，就会得出不合理的结论。按民法上的通说，金钱的占有与所有权是一起转移的。如果把这种观点运用到侵占罪中，那就不会出现对金钱的侵占问题。因为受委托为他人保管金钱者既然对所保管

① 叶高峰．侵占罪若干问题研究．郑州大学学报（哲学社会科学版），1999（5）．

的金钱有所有权，那就意味着他既是金钱的占有者又是所有者。而侵占罪的对象只能是自己占有的他人之物，占有者与所有者不同才可能成立侵占罪。然而，现实生活中的侵占罪又大多是以金钱为对象的，因而不能完全按民法的所有权理论来解释作为侵占对象的“他人财物”①。日本的判例对侵占金钱的案件就是从刑法的立场来解释其“他人”性的。例如，对于把受委托购买不动产的资金花费掉的、侵吞受委托讨债而收回的现金的、擅自处分受委托催收的赊账款的、侵吞代售货物所得的现金的，判例认为构成侵占罪。②

在大陆法系国家刑法理论上，对种类物在何种情况下可能成为侵占的对象有不同认识。概括起来主要有以下几种学说：1）所有权转移说。该说认为种类物能否成为侵占罪的对象，应以该财物的所有权是否已移转于持有人为准。如消费借贷或消费寄托等情形，由于种类物的所有权已经转移，因而对种类物的处分行为不属于侵占。③ 2）处分权转移说。该说认为财物虽有特定物与种类物之分，但二者均可成为侵占罪的对象。只是就种类物而言，持有人如果已取得种类物的处分权，即可以实施与所有权人同样的处分行为时，那么对种类物的处分行为并非侵占。④ 3）允许消费说。该说认为应以所有人是否允许持有人消费为准，被允许者不存在侵占问题，否则，即可成立侵占罪。⑤ 4）超越权限说。该说认为侵占行为是指对于自己占有的他人财物，为超越权限的行为。所以，应以行为人处分自己持有的他人之种类物是否超越其权限为准，超越权限者成立侵占罪，反之则不成立。⑥ 5）违背委任意旨说。该说认为应以行为人处分种类物有无违背委任意旨为准，如果持有人违背其委任意旨处分所持有的他人的种类物，例如，明知自己不能履行返还义务或根本无返还之意思而消费者，仍可成立侵占罪。⑦

我国有学者认为，种类物在某些场合下可以成为侵占罪的对象。至于在哪些场合下种类物不可以成为侵占罪的对象，应以所有权转移说为判断的标准。具体而言，可将种类物分成两种情况来讨论：一类是不可消费的种类物，这一般不发生所有权转移的问题，可能成为侵占的对象；另一类是可以消费的种类物，这有可能出现（也有可能不出现）所有权转移的现象，因而在有的场合可能成为侵占的对象，但在另一些场合则会得出相反的结论。⑧

上述诸种学说中，后两种学说是从受委托者的行为是否违背委托者客观的授权或主观的意旨来判断侵占罪是否成立的，这些都有可能扩大侵占罪的成立范围。因

① 前田雅英．刑法各论讲义．东京：东京大学出版社，1989：315.
② 大塚仁．刑法概说（各论）．东京：有斐阁，1992：277－279.
③ 褚剑鸿．刑法分则释论：下册．台北：台湾商务印书馆，1995：1193.
④ 陈朴生．论不特定物之侵占：第4卷．台北：法令月刊，1953（5）.
⑤ 王振兴．刑法分则实用：3册．台北：三民书局，1987：444.
⑥ 木村龟二主编．刑法学词典．顾肖荣，等译．上海：上海翻译出版公司，1991：772.
⑦ 同⑤.
⑧ 刘志伟．侵占罪研究//高铭暄等主编．刑法论丛：第2卷．北京：法律出版社，1999：110－111.

为受委托者侵吞受委托占有的种类物的行为自然是违背了委托者意旨的，同时也从根本上超越了受委托的权限，按上述后两种学说，似乎所有受委托占有的种类物，均可能成为侵占罪的对象。但事实上，在某些场合种类物的特殊性决定了它不可能成为侵占的对象。如借钱使用后拒不偿还的，就不可能构成侵占罪。而前三种观点从种类物的持有人是否对种类物拥有所有权或者所有权中最核心的处分权①，来判断其是否属于他人的财物，从而确定其能否成为侵占的对象，应该说其立足点是正确的。因为侵占罪的实质是将自己占有下的他人财物据为己有，行为人占有的种类物的所有权如果还在他人名义之下，就可以成为侵占的对象；如果占有种类物的同时该物的所有权就已转到其名下或者意味着其有处分权、消费权，那该物就不属于“他人财物”，不能成为侵占的对象。具体而言，在消费借贷的场合，虽然借贷者最终要归还相当数量质量的种类物给所有人，但借贷者从所有人处取得种类物进行消费、使用，这本身就意味着此种种类物的所有权已转移给借贷者，并且最终归还的种类物也并不是原物而是替代物，同时也不存在借贷者受所有人委托而代为其保管种类物的问题。例如，甲向乙借10万元人民币，甲拿到钱时就意味着他已拥有这10万元人民币钞票的所有权，他可以任意使用、处分，还款期到来时，也并不要求其归还原来所借的那10万元人民币钞票，而是只要其用面值、数量相同的人民币替代还款。即便甲借用后“赖账”而拒不还款，也由于不存在将“代为保管的他人财物非法占为己有”的问题，而不构成侵占罪。这同借用特定物而拒不归还的情况有较大差别。例如，丙借用丁的价值10万元的小轿车后，擅自将车卖掉取得卖车款，既不还车也不退款的，这就构成侵占罪。因为根据民法的所有权理论，借用特定物者占用时并不能取得物的所有权，相反有妥善保管并如期归还特定物的义务。丙将所借用的丁的小轿车卖掉而取得车款，这是一种将自己占有的他人之物据为己有的行为，自然是构成侵占罪。问题是从刑法学的立场而论，借用10万元钱不归还与借用价值10万元的车不归还只有形式上的不同，其侵害财产权的实质并无差别，而得出罪与非罪两种完全不同的结论，似乎并不合理。这一问题还有待进一步研究。

与消费借贷不同的是，委托代管种类物的场合，由于持有人仅有保管义务而无加以使用、消费的权利，该种类物的所有权并未转移给持有人，持有人所持有的仍然是他人的财物，这当然可能成为侵占的对象。例如，将别人交给自己保管的大量现金侵吞；将他人委托自己购物的货款侵吞；把代为他人收回的欠款侵吞；将他人交给自己加工成面粉的小麦卖掉取得现金；如此等等，均有可能构成侵占罪。那么，无论是委托代管还是消费借贷，拒不返还同种、同质、同量的种类物的后果是相同的，为何定性上有如此大的差别呢？一般认为，按民法的理论，在消费借贷时，所有人将种类物转让出去让对方用于消费，这意味着他对原物已不再有返还请

① 消费或消耗财物也是处分财物的一种表现。

求权，他已将物的全部所有权用来与持有人设定债权债务关系，其物的所有权已通过债权形式来实现。因而，当持有人拒绝返还相同品质、数量的种类物时，所有人只能通过债权请求权而不是物权请求权主张自己的财产权利，所以，这种拒还种类物的行为属于民事侵权行为。而在委托代管的场合，所有人并没有赋予持有人消费、使用的权利，也就是没有以物的返还请求权设定债权，由于只是委托代管种类物，因而这种情形的种类物实际上已被特定化①，所有人对物仍有所有权，持有人侵吞这种财物，也就是侵占自己占有下的他人之物，有可能构成侵占罪。应当指出，尽管受他人委托代为保管种类物，按约应该归还原物而不能私自动用，但如果保管者擅自动用后用同种、同质、同量的种类物予以填补的，这也不能构成侵占罪。虽然日本最高裁判所有判例认为这同样构成侵占罪，但有些日本著名学者并不赞成判例的主张，认为行为人有填补的资力与意思时，就不能说其有取得行为，从而不具备侵占罪的构成要件。② 实际上，这种擅自动用代为保管的他人财物的行为的性质是挪用。在我国，如果挪用的对象是公共财物或单位资金，而行为人又具备国家工作人员或单位人员的主体身份，就有可能构成挪用公款罪或挪用资金罪；如果挪用的是私人的现金或其他种类物的，则不构成犯罪。

至于“他人财物”是否包括不法原因委托物与犯罪所得的赃物，刑法学界有较大争议，笔者拟分专节来作进一步的论述，在此不赘述。

最后，作为侵占对象的“财物”在理论上的解释不一。其中，最有争议的问题是不动产、无体物、知识产品、财产性利益能否成为侵占罪的对象？笔者在此作一些介绍和评析。

（1）不动产能否成为侵占罪的对象

如前所述，财物有动产与不动产之分。不动产是指在空间上具有固定位置、不能移动或者移动就会影响其经济价值的财物，如土地、森林、建筑物等。关于不动产能否成为侵占对象的问题，国外大致有两种立法例：一是明确将侵占罪的对象限定为动产（不包含不动产），如德国、瑞士、新加坡等国刑法就是如此；二是只将侵占罪的对象规定为“物”或“财物”，而未说明是否包括不动产，如日本、奥地利等国刑法就采取这种立法形式，不过，这些国家的判例和学说一般解释为包括不动产。③ 我国刑法也同日本等国刑法一样，只规定本罪的对象为“财物”。我国的通说也认为，这里的“财物”既可以是动产，也可以是不动产。④

笔者也赞成通说的解释。不过，在我国，并非所有不动产都能成为侵占罪的对象。例如，根据我国有关法律的规定，土地属于国家所有，个人只能取得土地的使用权，不可能取得所有权，既然如此，某人将自己代管的他人的土地长期占用而不

① 甘雨沛，何鹏．外国刑法学：下册．北京：北京大学出版社，1985：946.
② 前田雅英．刑法各论讲义．东京：东京大学出版社，1989：316.
③ 新保义隆．刑法各论．东京：早稻田经营出版，1997：222.
④ 高铭暄，马克昌主编．刑法学．8版．北京：北京大学出版社，2017：511.

归还，这就只是一种恶意占用的行为，不是从根本上取得财物的行为，而侵占罪是一种取得所有权的犯罪，因而土地不能成为侵占罪的对象。如果拒不归还他人委托自己管理的耕地并非法改作他用，严重违反了土地管理法规，造成耕地大量毁坏的，构成刑法第342条规定的非法占用农用地罪。但是，个人对承包种植的森林享有所有权，如果某人受他人委托代管其森林，而私下将森林转卖给他人，则可能构成侵占罪。房屋可以通过登记而取得所有权，把代管的他人房屋以自己的名义登记取得所有权，或者将房屋私自卖给他人取得金钱的，这些都有可能构成侵占罪。总之，某种不动产能否成为侵占的对象，既要看它能否被委托给他人代管，又要看行为人是否可能取得其所有权，只有在两者同时具备时，才可能成为侵占的对象。

（2）无体物能否成为侵占罪的对象

如前所述，财物还可以分为有体物与无体物。无体物是指看不见、摸不着，不具有某种物体形态的物。可能成为财产罪侵害对象的无体物，主要包括电力、热能等无形的能源。至于这类无体物能否成为侵占罪的对象，各国刑法的规定不一。有少数国家的刑法明文规定，侵占某种无体物可以构成侵占罪。例如，根据韩国刑法第346、361条的规定，“人类可以控制之动力”，可以成为侵占的对象。也有少数国家的刑法把侵占某种无体物的行为纳入其他犯罪之中，而将其排除在侵占罪的对象范围之外。例如，德国刑法第248条c规定，“意图不法获取电力，以不符合规定的导线，从电力设备或设施中盗用他人电力的”，构成“盗用电力”罪。这就意味着行为人代为他人管理电力时，私自盗用自己控制管理下的电力的，不能构成侵占罪。但是，多数国家的刑法对无体物能否成为侵占罪的对象并无明文规定，只能由判例和学说来作解释。例如，日本的判例和通说认为，作为侵占罪对象的财物并不限于有体物，还包含有管理可能性的无体物，如电力、煤气、人工冷气，等等。①

我国刑法如同日本等国刑法一样，对电力、热能等无体物能否成为侵占罪的对象并无明文规定。我国的通说也认为，本罪的对象可以是有体物（各种生产资料和生活资料），也可以是电力、煤气、天然气等无体物。② 但也有学者认为，除极少数情况外，无形能源并不能成为侵占的对象。③ 笔者认为，只要是人可以管理控制的具有经济价值的无体物，就可以成为侵占罪的对象。既然电力、煤气等无体物可以成为盗窃的对象，那就意味着是人可以管理控制或占有的财物，所有权人不仅能管理控制，还可以委托其他人管理控制，这种被委托管理的电力、煤气等无体物，自然可以成为侵占罪的对象。尤其是当电能、天然气等被制作成成品时，如用电能充电而成的电箱，用天然气、液化气充气而成的气罐，由于是以一定的有形物作为载体的形式出现的，比较容易被管理和控制，所有权人自然也可以委托他人代为保管，

① 大塚仁等编．刑法解释大全：第10卷．东京：青林书院，1989：311.

② 高铭暄，马克昌主编．刑法学．8版．北京：北京大学出版社，2017：511.

③ 刘志伟．侵占罪研究//高铭暄，赵秉志主编．刑法论丛：第2卷．北京：法律出版社，1999：113－114.

如果他人将代为保管的电箱、气罐整体侵吞，拒不退还，无疑可能构成侵占罪，这在某种意义可以视为侵占有体物。如果保管者不是侵占电箱、气罐的整体，而是取得其中的内容物，如将自己保管的他人气罐中的液化气全部抽取到其他气罐中转卖或者全部使用消耗掉，这同整体侵吞并无实质的差别，同样可能构成侵占罪。

成为问题的是电在输电线路中、液化气在管道中时，能否成为侵占罪的对象？有人认为，这不可能成为侵占的对象。但笔者认为，这同样有可能成为侵占的对象。例如，某人长期外出，请人代为看管自己的房屋，包括屋内水电、煤气设施。而代管者私下大量用电、用气，导致供电、供气公司从房主账户上扣掉了大量的使用费，代管者又拒不退还这笔费用，造成房主较大的财产损失。这就有可能构成侵占罪。因为这同上述将代为保管的他人电箱中的电能、气罐中的液化气全部使用消耗掉的并无实质的不同，只是储电、藏气的处所不同，委托者支付电能、燃气之费用的时间先后有差异。① 这对侵占行为的定性不应该有任何影响。

（3）知识产品能否成为侵占罪的对象

知识产品是指经过人的思想创造并能够带来经济利益的有价值和交换价值的精神产品或智力成果，包括作品、商标、专利、发明、发现、技术秘密、技术成果、商业秘密等。关于知识产品能否成为侵占罪对象的问题，各国刑法大多未作明文规定，中外学者的意见也不尽一致。日本学者大多认为，企业秘密或企业情报之类的信息本身并不能成为侵占罪的对象，但是，这类信息或情报的载体（如记录公司之商业秘密的文件）可能成为本罪的侵害对象。② 我国刑法理论界则有两种不同观点：一种观点认为，精神财富或智力成果也可以成为侵占罪的对象③；另一种观点认为，“作为知识产权的无形财产，例如，专利权、商标权、著作权以及商业秘密等，除其有形的载体以外，是很难想象成为侵占的对象的”④。笔者倾向于后一种观点。有些知识产品的特性决定了它明显不可能成为侵占罪的对象。例如，专利权是通过专利申报向社会公开的技术，既然已公开，就不具备代为保管的必要性和可能性。再说，专利权的获得只能通过法律赋予的方式，而非专利人不可能把专利据为己有，所以专利权不能成为侵占的对象。商标也是公之于众的，商标权也要通过法律赋予，而通过侵占无法获得。商标标识虽然是有形物，可以委托他人代为保管，但把商标标识非法据为己有，价值数额较大又拒不退还的，这即使构成侵占罪那也只是侵占商标标识这种有体的财物本身，而不是侵占商标权这种知识产权。至于说取得商标标识后还可以进一步使用从而侵犯商标权，那也只能构成假冒商标罪，不可成立侵占罪。但是，有些知识产品（如文艺作品、商业秘密、技术秘密等）与商标权、专利权不同，

① 前者的电能、燃气储藏在电箱、气罐中，后者则储藏在电线、管道中；前者是先交费买下再使用，后者则是先使用后按用量付费。

② 大塚仁等编．刑法解释大全：第10卷）．东京：青林书院，1989：311.

③ 高西江主编．中华人民共和国刑法的修订与适用．北京：中国方正出版社，1997：609.

④ 王作富．略论侵占罪的几个问题．法学杂志，1998（1）.

它们的存在不以公开为必要，它们的载体（如设计图纸、计算机软盘资料等）有委托他人代为保管的可能性与必要性，委托人对之有所有权，受托保管者不得擅自披露，更不得据为己有。如果设计图纸、计算机软盘资料等凝聚了权利人大量物化劳动的知识产品的载体是唯一的，则如同名画、珍贵工艺品一样，其本身就成为有巨大经济价值的有体物，对于代为保管的这类物品非法据为己有、拒不退还的，在刑法没有作特别处罚规定的情况下，自然可能构成侵占罪。但如果只是取得其无形的智力成果，不侵吞其有形的原物的，如复印、复制之后转卖给他人的，则属于侵犯知识产权的问题，不能成立侵占罪。如果知识产品的载体有多份，交给他人保管的只是其中的一份，保管者即便是非法据为己有，也不会使权利人因而丧失其对知识产品的所有权，不会妨碍其利用自己的智力成果（因为著作、商业秘密、技术秘密仍在其控制之下）。侵吞这种知识产品载体的保管者，如果将智力成果出让给其他人或自己直接使用内含的智力成果，以牟取非法利益的，则构成相应的侵犯知识产权罪。

值得进一步研究的是，有人提出，我国刑法第 217 条、第 219 条规定的侵犯著作权罪、侵犯商业秘密罪的行为方式是明文列举的，其中侵犯著作权的行为方式是未经许可，复制、发行著作权人作品，或出版他人享有专有出版权的图书，或复制、发行录音录像制作者制作的录音录像，或制作、出售假冒他人署名的美术作品；侵犯商业秘密的行为方式是以盗窃、利诱、胁迫或者其他不正当手段获取权利人的商业秘密，或者披露、使用、允许他人使用以前述手段获取的权利人的商业秘密，或者违反约定或违反权利人有关保守商业秘密的要求，披露、使用或允许他人使用其所掌握的商业秘密。这两种犯罪的行为方式中均没有包括知识产品已处于他人代为保管状态后被非法据为己有、拒不退还的情形。这主要是因为侵占知识产品的行为有其独特性，不能纳入有关侵犯知识产权罪的范畴，而有必要按侵占罪定罪处罚。但是，笔者认为，侵犯著作权罪的主要表现是以营利为目的，未经权利人许可而复制发行、出版其作品，至于这种作品是如何取得的，则在所不问，既可能是窃取的，也可能是骗取的，还有可能是权利人委托保管而得到的。如果只是拒不退还代为保管的他人的著作或作品，而没有复制发行，则不可能构成侵犯著作权罪。如果提供给他人复制发行，则有可能构成侵犯著作权罪的共犯。另外，侵犯商业秘密罪中，采用盗窃等不正当手段取得他人商业秘密是与非法披露、使用相并列的行为方式，刑法确实没有把受委托保管商业秘密而拒不退还的侵占行为包含其中。但是，应该看到侵犯商业秘密的危害性主要表现在披露、使用商业秘密上，行为人如果不披露或使用，而是窃取他人商业秘密后予以销毁的，在权利人自己掌握了这种商业秘密的条件下，一般不会给其带来经济上的损失，自然也就不构成侵犯商业秘密罪，也没有必要当犯罪来处罚。如果权利人的商业秘密的载体是唯一的，行为人采用盗窃等不正当手段取得后，即使不披露、使用而是销毁，也会使权利人遭受重大损失，这就可能构成侵犯商业秘密罪。如果侵吞这种代为保管的载体，其后果虽同盗窃的一样，但由于刑法第 219 条不包含这种行为，不能以侵犯商业秘密罪论处。把这种凝聚了权利人大量物化劳动的有价值的载体视为有形的财物，对于侵吞这种载体的行为按侵占罪论处作为目前的权宜之计，也未尝不可。然而，对盗窃、侵占同种物品的行为分别按两种完全不同性质的犯罪（即侵犯知识产权罪、财产罪）处理，似乎也有失科学性。因此，今后有必要在我国刑法第 219 条中增加侵占商业秘密的规定，以弥补立法上的不足。

（4）财产性利益能否成为侵占罪的对象

财产性利益是指金钱、实物以外的具有财产价值的利益。作为侵占罪对象的财物是否包括财产性利益？对此，我国刑法未作明确规定，学术界的意见也有分歧。一种观点认为，财产性利益不能成为侵占罪的对象①；另一种观点认为，财产性利益（如有偿性服务）也可以成为侵占的对象。② 笔者赞成前一种观点。一般来说，财产性利益是基于债权债务关系而产生的，取得财产性利益有三种方式：一是使对方负担债务；二是使自己免除债务；三是接受他人提供的有偿性劳务。③ 由于财产性利益是一种无形的财物，它通过债权来体现，而债权始终在财产性利益获得者一方，债权人不可能把债权委托给他方“代为保管”，他方也不可能把属于别人的债权据为己有，因而财产性利益不可能成为侵占的对象。

二、特殊侵占罪的对象

侵占脱离占有物罪是侵占罪的一种特殊类型，与其他类型的侵占罪不同的是，由于其侵占的对象是脱离占有物，行为人与所有人之间不存在委托信任关系，因而也不发生侵害委托信任关系的问题。所谓脱离占有物，是指不在任何人占有之下的他人财物，主要包括遗失物、漂流物、埋藏物等。许多国家刑法对侵占脱离占有物，设立了单独的罪名和处罚规定。我国刑法第 270 条第 2 款则明文规定，侵占遗忘物和埋藏物，数额较大，拒不交出的，要按普通侵占罪的规定定罪处罚。由此可见，遗忘物与埋藏物是我国刑法中特殊侵占罪所侵犯的两种特定对象。对这两种特殊的侵占对象，笔者将在下节展开论述。

第三节　侵占遗忘物与埋藏物

一、遗忘物与埋藏物的含义

（一）遗忘物

从世界各国刑法的规定来看，大多都将遗失物明文列为侵占脱离占有物罪的对

① 王振兴．刑法分则实用：第 3 册．台北：三民书局，1987：444.

② 江晓阳．外国刑法中的侵占罪．刑事法学要论．北京：北京大学出版社，1999：690.

③ 前田雅英．刑法各论讲义．东京：东京大学出版社，1989：186.

象，而未提到遗忘物。只不过在有些国家（如日本）的判例中，把我国刑法所指的遗忘物解释为包含于遗失物中。我国刑法与外国刑法关于本罪的规定正好相反，将遗忘物明文规定为本罪的对象，却未提到遗失物。

那么，遗忘物与遗失物有无区别呢？这是目前我国刑法理论界有较大争议的问题。一种观点认为，遗忘物是指财物的所有人或持有人有意识地将所持财物放在某处，因一时疏忽忘记拿走。遗失物是指财物的所有人或持有人，因为疏忽大意偶然将其财物失落在某处。二者有相当的区别：一是前者一经回忆一般都能知道财物所在位置，一般容易找回，而后者一般不知失落在何处，也不容易找回；二是前者一般尚未完全脱离物主的控制范围，而后者则完全脱离了物主的控制范围。① 这是我国刑法理论界的通说。另一种观点认为，我国刑法第 270 条所指的遗忘物，实际上就是遗失物。因为遗忘与遗失是不可分的，物品的丧失占有首先是物主或物之占有人对所携带的财物不能识记，即走时遗忘没有带走，其次才是将其失落。遗忘是失落的前提，失落是遗忘的必然结果，两者互为联系，互相依存。没有遗忘，就没有失落，反过来，没有任何遗失物不是由遗忘而引起的，不能把同一丧失占有状态的两个阶段分开称谓。再说，把遗忘物的概念和外延限制得过死也是不科学的，不仅不利于保护失主的合法财产权益，而且实践中也难以区分。②

在笔者看来，遗失物原本是民法上的概念，按照我国民法学者的解释，是指非基于占有人之意思而丧失占有，现又无人占有且非为无主之动产。③ 简而言之，就是指因所有人或占有人不慎而丢失的动产。④ 遗忘物既然是因一时疏忽而忘记拿走之物，从民法上讲，也就属于占有人不慎丢失或非基于本意而脱离占有之物，无疑也在遗失物的范围之中。但是，我国刑法第 270 条中所说的“遗忘物”，并不等同于遗失物，也就是说，它同遗失物是有区别的概念，不可混为一谈。这首先是因为立法上使用“遗忘物”一词是经过了慎重选择的，并非把它与“遗失物”不加区别、任意混用的结果。早在 1979 年刑法颁布前的一些刑法草案中，就曾有关于“侵占遗失物犯罪”的规定。例如，1956 年的刑法草案第 149 条规定：“侵占遗失的公共财物或者公民财物的，处训诫或者一百元以下罚金。”⑤ 在修订 1979 年刑法的过程中，也有刑法修改稿使用过“遗失物”的概念。例如，1995 年 8 月的修改稿第 5 章第 7 条第 2 款规定：“侵占埋藏物、漂流物或者遗失物，数额较大的，依照前款的规定处罚。”⑥ 但在以后的刑法修改草案中却没有出现“遗失物”的字样，而统一换成了“遗忘物”。其次，我国刑法上提出“遗忘物”的概念有其特殊的历史渊

① 王作富．论侵占罪．法学前沿：第 1 辑．北京：法律出版社，1997：45.
② 陈运光．关于侵占罪中遗忘物、埋藏物的探讨．北京：人民检察，1998（9）.
③ 谢在全．民法物权论：上册．北京：中国政法大学出版社，1999：237.
④ 王利明，等．民法新论：下册．北京：中国政法大学出版社，1988：62.
⑤ 赵秉志主编．新刑法全书．北京：中国人民公安大学出版社，1997：1444.
⑥ 同⑤1701.

源。由于我国1979年刑法中没有侵占罪以及侵占遗失物等罪的规定，对于实践中发生的非法占有他人遗失物的行为如何处理，就成为一个难题。因为在通常情况下遗失物的所有人或占有人已完全失去对财物的控制，把所有取得遗失物的行为都当盗窃罪处理显然不妥当。但是，一概不当犯罪处理也有弊病。于是，学者们提出了遗忘物的概念，主张对非法占有遗忘物的行为以盗窃论处，并将遗忘物与遗失物区别开来，认为遗忘物是所有人或占有人有意放置某处，只是由于一时疏忽而忘记拿走的财物，应将其视为尚未完全脱离所有人或占有人控制的财物，因而非法占有这种财物的有可能构成盗窃罪。至于非法占有遗忘物之外的遗失物的，则不能当犯罪处理。虽然也有不少学者并不赞成这种观点，但作为我国刑法理论上具有特定含义的“遗忘物”的概念，已被刑法理论界和司法实务界所广泛接受。① 最后，从立法精神来看，我国刑法第270条对侵占罪的处罚范围是严格加以限制的，该条之中用“遗忘物”而未用“遗失物”的概念，也是为了限制侵占罪的处罚范围，即对侵占一般遗失物的行为不以犯罪论处，只对侵占放置在特定场所、占有者忘记拿走的特殊遗失物（即遗忘物）的行为，才酌情当犯罪处理。

应当指出，肯定遗忘物与遗失物是有差别的概念的论者对遗忘物所作的解释，大多只是强调行为人一时忘记拿走财物，但很快能回忆起来，而忽视了其财物遗留场所的特殊性。如有的论者认为，遗忘物是刚刚遗忘的财物，失主一般会很快回想起来，回去寻找，拾捡人一般也知道失主；而遗失物是物主对所有物长时间地丧失占有，失主当时无法明确地知道财物丢失在何处。② 还有论者提出，遗忘物是指财产所有人遗忘在某一场所，但有明确记忆的物品，不同于所有人失去明确记忆的遗失物。③ 但是，笔者以为，把财物丢失后失主是否很快回想起来、是否及时返回寻找、拾得人是否知道失主或者失主是否有明确记忆，作为区分遗忘物与遗失物的根据并不合理。例如，某人醉酒后将自己的高档手机丢在乘坐的出租车上，第二天才发现丢失，但并不知遗留在何处，几个月之后因一个很偶然的机会，找到了拾得自己手机的车主，而车主拒不交出。又如，某人在公共广场草地上歇息时，将手机丢失在坐过的草地上，离开5分钟后回想起来，迅速回原地寻找，但手机已被行人拾走，10分钟后物主找到拾得者，但他拒不交出。按上述论者对遗忘物所作的解释，前一例中车主的行为显然不是侵占遗忘物，而后一例中行人的行为倒是侵占遗忘物。这样的结论显然不合情理，也与立法精神不符。事实上，遗忘物与遗失物最大的差别不在于丢失财物者是否立刻回想起来、是否及时返回寻找、拾得者是否知道失主或者失主是否有明确记忆，而在于财物是否遗留在属于管理者能有效管理、控制该财物的场所，能否认定丢失的财物已置于管理者的占有或控制之下。例如，旅馆的客房、居民的住宅、出租的汽车等是属于管理者、主人能有效管理控制的场

① 刘志伟．侵占罪研究//高铭暄等主编．刑法论丛：第2卷．北京：法律出版社，1999：120-121.

② 郎胜主编．《中华人民共和国刑法》释解．北京：群众出版社，1997：361.

③ 张穹主编．修订刑法条文实用解说．北京：中国检察出版社，1997：356.

所，客人将财物遗留在这样的场所忘记带走的，这种财物就是遗忘物，一般应认为财物已置于管理者、主人的占有或控制之下，管理者、主人有代客人保管其遗留之财物的义务，如果违背这种义务而予以侵吞的，就可能构成侵占罪。反过来，如果财物丢失在公共广场、街道马路、车站码头、荒郊野外等有很多人出入、管理者很难有效控制的公共场所，或者无人管理的场所，则不论丢失者是否立刻回想起准确的丢失地点、马上返回寻找，都不能认为财物是遗忘物，而只能视为一般的遗失物。

基于以上分析，我们可以得出这样的结论：遗忘物是持有者因疏忽未带走而遗留在他人能有效管理之场所的财物。遗失物则是不慎丢失在无人管理之场所或有很多人进出、管理人不能有效控制之公共场所的财物。二者在刑法上是有区别的概念。

（二）埋藏物

关于侵占罪对象的埋藏物，存在几个有争议的问题：一是埋藏的含义是什么？二是作为本罪对象的埋藏物是否等同于民法上的埋藏物？三是对埋藏物的归属是否应该有所限制？

在何谓“埋藏”的问题上，一种意见认为，物品被埋藏必须是所有人有意而为的，才能称该物为埋藏物，否则，如果因自然原因而埋藏于地下，那该物就不是埋藏物，而是遗失物。另一种意见认为，物品只要是被掩埋在地下的，不论是所有人有意埋藏的，还是因自然原因而被埋藏的，都应该被视为埋藏物。① 笔者认为，作为本罪对象的埋藏物，是就财物所处的状况而言的，即财物被埋在地下或地面建筑物中，处于不为任何人所占有的状态。至于是所有人有意掩埋的，还是因自然灾害等被掩埋的，则对财物所处的这种客观状态不发生任何影响。再说，对于被埋在地下年代久远、所有人不明之物，要判断当时是所有人有意为之的，还是因天灾人祸而被掩埋的，往往也不可能。因此，上述后一种意见是正确的。

作为本罪对象的埋藏物是否等同于民法上的埋藏物？这在我国刑法理论界存在肯定与否定两种不同论点。肯定论者认为，埋藏物是指埋藏于地下的所有人不明的财物，这些财物根据《民法通则》第 79 条的规定应归国家所有。② 否定论者认为，民法上的埋藏物只是指所有人不明的地下埋藏物，而刑法上的埋藏物并不以此为限，还包括有明确所有人的埋藏物以及被埋藏的属于国家所有的文物等。③ 笔者赞成这后一种观点。正如有的学者所述，“《民法通则》讲到，所有人不明的埋藏物、隐藏物，归国家所有，但是，……这并非是把埋藏物定义为所有人不明之地下埋藏物。换言之，有明确所有人的埋藏物，也可构成侵占的对象，关键在于占有该物的行为是否符合侵占的特征”④。并且，从我国刑法规定侵占罪“告诉的才处理”这

① 陈运光．关于侵占罪中遗忘物、埋藏物的探讨．人民检察，1998 (9).

② 陈兴良．刑法疏议．北京：中国人民公安大学出版社，1997：442.

③ 王作富．论侵占罪．法学前沿，1997 (1).

④ 王作富．略论侵占罪的几个问题．法学杂志，1998 (1).

一点来看，也不能排除公民个人有明确所有权的埋藏物可能成为本罪的侵害对象。因为告诉的主体是被害人，而被害人一般是个人。

对于对埋藏物的归属是否应该有所限制的问题，理论界也有不同认识。有人认为，刑法中的埋藏物，是可以查明合法所有人的埋藏物，所有人不明的埋藏物属国家所有，不在此列①；也有人认为，是指埋藏于地下应当归国家所有的财物②；还有人认为，既可以是私人所有的埋藏物，也可以是国家或集体所有的埋藏物③；另有人认为，既可以是有主物，也可以是无主物。④ 笔者认为，首先应该肯定埋藏物是有所有权归属之物，即使是所有人早已死亡且无继承人或者是所有人不明的埋藏物，根据我国民事法律的规定，也应归国家所有。埋藏物既然既可能归国家、集体所有，也可能归个人所有，那么理所当然都可能成为侵占罪的对象。因为我国刑法第 270 条第 2 款并没有对埋藏物的所有权归属作任何限制，并且我国刑法对国家、集体和公民个人的财产都是给予同等保护的，在对埋藏物的保护上，也不会出现厚此薄彼的现象。

总而言之，埋藏物是埋藏于地下属于他人（包括国家、集体与个人）所有而又不在任何人占有之下的财物。虽埋藏于地下但在他人占有之下的财物，如埋藏在自家庭院内的金银财宝，由于在主人占有之下，自然不能成为本罪的侵害对象。这是因为从刑法理论而言，侵占埋藏物是侵占脱离占有物的一种基本表现形式，自然要以脱离占有物为侵害对象。因此，作为本罪对象的埋藏物必须具有脱离占有物的基本特征。

二、侵占脱离占有物的处理

如前所述，在日本等许多大陆法系国家，刑法规定只要是脱离占有物都可能成为侵占犯罪的对象，但我国刑法第 270 条第 2 款只对侵占遗忘物与埋藏物的行为作了处罚规定，而对侵占其他脱离占有物的行为没有作处罚规定。那么，在我国，对侵占遗忘物与埋藏物之外的脱离占有物的行为能否当侵占罪处理呢？回答应该是否定的。因为我国刑法实行罪刑法定原则，根据这一原则，只有刑法明文规定为犯罪的行为，才能当犯罪处理。如果把刑法没有明文规定的侵占漂流物等脱离占有物的行为，也当侵占罪处理，那就违反了罪刑法定原则。但是，有不少学者在如何处理侵占遗失物行为的问题上，却忽视了这一点。如有的学者认为，遗忘物不同于遗失物，应该将二者区别开来，但这并不意味着遗忘物之外的遗失物不能成为侵占的对象。⑤ 还有学者提出，遗失物的拾得或者是属于无因管理，或者是属于不当得利，不论是哪一种情形，拾得人对拾得物都具有代为保管的义务，并且遗失物也属他人

① 杜发全主编．新刑法教程．西安：西北大学出版社，1997：701.
② 张明楷．刑法学：下．北京：法律出版社，1997：785.
③ 高西江主编．中华人民共和国刑法的修订与适用．北京：中国方正出版社，1997：610.
④ 周少华．侵占埋藏物犯罪的若干问题探析．法律科学，1998（3）.
⑤ 刘志伟．侵占罪研究//高铭暄等主编．刑法论丛：第 2 卷．北京：法律出版社，1999：121.

之物，因而将遗失物非法据为己有，拒不退还的行为，完全符合刑法第 270 条第 1 款所规定的侵占罪的构成要件，应直接按该款定罪处罚，而不必以该条第 2 款论处，更没有必要去和遗忘物进行比较来论证遗忘物是否可作为侵占罪的对象。笔者认为，从我国刑法第 270 条第 1 款和第 2 款的逻辑关系来看，前者是关于侵占委托物的规定，后者则是有关侵占脱离占有物的规定，之所以要对后者作特别规定，是因为行为人与所有人之间无委托信任关系，同有委托信任关系的前者相比有一定的特殊性。如果认为拾得遗失物者因为有保管并返还财物的义务，拒不退还就完全符合第 1 款的规定，那么拾得遗忘物、取得埋藏物而拒不退还也未尝不是如此，刑法为何还要另立一款单独作规定呢？再说，捞起漂流物而拒不退还的，同拾得遗失物不退还的性质相同，依此而论岂不也要以第 1 款规定的侵占罪论处？但事实上，在刑法的修订过程中，就曾有草案将漂流物与遗忘物、埋藏物并列规定为侵占的对象，后来之所以将其排除在外，无非是考虑到不宜将侵占漂流物的行为规定为犯罪。由此可见，对侵占遗忘物、埋藏物之外的遗失物、漂流物等脱离占有物的行为，不能当侵占罪定罪处罚，只能依照相关法律的规定，作为不当得利处理。

三、与相关犯罪的区别

侵占遗忘物与盗窃罪很容易混淆。如前所述，遗忘物是持有者因疏忽未带走而遗留在有人能有效管理之场所的财物，一般认为，这种财物已置于管理者的占有或控制之下，管理者发现之后，有代所有人保管财物并有将其交给所有人的义务，如果管理者不履行这种义务，拒不退还遗忘物，这同侵占他人委托自己保管的财物具有同样的性质，因而构成侵占罪。但如果是管理者之外的第三者将财物拿走的，如与他人同住一间客房的某旅客，将先离店的另一位旅客留在房间的遗忘物拿走的，乘坐出租车的客人下车时将前一位客人留在车上的遗忘物拿走的，这些都不属于侵占遗忘物而是盗窃行为。因为遗留在这种特定场所的遗忘物已置于旅馆主人、出租车司机的占有之下，所有人之外的第三者私下拿走的，是一种侵害他人对财物之占有的行为，不符合侵占罪的本质。而避开财物占有者的视线取得其占有之下的大量财物的，完全符合盗窃罪的构成要件，应该定盗窃罪。我国的司法机关过去对这类案件就是这样处理的。1979 年刑法没有规定侵占罪，在 1997 年修订的现行刑法施行之前，对于侵占他人遗忘物的，只能按类推的方法，比照盗窃罪的条文定罪处罚。从已经判决的案件看，这是指行为人明知是他人遗忘在自己合法控制范围之内的财物，而加以侵占，拒不归还的。例如，顾客在商贩摊位上购买物品，将手提包（内有价值万元的财物）遗忘在摊位上忘记拿走，商贩明知是该顾客的遗忘物，见财起意将其藏匿，在顾客回来寻找时，谎称未发现，拒不交出的，即以上述犯罪论处。对于物主将财物遗忘在他人控制范围内，行为人趁他人不知，秘密将该遗忘物窃为己有的，则以盗窃罪论处。① 总之，“认定侵占遗忘物，必须把握以下几点：一

① 高铭暄主编．新编中国刑法学：下册．北京：中国人民公安大学出版社，1999：791.

是他人的财物遗忘在行为人的直接控制范围之内，例如，行为人的家中、货摊上、汽车上等。二是行为人没有用犯罪的方法使他人财物处于自己的控制之下，即具有持有的合法性和无罪过性。三是明知是他人的遗忘物，而占为己有，拒不交出”①。

侵占埋藏物与盗窃罪也很容易混同。一般来说，对于无意之中挖掘出埋藏物而拒不交出的行为，认定为侵占埋藏物，这在理论和实践上都没有分歧。但对于有意挖掘他人埋藏物的行为，是认定为盗窃还是侵占，则在理论上有争议。通说认为，侵占埋藏物是指在对地面挖掘时，无意中偶然发现地下埋藏物，明知不归本人所有，而非法占为己有，拒不交出的行为。如果行为人明知某处埋藏有某人的财物，或者明知某处（如古墓）埋藏有古代珍贵文物，以非法占有为目的去挖掘，将所得之物据为己有的，则应分别以盗窃罪或盗掘古墓葬罪论处，不能定侵占罪。② 但也有学者认为，对此不可一概而论，关键要看埋藏物是否已脱离物主的占有，已脱离占有的，即使行为人明知是他人埋藏之物，以非法占有为目的而掘取的，也只能定侵占罪；如果埋藏之物未脱离物主的占有，行为人明知并以非法占有为目的而掘取的，则构成盗窃罪。前者如行为人发现物主在荒山里埋藏财物，待其离开后即去挖取。由于埋藏者对埋藏物已失去了实际上的控制，属于脱离占有物，而盗窃罪所窃取之物必须是在他人占有之下的，所以只可能构成侵占罪。后者如埋藏在自家庭院中的财物，自然在主人的占有之下，他人去盗掘的，构成盗窃罪。③

在笔者看来，作为侵占罪对象的埋藏物只能是脱离占有物，如果是在所有者占有之下的掩埋物，如在自家庭院所埋之物，就不属于我们这里所指的埋藏物，自然可以成为盗窃罪的侵害对象。另外，即便财物掩埋在荒郊野外，只要行为人知道掩埋地，并可以随意挖取，就仍不失去对财物的占有，这同所有人把汽车停放在离人居住较远的地方一样，不能因为离主人有较远的距离，就认为不在其占有之下。如果由于天灾人祸、年代久远或者是其他原因，物主已不知财物的埋藏地，或者埋藏物的所有人不明或已无继承人，这才成为脱离占有物，也才是刑法中所指的埋藏物。如果明知某处有脱离占有的埋藏物，而埋藏地又在他人管理、控制范围内，那就应该视该埋藏物在他人的占有之下，行为人以非法占有为目的而掘取的，自然构成盗窃罪。这同前述乘坐出租车的人将他人留在车上的遗忘物拿走是一样的道理，该物虽然脱离了物主的占有，并且出租车司机并未发现该物，但在法律上应该推定为已置于司机的占有之下，司机侵吞这种遗忘物的有可能构成侵占罪，而第三者拿走的则有可能构成盗窃罪（不构成侵占罪）。因此，在自己管理、控制范围内的土地上，无论是有意还是无意挖掘出他人的埋藏物（不包括古墓葬等珍贵文物）的，只可能构成侵占罪（不构成盗窃罪），但以非法占有为目的有意在他人（包括国家、集体单位）管理、控制的土地上挖掘埋藏物的，则只能构成盗窃罪（不构成侵占

① 王作富．略论侵占罪的几个问题．法学杂志，1998（1）.

② 高铭暄主编．新编中国刑法学：下册．北京：中国人民公安大学出版社，1999：792.

③ 于世忠．论侵占罪．长春：吉林大学出版社．2000：114－115.

罪)。不过，如果是以非法占有为目的，有意挖掘古墓葬、古文化遗址、古人类化石、古脊椎动物化石的，则无论是在自己的还是在他人管理、控制的土地上掘取的，均不构成侵占罪，只能构成盗掘古文化遗址、古墓葬，盗掘古人类化石、古脊椎动物化石等罪。

第四节　侵吞不法原因委托物

不法原因委托物，是指那种基于不法原因委托而交给对方（受托者）的财物。这种财物本身是委托者合法所有的（不是犯罪所得的赃物），并且对方收受财物时有接受委托的意愿①，那么这种财物能否成为侵占罪的对象呢？例如，甲为了向公务员乙行贿，委托同乙有良好关系的丙将贿赂款交给乙，丙接受委托后改变主意并没有将钱款转交给乙，而是自己私下挥霍掉。这是否构成侵占呢？根据民法的原理，在不法原因给付的场合，委托者对所给付之“物”是没有返还请求权的，也不能得到私法上的救济。由于刑法上的侵占罪是以“他人的财物”为侵害对象的，那么这种不受民法所保护的“物”，其所有权归属于谁，即是否为“他人的财物”，这就成为问题的焦点。

一、国外的肯定说与否定说

在大陆法系国家的刑法理论上，对于基于不法原因而委托给对方的财物能否成为侵占罪对象的问题，历来有较大争议。② 肯定说认为，因不法原因而委托之物，也可以成为侵占的对象。主要理由是：(1) 委托者即便没有民法上的返还请求权，也不丧失对给付物的所有权，给付物对受托者来说，仍然是“自己占有的他人的财物”，非法取得这种财物的就构成侵占罪。(2) 刑法上有无犯罪性与民法上是否受保护应该分开而论，委托关系在民法上不受保护不一定影响侵占罪的成立。如果因不法原因受托而不当侵占罪处罚，那就会让受托者占便宜，有违健全的国民的法律感情。再说，对民法所放任的不当得利，刑法从维持秩序的立场当犯罪处罚也并非毫无理由。(3) 刑法对财产的保护并不以对被害者具体的所有权的保护为限，而应当通过对于外形上可能侵害所有权的行为的禁止来保护所有权，所以加害者的行为在外形上侵害所有权时，那就值得处罚。(4) 对于刑法上的关系与民法上的效果应该分别考察，即使是由于不法原因委托而占有他人财物者，也应该认为成立侵占罪。③ 另外还有学者提出，应当把不法原因委托之物与不法原因给付之物区分开

① 如果无接受委托的真实意思，“受托方”谎称可以帮忙办委托之事，使委托方信以为真而向其交付财物，予以“侵吞”的，则属于诈骗。

② 刘明祥．财产罪比较研究．北京：中国政法大学出版社，2001：341－343.

③ 曾根威彦．刑法的重要问题（各论）．东京：成文堂，1995：213－214.

来，因为委托物不同于给付物，不管是出于合法目的的委托还是出于非法目的的委托，都存在一种相互信赖的关系，在民法解释上，应当认为对不法原因委托物有返还请求权，受托者不能任意处分委托物，也就是说应当肯定“不法原因委托物”可以成为侵占罪的对象。[①] 否定说认为，因不法原因而委托之物，不可能成为侵占罪的对象。其主要理由有：（1）在民法上，不法原因给付物的给付者对受给者不能提出返还给付物的请求，由于受给者对给付者不承担任何义务，反过来就意味着给付物的所有权转移到了受给者，因而受给者占有之物就不是“他人的财物”，不能成为侵占的对象；（2）在不法原因给付的场合，因为不能认为存在侵占罪所必要的违背委托信任关系的问题，侵占罪自然也就不能成立；（3）对民法上没有返还义务者给予刑罚的制裁强制其返还，这会破坏作为整体的法秩序的统一性。此说是日本刑法理论上的通说。特别是1970年日本最高裁判所在民事判决中将不法原因给付物的所有权判定归属于受给者之后，肯定说的论据被推翻，否定说变得更加有力。[②]

二、我国的否定论及其论证

我国刑法理论界对这一问题也存在肯定与否定两种不同的观点。肯定论者认为，对基于不法原因而交付的财物而言，虽然交付人已无返还请求权，但并不意味着收受人就取得了该财物的所有权。事实上，该财物的所有权应属于国家（依法应缴归国家所有）。因此，该财物对收受人而言，仍是他人之物，可以成为侵占的对象。并且，即使从民法上看，收受人将他人不法交付的财物占为己有也是非法的。[③] 但否定论者认为，基于不法原因而委托给付的财物不能成为侵占的对象，因为它不属于“他人的财物”，并且委托人与受托人之间不存在法律上的委托信任关系。[④]

笔者认为，从我国刑法的规定来看，主张因不法原因委托而给付的财物不能成为侵占罪对象的观点，或许更妥当一些。

其一，根据我国刑法第270条的规定，侵占罪的对象只能是“代为保管的他人财物”，这里的“代为保管”一般是指委托代为保管。虽然刑法没有明文规定必须是合法的（不能是非法的）委托代为保管，但从刑法规定处罚侵占罪是为了保护合法的财产所有权和合法的委托信任关系之中，就可以得出这样的结论。因为委托他人用自己交付的钱从事违法犯罪活动是法律所禁止的，委托者与受托者之间形成的这种非法的委托信任关系，当然不受法律保护。

其二，作为侵占罪对象的“他人财物”中的“他人”，应该理解为委托对方“代为保管”财物的人，这种委托者必须对财物拥有所有权，如果没有所有权，他

① 山口厚．刑法各论问题探究．东京：有斐阁，1999：186.

② 阿部纯二等编．刑法基本讲座：第5卷．法学书院，1993：245-246.

③ 刘志伟．侵占罪研究//高铭暄，赵秉志主编．刑法论丛：第2卷．北京：法律出版社，1999：103-104.

④ 张明楷．刑法学：下　5版．北京：法律出版社，2016：967.

就不可能成为被害人，被委托代为保管的财物也就不能成为侵占的对象。而在不法原因委托的场合，委托的非法性决定了委托者对交给对方的财物已丧失返还请求权，也就是对委托物已不再拥有所有权，既然如此，受托者占有的也就不是“他人财物”。

其三，根据我国刑法的规定，“拒不退还”代为保管的他人财物的，才可能构成侵占罪。“拒不退还”，一般是指委托人向代为保管财物的受托人请求返还但其拒不归还。可是，在不法原因给付的场合，按民法的规定，给付者无返还请求权，也就是说法律不要求受托者向委托者返还财物，这就意味着不存在受托者“拒不退还”的问题。

其四，我国刑法第270条第3款规定，侵占罪“告诉的才处理”，根据刑法第98条的规定，告诉是指被害人告诉。而在不法原因给付的场合，委托者交给受托者代为保管的财物依法应予没收或追缴，委托者并非遭受财产损害的被害人，其他人也不可能成为被害人，既然无被害人，没有告诉者，侵占罪也就不可能成立。

其五，肯定论者提出，根据我国民事法律的规定，对于故意实施危害国家利益和社会利益的民事行为的，应追缴其取得或约定取得的财产归国家。因此，因不法原因而交付的财物，属于国家所有。但正如有的论者所述，“应当收归国有的财物不等于已经是国家所有的财物，在国家还没有实施没收行为的情况下，该财物并不属于国家所有，因此，行为人的行为根本没有侵犯国家的财产所有权。……如果认为收受人的行为侵害了国家的财产所有权，那就意味着收受人从收到该财物开始就是在‘代国家保管国家所有的财物’，这是非常牵强的”①。

其六，对于侵吞因不法原因委托而给付的财物的行为，并非只有当侵占罪处罚才不至于让行为人逍遥法外，而是还有可能按其他犯罪定罪处罚。例如，甲委托乙大量购买伪造的货币，乙接受委托后没有去购买而将其交付的“购货款”侵吞；甲欲向国家工作人员乙行贿，委托丙去拉关系并将大量贿赂款给丙转交，结果丙予以侵吞。这类接受犯罪之委托的行为本身就是一种共犯行为，可能与委托者构成共同犯罪。因为我国刑法原则规定，对所有犯罪的预备犯、中止犯都要追究刑事责任。委托者与受托者之间共谋策划犯罪的行为，是一种犯罪的预备行为，情节严重的，即使后来未着手实行，也应该定罪并追究刑事责任。再说，在我国，即使侵吞不法原因委托物的行为不构成其他犯罪，对其取得的财物依法也应当予以没收或追缴，侵吞者最终在经济上也不会占便宜。但德、日等大陆法系国家以不处罚预备行为为原则（处罚为特殊例外），因而对侵吞不法原因委托物的行为若不当侵占罪处罚，一般就会出现不可罚的状况，这或许是德、日的一些判例和不少学者采取肯定说的根本原因所在。我们不能忽视我国刑法与德、日等国刑法的这种差异。

① 张明楷．法益初论．北京：中国政法大学出版社，2000：587.

第五节　侵吞犯罪所得的赃物

如果明知受委托占有之物是犯罪所得的赃物而予以侵吞的，能否构成侵占？这与上述侵吞不法原因委托物相似，从广义上说，也属于侵吞不法原因委托物范畴的问题。但由于这里面涉及是否构成有关赃物罪，并且还牵涉受托者与原物主之间、原物主与委托者（盗窃等犯人）之间的关系问题，有一定的特殊性，因而有必要抽取出来单独论述。

一、国外的学说

从国外的学说与判例来看，对于犯罪所得的赃物能否成为侵占对象的问题，德国的学说与判例所持的观点几乎是完全一致的。[①] 但日本存在激烈的学说之争。应当注意的是，对于受托者事先明知是盗窃的赃物而接受盗窃犯人的委托代销并侵吞销赃款的行为，日本的判例和学说都认为构成赃物罪，问题是此外是否还构成侵占罪？对此，学术界有两种完全不同的意见。肯定说认为，这种侵吞赃物的行为构成侵占罪（也有个别学者认为构成侵占脱离占有物罪）[②]，只不过与赃物罪之间是一种观念竞合关系。其主要理由是：（1）赃物的所有权在民法上应归属于原物主，这对受托者来说，明显是“他人的财物”。虽然受托者侵吞的是盗窃犯委托其销赃所得的金钱，但原物的所有者对这种金钱仍然有所有权，受托者并无所有权。事实上，受托者侵吞赃物的行为是对原物主的所有权的再次侵害，这同第三者从盗窃犯人那里窃取赃物是一样的情形。（2）盗窃犯人所持有的赃物也值得保护，不允许所有者之外的第三者采取非法手段夺取或侵害，因而作为委托者的盗窃犯人与受托者之间的委托信任关系也应该被给予保护。（3）认定受托者构成赃物罪，那也只不过是对于其买卖、交换赃物等使所有者追回赃物发生困难的行为作出了评价，并没有对其侵吞销赃款的行为作评价，而这后一种行为完全符合侵占罪的构成要件，应当在赃物罪之外单独定罪。否定说认为，上述侵吞赃物的行为不构成侵占罪。这是因为：（1）给付者是盗窃犯人，其并不是财物的所有者，所以这种被给付的赃物不能说是“他人的财物”，侵吞者相对给付者而言，不能构成侵占罪。再说，作为盗窃犯人的委托者与受托者之间的委托信任关系也不值得保护。（2）原物主对赃物虽然有所有权，相对于原物主来说，受托者取得的是“他人的财物”，但受托者与原物主之间并无委托信任关系，不存在侵占罪的保护法益。（3）既然已经定赃物罪，已

① 林干人．财产犯的保护法益．东京：东京大学出版社，1984：159.

② 林干人．不法原因给付与侵占罪、诈欺罪//芝原邦尔编．刑法的基本判例．东京：有斐阁，1988：154.

对侵害所有者追索自己财物之权利的行为作出了评价，此后取得（侵吞）赃物的行为就已被赃物罪所吸收，没有必要另外单独定罪处罚。① 也有学者认为，受托者在受委托阶段就已成立赃物罪，此后的取得行为是一种不可罚的（共罚的）事后行为。②

另外，对于受托者事前不知但收受委托者交付的财物之后发现是赃物而予以侵吞的案件，日本的判例认为，构成侵占罪，并与赃物罪之间形成观念竞合关系。对此，日本刑法理论界则有几种不同认识：一种观点与判例的主张相同，认为受托者所侵吞的赃物相对于原物主而言是“他人的财物”，并且受托者与盗窃犯人之间确实存在委托关系，这种委托关系并不因为是盗窃犯人的委托就有所改变，因此受托者的行为完全符合侵占罪的构成要件。另外，受托者虽然开始并不知道委托物是赃物，但后来知道了还继续占有，而赃物罪具有继续犯的性质，其故意并不一定要在交付阶段产生，收受之后明知是赃物还保管的行为，仍然可构成赃物罪，只不过与侵占罪之间是一种观念竞合关系。另一种观点认为，该行为只成立赃物罪，不构成侵占罪。因为受托者与原物主之间不存在委托信任关系，并且受托者在明知是赃物之后还继续占有赃物的，这就侵害了原物主对赃物的追索权，构成赃物罪，至于后来他又进一步侵吞赃物则没有必要单独定罪处罚。还有一种观点认为，该行为只成立侵占罪，不构成赃物罪。主要理由是：为了从根本上保护所有权，对持有也应该给予相应的保护，因而对所有者以外的人之间的委托信任关系，刑法上也应该予以保护；再说，从受托者来看，显然是以“他人之物”作为侵害对象的，并且其破坏了与盗窃犯人之间的“委托信任关系”，取得了其委托保管的财物，因而构成侵占罪。之所以不成立赃物罪，是因为受托者收受时并不知道是赃物，其保管赃物之行为的可罚性相当低。③ 再有一种观点认为，该行为成立侵占脱离占有物罪。因为原物主与侵占者之间不存在委托信任关系，故不能构成侵占委托物罪，又因为受托者侵吞之物是脱离了原物主占有之物，自然应该认为是脱离占有物。④

二、国内的论争

我国刑法理论界的通说认为，赃物也可能成为侵占的对象。主要理由有二：一是尽管将赃物交付行为人保管的人对所交付之物没有所有权，但这种财物并非无主物，原所有人对之仍拥有所有权，受托保管赃物的人所保管的仍然是“他人的财物”，并且赃款、赃物应当由国家主管机关依法追缴，返还原主或者没收归公，不准他人侵占。侵吞赃款、赃物实质上还是侵犯了国家、集体或者公民个人的合法财产所有权。二是无论公民所有的财产是合法的还是非法的，都应该受刑法保护，但这并不意味着保护犯罪人的非法取财行为或者非法使用行为，而意味着保护所有社

① 新保义隆．刑法各论．东京：早稻田经营出版，1997：227.

② 曾根威彦．刑法的重要问题（各论）．东京：成文堂，1995：218.

③ 同①227－228.

④ 江家义男．刑法各论：增补版．东京：青林书院，1963：325.

会财产都免受非法侵犯，保护社会关系和社会秩序的稳定。另外，我国的通说还认为，行为人如果明知是赃物而又代为保管或销售并侵吞赃物或销赃款的，这除了构成侵占罪之外，还构成有关赃物罪。① 至于如何处罚，则有不同意见。有的认为，应该实行数罪并罚。② 也有的认为，应以牵连犯从一重处断。③ 还有的认为，只有在行为人最初代他人保管财物的目的即是为了事后非法侵占，而不是窝赃后再起意非法占有的情况下，才构成有关赃物罪与侵占罪的牵连犯。④

笔者认为，如果行为人始终不知是犯罪所得的赃物，善意接受犯人委托而代为保管或销售其赃物，尔后予以侵吞的，这属于对侵占对象的性质缺乏认识的事实错误问题，虽然阻却赃物罪故意的成立，不能构成有关赃物罪，但不影响侵占罪故意的成立，构成侵占罪。如果行为人事先明知是犯罪所得的赃物，受犯人的委托而代为保管或销售赃物，尔后侵吞赃物或销赃所得财物的，由于行为人主观上有窝赃、销赃的故意，客观上实施了代为保管或代为销售赃物的行为，完全具备有关赃物罪的成立条件，无疑构成这类赃物罪。至于是否还构成侵占罪，从外国刑法理论来看，争论的焦点有三：一是侵吞的赃物是否属于“他人的财物”？肯定说认为，赃物的所有权在原物主，相对于原物主而言是“他人的财物”；但否定说认为，作为委托者的盗窃犯人对赃物无所有权，所以相对于盗窃犯人来说，并非他人之物。这种分歧是由于两说的立足点不同而产生的，从不同的立场看，可以说都有一定道理。如果考虑到侵占委托物的特殊性，似乎应该把作为侵占委托物罪对象的“他人的财物”，理解为委托者所有或者至少是委托者有一定财产权益的财物。二是刑法是否保护非法的委托信任关系？肯定说与否定说分别作了肯定与否定两种不同的回答。如前所述，大陆法系刑法理论上的通说认为，侵占委托物罪的本质除了侵犯财产权之外，还侵犯委托信任关系。而接受盗窃犯人的代为保管或销售赃物之委托，这是各国刑法所明文禁止的。既然如此，这种非法的委托信任关系当然不受法律保护。三是侵吞赃物的行为能否为赃物罪所包容？肯定说与否定说的看法也完全不同。在笔者看来，侵吞赃物的表现无非是作为委托者的盗窃等犯人向受托者提出返还的要求，而受托者拒不返还，这可以认为是一种继续持有赃物或者保持其不法状态的行为，不必要作单独评价。

受托者事前不知但收受委托者交付的财物之后发现是赃物而予以侵吞的，与事前即知尔后侵吞的情形相比，其特殊性在于行为人有无赃物罪的故意，能否构成赃物罪？上述各种观点的分歧也主要在此。正如前述肯定赃物罪成立的观点所述，窝赃罪是继续犯，从行为人收受赃物开始直到交出赃物，行为都一直处于继续状态，行为人即使收受时不知但后来发现是赃物之后，仍然基于自己的自由意思为对方保

① 赵秉志．侵犯财产罪．北京：中国人民公安大学出版社，1999：260－261.
② 赵秉志，于志刚．论侵占罪的犯罪对象．政治与法律，1999（2）.
③ 叶高峰．侵占罪若干问题研究．郑州大学学报（哲学社会科学版），1999（5）.
④ 同①261.

管赃物，这就应该认为有窝赃的故意，不影响窝赃犯罪的成立；对销赃犯罪来说，只要行为人为犯人代为销售赃物之时明知是赃物的，就能肯定有销赃的故意，构成有关销赃之罪。至于侵吞赃物或销赃所得财物的行为是否还构成侵占罪，则与上述事先明知是赃物尔后又予以侵吞的情形，在结论和理由上完全相同。

我国的通说认为，受托代为保管或销售赃物者侵吞赃物或销赃所得财物的行为，除了构成有关赃物罪之外，还构成侵占罪，所述两点理由与上述肯定说基本相同，也存在与肯定说相似的缺陷。并且，从我国刑法的规定来看，认为上述侵吞赃物的行为构成侵占罪似乎没有法律根据，具体理由与前述笔者提出的侵吞不法原因委托物不构成侵占罪的理由相同，在此不赘述。特别值得一提的是，侵吞赃物的行为无非是在委托者索要赃物或销赃所得时“拒不退还”，其结果大多是继续保管或持有赃物，这可以视为窝赃、销赃行为或不法状态的继续，而不宜作为独立的犯罪来看待，否则，就可能出现把作为整体行为一部分的保管赃物行为抽出来独立定罪的现象，显然有悖于刑法中的行为理论。由此而论，认为在上述场合既构成有关赃物罪又成立侵占罪，并且应该实行数罪并罚的观点，也有失妥当性。因为数罪并罚是以具有两个以上的行为、具备两个以上独立的犯罪构成为条件的，而在上述场合，行为只有一个（即保管或持有赃物），只不过评价的角度不同，在观念上会出现既触犯有关赃物罪又构成侵占罪的现象，这是一种想象的数罪并非实质的数罪，日本的通说也持此种主张。同样道理，牵连犯也是以有两个以上的独立的犯罪行为为条件的，既然只有一个行为也就不可能构成牵连犯。况且，如果行为人并无代为他人保管赃物的意思，收受赃物时就想到要侵吞的，那就根本不存在委托关系，以委托物为对象的普通侵占罪就不可能成立，而有可能构成诈骗罪。

第六节　处理侵占案应注意的问题

十多年前，深圳机场清洁女工梁某“拾金”案经新闻媒体报道后，引起社会公众的广泛关注和法学界关于本案定性的激烈争论。此案的定性涉及占有物与脱离占有物、遗忘物与遗失物、侵占遗忘物与盗窃、侵占行为与侵占罪等的区分问题，这既是侵占罪理论研究不可回避的重要问题，也是司法实践中处理侵占案件应注意的关键所在。笔者结合此案就这些问题适当展开论述。

一、问题所在

2008 年 12 月 9 日上午，深圳机场清洁女工梁某看到一个小纸箱在行李车上无人看管，以为是乘客丢弃的，就顺手把小纸箱当作丢弃物清理到清洁车中，推到机场一残疾人洗手间内放置。后经同事打开查看，发现里面是一包包的黄金首饰。她获知后并未上交，下午下班时带回了家。后来查明，梁某拿走的是某珠宝公司王某携带的重14公斤、内装价值261万元黄金首饰的纸箱。王某因机场不予办理托运而暂时离开纸箱去其他柜台找值班主任咨询，回来后未见纸箱即以被盗报案。公安人员得知是梁某拿走了纸箱后，到梁某家中追回了纸箱并带走了梁某。①

此案定性涉及如下几个问题必须查清：(1) 梁某拿回家的黄金首饰是有人占有的占有物还是无人占有的脱离占有物。(2) 如果是脱离占有物，那么是遗忘物还是遗失物，这还涉及二者有无区分必要的问题。(3) 如果是遗忘物，又认为遗忘物不同于遗失物，那就要查清拿走遗忘物的行为性质是侵占还是盗窃。(4) 如果是侵占，则要进一步弄清是属于一般的侵占行为还是构成侵占罪。

二、占有物与脱离占有物的区分

占有物是有人掌握或控制的财物，如佩带在身上的金银首饰；脱离占有物则是处于无人掌握或控制之下的财物，如不慎丢失在荒郊野外的手机。占有物与脱离占有物一般不难区分，但在物主将财物放置在一定的场所，短时间离开并声称一直未忘记时，财物是否仍在物主的占有之下，则难以判定。通常要根据财物的特性（如形状、大小、价值等）、放置的地点、放置的时间等来作判断。一般来说，如果是体积大而重并且价值昂贵的物品，即便放在露天野外，并且没有人在附近看守，往往也可以认定为在物主或放置者的占有之下。但如果是体积很小的物品，放置在公共场所，甚至放置在露天广场，又放置了较长时间，并且物主或放置者已离开现场，物品不在其视线范围内的，即便物主或放置者声称并未忘记，也不能认为该物品仍在其占有之下。如某人将装在衣服口袋中的钱包拿出来，放在有很多人进出的车站候车室占座位，随后到候车大厅上厕所，半小时后才返回，发现钱包已被人拿走的，对其放置的钱包，就不能认为仍在其占有之下。因为按照一般人的占有观念，能随身携带的价值较高的小件物品，是不能随意放置在有很多人进出的公共场所的，即便是物主有意放置在这种场合，往往也会被他人认为是脱离物主占有的遗失物。

就上述“拾金”案而言，梁某拿走的纸箱是否仍在放置者的占有之下，是与案件定性有重要关系的问题。因为如果纸箱仍在放置者的占有之下，那么梁某就是将他人占有之下的大量财物擅自拿走了。如果其主观上对此有认识，那就构成盗窃罪；如果其主观上有误认，以为是物主遗弃之物而拿走，则由于其主观上不具有窃取他人占有之下财物的故意，即不具有盗窃的故意，而不构成盗窃罪。后者的理由在于她取得占有（即拿走他人财物）时，并不认为财物仍在他人占有之下，也就是对所拿之物的性质产生了认识错误（即对象错误），从而使其不具有将他人占有之下的财物拿走（即夺取占有）的意识。而盗窃罪是一种夺取占有的财产罪，只有行为人明知财物在他人的占有（掌握或控制）之下，采取自认为不使财物的占有者或管理者发觉的方式而取得的，才可能认定其有盗窃的故意。不能因为其后来明知自

① 赵秉志等．“偷”还是“捡”？有罪还是无罪？——专家学者深度解读梁丽涉嫌盗窃案．法制，2009 (5)：68.

己“误拿”了他人大量财物后，还将财物带回家，即产生了非法占有他人财物的目的，就认定为构成盗窃罪。不过，在她发觉自己“误拿”了他人财物之后，自然就应当承担起返还财物的责任。如果不想返还，产生了据为己有的恶意，就有可能要对自己不返还他人财物的行为负刑事责任，即有可能构成侵占罪。

如果梁某拿走的纸箱已不在放置者的占有之下，属于放置者遗忘或遗失之物，梁某对此有认识，作为机场候机大厅的清洁工，对旅客遗忘或遗失之物，又有收起来交公的义务，那么其行为的性质就不是盗窃，而有可能属于侵占。判断纸箱是否仍在放置者的占有之下，无疑应当考查放置者王某对放置在行李车上的纸箱是否存在暂时遗忘的问题。而遗忘与否由于是人主观上的一种认识状态，又往往需要当事人来陈述。可是，完全按当事人的陈述来认定其遗忘与否，并作为判断财物是否属于遗忘物或遗失物的根据，则有可能得出错误的结论。因为放置财物者完全有可能出于自身利害关系等考虑，作出违反客观事实的陈述。正因为如此，某种财物是否属于遗忘物或遗失物，有时需要从客观方面来作判断。就上述梁某拿走的纸箱而言，虽然放置者王某声称一直未忘记自己的纸箱放在行李车上，只是要到附近柜台交涉托运事务才暂时离开财物放置地，但既然纸箱装有贵重财物并被放在行李车上，按一般人的做法自然是将其推到柜台附近去交涉事务，而不是放置不管使其长时间脱离自己的视线范围。因此，应当认定王某事实上已暂时脱离对放在行李车上纸箱的占有。

三、遗忘物与遗失物的区分

在确定财物已脱离物主（所有者或管理者）占有的情况下，要认定拿走这种财物者有无构成侵占罪的可能性，还得进一步查清拿走的财物是遗忘物还是遗失物。

由于我国刑法第270条第2款明确规定，只对侵占遗忘物和埋藏物这二种脱离占有物的行为，才可能按侵占罪定罪处罚，那么，遗忘物与遗失物是否具有相同的含义，就是必须弄清的问题。如果说二者含义不同，根据罪刑法定原则，侵占遗失物就不可能构成侵占罪，区分遗忘物与遗失物就具有特别重要的意义。否则，也就无区分的必要了。

关于遗忘物与遗失物有无区别，目前我国刑法理论界存在肯定与否定两种不同主张。肯定说认为，遗忘物与遗失物不同①；但否定说认为，遗忘物实际上就是遗失物。② 在笔者看来，我国刑法第270条中所说的“遗忘物”是同遗失物有差别的概念，不可混为一谈。如前所述，这首先是因为立法上使用“遗忘物”一词是经过了慎重选择的，并非把它与“遗失物”不加区别、任意混用的结果。其次是因为我国刑法上提出“遗忘物”的概念有其特殊的历史渊源，提出时就是与“遗失物”区别看待的。③ 最后，从立法精神来看，我国刑法第270条对侵占罪的处罚范围是严

① 王作富主编．刑法分则实务研究．3版．北京：中国方正出版社，2007：1143.

② 张明楷．刑法学．3版．北京：法律出版社，2007：745.

③ 刘明祥．财产罪比较研究．北京：中国政法大学出版社，2001：378.

格加以限制的，该条之中用“遗忘物”而未用“遗失物”的概念，也是为了限制侵占罪的处罚范围，即对侵占一般遗失物的行为不以犯罪论处，只对侵占放置在特定场所、占有者忘记拿走的遗忘物（或许可以称之为特殊遗失物）的行为，才酌情当犯罪处理。

至于对遗忘物与遗失物如何区分，正如笔者前文所述，关键在于财物是否遗留在属于管理者能有效管理、控制该财物的场所，能否认定丢失的财物已置于管理者的占有或控制之下。例如，旅馆的客房、居民的住宅、出租的汽车等是属于管理者、主人能有效管理控制的场所，客人将财物遗留在这样的场所忘记带走的，这种财物就是遗忘物，一般应认为财物已置于管理者、主人的占有或控制之下，管理者、主人有代客人保管其遗留之财物的义务，如果违背这种义务而予以侵吞的，就可能构成侵占罪。反过来，如果财物丢失在荒郊野外等无人管理的场所，或者丢失在公共广场、车站码头等有很多人出入、管理者很难有效控制的公共场所，则不论丢失者是否立刻回想起准确的丢失地点、马上返回寻找，都不能认为财物是遗忘物，而只能视为一般的遗失物。

应当注意的是，尽管财物遗留的场所对区分遗忘物与遗失物具有至关重要的意义，但这只是就一般体积较小并且人能随身携带的物品而言的。体积大而重又无法随身携带的财物，即便是堆放在荒野之地，并且无人看管，也应当认为是在物主的占有之下的，不能认定为是已脱离占有的遗忘物或遗失物。至于遗留在公共场所（如车站候车大厅、机场候机大楼等）的财物，还得从财物的体积大小、轻重程度、经济价值等来作具体分析，以确定公共场所的管理人员对遗留在该场所的财物有无管理的可能性。例如，对于旅客遗留在候机大楼、候车大厅的大型行李箱，机场、车站的有关管理人员就具有一定的管理可能性，旅客忘记拿走的，就可以认定为遗忘物。但对于体积很小的财物，如首饰、钱包等，由于进出这种场所的人员众多，场所的有关管理人员也不可能有效管理，因此，旅客不慎遗留在这种场所的这类财物，就只能认定为遗失物。

就上述梁某拿回家的装有大量黄金首饰的纸箱来论，如果认定为已脱离放置者王某的占有，王某又并无遗弃的意思，那就要进一步弄清是属于遗忘物还是遗失物。由于纸箱有较大的体积，又比较重（14 公斤），并且箱口贴有封条，还放在行李车上，机场对这类物品出机场大楼时，还有可能要检查，要求物主出示有关证件，这就充分说明机场对遗留在候机大厅内的这类财物有管理可能性，自然应该认定为是遗忘物。

四、侵占遗忘物与盗窃的区分

行为人以非法占有为目的取得他人的遗忘物的，并不一定就是侵占遗忘物。“认定侵占遗忘物，必须把握以下几点：一是他人的财物遗忘在行为人的直接控制范围之内，例如，行为人的家中、货摊上、汽车上等。二是行为人没有用犯罪的方法使他人财物处于自己的控制之下，即具有持有的合法性和无罪过性。三是明知是他人的遗忘物，而占为己有，拒不交出。”① 这几点要求是由遗忘物和侵占行为的特点所决定的。

如前所述，遗忘物是持有者因疏忽未带走而遗留在有人能有效管理之场所的财物。一般认为，这种财物已置于特定场所管理者的占有或控制之下，管理者一旦发现，就有代所有人保管财物并有将其交给所有人的义务。如果管理者不履行这种义务，拒不退还遗忘物，这同侵占他人委托自己保管的财物具有同样的性质，那么构成侵占罪。但如果是管理者之外的第三者将财物拿走的，如与他人同住一间客房的某旅客，将先离店的另一位旅客留在房间的遗忘物拿走的，乘坐出租车的客人下车时将前一位客人留在车上的遗忘物拿走的，这些都不属于侵占遗忘物，而是盗窃行为。因为遗留在这种特定场所的遗忘物，即便是旅馆的管理者、出租车司机尚未发现，也由于其对自己的旅馆内、出租车内的财物概括地占有着，因而所有人之外的第三者私下拿走的，是一种夺取他人占有下的财物的行为，不符合侵占罪的本质。而避开财物占有者的视线取得其占有之下的大量财物的，完全符合盗窃罪的构成要件，无疑应该定盗窃罪。我国的司法机关过去对这类案件就是这样处理的。

就前述“拾金”案而论，如果梁某拿回家的装有大量黄金首饰的纸箱属于遗忘物，那么其行为是盗窃还是侵占遗忘物，就成为需要进一步查清的重要问题。假设梁某是一般的旅客，将候机大厅里他人的遗忘物顺手牵羊拿走的，这无疑是窃取了机场概括占有之下的财物，当然构成盗窃罪。但梁某毕竟是机场候机大厅的清洁工，她有无代为保管大厅里旅客的遗忘物的职责，就成为定性的关键所在。如果按机场的规章制度，作为清洁工的梁某不能代为保管甚至移动大厅里旅客的遗忘物(如只能由保安人员或柜台服务人员来处理)，梁某就是将机场概括占有之下的财物拿走了，存在夺取他人占有之财物的问题，其行为的性质就是盗窃；如果按有关规章制度，清洁工在做清洁卫生的过程中发现有旅客的遗忘物，就应该负责收起来代为保管或交机场有关部门保管处理，那就意味着梁某将王某放在行李车上的纸箱拿到清洁车上推到洗手间，是其职责允许的行为，并非夺取他人占有之下财物的行为，因而不构成盗窃。她将纸箱拿回家，这是把自己合法占有之下的他人财物据为己有，性质属于侵占。

五、侵占行为与侵占罪的区分

确定行为的侵占性质之后，还得进一步弄清行为是属于一般违法的侵占还是构成侵占罪。众所周知，我国刑法规定的侵占罪与盗窃罪、诈骗罪、抢夺罪、敲诈勒索罪等财产罪相比，在构成犯罪的条件上有更为严格的要求，除了侵占财物必须达到“数额较大”的标准之外，还增加了其他财产罪所没有的“拒不退还”或“拒不交出”的要件，并且还附加了“告诉的才处理”的条件。因此，如果侵占财物数额未达较大的标准；或者虽达到了数额较大的标准，但经过说服教育，行为人退还或

① 王作富．略论侵占罪的几个问题．法学杂志，1998（1）.

交出了意欲侵吞的财物的；或者虽然侵占财物数额较大，并且拒不退还，但权利人并不告诉的，均不能当犯罪处理。其中，对“拒不退还”或“拒不交出”如何掌握认定，成为理论和实践上的一个难题。

此外，由于“拒不退还”或“拒不交出”所侵占之财物的时间跨度很大，以何时为标准来认定，也是一个有争议的问题。有人主张以物主找行为人索要财物时为准；也有人主张以立案时为准；还有人主张以判决时为准；甚至还有人主张以判决生效时为准。如果时间提得过早，如以物主索要财物时为准，只要物主找行为人索要，行为人又不退还或交出财物，就认定为具备了“拒不退还”或“拒不交出”的情节，那就会使法律规定的这一侵占罪的成立条件变为毫无实际意义。反过来，如果时间推得太晚，如以法院判决时甚至判决生效时为准，只要法院判决前甚至判决生效前退还或交出了财物的，就不具备“拒不退还”或“拒不交出”的要件，那么刑法规定的侵占罪几乎也就无存在之余地了。因为行为人在面临牢狱之灾又可以作出选择时，往往会选择退还或交出财物，以逃避刑事责任。但这显然不利于保护财产所有权，也与立法精神相悖。

正因为我国刑法把“拒不退还”或“拒不交出”作为侵占罪的成立条件，存在司法实践中难以掌握认定，理论上容易引起认识分歧，并且与我国刑法中其他侵犯财产罪的规定不协调的问题，所以对这一犯罪情节或成立要件，有必要从宽解释，即在案发前物主（或公安人员）找侵占者索要被其侵占的财物，但其矢口否认占有（包括代管）了物主的财物，或者虽然承认占有了物主的财物但无任何合法理由而不退还或交出的，就可以认定为具备了“拒不退还”或“拒不交出”的情节。

从前述梁某“拾金”案来看，如果能够认定梁某的行为是侵占遗忘物，那么是否具备“拒不交出”的情节，就成为侵占罪能否成立的关键所在。按照笔者的上述主张，如果公安人员找到梁某之后，向她出示了证件，询问其是否拿走了装有黄金首饰的纸箱，但她矢口否认，在经过较长时间反复做工作的情况下，才将自己拿回家的纸箱交出的，就可以认定其具备“拒不交出”的情节。反过来，如果有证据证明，梁某得知物主已报案后，明确表示要将纸箱中的财物交给单位，当公安人员向她出示证件并询问时，即承认自己拿回了纸箱并当场交出的，那就不具备“拒不交出”的情节，从而也就不能构成侵占罪。

第九章

故意毁坏财物罪

第一节　毁坏他人财物的行为

一、国外的学说

故意毁坏财物罪在客观方面必须要有对财物的毁坏（或毁损）行为。一般来说，毁坏行为是指毁弃、破坏或损坏财物的行为。关于毁损（或毁坏）的含义，德、日等国刑法理论有较大争议，主要有以下三种学说。①

1. 效用侵害说。该说认为毁损是指损害财物的效用的所有行为。这是从广义上理解毁损概念的主张，在日本处于通说地位。② 根据此说，不仅直接造成财物全部或部分毁坏，导致其丧失效用的情形构成对财物的“毁损”，而且财物的外形并未毁坏，只是其效用受损者，也应视为“毁损”。例如，把财物隐藏在所有者难以发现的处所，将他人的金银首饰丢弃到湖海之中，在他人字画上涂墨水等污物，将他人鱼塘的闸门打开让鱼流失，把别人的鸟笼打开让笼中的小鸟飞走，在他人的餐具中投入粪尿，如此等等，都属于毁损财物的行为。

效用侵害说又分为“一般的效用侵害说”与“本来的用法侵害说”两种不同的具体主张。其中，前者认为，只要是侵害了财物的一般效用，就构成“毁损”；但后者认为，只有造成财物的全部或部分损害，并使之处于不能按其本来的用法使用的状态，才能视为“毁损”。按照两种不同的主张处理同一案件，有时会得出不同的结论。例如，非法翻耕他人的宅基地后，在上面种植农作物。按“一般的效用侵害说”，这是一种毁损他人财物的行为，但根据“本来的用法侵害说”，由于这只是

① 曾根威彦．刑法的重要问题（各论）．东京：成文堂，1995：257－261.

② 阿部纯二等编．刑法基本问题讨论（各论）．东京：一粒社，1992：180.

暂时妨害宅基地的效用，并没有达到使之不能按其本来的用法使用的程度，因而不构成对宅基地的“毁损”。

2. 有形侵害说。该说认为毁损是指对财物施加有形的作用力，从而使财物的无形价值、效用受损，或者损害物体的完整性的情形。明显没有施加有形力的场合，毁坏财物罪不可能成立。按照此说，在他人餐具中投入粪尿使之不能再次使用的，因为对餐具施加了有形力，所以构成毁坏财物罪。如果仅仅只是将财物隐藏起来，则由于没有对之施加有形力，即便损害了其效用、价值，也不能视为对财物的毁损。不过，也有持此说的学者不赞成这种观点，认为隐匿财物的行为本身就是对财物施加了有形力，应该视为对财物的毁损。有形侵害说是德国的通说。不过，德、日两国的有形侵害说并非完全相同。例如，日本的有形侵害说对把金戒指投入河海中，是否属于施加了有形力的毁损行为的问题没有涉及，而德国的有形侵害说认为，投弃行为不是施加有形力的行为，因而不构成毁坏财物罪。另外，德国的有形侵害说认为，使他人的鸟、鱼逃走的，把别人的金戒指投弃到河海之中的，之所以不构成毁坏财物罪，不仅仅是因为对财物没有施加有形力，更是因为并非使之不能按财物的本来用法使用。这同日本的有形侵害说十分强调对财物本身的侵害有所不同。①

3. 物质的毁损说。该说认为毁损是指对财物的整体或部分造成物质的破坏或毁坏，从而使此种财物完全不能或部分不能按其本来的用法使用。按照此说，毁损的实质不在于是否对财物施加了有形的作用力，也不在于是否损害财物的效用，而在于其所采用的手段是否导致财物遭受物质的破坏或损坏，并且使之不能或者很难恢复原状，因而不能按其本来的用法使用。反过来，如果只是造成财物轻微的损坏，其很容易恢复原状，并未达到不能按其本来的用法使用的程度，则不能说是对财物的毁损。由此而论，使他人鱼塘里的鱼流失的，将笼中之鸟放飞的，把金银首饰丢弃到湖海之中的，将物品隐藏起来的，在餐具中投入粪尿的，由于没有杀伤鱼鸟、没有对首饰、物品、餐具等造成物质的破坏或损坏，因而不能构成毁坏财物罪。但隐匿财物的行为并非一概不能处罚，如果行为人有非法取得的意思，那就应该以盗窃定罪处罚。目前，物质的毁损说虽然不是日本刑法理论上的通说，但其支持者有逐渐增加的趋势。②

应当指出，英美法系国家刑法理论对“毁损”的解释，似乎比大陆法系国家的上述“效用侵害说”更宽泛一些。一般认为，对财产的“毁坏或损坏”包括使财产遭受可以感知的伤害、损坏或恶化。即使某物未被打破或变形，也可能受到损害。如“在别人土地上倒垃圾，即使对垃圾下的土地没有造成任何有形的破坏，也可能造成对土地的损害，因为地主在使用土地之前可能花钱让人将这堆垃圾移走”。英国有位法官

① 阿部纯二等编．刑法基本讲座：第5卷．法学书院，1993：350－351.

② 同①334.

甚至认为，“‘损害’这个词有很广的含义，它包含了对财产的伤害、恶作剧或损害；为了构成‘损害’而没有必要将这类确定或实际的损害认定为该财产没有使用价值了”。例如，一个警察的帽子由于被抛起而产生的“一时性功能错乱”，就构成损害。①

二、国外的判例

德国的判例是采取有形侵害说，认为使他人的鸟鱼逃走的、将他人的金戒指投弃至河海之中的等，由于没有对财物本身施加有形力，因而不构成毁坏财物罪。②日本的判例最先是采取物质的毁损说，但后来一贯是采用效用侵害说。采用效用侵害说的判例又大多是立足于“本来的用法侵害说”，只是最近的判例才采用“一般的效用侵害说”，对毁弃、损坏的概念作了更进一步的扩张解释。例如，战前日本大审院的判例认为，将他人养鱼池的闸门打开，使鱼池中的鲤鱼流失的，这构成对动物的伤害；把他人活动房屋从地面上移动三尺位置，第二天居住者又照旧移到原位的，这同样构成对建筑物的损坏；在供饮食用的烧锅和菜刀上撒尿的行为，构成对这种财物的损坏；将汽船上的舵取走使之不能航行的行为，构成对船舰的损坏；如此等等，都是采用“本来的用法侵害说”的典型判例。又如，20世纪60年代中期以后，日本最高裁判所的判例认为，在他人建筑物的墙壁或窗户玻璃上大量张贴广告或宣传品，严重影响建筑物的美观或外观的，构成破坏建筑物罪，这显然是采用“一般的效用侵害说”所得出的结论。③ 英国的判例对“毁损”的解释，似乎比较接近上述“一般的效用侵害说”。例如，英国有判例认为，“人行道上使用可溶于水的绘画对人行道构成损害，因为当地政府得花钱用高压水龙头将其冲洗掉”④。

三、国内的观点

我国刑法理论界对故意毁坏财物罪中的“毁坏”的解释，也存在与上述相类似的几种意见分歧。一种观点认为，“毁坏不限于从物理上变更或者消灭财物的形体，而是包括使财物的效用丧失或者减少的一切行为”⑤。这与上述效用侵害说基本相同。另一种观点认为，“这里的‘毁坏’，是指通过改变公私财物自然形态的方式，来消灭财物的形体或减少财物的价值（效用）”⑥。这与上述有形侵害说相似。还有一种观点认为，毁坏公私财物，指毁灭或者损坏公私财物。⑦ 所谓毁灭，就是对公私财物进行物理毁坏，使其变得不存在或者完全丧失其本来功能或利用价值；所谓损坏，就是对公私进行物理破坏，使其部分丧失本来功能或者利用价值。⑧ 这同上

① J·C·史密斯等著．英国刑法．李贵方，等译．北京：法律出版社，2000：794-795.

② 阿部纯二等编．刑法基本讲座：第5卷．北京：法学书院，1993：350.

③ 同②334-339.

④ 同①795.

⑤ 张明楷．刑法学：下 5版．北京：法律出版社，2016：1026.

⑥ 陈明华主编．刑法学．北京：中国政法大学出版社，1999：623.

⑦ 高铭暄，马克昌主编．刑法学．7版．北京：北京大学出版社，2016：519.

⑧ 黎宏．刑法学各论．2版．北京：法律出版社，2016：342.

述物质的毁损说相近。

上述效用侵害说抓住了财物的本质在于其经济价值和使用价值，因而把导致财物经济价值和使用价值丧失或明显降低（即侵害其效用）的行为，认定为毁损财物的行为，这自然有一定的合理性。但是，效用侵害说也有如下几方面的缺陷：其一，效用侵害说强调，只要使财物不能使用或者损害其效用，就应视为对财物的毁损，可是，上述使鱼池中的鲤鱼流失、将笼中小鸟放飞、把金银首饰丢弃湖海中的行为，并不会导致财物（鱼、鸟、首饰）本身不能按其本来的用法使用，也不会损害这些财物固有的效用。因为鱼、鸟、首饰若被主人或他人再次捕获或拾取，则照样能发挥其效用。只不过由于行为人的上述侵害行为，对物的所有者的权利造成了侵害，使其丧失了对物的占有，导致其事实上不能直接使用该财物。这固然给所有者带来了财产上的损害，侵害了其财产所有权，但与毁坏财物罪有较大差别。正因为如此，日本有学者提出，这是一种“侵夺占有”行为，应该作为民事赔偿问题来处理。今后可以通过立法把它当作与毁损罪不同的特别犯罪类型来处罚。① 其二，效用侵害说认为，在他人餐具中投入粪尿，就会导致餐具不能使用，因而构成毁坏财物罪。但是，餐具本身并未被破坏、毁损，消毒之后并非不能使用，并且也不能否定不知情的第三者还有使用的可能性，况且知情者只是在感情上不愿再将其作餐具使用，并非其在客观事实上不能作餐具使用，并且例外的不介意者也还有可能存在。其三，效用侵害说认为，拆卸财物的组成部分（如将汽船上的舵取走）使财物不能使用（如船不能航行）的，在他人字画上涂抹污物的，由于没有造成物质的破坏或毁坏，按物质的毁损说就不构成故意毁坏财物罪，只有按效用侵害说才能得到合理的处理。但是，如果被拆卸财物的某个部件很容易恢复原状，字画上的污物很容易被清除，并非完全不能恢复原貌，对其以故意毁坏财物罪处罚显然不恰当，只有被拆卸的财物不能或很难恢复原状，不能发挥其效用者，才能当故意毁坏财物罪处理，而在这样的场合，即便是采用物质的毁损说，也同样认为毁损行为成立。其四，效用侵害说认为，在他人建筑物的墙壁或窗户玻璃上大量张贴广告或宣传品，这也构成对建筑物罪，而这种仅仅只是影响建筑物的美观或外观，对所有者、占有者使用建筑物不会有实质妨害的情形，显然不宜当故意毁坏财物罪处理。总之，效用侵害说有过于扩大故意毁坏财物罪的成立范围的危险，存在违反罪刑法定主义的弊病。② 至于英美法系国家存在的比效用侵害说更宽泛解释“毁损”的观点，其缺陷更是不言而喻。

有形侵害说认为，即便行为人使财物不能使用或不能发挥效用，但如果明显没有施加有形力，则毁损不能成立。此说是为了克服效用侵害说无限扩大故意毁坏财物罪的范围的缺陷而提出来的，自然有其积极意义。但按此说，前述在餐具中投入

① 阿部纯二等编．刑法基本讲座：第5卷．法学书院，1993：344.

② 同①346.

粪尿、在建筑物的墙壁或窗户玻璃上张贴广告的行为，由于对财物施加了有形力，因而与效用侵害说的结论一样，也存在与效用侵害说相同的上述缺陷。再说，所谓施加有形力的含义并不明确，界限也很难掌握。正因为如此，就难免出现前述对于隐匿财物的行为，持此说的论者中，有的认为属于施加了有形力的毁损行为，而另有的则认为没有施加有形力不属于毁损的局面。

物质的毁损说强调毁损的有形性与实质性，注重从客观上考察财物有无恢复原状的可能性，在实践中比较容易判断和认定，可以避免扩大故意毁坏财物罪的处罚范围，自然也是符合罪刑法定主义要求的。但是，按照此说，一些没有直接破坏或毁坏财物却给所有者带来损失的情形，如前述将他人鱼池的闸门打开让鱼流失、将金戒指投弃湖海之中的行为，就不可能构成故意毁坏财物罪，但这类行为具有侵害财产所有权的性质是无法否认的，对所有者来说，将鱼池之中的鱼杀死与放入河湖之中，其损害后果是相同的，如果作出罪与非罪的不同处理，显然也是不恰当的。由此可见，物质的毁损说走向了另一个极端，即过于缩小了毁坏财物罪的范围，不利于对这类犯罪的惩治和保护财产所有权。

笔者倾向于上述效用侵害说中的“本来的用法侵害说”，但主张作更进一步的限制。认为只有使他人财物永久地失去其效用的行为，才能视为毁损行为。具体说来，如果行为造成了财物实质上的破坏（包括拆卸、部分毁坏或整体毁灭），使之永久性地完全失去效用或部分失去效用，这自然可以构成故意毁坏财物罪。虽然没有对财物本身造成破坏，但使之永久地脱离他人的占有，或者尽管所有者仍占有该物，但已不可能发挥其原有效用的，也可以构成故意毁坏财物罪。例如，将他人的金戒指抛弃到大海之中的，使他人鱼池中的鱼流失到河湖之中的，这些无疑是一种使他人永久失去财物的行为，其客观后果与直接毁灭相同，其侵犯财产所有权的性质也是毋庸置疑的，因而有必要视为毁损行为。又如，在他人的珍贵字画上泼墨，将其内容全部覆盖，无法清除墨迹恢复原貌的，这虽然没有造成原物的破损，所有者也未失去原物，但其效用已永久丧失，因而，应认为是一种毁损行为。不过，如果只是暂时使某物失去其效用，如将机器拆卸，并未毁坏或拿走零部件，他人不难将其重新组装起来的，就不能认为是毁损行为。如果拆卸毁坏机器的一个重要零部件，导致机器完全报废的，则应认为是对机器之整体的毁损。另外，使他人财物永久地失去其效用，是就客观事实而言的，不能以财物所有者或一般人的认识为依据。例如，在他人餐具中投入粪尿的，将人的尸体拖到他人住宅停放的，虽然所有者可能认为餐具已不能再继续使用，住宅已不能再继续住人，但这并不符合科学规律，因而不能认为行为人的行为构成对餐具、住宅的毁损。

特别值得一提的是，毁坏财物的方法多种多样，如砸毁、撕毁、压毁，等等。但是，如果使用放火、爆炸等方法毁坏公私财物，危害公共安全的，应当以放火罪、爆炸罪等危害公共安全罪定罪量刑。不过，这并非意味着只要采取这些方法毁坏公私财物，就不可能构成故意毁坏财物罪。关键要看所采取的方法是否危害公共安全，不危害公共安全的，仍然只可能构成故意毁坏财物罪，不可能构成放火罪、爆炸罪等危害公共安全的犯罪。

第二节　毁坏他人财物的故意

一、故意的内容

本罪的主观方面表现为行为人有毁坏他人财物的故意，即明知自己的行为会造成公私财物的毁坏，而希望这种结果的发生。行为人不具有取得财物的目的，而是为了将财物毁坏，使其丧失价值或者使用价值。这是本罪与盗窃罪等取得罪在主观上的重要差别。毁坏公私财物的动机，则是多种多样的，如为泄愤报复、嫉妒他人，为不正当竞争，出于空虚无聊寻求刺激，等等。动机如何，对本罪的成立不起决定性作用，只不过量刑时可酌情考虑。过失毁坏公私财物的，不论损害后果多么严重，均不能以本罪论处，如果危及公共安全的，可以按有关危害公共安全的犯罪（如失火罪、过失损坏交通工具罪等）定罪处罚，如果是国家机关工作人员失职造成的，可以按玩忽职守罪等罪处罚。损害后果不严重的，则不构成犯罪，只能作民事赔偿处理。

（一）“数额较大”是否为本罪故意的认识内容

行为人误以为对方价值几十万元的古磁盘是仅值几十元钱的赝品而予以砸毁的，能否构成故意毁坏财物罪？如果认为“数额较大”不是本罪故意的认识内容，回答就是肯定的。因为行为人客观上毁坏了他人价值数额巨大的古磁盘，并且主观上是故意砸毁磁盘的，完全具备本罪的主客观要件。但如果认为“数额较大”是本罪故意的认识内容，回答则是否定的。因为行为人误认磁盘是赝品，价值数额很小，主观上不具有毁坏他人“数额较大”财物的认识和意欲，所以无本罪的故意，自然也就应否定本罪的成立。笔者赞成这后一种观点。因为“我国刑法第二百七十五条规定故意毁坏财物罪的成立要求财物数额较大，从立法上将‘数额较大’规定为该罪的构成要件要素。既然财物的价值数额也是违法的程度要素，根据责任主义，应当属于故意的认识内容”①。如果仅仅根据客观的违法事实，即毁坏了数额巨大的财物，就认定构成故意毁坏财物罪，那无疑是客观归罪。

与上述情形相反，行为人意欲毁坏他人价值数额巨大的财物，实际上毁坏的财物价值数额很小，如行为人以为对方收藏的是珍贵艺术品而予以毁坏，但实际上是价值很低的赝品。这属于行为人主观上有故意毁坏他人财物的犯罪故意，但由于所毁坏之物是价值数额很低的财物，不能成为本罪的侵害对象，这也可以说是对象

① 陈兴良主编．刑法各论精释：上，下册．北京：人民法院出版社，2015：620.

（相对）不能犯的情形，属于犯罪未遂。

应当注意的是，如果行为人对他人的财物是价值很高的珍贵艺术品还是价值很低的赝品不能做准确判断，其主观心态是“管它是真还是假，都要砸毁！”那就应以客观事实作为认定其有无本罪的故意以及能否成立本罪的依据。如果事实上毁坏的是价值很高的他人的珍品艺术品，由于行为人已认识到存在这种可能性，这就意味着他明知自己的行为可能造成他人数额较大的财物被毁坏，而仍希望这种结果发生，即有本罪的故意，能认定本罪成立；如果实际上毁坏的是价值很低的赝品，则由于这与其主观认识相符，是其能够接受的结果，并非因意志以外的原因而未得逞的情形，因而不能认定为犯罪未遂。

（二）改变犯意是否影响本罪的成立

行为人出于毁坏目的搬走他人财物，尔后改变主意不予毁坏而加以利用的，这是否还有毁坏他人财物的故意，能否构成故意毁坏财物罪？笔者认为，在现实发生的财产犯罪案件中，行为人预备实施的犯罪与实际实行的犯罪出现差异是很常见的现象，一般以实际实行的犯罪定罪处罚，而对预备实施的犯罪不另定罪处罚。如对预备抢劫而到现场后因无人在场实际实行的是盗窃或者预备盗窃到现场后因被物主发现而实际实行的是抢劫的案件，一般都以实际实行的犯罪定罪处罚。这样处理，既符合司法实际的需要，又具有理论上的合理性。因为作案现场情况发生变化是很常见的事，有经验的犯罪者往往事先就做了多方面的准备，如事先就想到，若现场有人就抢劫、无人则盗窃，即便是对这种有经验的做了多方面准备的犯罪人，也还是只能按其实际实行的犯罪定罪处罚，既没有必要也无理由对其预备实施的犯罪还予以定罪，与最终实行的犯罪并罚。基于此种立场来看上述问题，由于行为人出于毁坏目的而搬走他人财物，这是为毁坏而做准备的行为，如行为人想要将财物搬运到野外去烧毁的，搬运的过程就是在为毁坏财物做准备，烧毁开始时即为毁坏财物的着手实行，但在烧毁之前行为人改变了主意想搬回家去使用的，这就意味着行为人改变了犯意，即由原来的毁坏他人财物改变为取得他人财物，原有的毁坏他人财物的犯罪意图已不复存在，故意毁坏财物罪也就不能成立了。

问题在于，行为人没有毁坏他人财物而事实上取得了他人财物的，构成财产罪中取得罪的哪一种罪呢？有论者认为，“行为人出于毁坏他人财物的目的而将他人高级家具搬走，之后又觉得该家具不错，就留下来自用的场合，由于行为人在搬走该财物的时候不具有非法占有目的，因此，不能构成盗窃罪；在控制他人家具之后，产生留作自用的念头，因此，可以构成侵占罪”①。在笔者看来，否定这种行为成立故意毁坏财物罪无疑是正确的，但认为构成侵占罪则不太合适。因为侵占罪虽然也是一种取得罪，但其特色是“变合法占有（或持有）为所有”，而行为人出于毁坏的目的搬走他人家具，这种占有控制家具的行为本身是非法的，当然不能构

① 黎宏．刑法学各论．2版．北京：法律出版社，2016：342.

成侵占罪。那么，行为人究竟是采取何种手段取得他人家具的，这就成为定性的焦点。如果行为人是在现场无人的情况下搬走家具的，那就是盗窃；如果行为人是在现场有人阻止的情况下，采用暴力、威胁手段强行搬走家具的，那就是抢劫。只不过这类案件大多发生在有民事纠纷的场合，如双方互殴，被打伤的一方找上门来报复，先想要通过毁坏其财物的方式发泄气愤，后又想到用对方的实物抵偿自己被打伤的医药费。对于这种由民事纠纷引发的案件，不能轻易按有关财产罪来定罪处罚，而有必要作为民事纠纷来处理。

反过来，在司法实践中，行为人先行窃取他人财物、尔后又予以毁坏的案件也时有发生，对这类案件，能否认定行为人犯意发生了改变，即由取得他人财物的意思转变为毁坏他人财物的意思，因而构成故意毁坏财物罪呢？回答应当是否定的。正如黎宏教授所述，“在行为人出于窃取的目的而搬走他人家具，之后觉得不理想而加以毁坏的场合，由于该毁坏行为属于非法占有他人财物之后对赃物的处分行为即‘不可罚的事后行为’，通常已经包含在前面的盗窃行为的评价之中了，因此，该行为只能构成盗窃罪”①。

二、故意的形式

关于本罪的故意是否仅限于直接故意，目前我国刑法理论界有两种不同的观点。一种观点认为，本罪只有直接故意才能构成②；另一种观点认为，本罪的故意包括直接故意和间接故意。③这后一种观点是通说。但笔者赞成前一种观点。因为故意毁坏财物罪是一种财产罪，在刑法所规定的各种财产罪中，故意毁坏财物罪之外的所有财产罪都只能由直接故意构成。这是由财产罪的特点所决定的。本来有些侵犯财产的行为，出于间接故意也能实施，如侵占、诈骗等，但刑法对财产罪的处罚范围不能太宽，因此，中外刑法理论大多认为，成立盗窃、诈骗、侵占等取得罪，行为人在主观上必须有取得财物的目的，有此目的就表明行为人的主观恶性大，才有必要动用刑罚。而对出于过失和间接故意侵犯财产权的行为，可以通过民事法律来调整。同样道理，行为人出于间接故意也确实可能毁坏公私财物，造成对公私财产所有权的侵害，有时侵害的后果可能还很严重，但是，从刑法的谦抑性要求出发，对此不能当犯罪来处理，而应该通过民事赔偿等途径来解决。也就是说，故意毁坏财物罪要求行为人主观上有毁坏他人财物的目的意思，并且有使他人丧失财物的价值和使用价值，从而造成经济损失的主观恶意。如果主观上虽有毁坏某物的直接故意，但行为时就有赔偿其经济损失的意图，不会给所有人的所有权造成实质侵害的，就不能以本罪论处。

① 黎宏．刑法学各论．2版．北京：法律出版社，2016：342.

② 张穹主编．中国经济犯罪罪刑论．北京：中国大地出版社，1989：219.

③ 高铭暄，马克昌主编．刑法学．7版．北京：北京大学出版社，2016：519.

附：收录论文原始出处一览

第一章　财产罪概说

第一节

德日刑法学中的财产罪保护法益问题之比较．华中理工大学学报（社会科学版），2000（1）．

第二节

论侵犯财产罪的对象．法律科学，2000（6）．

第三节

论刑法中的占有．法商研究，2000（3）．

第四节

刑法中的非法占有目的．法学研究，2000（2）．

第二章　抢劫罪

第一节

论抢劫的方法行为与目的行为．河南省政法管理干部学院学报，2005（1）．

第二节

论抢劫罪的加重犯．法律科学，2003（1）．

第四节

抢劫信用卡并使用行为之定性．法学，2010（11）．

第五节

事后抢劫问题比较研究．中国刑事法杂志，2001（3）．

第三章　盗窃罪

第三节

浅析盗窃信用卡并使用的行为．中南大学学报（社会科学版），2003（5）．

“盗窃信用卡并使用”的含义解析与司法认定．中国法学，2010（1）．

第四节

论窃取财产性利益．政治与法律，2019（8）．

第五节

窃取网络虚拟财产行为定性探究．法学，2016（1）．

第四章　抢夺罪

第一节

论抢夺行为．人民检察，2019（21）.

第二节

也谈盗窃与抢夺的区分．国家检察官学院学报，2019（5）.

第五章　诈骗罪

第一节

论诈骗罪中的交付财产行为．法学评论，2001（2）.

论诈骗罪中的财产损害．湘潭工学院学报（社会科学版），2001（1）.

第六章　信用卡诈骗罪

第一节

论信用卡诈骗罪．法律科学，2001（2）.

第二节

论使用以虚假的身份证明骗领的信用卡之行为．河北法学，2005（11）.

第三节

用拾得的信用卡在 ATM 机上取款行为之定性．清华法学，2007（4）.

再论用信用卡在 ATM 机上恶意取款的行为性质——与张明楷教授商榷．清华法学，2009（1）.

第四节

许霆案的定性：盗窃还是信用卡诈骗．中外法学，2009（1）.

第八章　侵占罪

第三节

论侵占遗忘物、埋藏物．国家检察官学院学报，2001（1）.

第四节

论侵吞不法原因给付物．法商研究，2001（2）.

第六节

办理侵占罪案件应注意区分的几个问题．人民检察，2009（15）.

图书在版编目（CIP）数据

财产罪专论 / 刘明祥著．-- 北京：中国人民大学出版社，2019.12
（21 世纪法学研究生参考书系列）
ISBN 978-7-300-27714-1

Ⅰ.①财… Ⅱ.①刘… Ⅲ.①侵犯财产罪-中国-研究生-教学参考资料 Ⅳ.①D924.35

中国版本图书馆 CIP 数据核字（2019）第 274051 号

21 世纪法学研究生参考书系列
财产罪专论
刘明祥 著
Caichanzui Zhuanlun

出版发行	中国人民大学出版社		
社　　址	北京中关村大街 31 号	**邮政编码**	100080
电　　话	010－62511242（总编室）		010－62511770（质管部）
	010－82501766（邮购部）		010－62514148（门市部）
	010－62515195（发行公司）		010－62515275（盗版举报）
网　　址	http://www.crup.com.cn		
经　　销	新华书店		
印　　刷	北京宏伟双华印刷有限公司		
规　　格	170 mm×250 mm　16 开本	**版　　次**	2019 年 12 月第 1 版
印　　张	19.5 插页 3	**印　　次**	2019 年 12 月第 1 次印刷
字　　数	397 000	**定　　价**	65.00 元